제대로 활용하기는 쉽지 않은 한글 2010을 쉽게 설명

쉽게 배우고 제대로 활용하는 한글 2010 끝내기

이정빈 지음

쉽게 사용할 수 있지만 제대로 활용하기는 쉽지 않은
한글 2010을 기초부터 중급까지 쉽게 설명

- 명령어에 대한 기본 개념 설명과 예제를 함께 수록하여 실습하면서 기능을 익힐 수 있게 구성
- 단계마다 정확하고 충실한 설명을 수록하여 혼자서도 쉽게 실습할 수 있도록 구성
- 사용자가 어려워하고 틀리기 쉬운 부분에 대해 친절한 설명 수록
- 꼭 알아야 할 기능들과 문서 편집에 활용할 수 있는 기능들을 함께 수록
- 예제를 불러 누구나 쉽게 실습할 수 있도록 실습 파일 제공

실습 파일 다운로드 www.intobooks.co.kr의 자료실

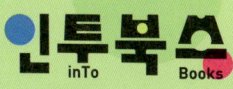

머리말

컴퓨터를 다루는 사람들이라면 한번쯤 접해 보는 것이 아래한글이라 불리는 워드프로세서입니다. 누구나 쓸 줄 안다는 툴이지만 잘 사용하는 사람은 드문 것이 현실입니다.

이 책은 한글 2010 버전을 기준으로, 초보자들도 혼자서 문서 편집이 가능하도록 안내하고 있습니다. 처음 시작하는 분들에겐 쉽고 상세한 설명을 곁들여 예제와 함께 실습할 수 있게 하였고, 실무 종사자들도 활용할 수 있는 다양한 기능을 쉽게 설명하였습니다.

- 누구나 따라 할 수 있도록 상세한 설명을 넣어 예제를 만들었습니다.
- 단계마다 정확하고 충실한 설명을 수록하여 혼자서도 실습할 수 있도록 구성하였습니다.
- 꼭 알아야 할 기능들을 수록하여 문서 편집에 활용할 수 있도록 하였습니다.

이 책은 주제 별로 8개의 Lesson과 [찾아보기]로 구성되어 있습니다.

- [Lesson 01]에서는 한글 2010의 기본인 문서 작성과 저장, 작업 화면에 대한 이해 그리고 한글의 다양한 작업 방식에 대해 설명하였습니다.
- [Lesson 02]에서는 문서 입력, 편집 용지, 편집의 기본인 복사와 붙여넣기 그리고 인쇄와 미리 보기를 설명하였습니다.
- [Lesson 03]에서는 글자 모양, 문단 모양, 글상자와 모양 복사를 설명하였습니다.
- [Lesson 04]에서는 한국 사람들의 유달리 선호하는 표 작성에 대해 상세히 설명하였습니다.
- [Lesson 05]에서는 그림, 그리기, 글맵시와 새롭게 추가된 기능인 개체 모양 복사에 대해 설명하였습니다.
- [Lesson 06]에서는 스타일, 개요 번호와 문단 번호, 다단, 수식, 머리말과 꼬리말 그리고 바탕쪽 등 편집의 고급 기능을 설명하였습니다.
- [Lesson 07]에서는 찾기와 바꾸기, 맞춤법 기능, 미주/각주, 차례와 색인 만들기를 설명하였습니다.
- [Lesson 08]에서는 책갈피와 하이퍼링크, 차트, 프레젠테이션, 문서 마당 그리고 메일 머지와 매크로에 대해 설명하였습니다.
- [찾아보기]

이 책이 최고의 한글 안내서라고는 말 못하겠지만, 어떻게 하면 독자 분들이 기능을 쉽게 이해하고 활용할 수 있을까를 많이 고민했습니다. 모쪼록 이 책을 통해서 한글 2010을 자신 있게 사용할 수 있게 되기를 바랍니다.

내용 문의: www.intobooks.co.kr

목 차

Lesson 한글 2010의 시작　　　　　　　　　　　　　　　9

01

1. 한글 2010 실행과 종료하기 ·· 9
2. 한글 2010의 화면 구성 ·· 12
3. 새로운 문서 만들고 저장하기 ·· 13
   - 메뉴를 이용하여 새 문서 만들기　　　　　　　　13
   - [문서 탭]으로 새 문서 만들기　　　　　　　　　15
   - 작업한 문서 저장하기　　　　　　　　　　　　　15
   - 저장에 관련된 환경 설정　　　　　　　　　　　　17
   - 암호를 사용한 문서 저장　　　　　　　　　　　　19

4. 작업한 문서 불러오기 ·· 22
   - 문서 불러오기　　　　　　　　　　　　　　　　　22
   - 불러오기에 대한 환경 설정　　　　　　　　　　　24

5. 나만의 작업 환경 설정하기 ·· 26
   - 작업 창 관리하기　　　　　　　　　　　　　　　26
     - 작업 창 접기와 펴기　　　　　　　　　　　　26
     - 작업 창에 기능 아이콘 표시하기　　　　　　27
     - 열림 상자 표시와 없애기　　　　　　　　　　27
   - 작업 화면 설정하기　　　　　　　　　　　　　　28
     - 작업 화면의 확대 및 축소　　　　　　　　　28
     - 화면 표시 및 이동 막대/눈금자 설정하기　29
   - 화면 스킨 설정하기　　　　　　　　　　　　　　31

6. 한글 2010의 다양한 작업 방식 익히기 ·································· 32
   - 열림 상자를 이용하여 작업하기　　　　　　　　33
   - 펼침 메뉴 방식으로 작업하기　　　　　　　　　34
   - 단축키를 이용하여 작업하기　　　　　　　　　　35
   - 빠른 메뉴를 이용하여 작업하기　　　　　　　　36
   - 도구 모음줄을 이용하여 작업하기　　　　　　　37

Lesson 한글 2010 기본 다지기 ... 38

02
1. 문서 입력하기 ... 38
2. 편집 용지와 여백 지정하기 ... 40
3. 복사와 붙여넣기 ... 42
   - 문단에서 작업 범위 지정하기 ... 42
   - 복사와 붙여넣기 ... 43
   - 클립보드 창 활용하기 ... 49
   - 되돌리기와 다시 실행 ... 50
4. 미리 보기와 인쇄하기 ... 51
   - 미리 보기 ... 51
   - 인쇄하기 ... 53
   - 쪽 번호를 부여하여 인쇄하기 ... 54
     - [인쇄] 대화 상자 살펴보기 ... 57

Lesson 편집의 기본! 텍스트 꾸미기 ... 58

03
1. 글자 모양 변경하기 ... 58
   - 도구를 이용한 글자 모양 꾸미기 ... 58
     - 다양한 블록 설정 ... 59
   - 메뉴 및 단축키 이용한 글자 모양 꾸미기 ... 61
     - [글꼴 모양] 대화 상자 살펴보기 ... 61
2. 문단 모양 설정하기 ... 63
   - 도구를 이용한 문단 꾸미기 ... 63
   - 메뉴 및 단축키로 문단 꾸미기 ... 64
   - 문단 첫 글자 장식하기 ... 68
3. 모양 복사 ... 69
4. 글상자로 내용 입력하기 ... 73
   - 글상자로 내용 꾸미기 ... 73
   - 글상자 편집하기 ... 76
   - 개체(글상자)의 위치 지정 살펴보기 ... 80

Lesson 04 한국인의 선택! 표 작성하기 82

1. 표를 만드는 여러 가지 방법 익히기 ·········82
   메뉴나 열림 상자로 표 만들기   82
   마우스로 표 만들기   85

2. 표 편집하기 ·································86
   줄과 칸의 합치기/나누기   86
   줄과 칸의 삽입/삭제하기   89
   표의 셀 크기 조절하기   91
   표 나누기와 붙이기   93

3. 표 꾸미기 ···································95
   셀 속성 지정하기   95
   표에서의 복사/붙여넣기   100
   표의 모양 복사   103
   표 스타일 적용   104
   표 캡션 달기   106

4. 표 활용하기 ································107
   문자열을 표로 만들기   107
   표를 문자열로 만들기   109
   쪽 경계에서 나누기와 제목줄 자동 반복   110
   표에서 계산식 사용하기   113

Lesson 05 그림, 그리기, 글맵시 116

1. 문서에 그림 넣기와 편집하기 ···············116

2. 표와 글상자에 그림 넣기 ···················120
   표에 그림 넣기   120
   글상자에 그림 넣기   125

3. 글맵시 ······································127

4. 그리기 도구와 그리기 마당을 이용한 문서 꾸미기 ·······129
   그리기 개체 이용하기   129
   그리기 마당으로 문서 꾸미기   132

5. 개체 모양 복사와 붙이기 ···················136

Lesson 06 다양한 문서 편집을 위한 고급 기능 익히기 141

1. 스타일 활용하기 ·· 141
　새로운 스타일 만들기　　　　　　　　　141
　스타일 적용하기　　　　　　　　　　　　145
　스타일 편집하기　　　　　　　　　　　　148

2. 개요 번호와 문단 번호 ·· 150
　개요 번호 사용하기　　　　　　　　　　　151
　　▮ 개요 번호 모양 변경　　　　　　　　153
　　▮ 개요 스타일 변경하기　　　　　　　154
　　▮ [개요 보기] 창 활용하기　　　　　156
　문단 번호 활용하기　　　　　　　　　　　157

3. 다단 문서 만들기 ··· 160
　다단 만들기　　　　　　　　　　　　　　161
　　▮ 단과 단 사이의 이동　　　　　　　　163
　같은 쪽에서 여러 다단 만들기　　　　　　164
　다단의 종류(일반 다단, 배분 다단, 평행 다단)　166
　　▮ 평행 다단　　　　　　　　　　　　　167
　　▮ 평행 다단에서의 줄 삽입　　　　　　169

4. 수식 편집 ·· 170
　수식 편집기로 수식 입력하기　　　　　　170
　수식의 글자, 색상 등 속성 변경하기　　　172
　스크립트 창에서 수식 입력하기　　　　　173

5. 머리말과 꼬리말 ··· 174
　쪽 번호 매기기　　　　　　　　　　　　　174
　　▮ [쪽 번호 매기기] 해제　　　　　　　175
　머리말/꼬리말 넣기　　　　　　　　　　　176
　　▮ [편집 용지]의 여백 위치　　　　　　177
　머리말과 꼬리말의 수정/삭제/감추기　　　180
　여러 개의 머리말/꼬리말 넣기　　　　　　182
　　▮ [쪽 번호 넣기]와 [쪽 번호 매기기]의 차이　185
　찾아가기를 이용한 찾기　　　　　　　　　186

6. 바탕쪽 활용하기 ··· 190
　구역 나누기　　　　　　　　　　　　　　190
　바탕쪽 만들기　　　　　　　　　　　　　192
　여러 바탕쪽 사용하기　　　　　　　　　　199

Lesson 07 문서 편집을 위한 유용한 기능 — 202

1. 찾기와 찾아 바꾸기 ·· 202
   - 찾기 — 203
   - 바꾸기 — 204
2. 맞춤법 ··· 206
3. 빠른 교정 ·· 208
4. 미주/각주 만들기 ·· 209
5. 차례/색인 만들기 ·· 214
   - 차례 만들기 — 214
   - 색인(Index) 만들기 — 216
6. 문서 정보 대화 상자를 이용한 그림 파일 관리하기 ········ 218

Lesson 08 쉽고 빠르게! 메일 머지와 매크로 — 222

1. 책갈피와 하이퍼링크 ··· 222
   - 책갈피 — 222
   - 하이퍼링크 — 224
2. 한글에서 차트 활용하기 ·· 227
   - 차트 만들기 — 227
   - 차트 작성 후 데이터 넣기 — 231
3. 프레젠테이션 ··· 233
4. 메일 머지 ·· 237
   - 흔글 데이터 파일을 이용한 메일 머지하기 — 237
   - 흔셀 파일을 이용한 메일 머지 — 242
   - 라벨 용지를 이용한 메일 머지 — 246
5. 문서마당 ··· 250
6. 매크로 활용하기 ·· 252
   - 매크로 수정과 삭제 — 259
   - 키 매크로에 등록에 알아두어야 사항 — 260
   - 스크립트 매크로 — 261

[찾아보기] ·· 265

본문 실습 자료 다운로드

본문의 실습에서 사용하는 예제 파일은 인투북스 홈페이지 자료실에서 다운로드하여 사용합니다.

> www.intobooks.co.kr의 자료실

1 다운로드한 파일(Hangul2010-ex.zip)을 더블 클릭하여 [압축풀기]를 클릭합니다.

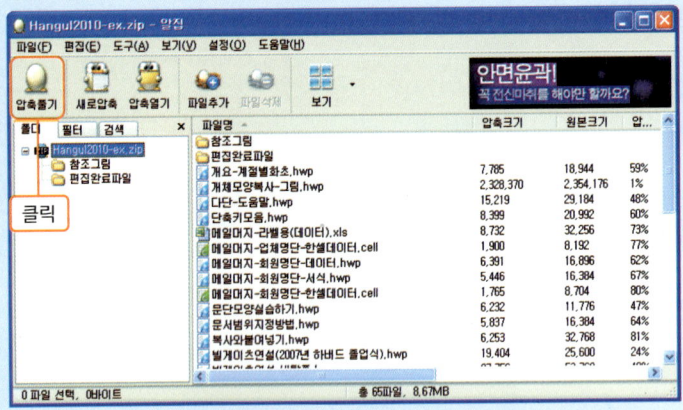

2 [압축 풀 위치]에 [C:\한글2010-실습]을 입력하고 '선택된 폴더 하위에 압축 파일명으로 폴더 생성'을 해제한 후, [확인]을 눌러 압축 풀기를 합니다.

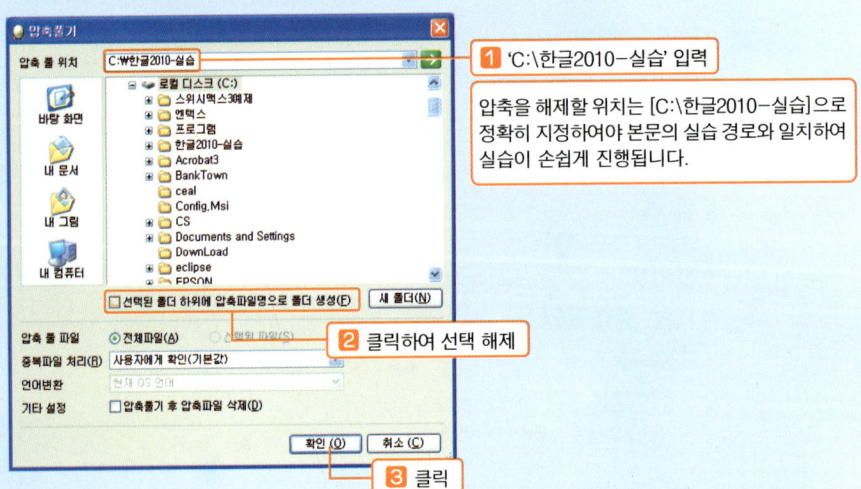

한글 2010의 시작

호글이란 워드프로세서는 사용자들에게 익숙한 프로그램입니다. 이번 호글 2010에서는 새로운 기능이 추가되었기도 했지만 그동안 사용했던 작업 방식에 열림 상자를 추가하여 더 편리하게 문서를 작성할 수 있게 되었습니다. 본서에서는 '호글'을 '한글'과 병행해서 표기하겠습니다.

1 한글 2010 실행과 종료하기

정식 이름이 '한컴 오피스 한글 2010'은 흔히 '한글 2010'이라고 부르고 있습니다. 설치한 '한글 2010'의 프로그램은 바탕 화면에 바로 가기 아이콘을 더블 클릭하거나 윈도우의 [시작]-[모든 프로그램]-[한컴 오피스 한글 2010]을 클릭해서 실행시킬 수 있습니다.

3 바탕 화면의 [한컴 오피스 한글 2010( )] 바로 가기 아이콘을 더블 클릭합니다.

4 [한글 2010]이 실행되면 아래와 같은 첫 화면이 나타납니다.

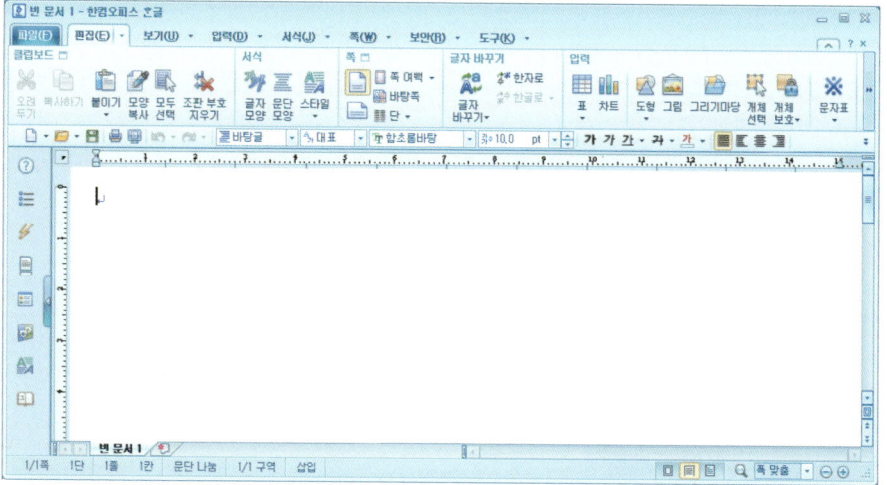

쉽게 배우고 제대로 활용하는 한글 2010 끝내기

5 '한글 2010'을 종료하려면 메뉴 [파일]을 클릭하여 맨 하단의 [끝]을 클릭하면 됩니다.

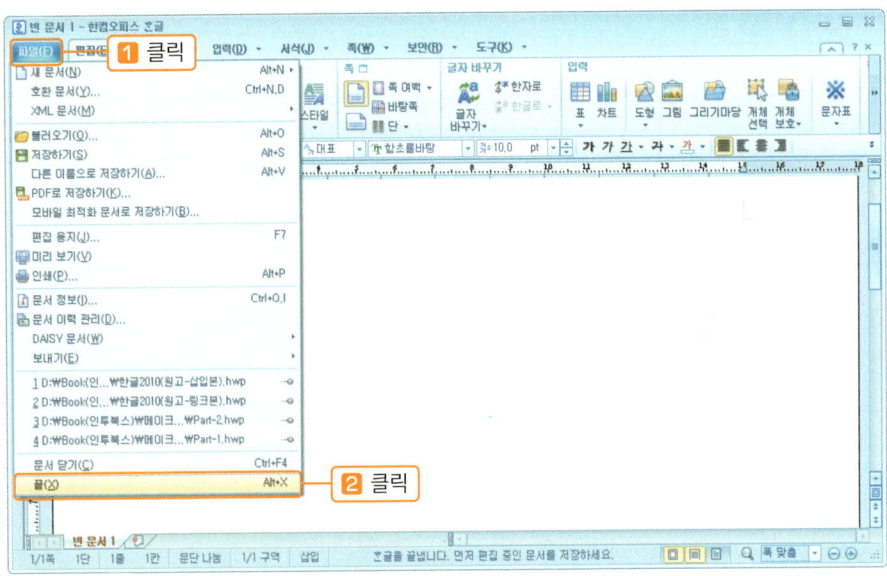

[한컴오피스 2010]을 설치하면 [한컴오피스 한글 2010], [한컴오피스 한셀 2010], [한컴오피스 한쇼 2010] 등과 기타 몇 개의 프로그램이 함께 설치됩니다. [한컴오피스 2010]을 설치하면 바탕 화면에 중요 프로그램의 바로 가기 아이콘이 생성되지만 윈도우의 일반 프로그램처럼 윈도우의 [시작] 단추를 이용해서 [한글 2010]을 실행할 수도 있습니다.

1 윈도우의 [시작] 단추를 클릭하여 [모든 프로그램]-[한글과컴퓨터]-[한컴오피스 한글 2010]을 클릭합니다.

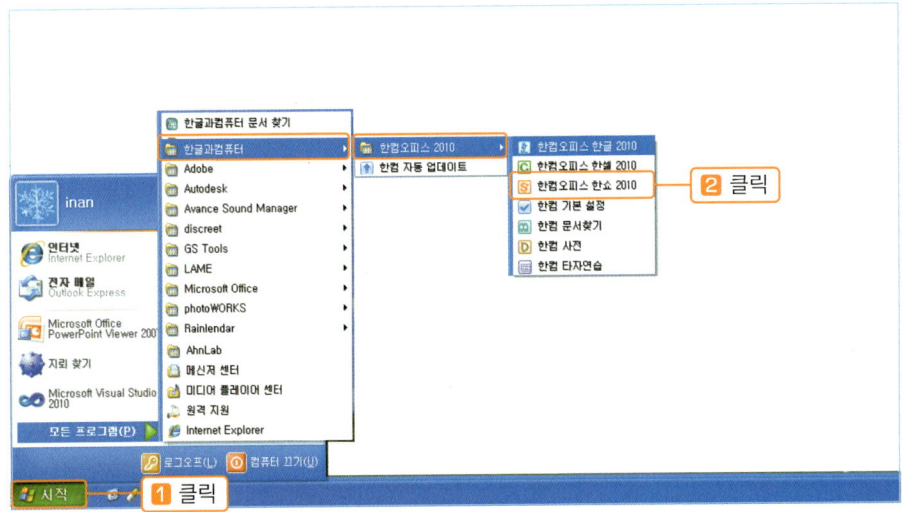

Lesson 01 한글 2010 시작

2 한글을 종료하는 다른 방법으로 [한글 2010] 창의 우측 상단에 있는 닫기(❌) 단추를 클릭합니다.

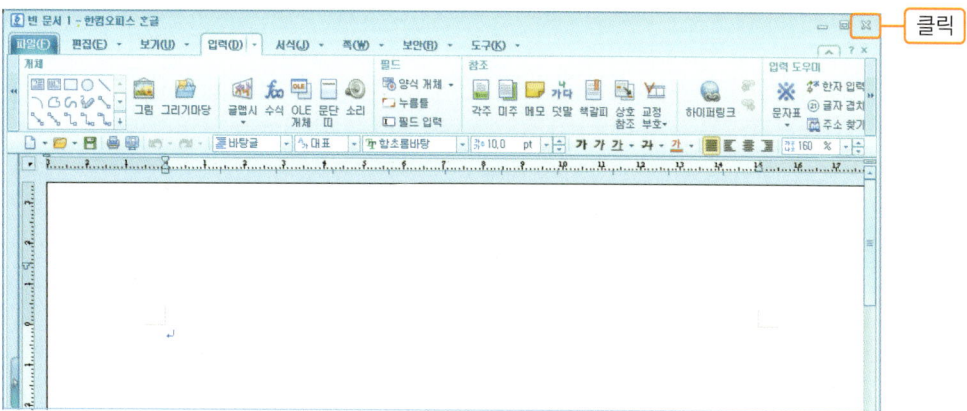

3 한글 2010을 종료하게 되면 아래와 같은 창이 나타나는 경우가 있습니다.

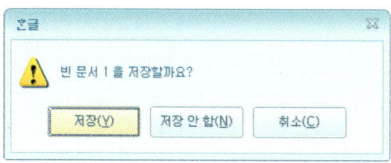

위의 창은 작업한 문서를 저장하지 않고 종료하려 할 때 나타나는 창입니다. 상황에 따라 [저장]을 선택하거나 [저장 안 함]을 선택하면 됩니다. [취소]는 한글 2010의 종료 자체를 취소해서 종료 명령을 실행하기 이전으로 되돌아갑니다.

■ 한글 2010의 종료 방법 3가지
① 메뉴 [파일]-[끝]을 선택합니다.
② 단축키 Alt+X를 누릅니다. (키보드에서 Alt 키를 누른 상태에서 X를 누릅니다.)
③ 한글 2010 창의 우측 상단에 있는 닫기(❌) 단추를 클릭합니다.

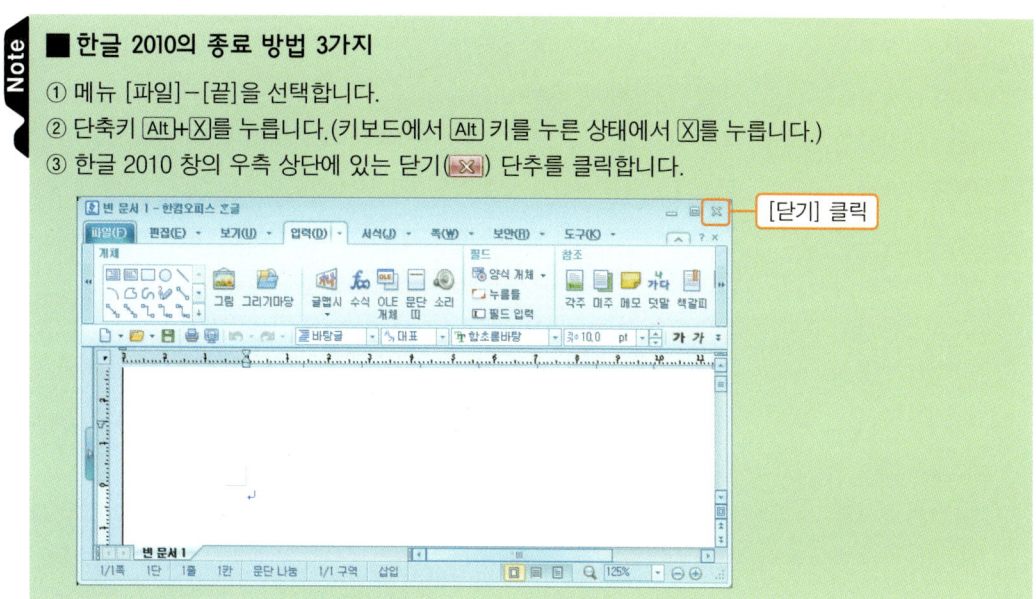

2 한글 2010의 화면 구성

한글 2010의 화면은 이전 버전과 대동소이하지만 [열림 상자]가 등장한 것이 가장 큰 변화라고 할 수 있습니다. [열림 상자]는 해당 메뉴의 명령들 중 자주 사용하는 것들을 아이콘으로 배치하여 보다 손쉽게 원하는 작업을 수행할 수 있게 하였습니다.

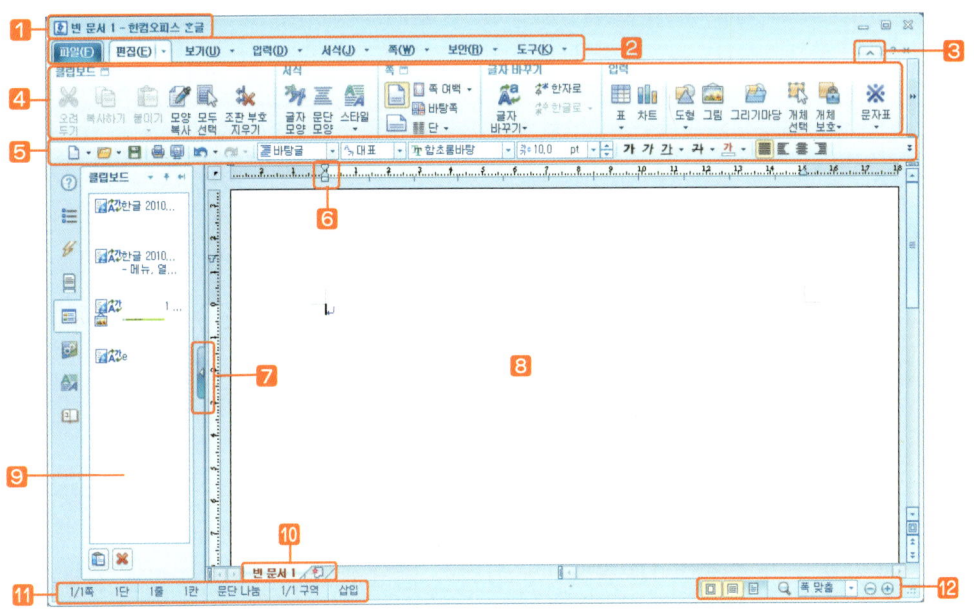

명 칭	설 명
1 제목 표시줄	작성 중인 문서의 이름과 저장된 파일의 경로를 표시
2 메뉴 표시줄	작업 메뉴 이름을 표시
3 도구 상자 접기/펴기	열림 상자 및 서식 도구 상자를 나타내거나 사라지게 합니다.
4 열림 상자	메뉴의 명령을 손쉽게 실행할 수 있도록 관련 도구들을 한곳에 모아 놓은 상자
5 도구 모음줄	자주 사용하는 기본 및 서식에 관한 도구들을 모아 놓은 줄
6 문단 여백 표시 탭	편집 용지에서 설정한 여백과 문단에서 지정한 여백 표시
7 작업 창 접기/펴기	작업 창을 접거나 펼쳐 줍니다.
8 문서 작업 창	문서 편집이 이루어지는 곳
9 작업 창	개요 보기, 빠른 실행, 클립보드 등의 작업 창을 표시
10 문서 탭	현재 창에 열려 있는 문서의 이름이 표시됩니다.
11 상황 표시줄	작업 중인 문서의 현재 위치, 전체 쪽수, 현재 구역, 삽입/수정 상태를 표시합니다.
12 보기 선택	보기 선택 아이콘(▦)을 클릭하면 원하는 보기 형태를 선택할 수 있습니다.
13 문서 보기 줄	쪽 윤곽, 폭/쪽 맞춤, 확대/축소 등을 선택

③ 새로운 문서 만들고 저장하기

기본적으로 한글 2010을 실행시키면 새 문서를 작성할 수 있습니다. 그러나 다른 문서를 편집 중에 새로운 문서를 작성하고자 한다면 메뉴 [파일]-[새 문서]-[새 탭]이나 [문서 탭] 등을 사용합니다.

메뉴를 이용하여 새 문서 만들기

● 새 문서 만들기

단축키 : 새 탭으로 새 문서 만들기(Ctrl+Alt+T), 새 문서 만들기(Alt+N)
메뉴 : [파일]-[새 문서]-[새 탭]

1 한글 2010을 실행시킨 후, 문서 창에 아래 문장을 입력합니다.

> 한글 2010의 새 문서는 메뉴 [파일]-[새 문서]-[새 탭]을 이용합니다.

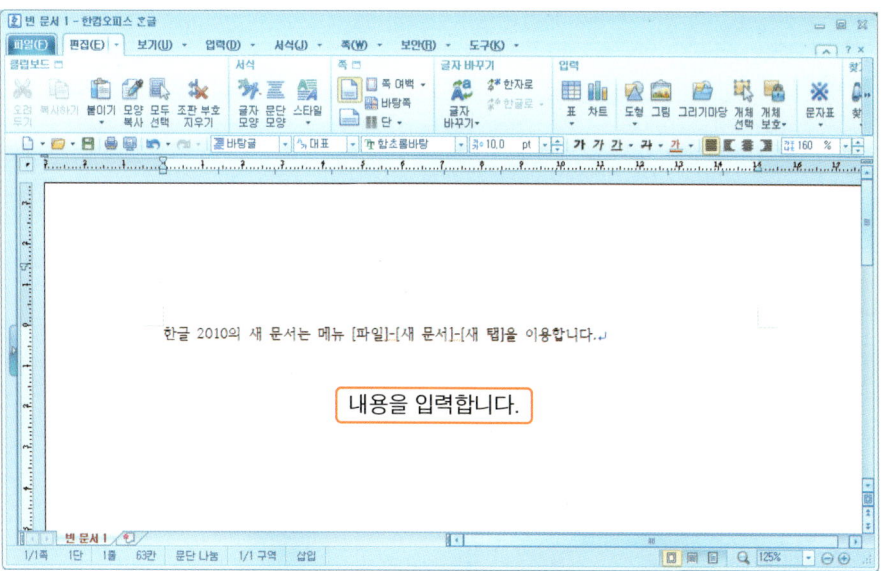

2 문장을 입력한 후, 또 다른 새 문서를 작성하기 위해 메뉴 [파일]-[새 문서]-[새 탭]을 클릭합니다.

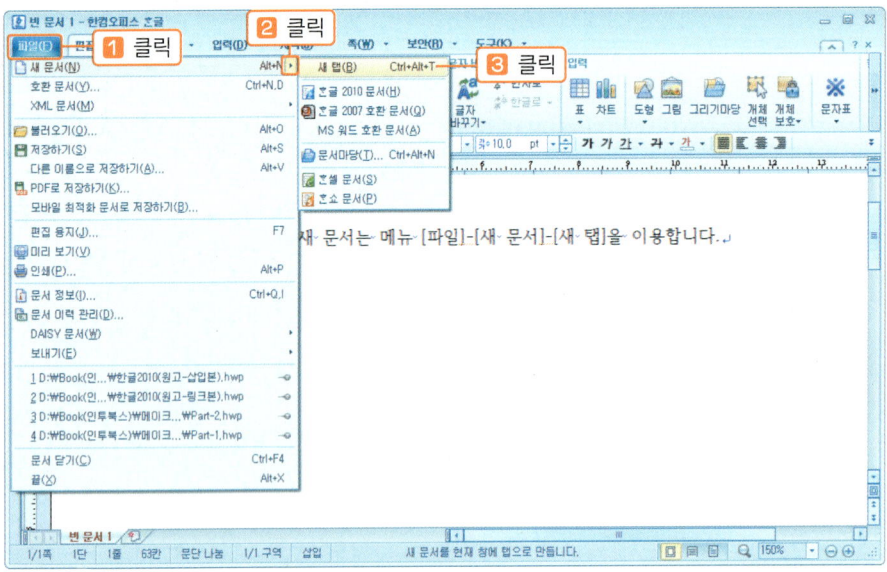

■ 메뉴 중 하위 항목이 있을 때의 실행 방법

메뉴 [파일]-[새 문서]-[새 탭]을 실행시키려면 다음과 같은 순서로 진행해야 합니다.

1. 메뉴 [파일]을 클릭합니다.
2. 나타나는 [새 문서]를 클릭하지 않고 그 우측의 ▶를 클릭하여 하위 메뉴에서 [새 탭]을 클릭합니다.

만약, [새 문서]를 클릭하면 [새 문서]라는 명령이 실행됩니다. [새 문서]는 한글 2010이 하나 더 실행되면서 [새 문서]가 만들어지는 것입니다.

3 새 탭으로 새 문서가 만들어진 결과 화면입니다.

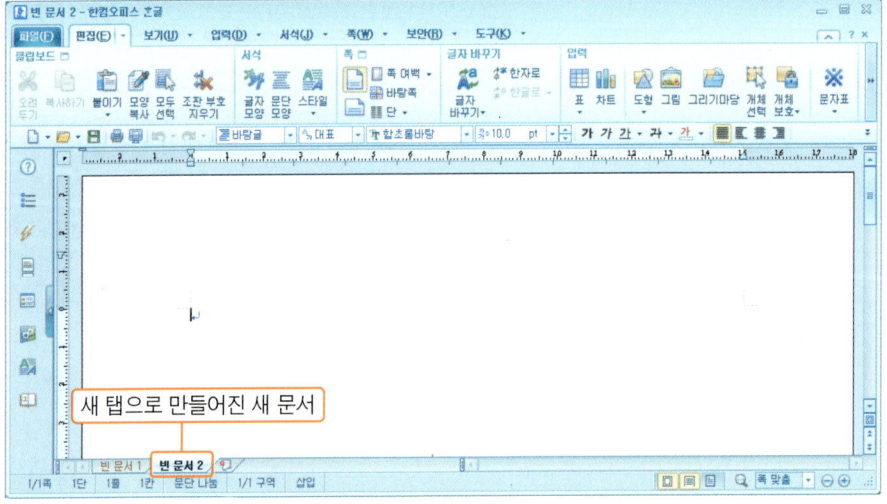

[문서 탭]으로 새 문서 만들기

메뉴 [파일]-[새 문서]-[새 탭]을 실행시키는 것과 동일한 결과를 얻으려면 한글 2010의 하단의 새 문서(　)를 클릭하면 됩니다.

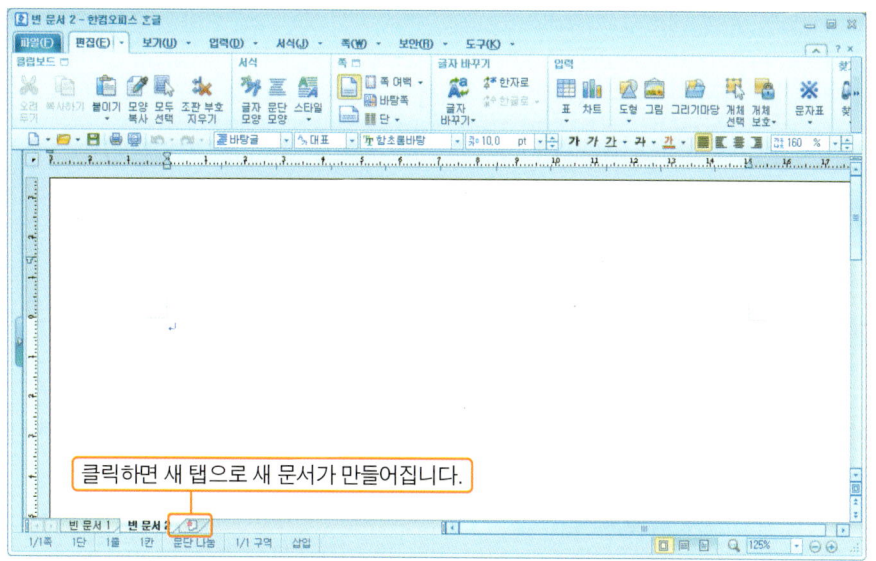

클릭하면 새 탭으로 새 문서가 만들어집니다.

작업한 문서 저장하기

문서를 작업하는 것 못지않게 저장하는 것이 중요합니다. 컴퓨터의 어떤 위치에 어떤 파일 이름으로 저장되는지를 꼭 기억하면서 작업해야 합니다. 한글 2010에서 작성한 문서는 확장자가 '.hwp'로 지정됩니다.

● 문서 저장하기
단축키 : Alt + S
메뉴 : [파일]-[저장하기]

1 앞서 간단한 내용을 입력한 [빈 문서 1]을 클릭하여 이동한 후, 작업한 내용을 저장하기 위해 메뉴 [파일]-[저장하기]를 클릭합니다.

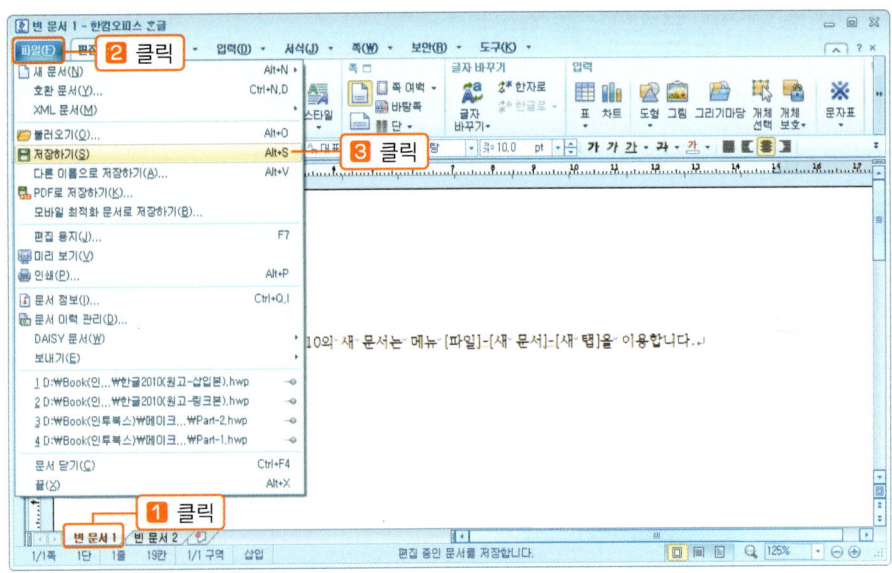

② [다른 이름으로 저장하기] 창이 나타나면 '저장 위치'를 클릭하여 '로컬 디스크 (C:)'로 선택한 후, 나타나는 폴더 중에 [한글2010-실습]을 더블 클릭합니다.

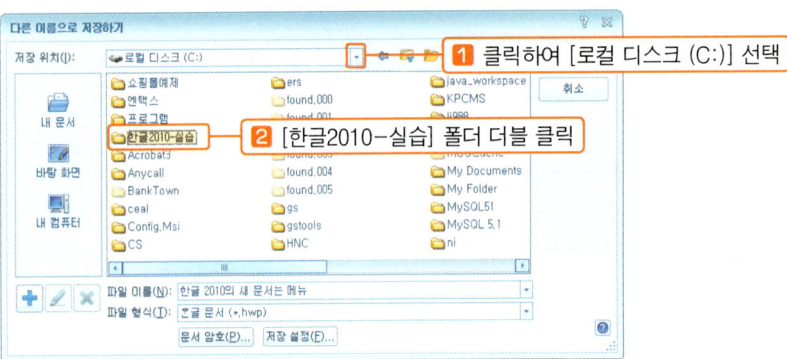

③ [한글2010-실습] 폴더가 나타나면 '파일 이름'에 '저장연습-1'을 입력하고 [저장]을 클릭합니다.

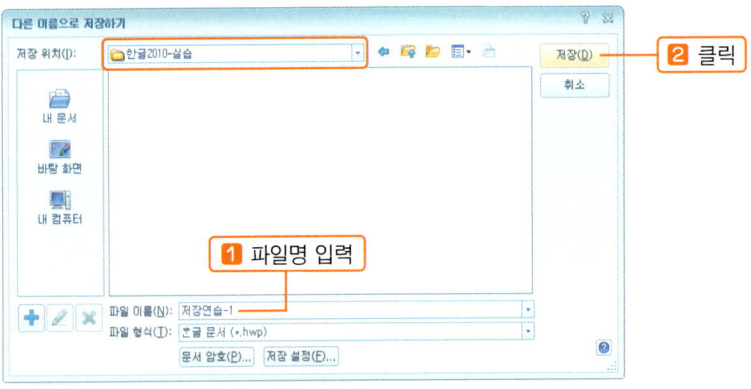

> **■ 문서 저장시 주의 사항**
>
> 문서 저장에서 제일 중요한 것은 어느 곳에 저장하는지와 저장한 파일의 이름입니다. 간혹 저장을 해놓고도 어디에 무슨 이름으로 저장했는지를 모르는 분들이 많습니다.
> 문서를 저장할 때는 꼭 어느 곳에, 어떤 이름으로 저장하는지를 눈여겨 봐두어야 합니다.
>
> 실습에서는 C:의 [한글2010-실습]이란 폴더에 '저장연습-1'이라는 이름으로 저장했습니다.

4 저장이 완료되면 화면 상단과 하단 문서 탭에 저장한 곳의 위치와 파일 이름이 표시됩니다.

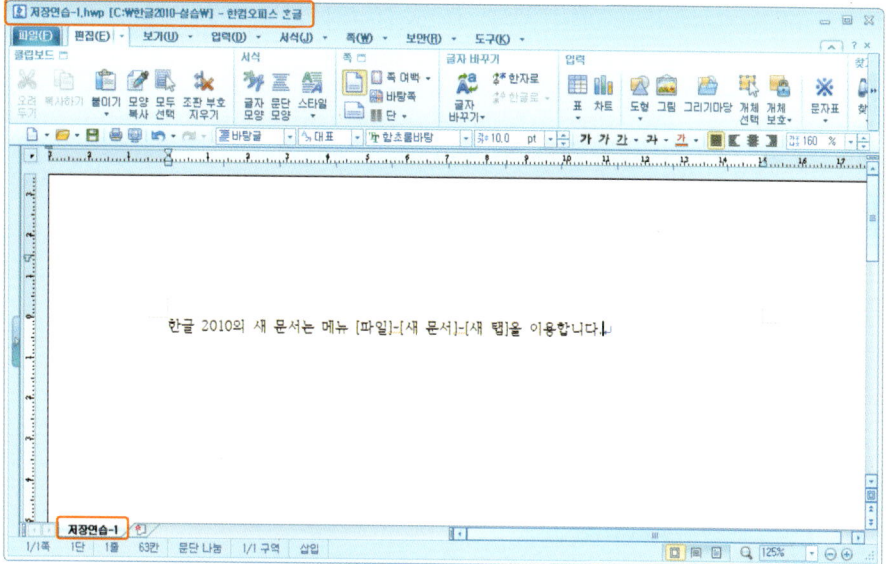

저장에 관련된 환경 설정

한글 2010의 환경 설정이 어떻게 지정되어 있느냐에 따라 저장에 관한 사항이 달라집니다. 따라서 환경 설정을 잘 살펴보고 알맞게 설정해 두어야 하고, 차후에 변경해서 사용할 수 있어야 합니다.

● [환경 설정] 대화 상자 열기

메뉴(열림 상자) : [도구]-[환경 설정]

1 메뉴 [도구] 옆의 펼침 단추( )를 클릭해서 하단의 [환경 설정]을 클릭하거나 [도구] 열림 상자에서 [환경 설정]을 클릭합니다.

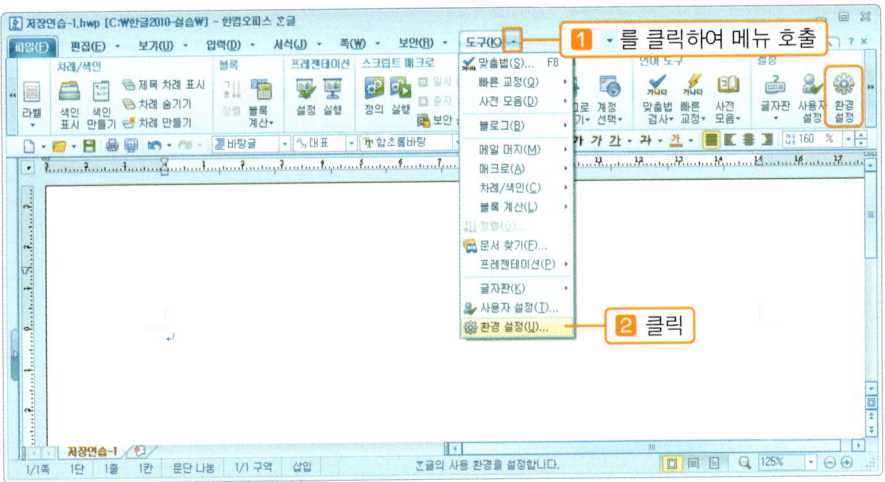

2 나타나는 [환경 설정] 대화 상자의 [편집] 탭에 '저장'과 관련된 항목이 있습니다.

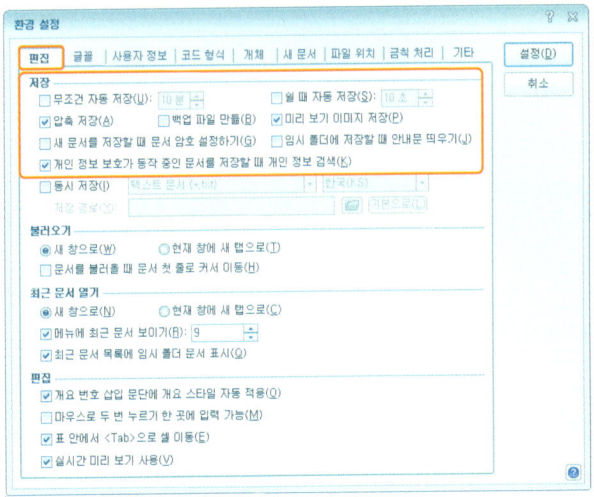

- 무조건 자동 저장 : 이 항목이 체크된 상태(☑)가 되면 지정된 시간마다 자동 저장됩니다.

- 쉴 때 자동 저장 : 이 항목을 선택하면 아무런 작업도 하지 않는 채 지정된 시간이 경과하면 자동으로 저장됩니다.

- 압축 저장 : 문서를 저장할 때 압축해서 파일 사이즈를 줄여서 저장합니다.

- 새 문서를 저장할 때 문서 암호 설정하기 : 저장 명령을 실행할 때 문서의 암호를 지정하는 화면이 자동으로 나타납니다. 이 항목을 체크하지 않은 채 문서에 암호를 지정하려면 저장 과정에서 사용자가 암호를 지정하는 항목을 선택해줘야 합니다.

■ 저장과 관련된 환경 설정

'저장'과 관련된 여러 항목 중 '압축 저장'과 '미리 보기 이미지 저장' 정도를 설정해 두는 것이 좋습니다.

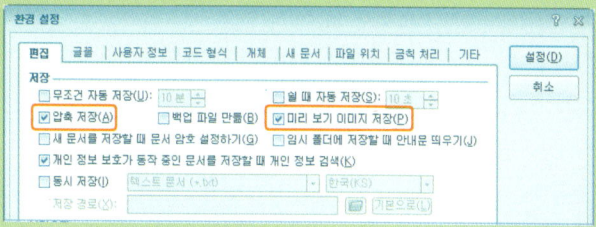

'무조건 자동 저장' 항목과 '쉴 때 자동 저장' 기능이 매우 편리할 것으로 생각하는 분들이 계시지만 반드시 그렇지만은 않습니다. 저장을 이 기능에 의존하기 보다는 사용자가 필요할 때 문서를 저장하는 습관을 갖는 것이 더 효율적입니다.

예를 들어 기존에 만들어 둔 A라는 문서의 일부분을 수정 편집해서 B라는 다른 파일로 저장해서 A 파일과 B 파일 모두를 보관하고 싶다는 가정을 합니다. A라는 문서를 열어서 수정 작업을 진행 중인데 자동 저장 기능이 실행된다면 B 파일을 만들기도 전에 A라는 파일이 수정되어 저장되어 버리는 것입니다. 이런 경우라면 A 파일을 열어서 메뉴 [파일]-[다른 이름으로 저장하기]로 B 파일을 만든 후, 생성된 B 파일을 수정하는 것이 옳은 방법입니다.

암호를 사용한 문서 저장

중요한 문서나 보안이 필요한 문서에는 암호를 지정하여 문서를 저장할 수 있습니다.

1 화면 하단의 [빈 문서 2] 문서 탭에서 마우스 우측 단추를 클릭하여 [문서 닫기]를 선택하거나 문서 닫기의 단축키 Ctrl+F4를 눌러 [빈 문서 1]만 남기고 모두 닫기 합니다.

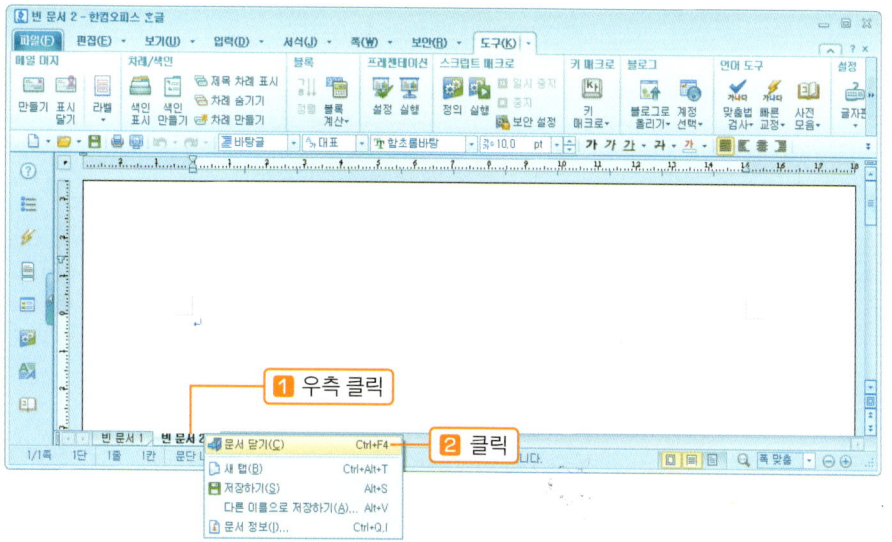

2 [빈 문서 1]만 남으면 화면에 아래 내용을 입력합니다.

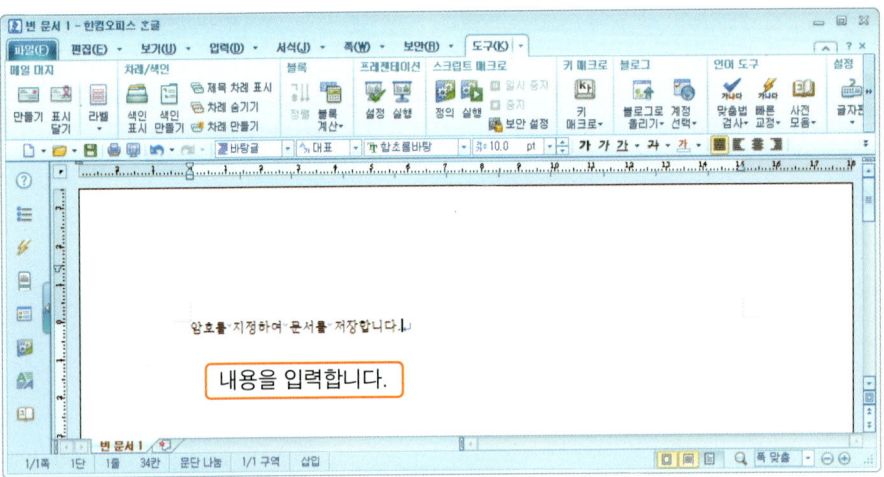

3 메뉴 [파일]-[저장하기]를 클릭합니다.

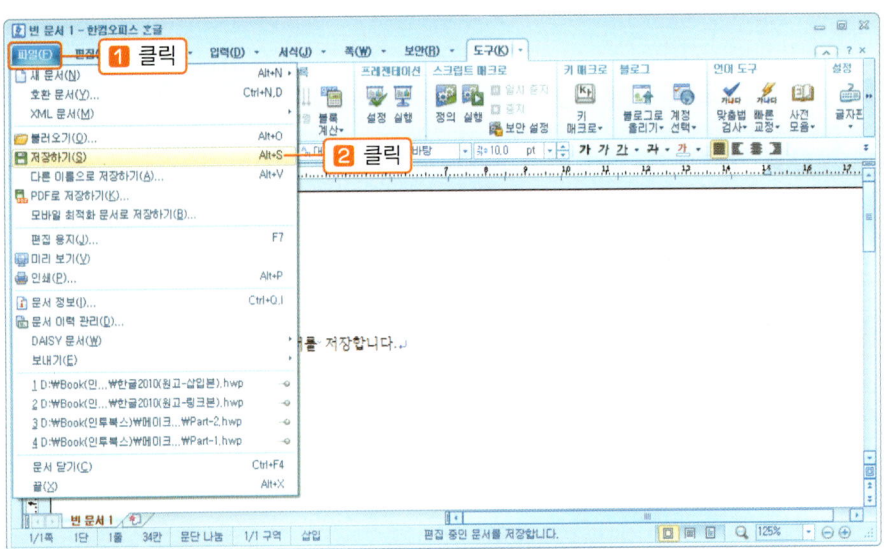

4 [다른 이름으로 저장하기] 대화 상자가 나타나면 아래의 순서대로 작업합니다.

① '저장 위치'의 ▼를 클릭하여 '로컬 디스크(C:)'의 [한글2010-실습] 폴더를 선택합니다.
② '파일 이름'으로 '암호로문서저장'을 입력합니다.
③ 하단의 문서 암호(P)... 단추를 클릭합니다.
④ [문서 암호 설정] 화면이 나타나면 '문서 암호'와 '암호 확인'란에 동일한 암호를 5자 이상으로 입력합니다.(실습에서는 암호로 '12345'를 입력합니다.)
⑤ 암호를 지정했으면 [문서 암호 설정] 화면의 [설정] 단추를 클릭합니다.
⑥ 다시 [다른 이름으로 저장하기] 화면으로 돌아오면 [저장] 단추를 클릭합니다.

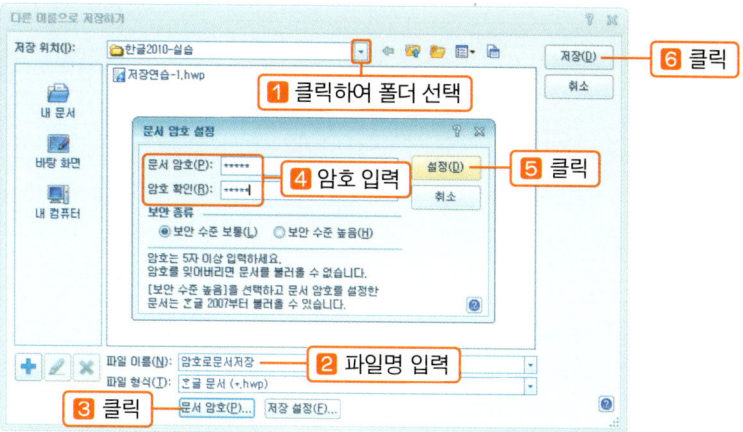

5 저장이 완료되면 화면 상단과 하단 문서 탭에 저장한 파일 이름이 표시됩니다.

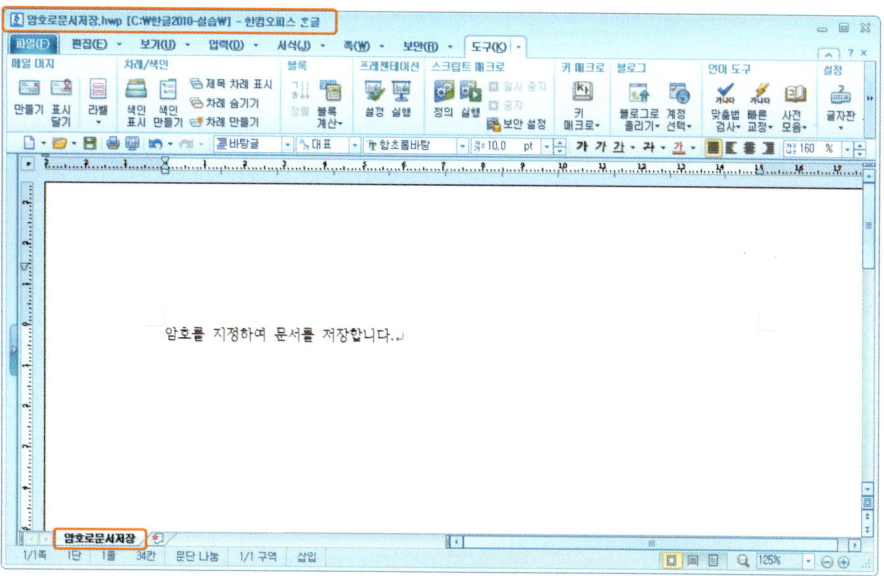

4 작업한 문서 불러오기

작업한 파일을 저장했으면 차후에 이를 불러와서 수정하거나 인쇄하는 등의 작업을 할 수 있습니다. 문서를 불러올 때는 저장할 때 어느 곳에 저장했는지, 문서의 이름을 무엇이라 지정했는지를 잘 알고 있어야 합니다.

문서 불러오기

● 문서 불러오기
단축키 : Alt + O
메뉴 : [파일]-[불러오기]

1. 기존 문서가 열려 있으면 메뉴 [파일]-[문서 닫기]를 클릭하거나 단축키는 Ctrl+F4를 눌러 빈 화면이 되도록 합니다.

2. 빈 화면이 되었으면 메뉴 [파일]-[불러오기]를 선택합니다.

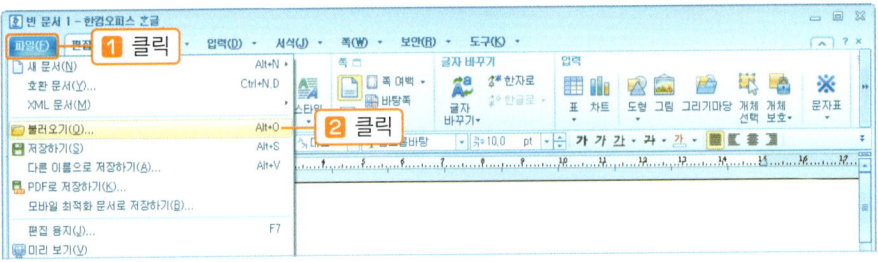

3. 앞서 저장한 '암호로문서저장.hwp' 파일을 불러오기 위해 '찾는 위치'를 '로컬 디스크 (C:)'의 '한글 2010-실습'으로 지정하고 '암호로문서저장.hwp'를 클릭하여 선택한 후, [열기] 단추를 클릭합니다.

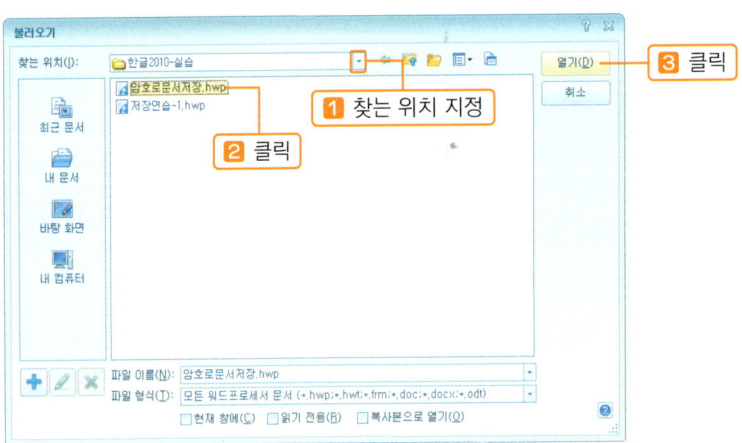

■ 파일 저장시 주의 사항

문서 저장에서 언급했듯이 저장 작업에서 어느 위치에 어떤 파일 이름으로 저장하는지를 기억하고 있어야 불러오기 작업이 원활히 이루어집니다. 많은 분들이 이런 사항을 소홀히 하여 저장한 문서를 찾지 못하는 경우를 많이 봅니다. 저장할 때는 반드시 어디에 어떤 이름으로 작업하는지 잘 기억해 두는 것을 다시 한 번 강조합니다.

4 예상한대로 이 파일은 암호가 설정된 파일입니다. 지정했던 암호 '12345'를 입력하고 [열기] 단추를 클릭합니다.

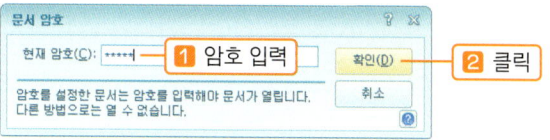

5 암호를 정확하게 입력했으면 아래와 같이 문서가 불러져 화면에 나타납니다.

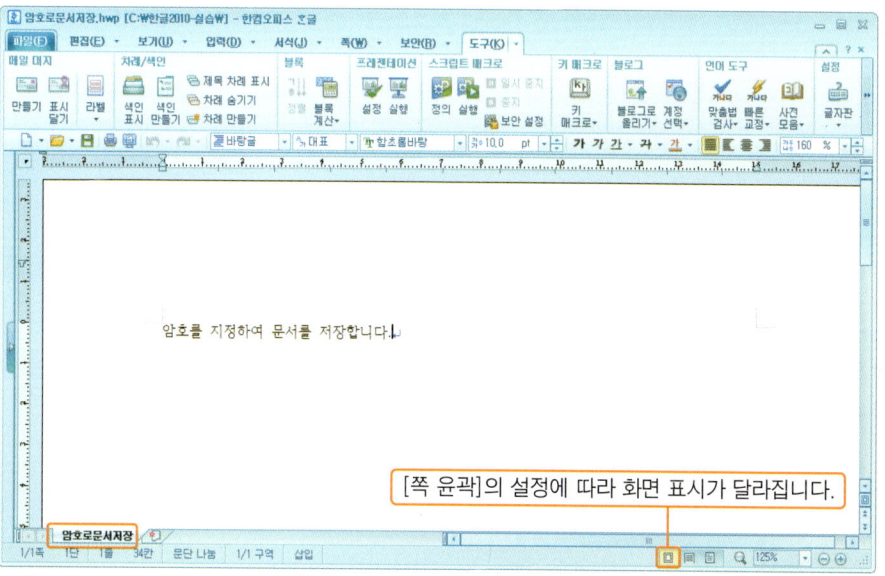

암호를 지정하지 않은 문서를 불러오기 하면 암호를 묻는 과정만 제외되고 나머지 과정은 동일하게 진행됩니다. 이를 확인하기 위해서 앞서 작업한 '저장문서-1.hwp' 파일을 불러오기 바랍니다.

불러오기에 대한 환경 설정

작업한 문서를 불러 올 때의 결과는 불러오기에 대한 환경 설정이 어떻게 되어 있느냐에 따라 현재 문서의 새 탭과 새 창으로 나뉘어져서 나타납니다.

● [환경 설정] 대화 상자 열기

메뉴(열림 상자) : [도구]-[환경 설정]

1 불러오기에 대한 환경 설정을 살펴보기 위해 메뉴 [도구]를 클릭하여 나타나는 열림 상자에서 [환경 설정]을 클릭합니다.

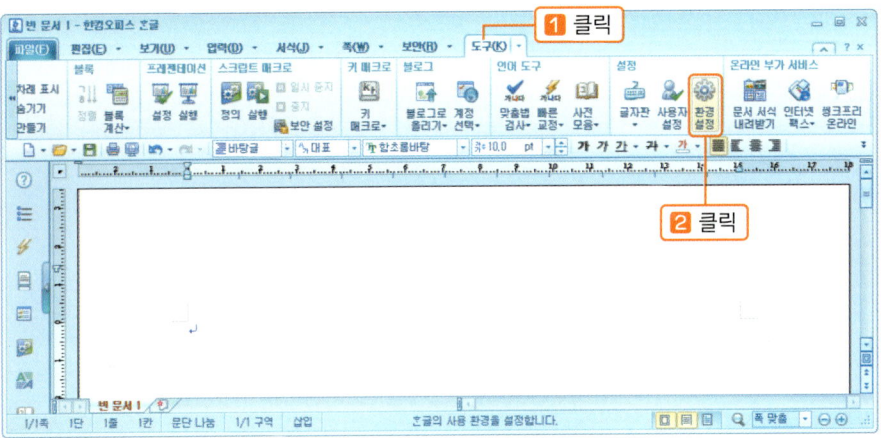

2 나타나는 [환경 설정] 대화 상자의 [편집] 탭을 클릭하면 중간 부분에 '불러오기'에 대한 설정이 있습니다.

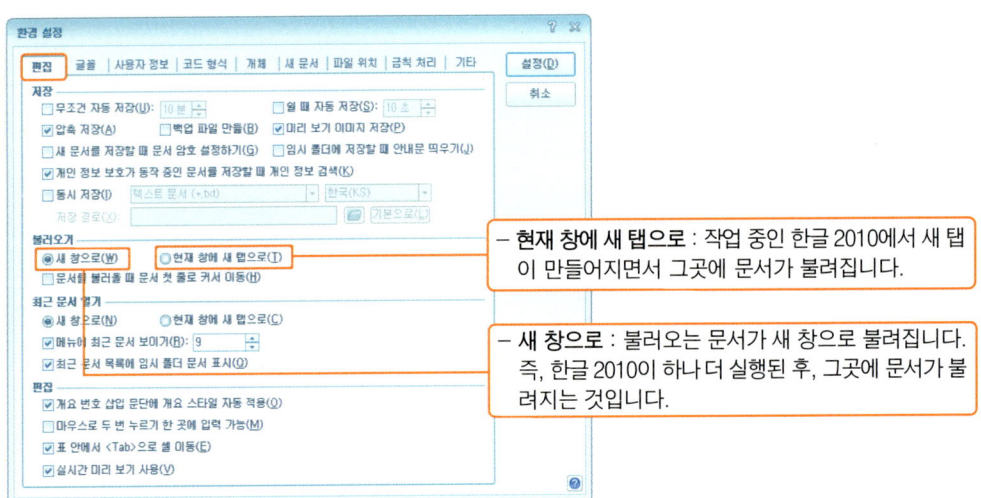

- **현재 창에 새 탭으로** : 작업 중인 한글 2010에서 새 탭이 만들어지면서 그곳에 문서가 불려집니다.

- **새 창으로** : 불러오는 문서가 새 창으로 불려집니다. 즉, 한글 2010이 하나 더 실행된 후, 그곳에 문서가 불려지는 것입니다.

3 환경 설정에서 불러오기의 설정이 '새 창으로'냐 '현재 창에 새 탭으로'냐에 따라서 불러진 문서의 결과 화면이 다르게 나타납니다.

아래는 모든 문서를 닫은 후에 '저장연습-1.hwp'와 '암호로문서저장.hwp' 문서를 연달아 불렀을 때의 결과 모습입니다.

■ [새 창으로] 불러온 모습

새 창으로 불러오면 화면 하단의 시작 표시줄에 불러온 두 개의 파일이 모두 표시됩니다.

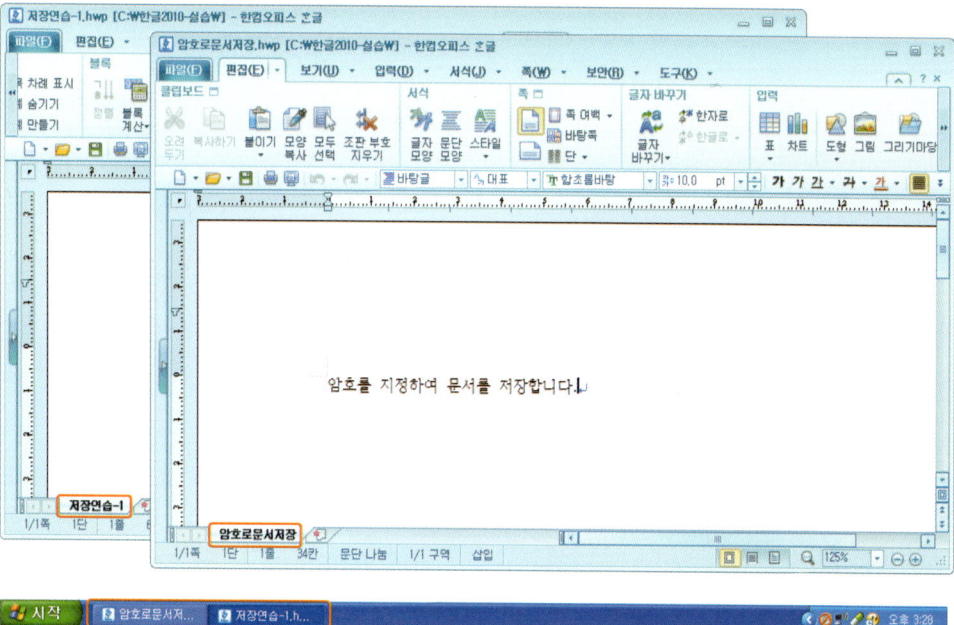

■ [새 탭으로] 불어온 모습

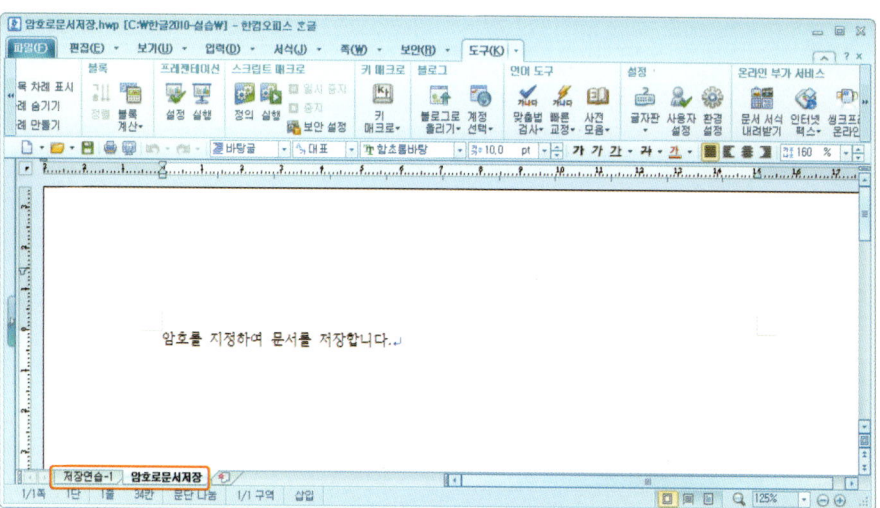

> ■ 열려진 문서 닫기
> 단축키 : Ctrl + F4
> 메뉴 : [파일]-[문서 닫기]를 클릭합니다.

5 나만의 작업 환경 설정하기

초보자들이 흔히 실수하는 것이 화면 설정에 관한 것이다. 열림 상자나 작업 창, 눈금자, 가로/세로 이동 막대 등이 갑자기 사라져서 작업에 애로를 겪는 경우를 많이 보게 된다. 간단하지만 꼭 알고 있어야 할 화면 제어에 대해서 살펴보겠습니다.

작업 창 관리하기

한글 2010의 좌측에는 작업에 필요한 몇몇 기능을 쉽게 사용할 수 있는 작업 창이 나타납니다. 이 작업 창을 보이게 하거나 보이지 않게 하려면 [작업 창 접기/펴기] 단추를 누르면 됩니다. 이 기능은 직접 [작업 창 접기/펴기] 단추를 사용자가 눌러보면 그 의미를 쉽게 알 수 있습니다.

■ 작업 창 접기와 펴기

화면 좌측에 나타난 [작업 창 접기/펴기] 단추를 누르면 작업 창이 나타나고 다시 단추를 누르면 작업 창이 접힙니다. 직접 클릭하면서 그 변화를 살펴보기 바랍니다.

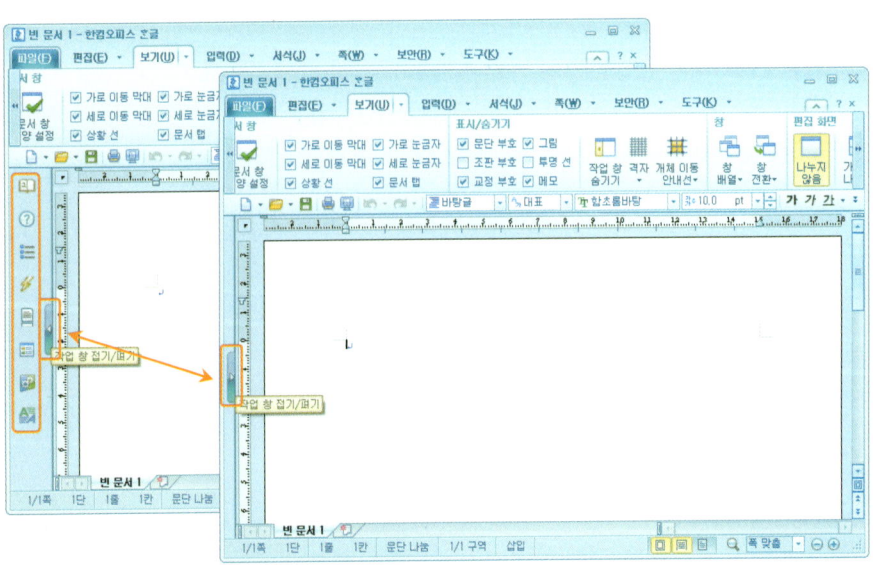

■ 작업 창에 기능 아이콘 표시하기

작업 창이 나타난 상태에서 좌측 기능 아이콘을 클릭하면 해당 내용이 화면에 나타납니다. 나타난 내용을 화면에서 사라지게 하려면 [작업 창 접기/펴기] 단추를 누르면 됩니다.

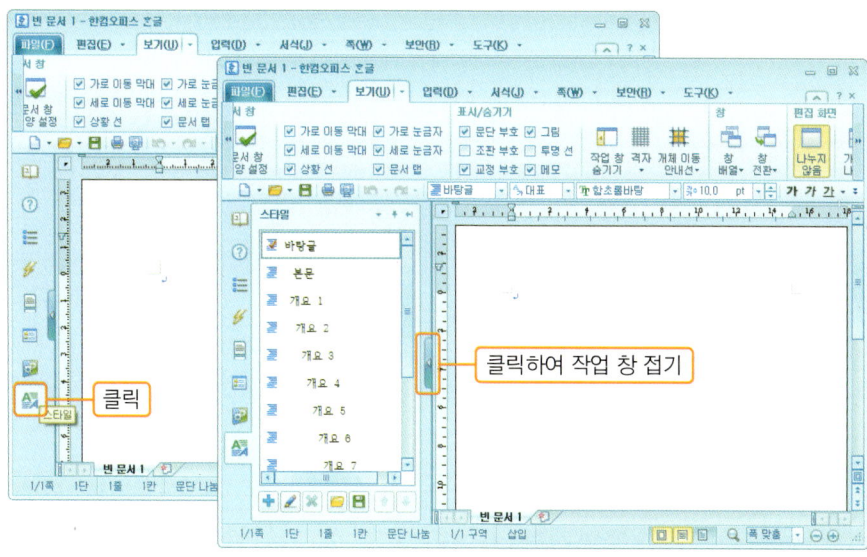

■ 열림 상자 표시와 없애기

열림 상자는 [도구 상자 접기/펴기(△)] 단추를 클릭하여 나타내거나 숨길 수 있습니다. 또는 메뉴(파일, 편집 …. 등등) 이름을 더블 클릭하면 도구 상자가 열리거나 닫히게 됩니다.

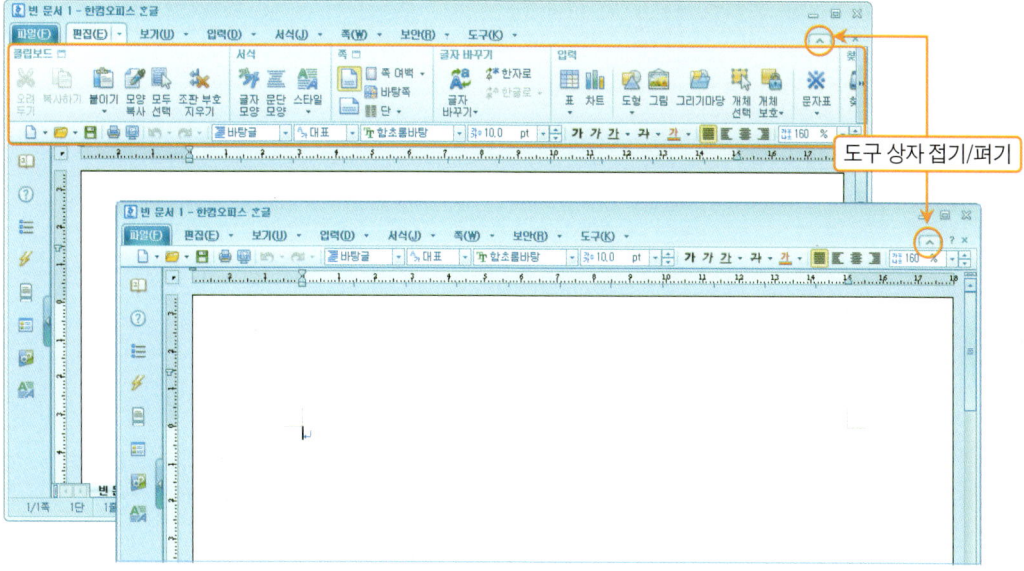

작업 화면 설정하기

작업 중인 화면의 확대/축소 및 화면에 보이는 부분을 제어하는 것은 메뉴 [보기]에서 설정합니다.

■ 작업 화면의 확대 및 축소

작업 화면의 크기를 조절하는 방법은 여러 가지입니다. 아래의 방법을 한 번씩 따라 해보면서 결과를 확인하기 바랍니다.

방법 1: 메뉴 [보기]의 펼침 단추(▼)를 눌러 [화면 확대]를 클릭하여 원하는 항목을 선택합니다.

방법 2: [보기] 열림 상자에서 [확대/축소]의 ▼를 누르거나 화면 하단의 [화면 크기 조절] 단추를 눌러 원하는 항목을 선택합니다.

방법 3: [보기] 열림 상자의 우측이나 화면 우측 하단에 표시된 🔍 🔎 를 클릭합니다.

방법 4: Ctrl 키를 누른 채 마우스의 휠 버튼을 위아래로 굴립니다.

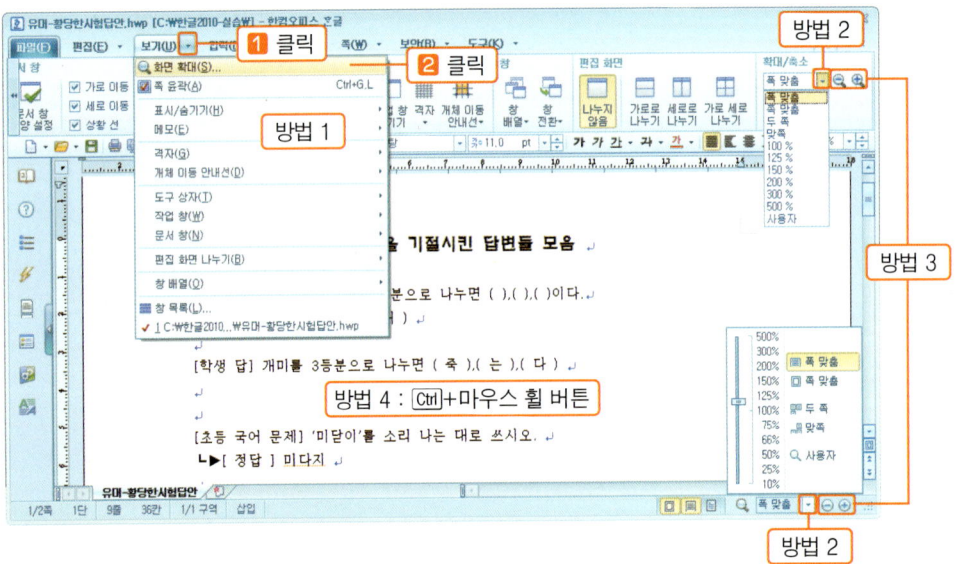

■ 화면 표시 및 이동 막대/눈금자 설정하기

[보기] 열림 상자에서 화면에 표시할 항목을 체크하느냐 하지 않느냐에 따라 화면에 보이는 것이 달라집니다. 각각의 항목을 눌러보면서 그 의미를 확인해 봅니다.

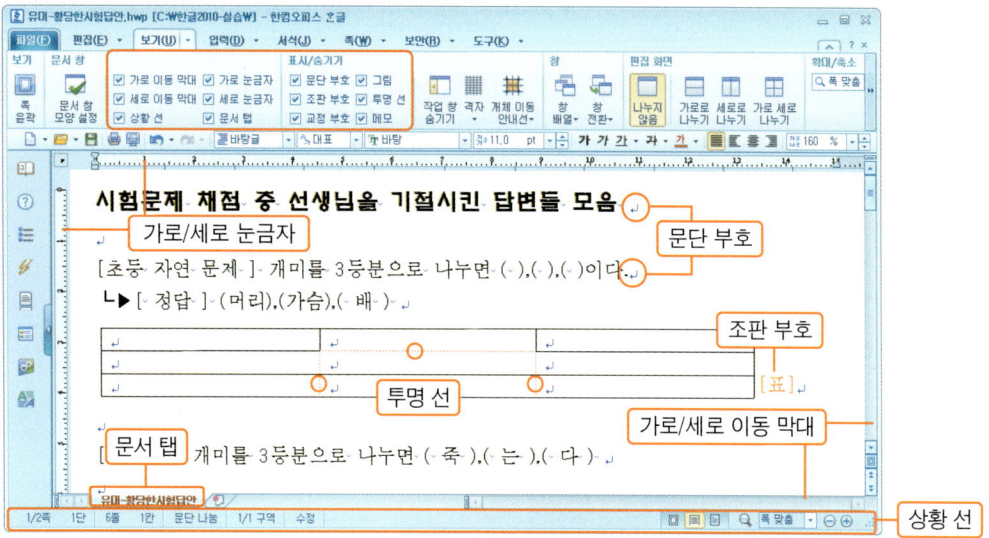

- **투명 선** : 투명 선은 표를 만든 후 표 일부의 선을 없앴을 때 없앤 부분을 빨강 점선으로 나타내는 것을 말합니다. 체크하여 사용하는 것을 권장하며 그 차이는 아래와 같습니다.

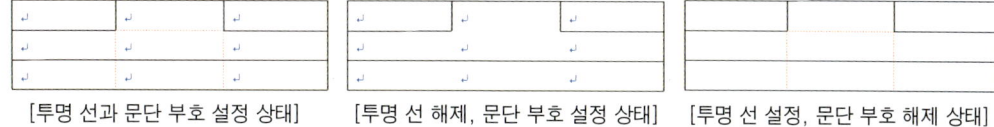

[투명 선과 문단 부호 설정 상태]　　[투명 선 해제, 문단 부호 설정 상태]　　[투명 선 설정, 문단 부호 해제 상태]

- **문단 부호** : 문장의 끝인지 아닌지를 쉽게 알아 볼 수 있도록 문장 끝에 ↵ 표시를 합니다.

- **조판 부호** : 조판 부호란 한글 2010에서 표, 그리기, 그림 등의 표시를 의미합니다. 화면에 개체가 나타나지만 여러 이유로 개체의 수정이 손쉽지 않은 경우가 있는데 이때 조판 부호를 표시해 두면 많은 도움을 받을 수 있습니다.

[보기]의 열림 상자에서 '조판 부호'를 체크해 두면 화면에 조판 부호가 표시되는데 이때 표시되는 형태는 [보기]-[환경 설정]의 [기타] 탭에서 '혼글 2002 방식으로 조판 부호 표시하기'의 체크 여부에 따라 다르게 나타납니다.

사용자에 따라 조판 부호의 표시 여부에 대한 선택이 달라지지만 필자는 '혼글 2002 방식으로 조판 부호 표시하기'를 체크하고 '조판 부호'를 표시하는 것을 선호합니다.

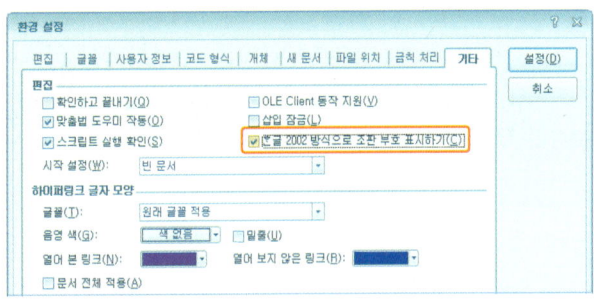

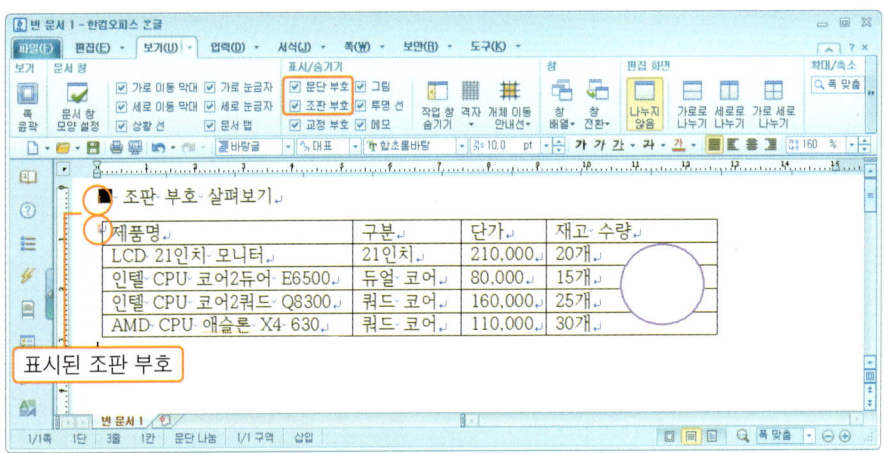

['혼글 2002 방식으로 조판 부호 표시하기'를 체크 후 조판 부호를 표시한 화면]

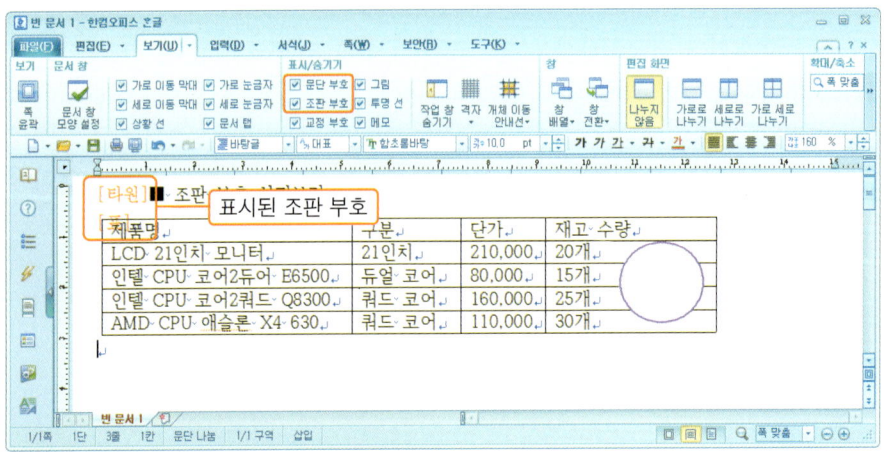

['혼글 2002 방식으로 조판 부호 표시하기'를 해제 후 조판 부호를 표시한 화면]

사용자에 따라서 [보기] 설정을 다르게 할 수 있지만 기본적으로 모두 표시하거나 '조판 부호' 정도를 해제하고 사용하는 것이 일반적입니다.

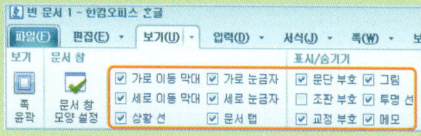

화면 스킨 설정하기

화면 스킨 설정은 화면의 모양을 어떻게 표시할 것인지를 의미합니다. 특별히 지정하지 않으면 '기본 스타일'로 표시되지만 사용자가 원하는 모양(기본 스타일, 시스템 스타일, 고전 스타일, Microsoft Office 2003 스타일)으로 변경할 수도 있습니다.

● 화면 스킨 설정하기

메뉴(열림 상자) : [보기]-[도구 상자]-[사용자 설정]의 [스킨] 탭

1 메뉴 [보기]의 펼침 단추(▼)를 눌러 [도구 상자]-[사용자 설정]을 클릭합니다.

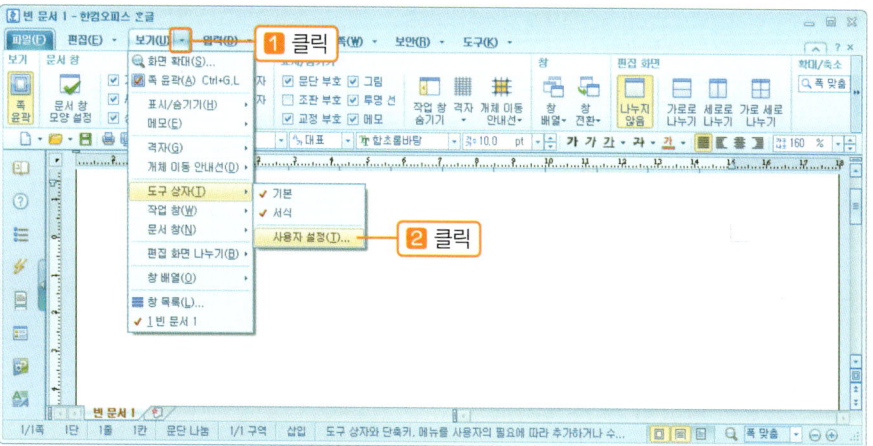

2 나타나는 [사용자 설정] 대화 상자의 [스킨] 탭에서 원하는 스킨을 지정하고 [확인] 단추를 클릭합니다.

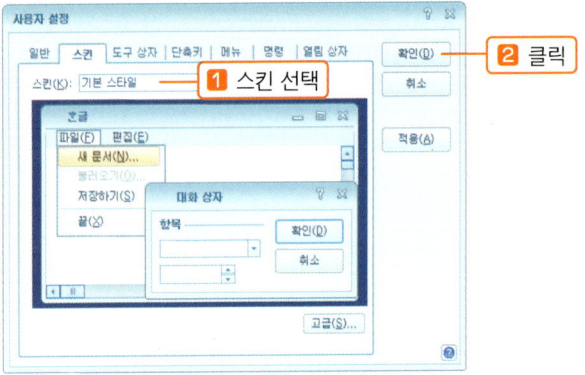

3 선택한 스킨의 형태를 사용자가 조금 변형하려면 [고급] 단추를 클릭하여 원하는 값을 조절하여 변경할 수 있습니다.

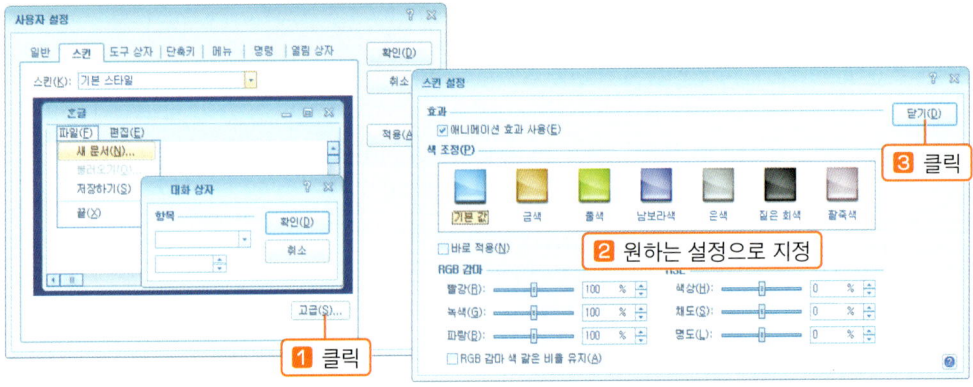

6 한글 2010의 다양한 작업 방식 익히기

훈글은 아래와 같은 다양한 방식의 작업 방식을 제공하고 있습니다.

① 펼침 메뉴 ② 도구 아이콘 ③ 단축키 ④ 열림 상자 ⑤ 빠른(단축) 메뉴

위 다섯 가지 중 열림 상자를 이용하는 방식은 이번 훈글 2010 버전에서 새롭게 추가되었지만 나머지들은 예전부터 존재했던 작업 방식입니다. 같은 결과를 얻을 수 있는 작업 방식이 여러 개 존재한다는 것은 언뜻 혼란스럽게 느껴질지 모르지만, 조금만 적응하면 사용자의 취향대로 작업 상황에 따라 다양하게 작업할 수 있는 큰 장점이 있습니다.

열림 상자를 이용하여 작업하기

열림 상자는 이번 호글 2010 버전에 새롭게 추가된 작업 방식입니다. 메뉴 항목을 클릭했을 때 관련 기능의 도구 아이콘을 모아서 표시해 주는 것을 열림 상자라고 합니다. 이전 버전까지는 메뉴 항목을 클릭하면 Top-Down 방식의 메뉴가 펼쳐졌지만 이제는 열림 상자가 나타난다는 것에 주의해야 합니다.

● 열림 상자 열기

화면 상단에 표시된 메뉴 항목을 클릭합니다.
※ 여러 항목 중 [파일]은 열림 상자가 없습니다.

아래는 [편집]과 [보기]의 열림 상자를 예로 표시하였습니다.

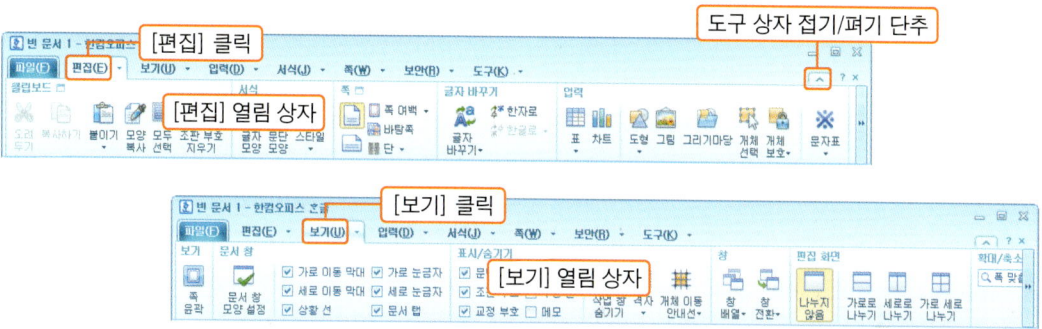

열림 상자는 항상 고정된 것이 아닙니다. 편집 화면에서 특정 개체를 선택하면 그 개체에 사용할 수 있는 열림 상자가 화면에 추가로 나타납니다.

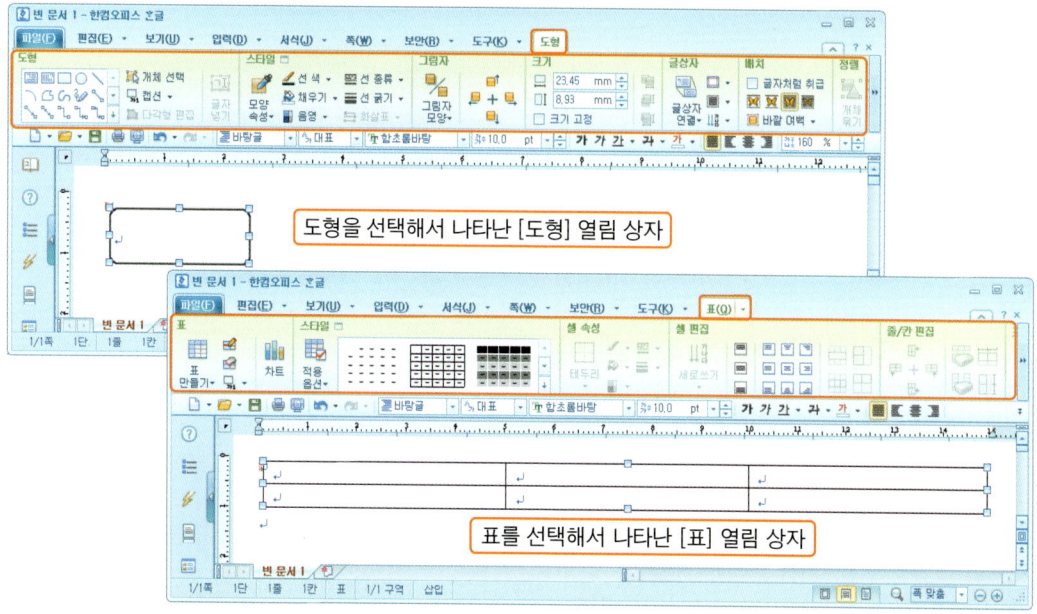

열림 상자가 나타나면 원하는 작업 아이콘을 클릭해서 작업을 진행하는 것이 일반적이지만 대화 상자 호출(▫) 버튼을 클릭하면 해당 대화 상자를 이용할 수 있습니다.

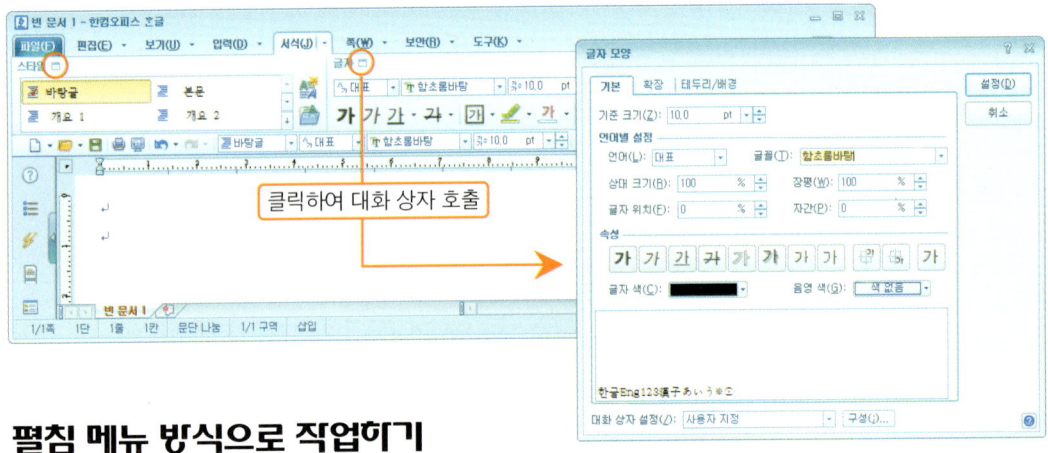

펼침 메뉴 방식으로 작업하기

펼침 메뉴 방식은 흔히 메뉴 방식이라고 표현하며 이전 버전에서는 화면 상단의 [메뉴명]을 클릭해서 해당 항목의 하위 메뉴들을 나타냈지만 2010 버전에서는 메뉴명 우측에 있는 펼침 단추(▾)를 클릭해야 합니다.

● **펼침 메뉴 열기**

화면 상단에 표시된 메뉴 항목 우측의 펼침 단추(▾)를 클릭합니다.
※ 여러 항목 중 [파일]은 메뉴 방식이 기본입니다.

아래 화면은 [보기] 메뉴의 펼침 단추(▾)를 눌러 [보기]의 메뉴를 표시한 것입니다.

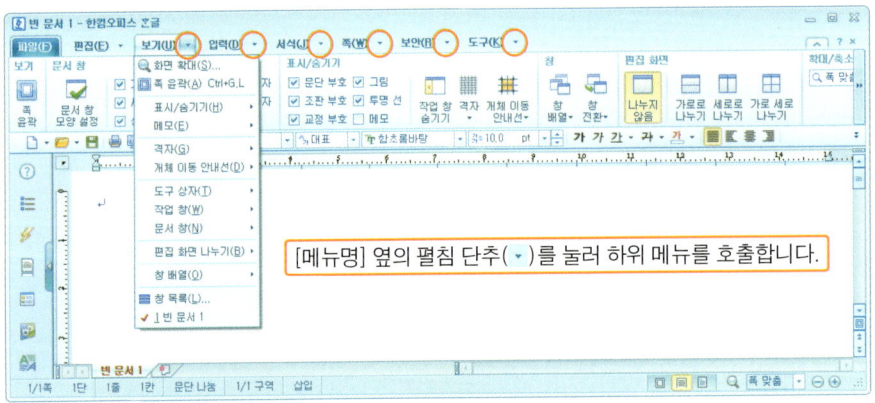

[메뉴명] 옆의 펼침 단추(▾)를 눌러 하위 메뉴를 호출합니다.

Note ■ 한글 2010에서 메뉴 부르기
앞으로 책에서 [xxx] 메뉴를 클릭한다는 표현이 나오면 [메뉴 이름]이 아닌 메뉴 이름 옆의 펼침 단추(▾)를 눌러야 합니다. 이전 버전과 달라진 부분이므로 꼭 기억하기 바랍니다.

단축키를 이용하여 작업하기

단축키 작업 방식은 명령에 대한 단축키를 일일이 기억하고 있어야 하는 단점도 있지만, 메뉴나 도구 아이콘 선택 없이 바로 원하는 작업을 실행시킬 수 있는 장점이 있어서 흔글을 능숙하게 사용하는 유저들이 많이 사용하고 있습니다.

모든 명령에 대한 단축키를 모두 기억하는 것은 불가능하므로 자주 사용하는 기능에 대해서 하나씩 사용하면서 기억하는 것이 좋습니다.

아래 화면은 [서식] 메뉴를 나타낸 것입니다. 화면에 보듯이 해당 명령어의 우측에 그 명령의 단축키들이 표시되어 있습니다.

예를 들어 [글자 모양]을 실행하려면 Alt+L 을 누르면 됩니다.

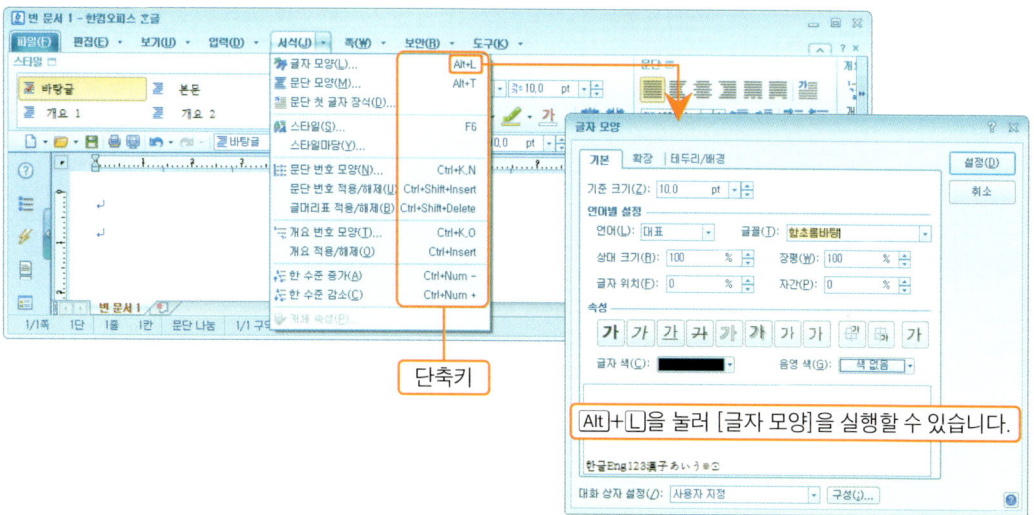

> ■ **단축키**
>
> 단축키는 '+'로 연결된 키를 함께 누르라는 의미입니다.
> 예) Alt+L : Alt 키를 누른 채 L 키를 누릅니다.
> 예) Ctrl+G,L : Ctrl 키를 누른 채 G 키와 L 키를 차례로 누릅니다.

빠른 메뉴를 이용하여 작업하기

빠른 메뉴는 편집 화면에서 마우스 우측 버튼을 눌러서 나타나는 메뉴를 일컫는 것입니다. 흔히 빠른 메뉴는 단축 메뉴로 많이 부르고 있습니다.

특정 개체를 선택하거나 화면의 일부분을 블록 설정한 후 마우스 우측 버튼을 누르면 현 상태에서 가장 많이 사용하는 메뉴들이 나타납니다.

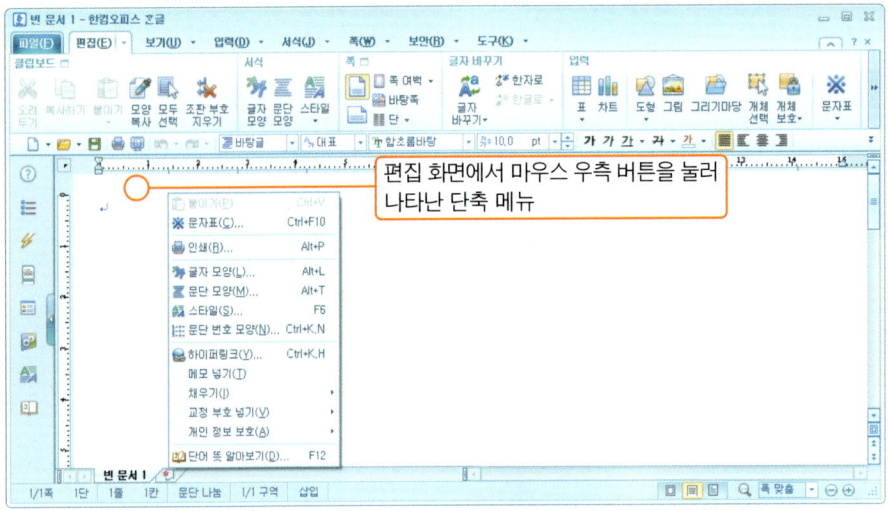

편집 화면에서 마우스 우측 버튼을 눌러 나타난 단축 메뉴

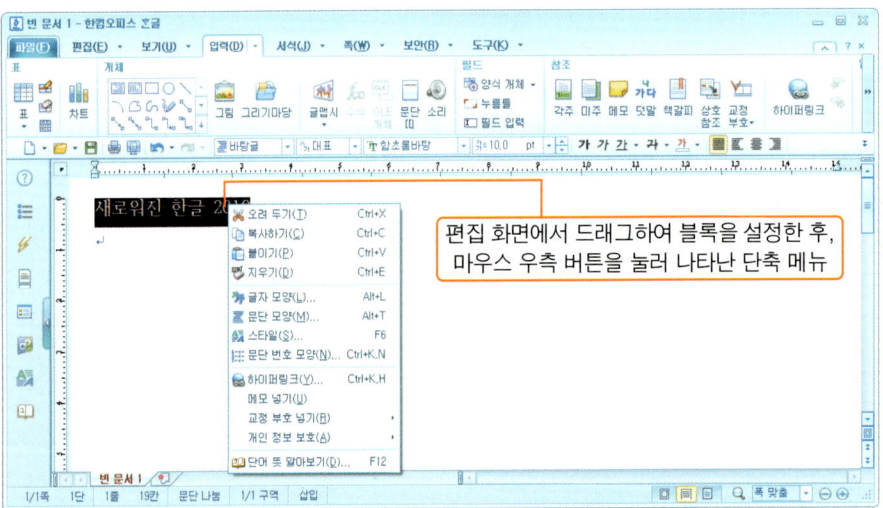

편집 화면에서 드래그하여 블록을 설정한 후, 마우스 우측 버튼을 눌러 나타난 단축 메뉴

> **Note**
> ■ 단축 메뉴
> 단축 메뉴는 항상 같은 메뉴가 나타나는 것이 아니라 개체의 선택, 블록 지정 여부, 어떤 위치에서 마우스 우측 버튼을 눌렀느냐에 따라 그 상황에서 사용 빈도가 높은 메뉴들이 각각 다르게 표시됩니다.

도구 모음줄을 이용하여 작업하기

한글 2010 버전부터 열림 상자라는 것이 등장했지만 이전에는 도구 모음줄에 작업에 필요한 작업 아이콘들을 배치하여 사용하였습니다. 이번 버전에서도 사용 빈도가 높은 서식 도구 모음줄은 기본으로 배치되어 있고, 이를 활용하여 작업할 수 있습니다.

열림 상자가 해당 메뉴명을 클릭했을 때마다 그 메뉴명에 해당하는 작업 아이콘들이 달리 나타나는 반면, 서식 도구 모음줄은 항상 고정되어 표시되어 나타납니다.

아래에는 [서식] 열림 상자와 서식 도구 모음줄을 같이 나타내었습니다. 대부분의 작업 아이콘이 서로 같이 배치되어 있음을 알 수 있습니다.

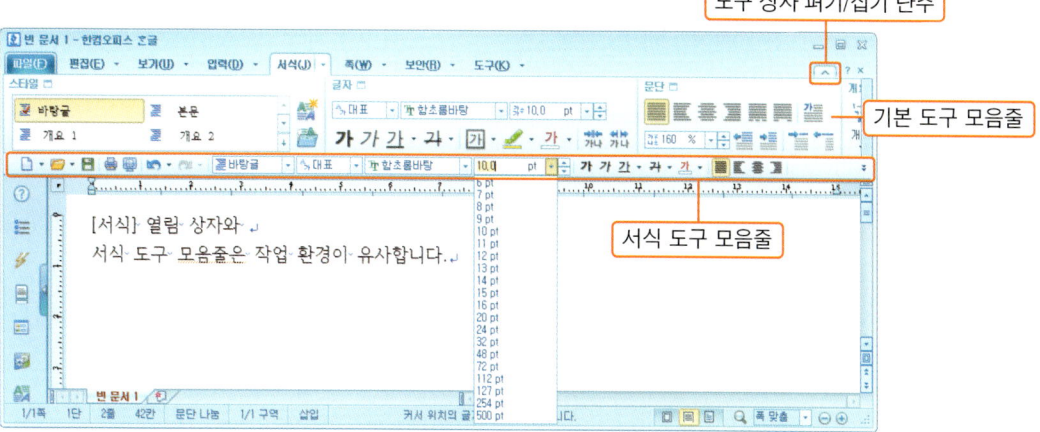

Note

■ 서식 도구 모음줄과 열림 상자 펴기/접기

열림 상자(기본 도구 모음줄)와 서식 도구 모음줄은 도구 상자 접기/펴기(⌃) 단추를 눌러 표시 여부를 지정합니다. 만약 서식 도구 모음줄만 제어하려면 메뉴 [보기]-[도구 상자]-[서식]에서 표시 여부를 지정할 수 있습니다.

책의 실습 과정에서 다양한 작업 방식을 모두 설명할 수는 없습니다. 상황에 따라 적절한 방식으로 안내하겠지만 꼭 그 방식이 아니더라도 다른 방식으로도 같은 결과를 얻을 수 있다는 것을 기억하고, 책에서 제시하지 않는 다른 방식으로 실습해 보는 것이 좋은 학습 방법입니다.

Lesson 02 한글 2010 기본 다지기

문서 편집을 처음 하는 분들은 모든 것이 어렵고 낯설게 보입니다. 글자 하나 지우는 것이나 흔히 사용하는 복사와 붙여넣기 등등… 이곳에서는 편집에 기본이 되는 항목들을 살펴봅니다. 알고 있는 기능은 가볍게 살펴보고 지나가고 혹 처음 접하는 기능이라면 기본 중의 기본 기능이므로 잘 익혀서 차후 편집 작업을 원활히 할 수 있도록 준비하기 바랍니다.

1 문서 입력하기

문서를 입력하는 가장 기본적인 사항인 한글과 영문, 한자, 특수 문자 등의 입력에 관한 것과 글자를 수정하고 지우는 등의 수정에 대해서 살펴보겠습니다.

1 아래 문장을 한/글 편집 화면에 입력합니다.

> 한글과 영문은 키보드의 [한영] 키를 눌러 변환합니다.
> 단순 글자의 수정과 삭제는 [Delete] 키나 [백스페이스] 키를 이용하여 작업합니다.
> 한자는 한글을 입력한 후, 커서를 위치시키고 [한자] 키를 눌러 선택합니다.
> 특수 문자는 메뉴 [입력]의 열림 상자에서 [문자표]를 눌러 선택합니다.
> - 특수 문자의 단축키는 입니다.

2 위에서 입력한 문장을 대소문자, 특수문자 등의 입력 방법을 설명한 부분을 참조하여 아래 문장처럼 수정합니다.

> • 한글과 영문은 키보드의 [한영] 키를 눌러 변환합니다.
> • 단순 글자의 수정과 삭제는 Delete 키나 Back Space 키를 이용하여 작업합니다.
> • 漢字는 한글을 입력한 후, 커서를 位置시키고 [한자] 키를 눌러 選擇합니다.
> • 특수 문자는 메뉴 [입력]의 열림 상자에서 [문자표]를 눌러 선택합니다.
> - 특수 문자의 단축키는 Ctrl+F10입니다.

1. **대소문자의 변경** : 한글과 영문은 한/영 키를 눌러 변환하고, 영문자일 때 Caps Lock 키가 켜져 있으면 대문자로 입력됩니다.

2. **한자 변환** : 변환할 한글을 마우스로 드래그하여 범위를 지정하고 [입력]의 열림 상자의 [한자 입력]을 누르거나 키보드의 기능키 F9를 눌러 원하는 한자를 선택하고 [바꾸기] 단추를 클릭합니다.

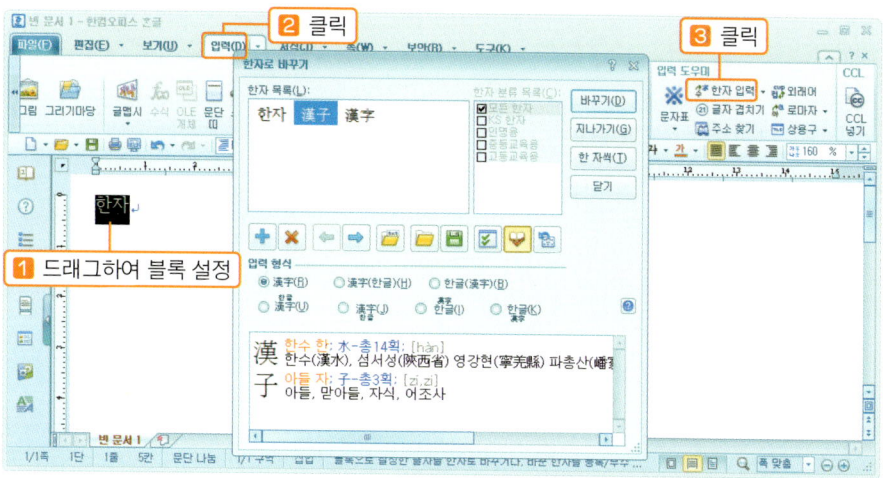

3. **특수 문자 입력 방법** : 특수 문자는 [입력] 열림 상자의 문자표의 ▼를 눌러 [문자표 입력] 상자가 나타나면 원하는 문자를 선택한 후, [넣기] 단추를 누르면 됩니다.

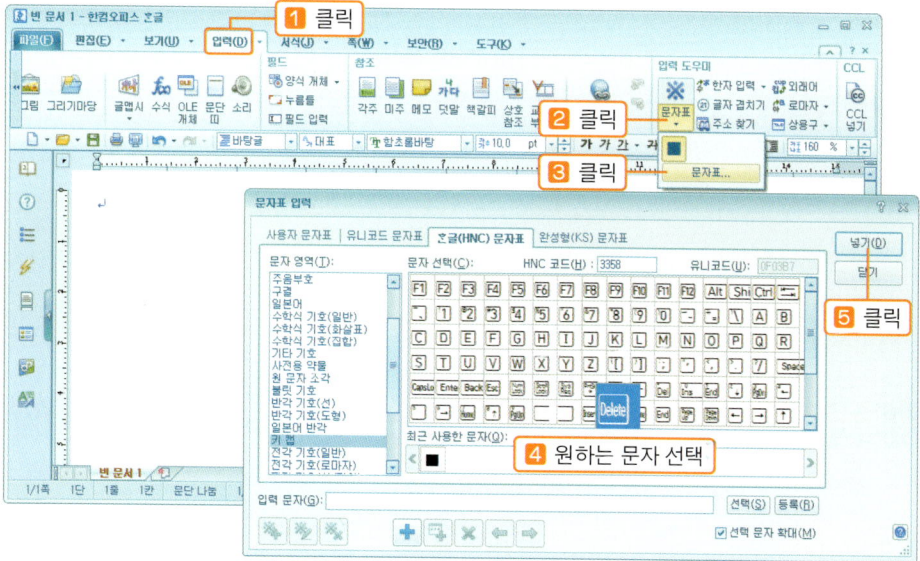

예) •은 [문자표 입력]의 [훈글(HNC) 문자표] 탭을 선택하고 좌측에서 '불릿 기호'를 선택한 후, 화면에서 •을 선택하고 [넣기] 단추를 클릭합니다.

예) Delete Back Space Ctrl F10 등의 입력은 [문자표 입력]의 [훈글(HNC) 문자표] 탭을 선택하고 좌측에서 '키 캡'을 선택한 후, 원하는 항목을 선택하고 [넣기] 단추를 클릭합니다.

3 내용을 모두 수정하였으면 메뉴 [파일]-[저장하기]를 눌러 [다른 이름으로 저장하기] 창이 나타나면 '저장 위치'를 클릭하여 '로컬 디스크(C:)'을 선택한 후, 나타나는 폴더 중에 [한글2010-실습]을 더블 클릭하고 '파일 이름'을 '입력연습'으로 지정하고 [저장] 단추를 누릅니다.

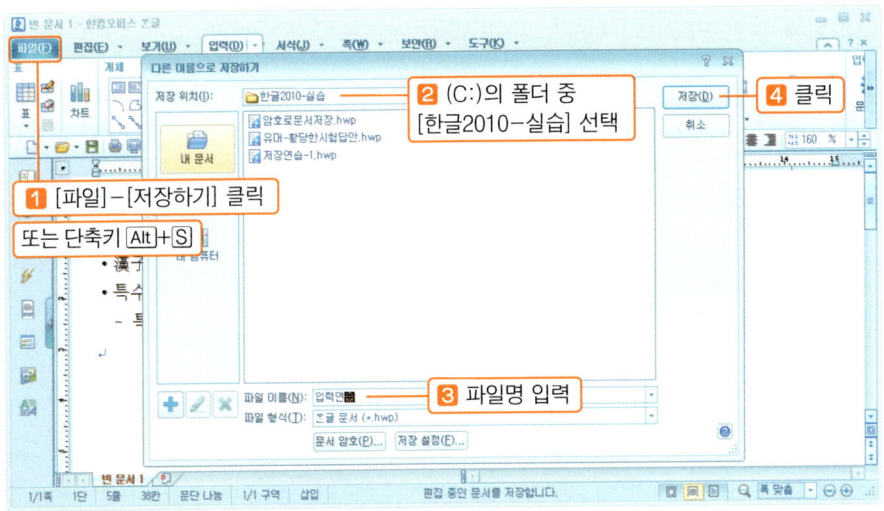

2 편집 용지와 여백 지정하기

문서를 작성할 때 어떤 크기의 문서를 작성하느냐가 중요합니다. 그럼에도 문서 크기에 대해 둔감한 이유는 널리 사용되는 A4 사이즈가 기본이기 때문입니다. 문서 크기가 결정되면 좌우상하 등의 여백도 지정되어야 하는데 이런 편집 용지와 여백에 대해서 살펴보겠습니다.

● 편집 용지 및 여백 지정

단축키 : F7
메뉴 : [쪽]-[편집 용지]
열림 상자 : [쪽] 열림 상자의 [쪽 설정] 대화 상자

1 문서 사이즈, 즉 편집 용지를 지정하기 위해 메뉴 [쪽]을 눌러 열림 상자에서 [쪽 설정]을 클릭합니다.

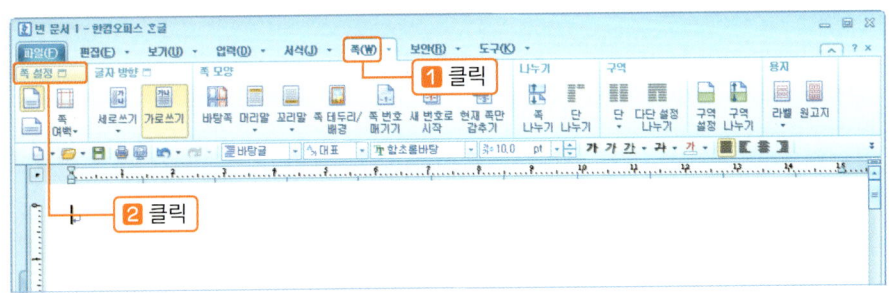

2 나타나는 [편집 용지] 대화 상자에서 문서 크기와 여백을 지정하고 [설정] 단추를 클릭합니다.

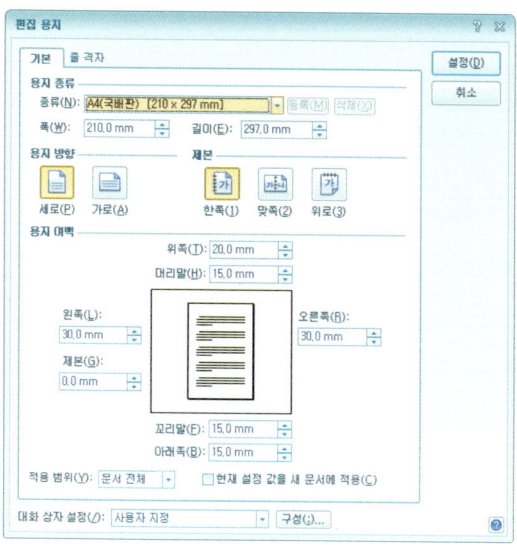

- **용지 종류** : 일반적으로 많이 사용하는 용지의 사이즈를 선택할 수 있습니다. 사용자가 임의의 사이즈로 문서를 편집하려면 '사용자 지정'을 선택하여 크기를 지정하면 됩니다.

- **용지 방향** : 지정한 편집 용지를 세로 방향으로 사용할 지 가로 방향으로 사용할 지를 선택합니다.

- **용지 여백** : 지정한 편집 용지에서 여백을 지정합니다. 여백이란 문서에서 사용하지 않은 부분을 의미하므로 여백을 제외한 부분이 실제 문서가 사용할 공간입니다.

  ① **위, 아래, 왼쪽, 오른쪽 여백** : 지정 용지에서 상하좌우의 여백을 지정합니다.

  ② **머리말, 꼬리말** : 출판된 책을 보면 페이지의 상단이나 하단에 고정적으로 나오는 문장이 있습니다. 상단에 위치하는 머리말에는 책 제목이나 챕터 이름이, 하단에 위치하는 꼬리말에는 쪽수 등이 주로 나타나는데 그것에 할당할 공간을 지정하는 것입니다.

> **Note**
> 특별한 경우가 아니라면 기본 사이즈인 A4의 기본 여백으로 문서를 작성하면 됩니다. 그러나 작성한 문서의 맨 마지막 쪽으로 한두 줄 정도가 넘친다면 상하 여백을 조금 줄이는 등의 여백 조정으로 깔끔하게 문서를 마감하는 것이 좋습니다. 경우에 따라 좌우 여백을 조정하여 문서 분량을 조절할 수도 있습니다.

3 복사와 붙여넣기

문서 편집에서 상당히 많이 발생하는 작업이 복사와 붙여넣기입니다. 복사의 의미는 특정 부분을 컴퓨터에 기억시키는 것을 뜻하고, 붙여넣기는 그 기억시킨 내용을 특정 위치에 넣는 작업을 뜻합니다.

문단에서 작업 범위 지정하기

복사는 어떤 부분을 컴퓨터에 기억시키는 것이라고 설명했습니다. 그렇다면 그 어떤 부분을 어떻게 지정하는 것일까요? 그것이 바로 블록 설정(범위 지정)이라는 작업이며, 매우 다양한 방법이 있습니다.

● 블록 설정하기
① 마우스로 드래그하여 블록 설정
② Shift 키를 누른 채 방향키로 블록 설정
③ F3 키를 누른 후, 방향키로 블록 설정
④ 한 줄 선택하기 : 해당 줄의 왼쪽 문서 여백 부분을 클릭
⑤ 문서 전체 선택하기 : Ctrl + A
※ 지정된 범위를 취소하려면 다른 곳을 마우스로 클릭하거나 키보드의 Esc 키를 누릅니다.

1 열려있는 모든 문서를 닫고(단축키 : Ctrl + F4), '로컬 디스크 (C:)'의 [한글2010-실습] 폴더에서 '문서범위지정방법.HWP' 파일을 불러옵니다.

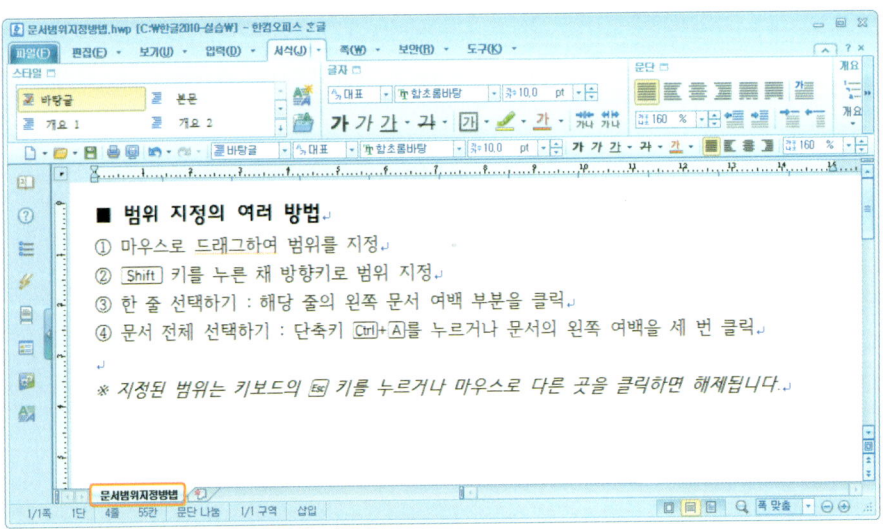

2 문서에 설명된 것을 참조하여 각각의 방법으로 범위를 지정해 봅니다.

복사와 붙여넣기

복사와 붙여넣기는 영문의 Copy와 Paste로도 많이 표현하며 작업 빈도가 높기 때문에 메뉴 방식은 거의 사용하지 않고 대부분 단축키를 사용하므로 해당 단축키를 잘 기억해 두어야 합니다.

● **복사/붙여넣기/오려두기**

복사 : Ctrl+C
붙여넣기 : Ctrl+V
오려두기 : Ctrl+X

특정 내용을 복사하여 다른 곳에 하나 더 만들려면 [복사] 작업 후 [붙여넣기]를 하지만, 특정 내용을 없애고 다른 곳에다 옮기려면 [오려두기] 작업 후 [붙여넣기]를 실행해야 합니다.

1 '로컬 디스크(C:)'의 [한글2010-실습] 폴더에서 '복사와붙여넣기.hwp' 파일을 불러옵니다. 다른 문서가 열려 있으면 [문서 닫기] 단축키인 Ctrl+F4를 눌러 닫아 줍니다.

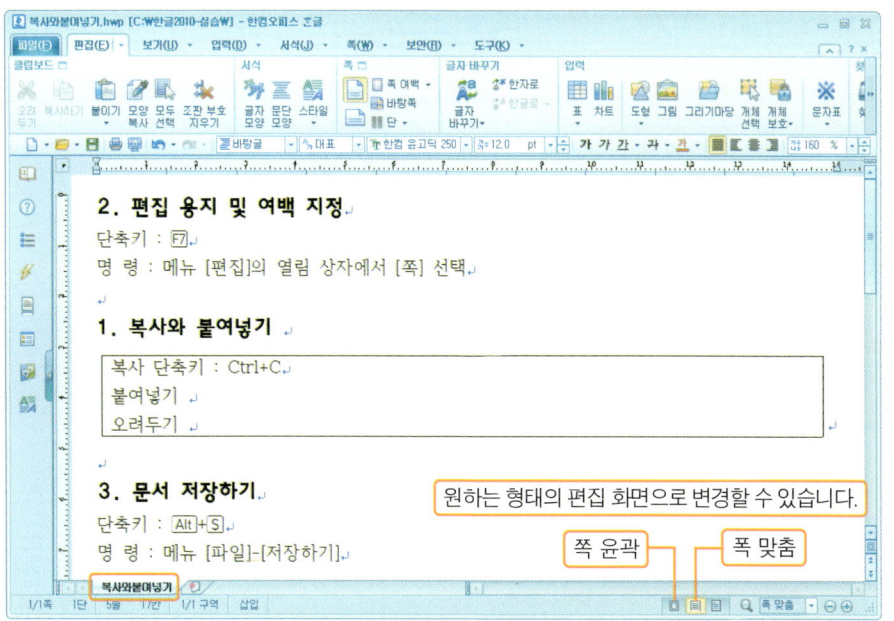

> **Note** 복사, 붙여넣기, 오려두기 작업은 메뉴 [편집]에 배치되어 있습니다. 그러나 워낙 많이 사용하는 명령이어서 메뉴나 열림 상자를 사용하는 것보다 단축키를 익혀두기 바랍니다. 또한 복사 붙여넣기 등의 단축키는 한글 2010 뿐만 아니라 Microsoft Office의 엑셀, 파워포인트, MS 워드나 윈도우의 메모장 등 PC의 거의 모든 프로그램에서 공통적으로 사용됩니다.

문서 중간의 '1. 복사와 붙여넣기' 부분을 복사 후 붙여넣기 작업으로 아래처럼 완성하겠습니다.

수정 전	수정 후
복사 단축키 : Ctrl+C 붙여넣기 오려두기	복사 단축키 : Ctrl+C 붙여넣기 : Ctrl+V 오려두기 : Ctrl+X

2 복사할 ': Ctrl+C'를 마우스로 드래그해서 범위 지정하고 이를 복사하기 위해 단축키 Ctrl+C를 누릅니다.

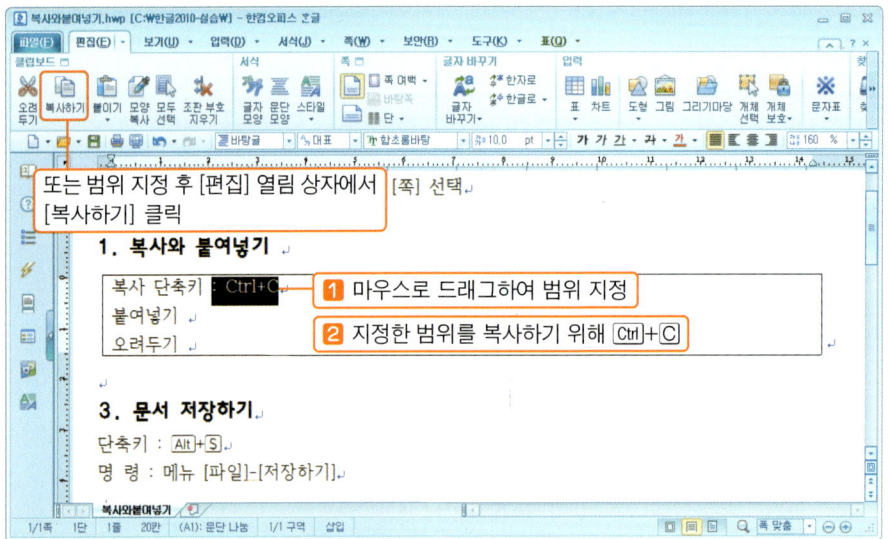

3 복사된 내용을 붙여넣기하기 위해 '붙여넣기'라는 글자 뒤에 커서를 놓고 붙여넣기 단축키 Ctrl+V를 누릅니다. 같은 방식으로 '오려두기' 뒤에도 커서를 놓고 Ctrl+V를 누릅니다. 붙여넣기가 완료되면 아래와 같이 내용을 수정합니다.

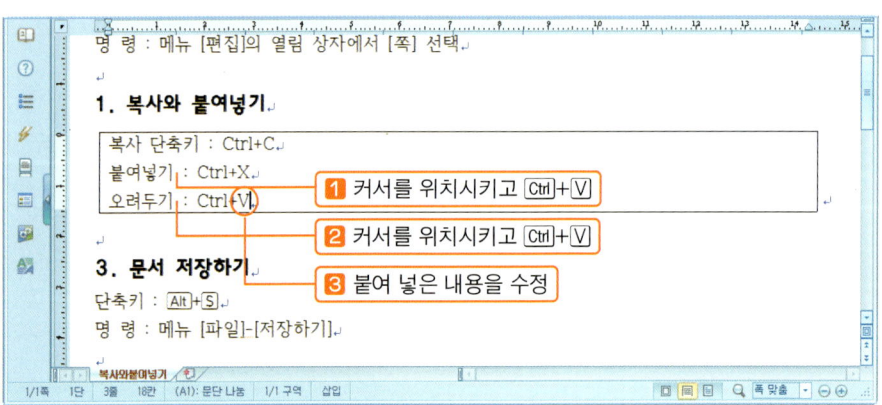

문서의 내용이 번호 순서대로 배열되어 있지 않습니다. 이를 바로 잡기 위해서 위쪽 '2. 편집 용지 및 여백 지정'의 내용을 오려서 '1. 복사와 붙여넣기' 아래로 옮기겠습니다.

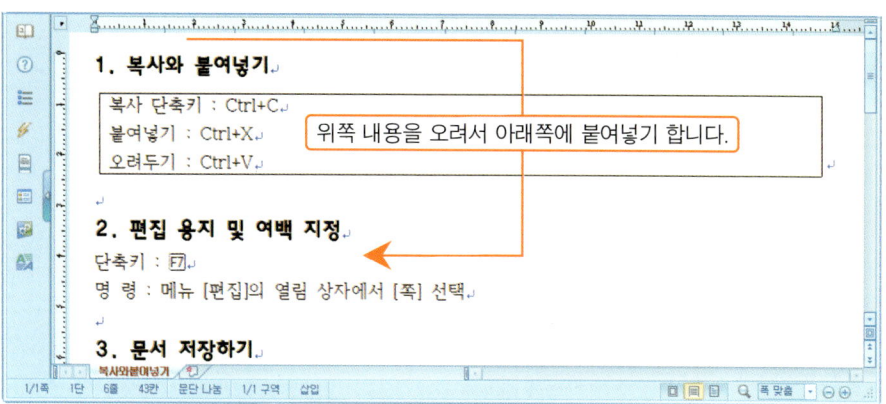

4 오려둘 위쪽의 문장을 마우스 드래그해서 범위를 지정하고 오려두기의 단축키 Ctrl+X를 누릅니다.

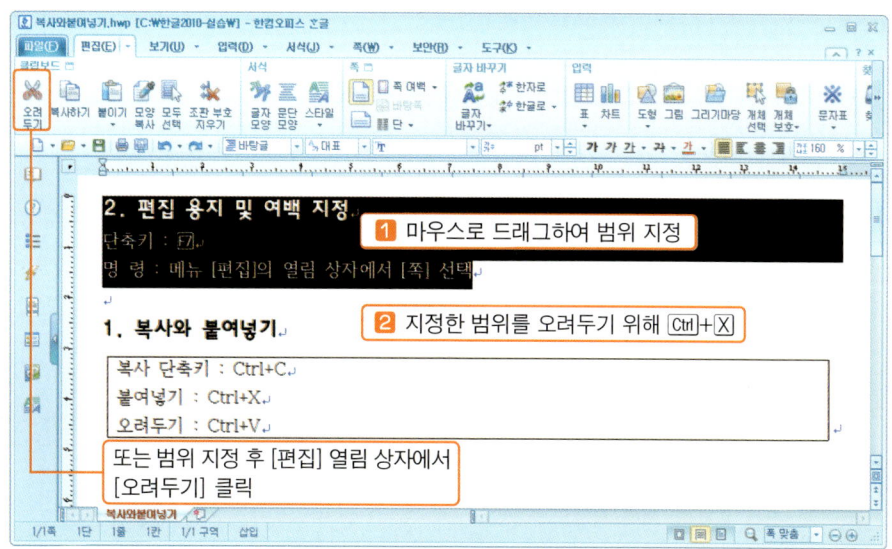

> **■ 줄 삽입**
>
> 아래 그림처럼 화면 하단에 [삽입] 표시가 되어 있을 때 Enter↵ 키를 누르면 줄이 삽입됩니다. 그러나 [수정]으로 표시되어 있으면 줄 삽입이 되지 않는데 [삽입]/[수정]은 키보드의 Insert 키를 눌러 서로 전환할 수 있습니다.
>
>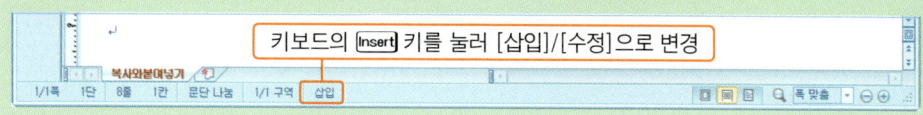

5 오려둔 내용을 넣을 줄을 확보하기 위해 해당 위치에서 Enter 키를 두 번 눌러 줄을 확보하고 중간 줄에 커서를 놓고 붙여넣기 단축키 Ctrl+V를 누릅니다.

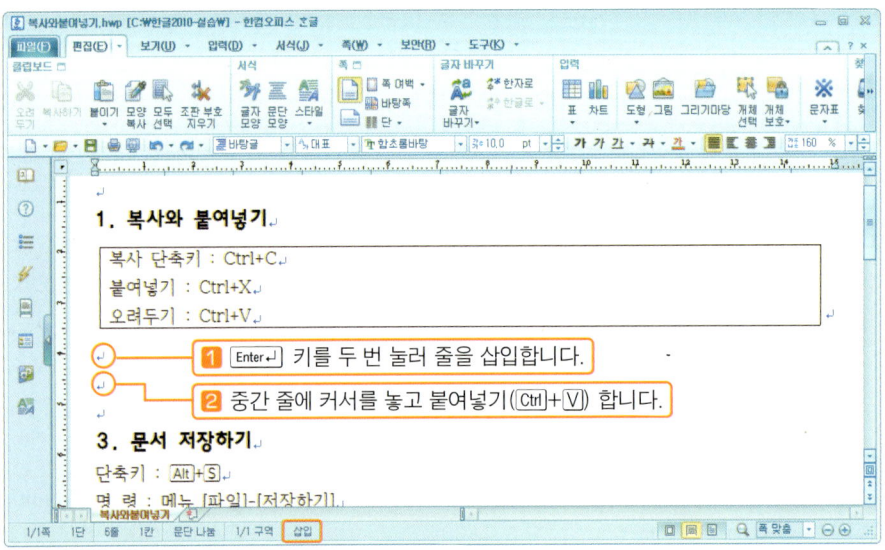

작업 중인 문서를 보면 1번 내용은 표에 넣어져 있지만 2번, 3번 그렇지 않습니다.
아래처럼 2번과 3번 내용을 표 안에 넣는 작업을 하겠습니다. 작업 순서는 아래와 같습니다.

① 표를 복사하여 원하는 위치에 붙여넣기 합니다.
② 표 안의 내용을 삭제합니다.
③ 내용을 오려서 표 안에 붙여넣기 합니다.

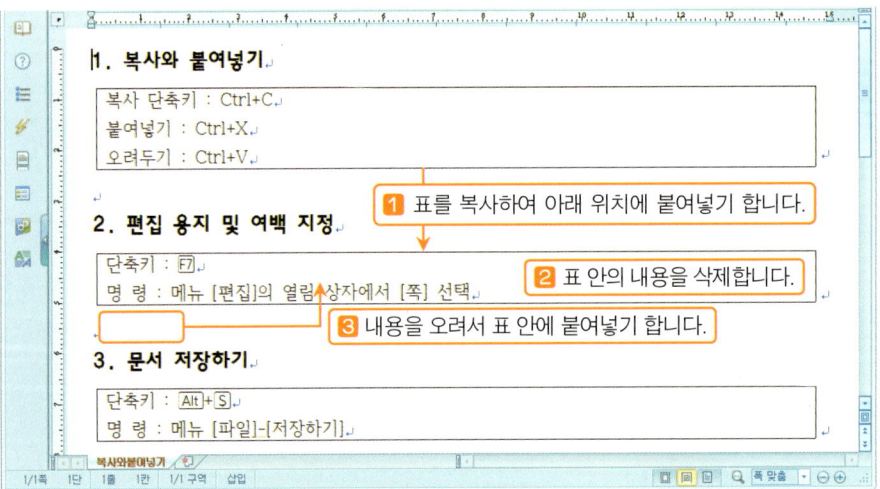

6 각각의 내용을 표에 넣기 위해 줄을 확보하고 위쪽 표의 테두리를 마우스로 클릭하여 선택한 후, 단축키 Ctrl+C를 눌러 복사합니다.

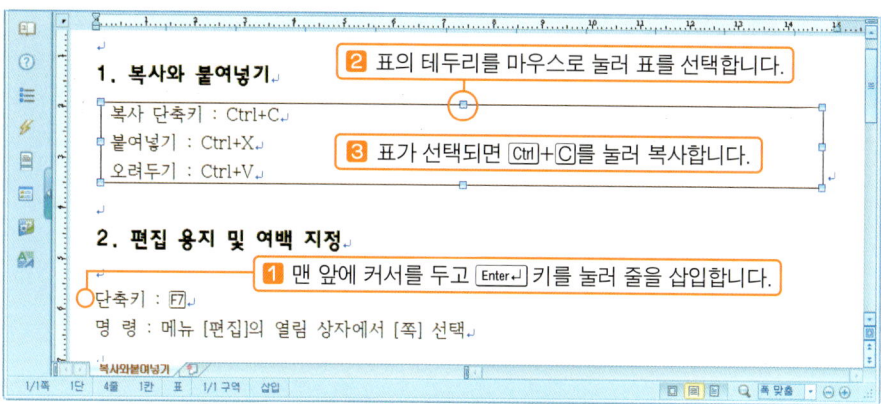

7 붙여 넣을 곳을 클릭한 후, Ctrl+V를 눌러 붙여넣기 합니다.

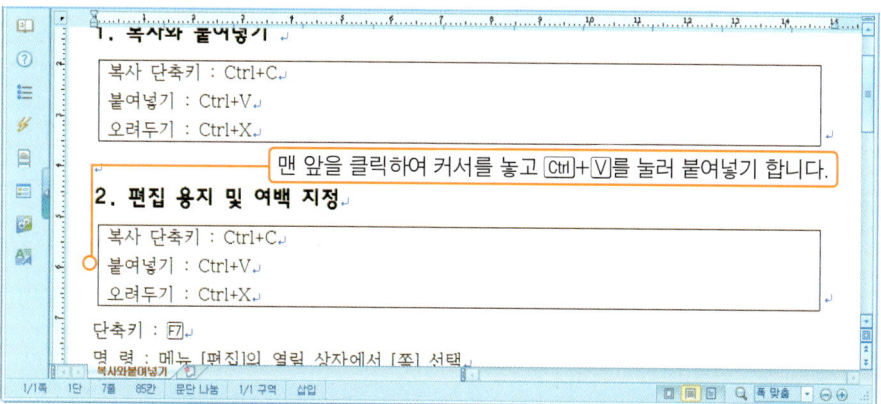

8 복사한 표 안의 내용을 지웁니다.

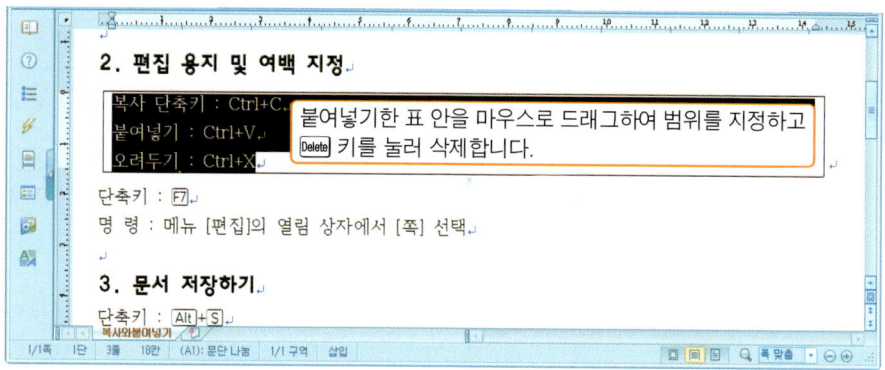

9 아래쪽 내용을 Ctrl+X를 눌러 오려내기한 후, 위쪽 빈 박스 안에 Ctrl+V를 눌러 붙여넣기 합니다.

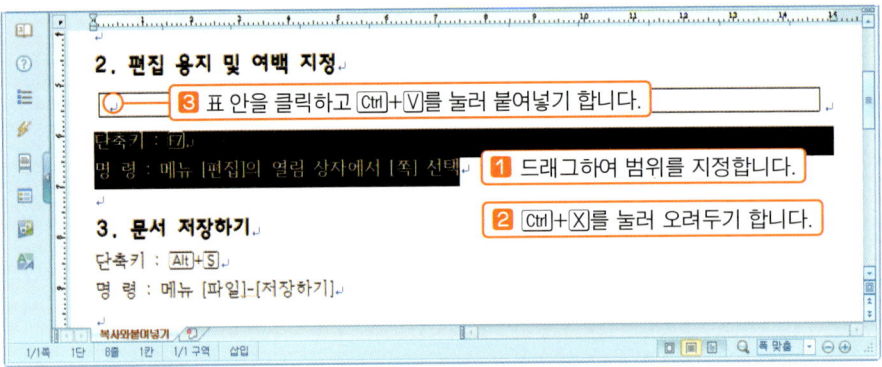

10 지금까지의 작업을 참조하여 3번도 아래와 같이 완성시킵니다.

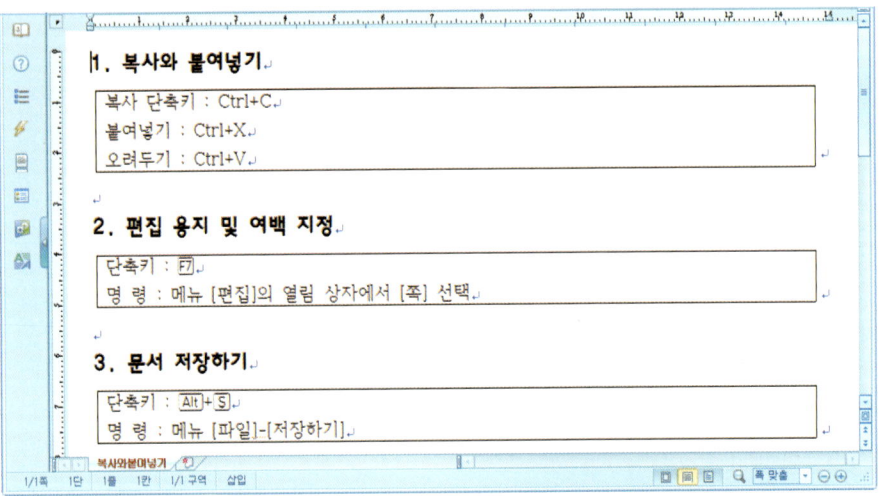

11 완성한 파일을 '복사와붙여넣기(완성본)'이라는 이름으로 저장합니다.

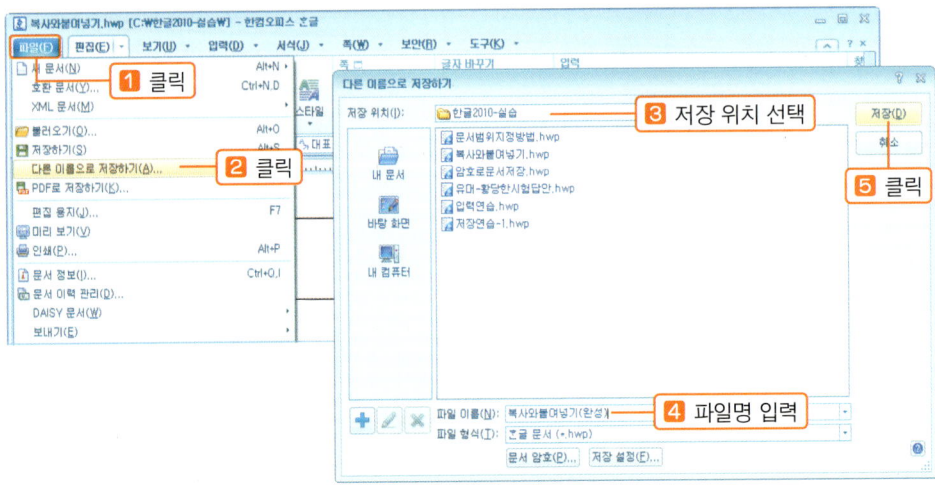

Lesson 02 한글 2010 기본 다지기

> **■ 다른 이름으로 저장하기**
>
> 단순히 저장(Alt+S) 작업을 실행하면 상황에 따라 두 가지 형태로 나눠집니다.
> - 새 문서일 경우는 파일 이름을 새로 부여하면서 저장됩니다.
> - 기존 문서를 불러와서 작업한 후 저장하면 기존 문서의 이름으로 저장됩니다.
>
> 이렇듯 기존 문서를 불러서 다른 이름으로 저장할 때 사용하는 것이 메뉴 [파일]-[다른 이름으로 저장하기]입니다. 그러면 기존 문서를 새로운 이름을 부여하여 별도 파일로 저장할 수 있습니다.

클립보드 창 활용하기

복사해둔 내용은 다른 내용을 복사해 두지 않았다면 계속해서 붙여넣기(Ctrl+V) 할 수 있습니다. 예를 들어 표 등을 복사하여 4개로 만들려면 한번만 복사하고 계속해서 붙여넣기만 실행하면 된다는 뜻입니다.

복사하기(Ctrl+C)와 붙여넣기(Ctrl+V) 작업을 클립보드 창을 이용해서 작업할 수도 있습니다.

1 화면 좌측에 배치된 [작업 창 접기/펴기] 단추를 클릭하여 작업 창을 나타나게 한 후, [클립보드] 아이콘을 클릭합니다.

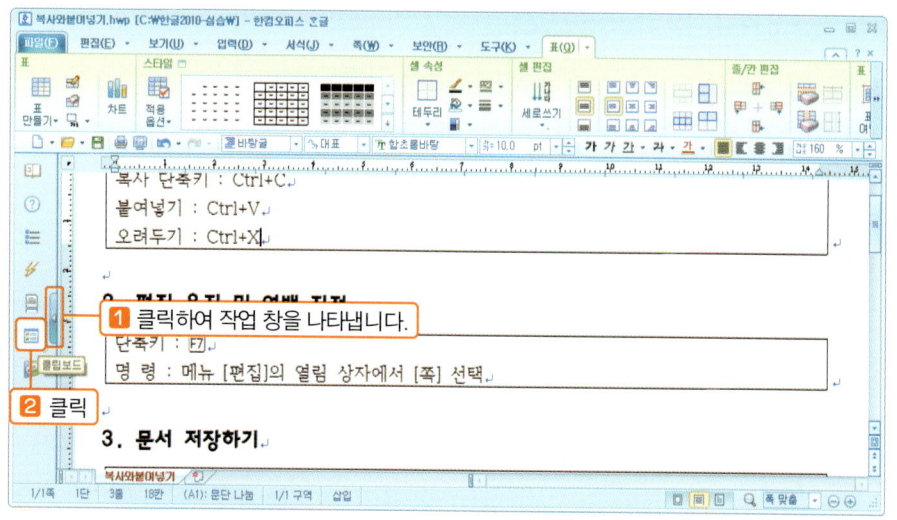

2 [클립보드] 작업 창에는 지금까지 복사한 내용들이 기억되어 있습니다. 화면에 커서를 위치시키고 [클립보드]에서 붙여 넣을 항목을 클릭하면 화면에 붙여넣기 됩니다.

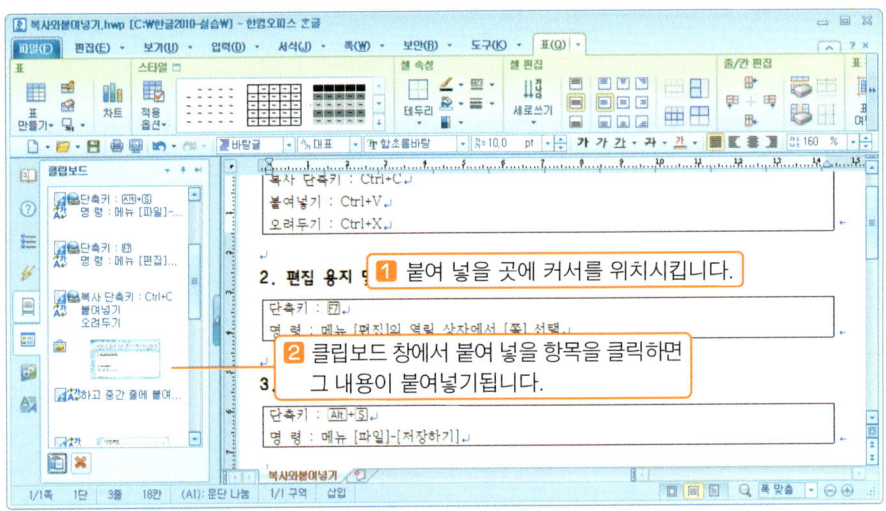

되돌리기와 다시 실행

작업을 진행하다보면 방금 작업했던 이전으로 되돌리거나 되돌린 작업을 다시 실행해야 하는 경우가 발생합니다.

● **되돌리기와 다시 실행하기**
되돌리기 : Ctrl + Z
다시 실행하기 : Ctrl + Shift + Z
메뉴(열림 상자) : [파일]-[되돌리기], [파일]-[다시 실행]

글자를 지우거나 줄은 삽입하는 것 또는 복사/붙여넣기 등 특정 작업을 실행한 후, Ctrl + Z 를 눌러 이를 되돌려 보는 실습을 해봅니다. Ctrl + Z 를 누르는 횟수만큼 이전 상태로 되돌아가고 되돌아간 작업을 다시 실행하려면 메뉴 [파일]-[다시 실행]을 선택합니다.

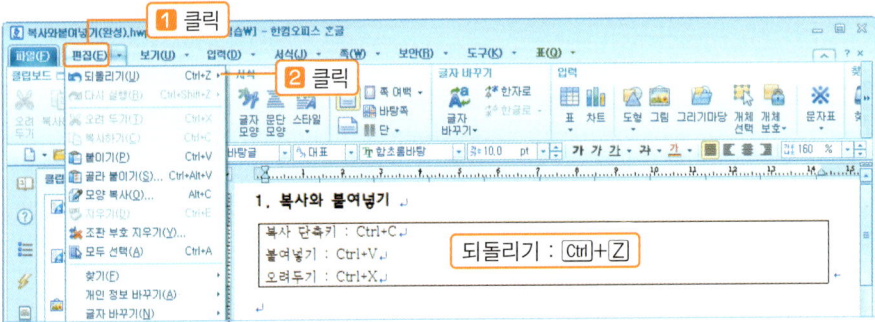

Lesson 02 한글 2010 기본 다지기

4 미리 보기와 인쇄하기

문서 작업은 마지막에 인쇄로 마무리되는 경우가 많습니다. 화면에 작성했을 때와는 다르게 글자가 작게 또는 반대로 크게 인쇄되는 것을 많이 보게 됩니다. 매번 인쇄로 그 결과를 확인하는 것보다는 인쇄 전에 인쇄될 내용을 미리 보기로 확인하여 수정할 것은 미리 다듬고 인쇄하는 것이 바람직한 작업 진행입니다.

미리 보기

● 미리 보기

메뉴 : [파일]-[미리 보기]

1 C: 드라이브의 [한글2010-실습] 폴더에서 '빌게이츠연설(2007 하버드 졸업식).hwp' 파일을 불러옵니다.

2 이 문서를 인쇄하면 어떻게 나오는지 미리 살펴보기 위해서 메뉴 [파일]-[미리 보기]를 선택합니다.

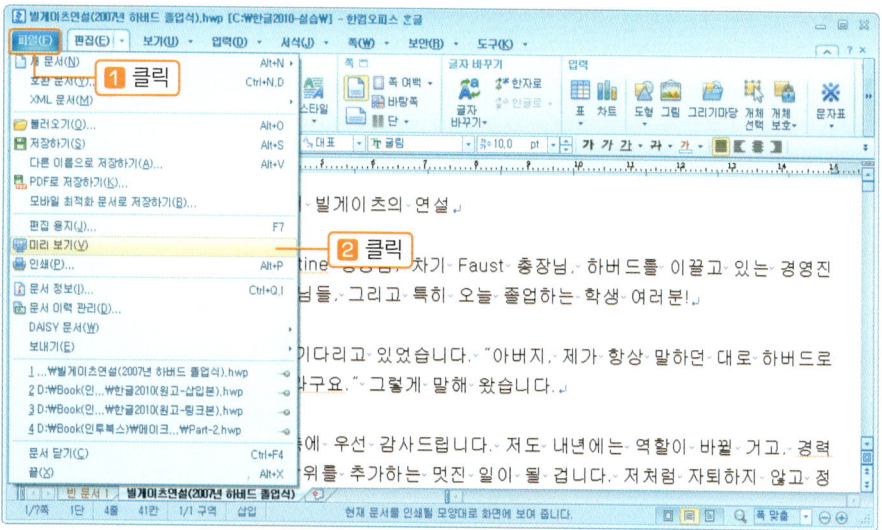

> Note [파일] 메뉴 항목 중 [모바일 최적화 문서로 저장하기]는 한글 2010의 업데이트(패치) 버전이 발표되면서 새롭게 추가되었습니다. 해당 메뉴가 나타나지 않는다면 자동 업데이트나 www.hancom.co.kr에 접속하여 최신 버전으로 업데이트하기 바랍니다.

3 [미리 보기] 화면이 나타나면 키보드의 `Page Up`, `Page Down`이나 `↑`, `↓` 등을 눌러 페이지를 이동할 수 있습니다. 설명을 참조하여 각각의 단추들을 눌러 그 역할을 살펴보기 바랍니다. 다시 편집 상태로 되돌아 가려면 [닫기] 단추나 키보드의 `Esc` 키를 누릅니다.

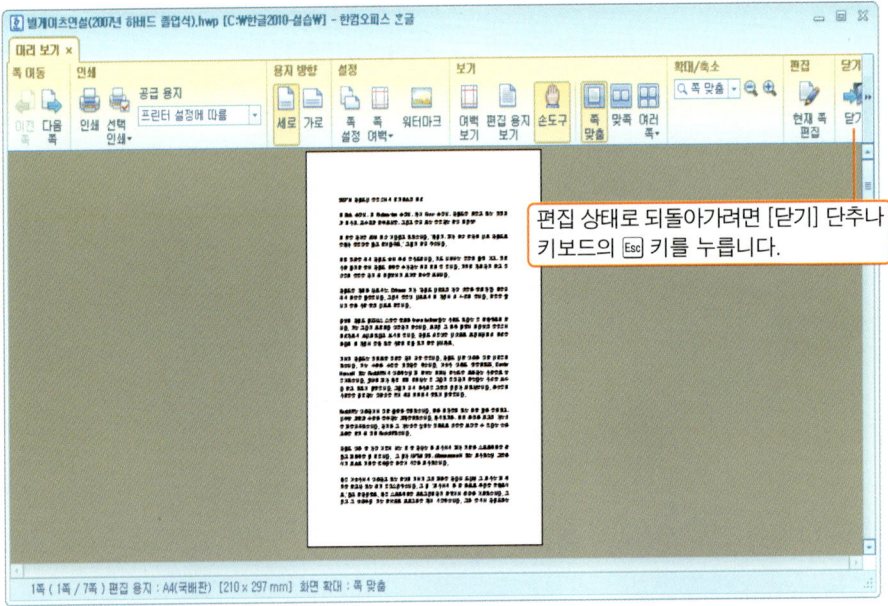

편집 상태로 되돌아가려면 [닫기] 단추나 키보드의 `Esc` 키를 누릅니다.

> **Note**
>
> **미리 보기 화면에 특정 페이지만 나타난다면?**
>
> 여러 쪽으로 구성된 문서인데도 미리 보기에서는 특정 쪽만 나타나는 경우가 있습니다. 이는 이전 작업에서 특정 페이지만 인쇄 또는 미리 보기를 해서 그 설정이 계속 유지되는 것입니다. 이럴 경우에는 메뉴 [파일]-[인쇄]를 눌러 '인쇄 범위'를 '문서 전체'로 지정하고 [미리 보기] 단추를 누르면 됩니다.

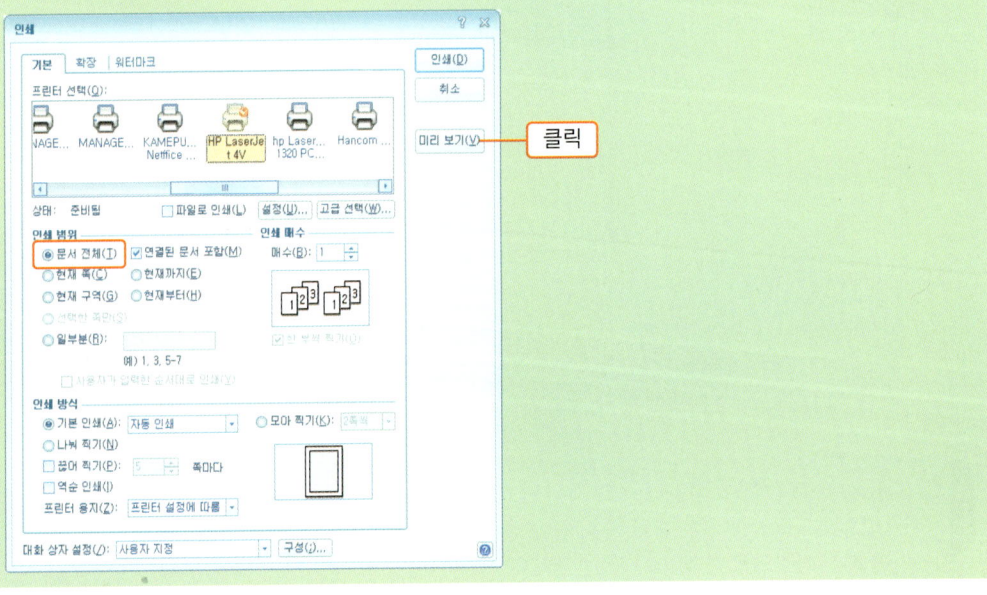

클릭

■ [미리 보기] 화면 살펴보기

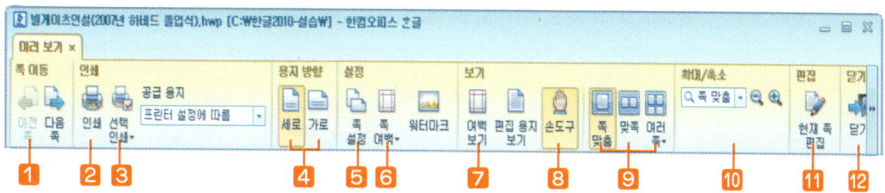

1. [이전 쪽/다음 쪽] : 화면 이동
2. [인쇄] : 현재 문서를 인쇄
3. [선택 인쇄] : 문서의 일부를 선택하여 인쇄
4. [세로/가로] : 용지의 가로, 세로 방향을 선택
5. [쪽 설정] : 편집 용지 대화 상자에서 용지 크기 및 여백 지정
6. [쪽 여백] : 여백 지정
7. [여백 보기] : 미리 보기 화면에 여백을 선으로 표시
8. [손 도구] : 화면이 확대되었을 때 손 도구를 클릭한 후 미리 보기에서 드래그하여 화면 이동
9. [쪽맞춤/맞쪽/여러 쪽] : 미리 보기 화면을 한쪽, 맞쪽, 여러 쪽을 선택하여 표시
10. [확대/축소] : 미리 보기 화면의 크기를 선택
11. [현재 쪽 편집] : 여러 장으로 구성된 문서일 때 선택한(문서의 주위가 파랑 선으로 나타난) 문서 편집
12. [닫기] : 미리 보기 창 닫기

인쇄하기

인쇄하기를 바로 실행하는 것보다는 미리 보기를 통해서 결과를 예측해본 후에 인쇄하는 것이 좋습니다.

> ● 인쇄하기
>
> 단축키 : Alt + P
> 메뉴 : [파일]-[인쇄]

1 화면에 인쇄할 문서를 불러온 후, 메뉴 [파일]-[인쇄]를 클릭합니다.

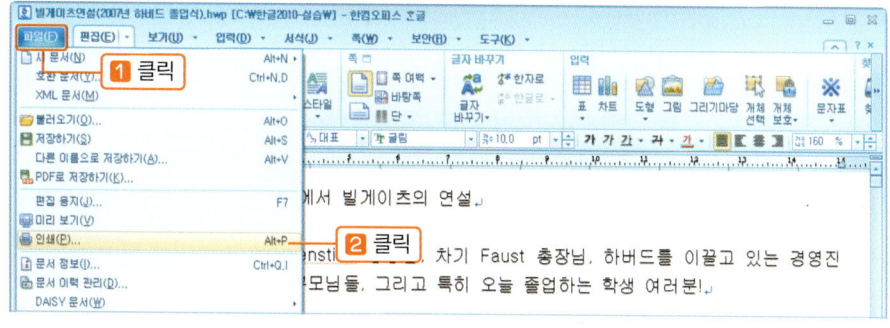

2 [인쇄] 대화 상자가 나타나면 설정 사항을 지정하고 [인쇄] 단추를 누르면 인쇄가 진행됩니다.

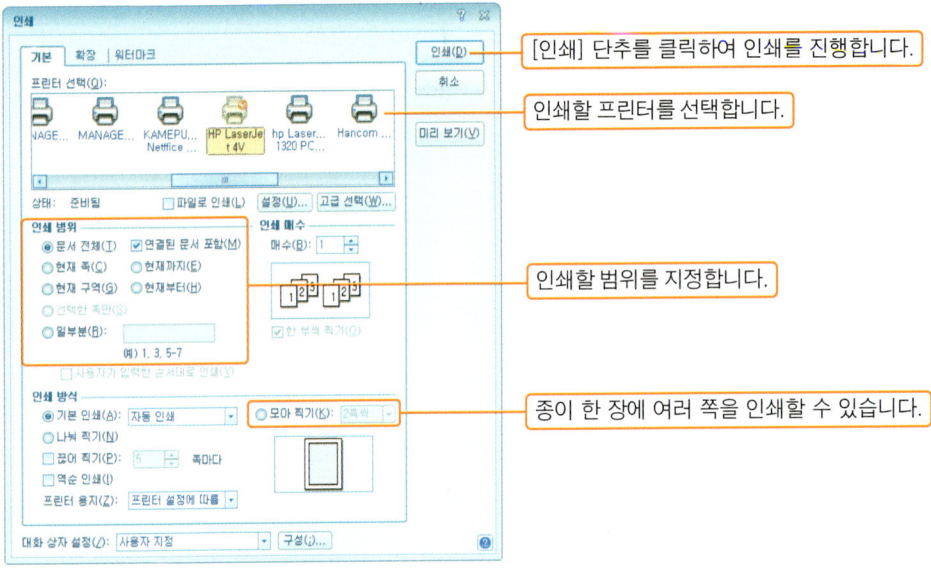

쪽 번호를 부여하여 인쇄하기

여러 페이지로 구성된 문서는 쪽 번호를 부여하여 인쇄하는 것이 좋습니다.

● 쪽 번호 매기기

메뉴(열림상자) : [쪽]-[쪽 번호 매기기]

1 메뉴 [쪽]의 열림 상자에서 [쪽 번호 매기기]를 클릭합니다.

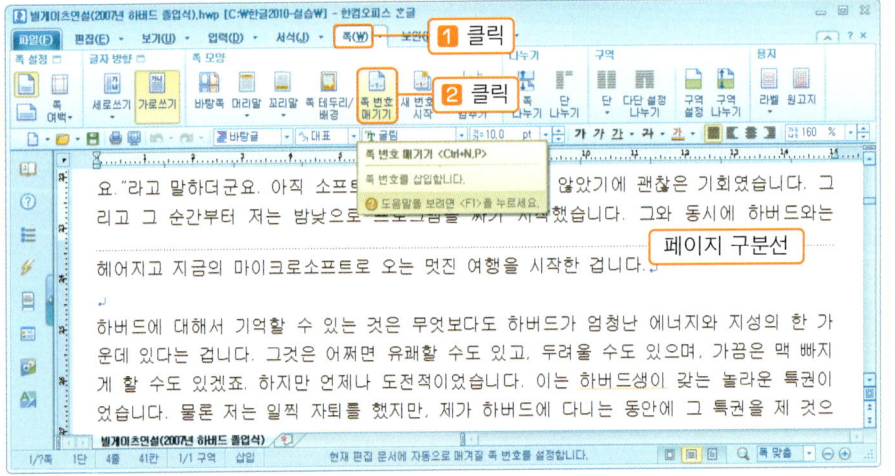

2 [쪽 번호 매기기] 대화 상자가 나타나면 '번호 위치'를 선택하고 [넣기]를 클릭합니다.

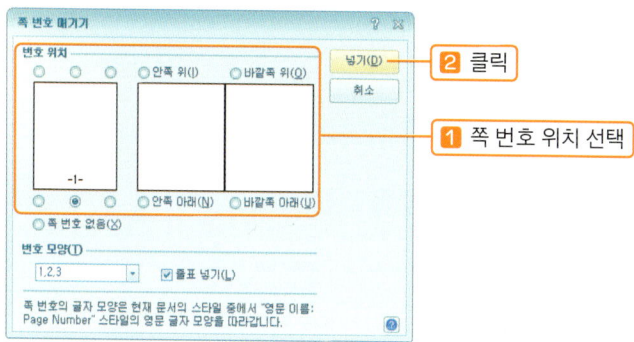

3 쪽 번호가 매겨진 것을 확인하기 위해 [보기] 열림 상자의 [쪽 윤곽]을 선택하거나 화면 하단에서 [쪽 윤곽]을 선택합니다.

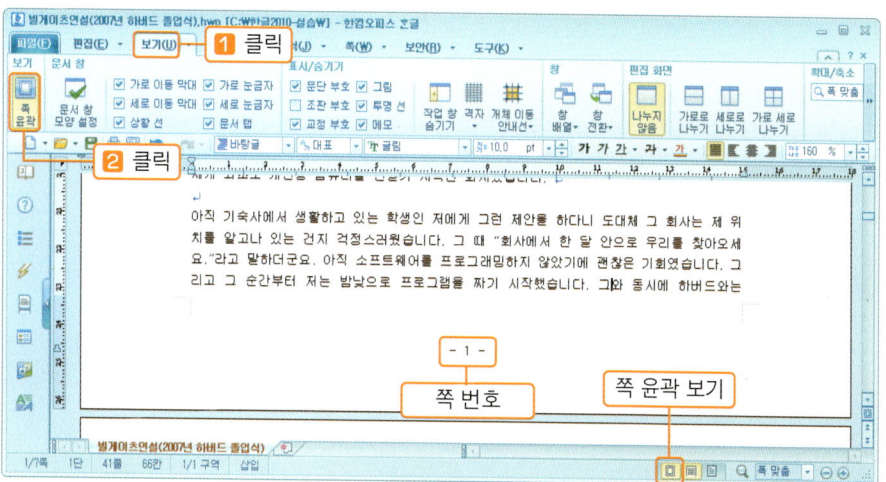

> Note
> 화면 하단 상황 선의 쪽 윤곽(▣) 단추는 한 번 누르면 [쪽 윤곽] 상태로, 한 번 더 누르면 이전 상태로 되돌아갑니다.
> ※ 상황 선을 나타내려면 [보기] 열림 상자의 [상황 선]이 체크되어 있어야 합니다.

4 쪽 번호가 부여된 것은 메뉴 [파일]-[미리 보기]에서도 확인할 수 있습니다.

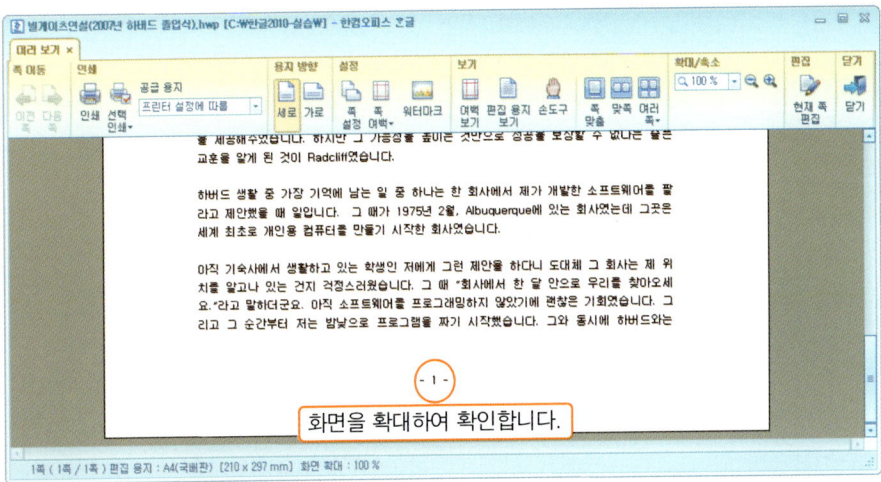

5 아래 화면은 [여러 쪽]에서 2쪽을 선택한 결과 화면입니다.

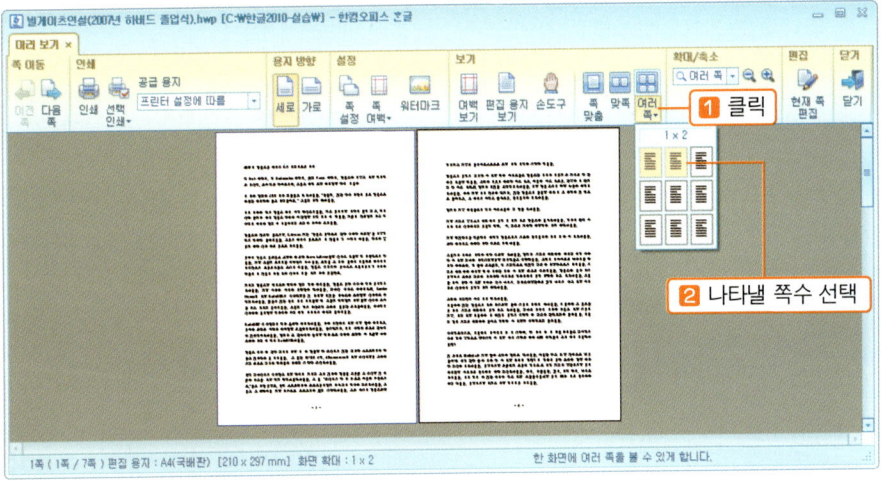

■ [인쇄] 대화 상자 살펴보기

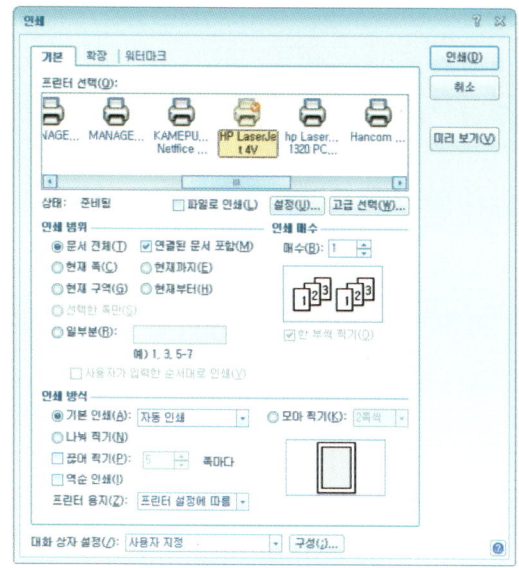

● 인쇄하기

단축키 : Alt + P
메뉴 : [파일]-[인쇄]

1. **인쇄 범위** : 인쇄할 범위를 지정합니다.
   - 문서 전체 : 문서 전체를 인쇄
   - 현재 쪽 : 문서 중 커서가 위치한 페이지를 인쇄
   - 현재까지 : 처음부터 커서가 위치한 페이지까지 인쇄
   - 현재부터 : 현 위치부터 마지막까지 인쇄
   - 일부분 : 지정한 페이지만 인쇄
     예) 1 : 1 페이지를 인쇄
       1,3,7 : 1,3,7 페이지만 인쇄
       3-8 : 3부터 8페이지까지만 인쇄

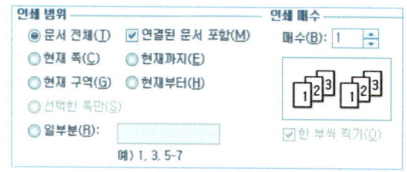

2. **인쇄 매수** : 숫자를 지정하여 같은 페이지를 여러 장 인쇄할 수 있습니다.

3. **인쇄 방식**
   - 기본 인쇄 : 일반적인 인쇄
   - 모아 찍기 : 종이 한 장에 여러 페이지를 함께 인쇄
     예) 모아 찍기가 '2쪽 씩'이면 용지 크기에 맞춰서 한 장에 두 페이지씩 인쇄됩니다.

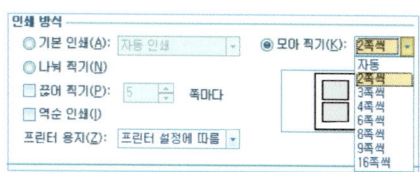

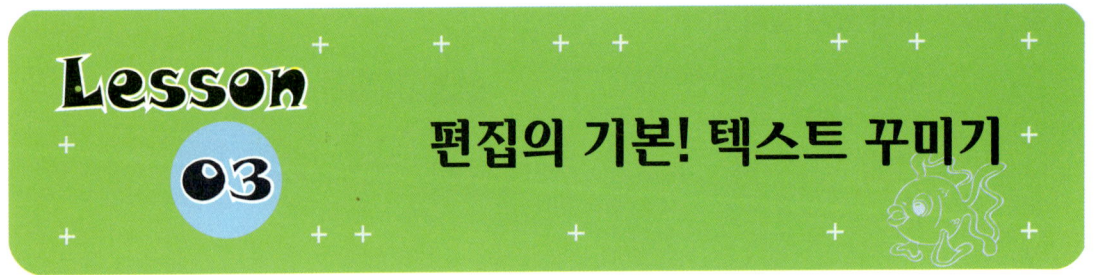

Lesson 03 편집의 기본! 텍스트 꾸미기

문서에 입력한 글자의 글꼴, 크기, 색상 등의 사항을 변경하는 일은 작업에서 매우 빈번하게 일어나는 일입니다. 작업의 빈도가 높은 만큼 익숙하게 될 때까지 그 기능을 익혀 두어야 합니다.

1 글자 모양 변경하기

대부분의 편집 작업은 작업할 부분을 블록(범위)으로 지정한 다음, 메뉴이나 단축키, 열림 상자 등의 해당 기능을 사용하게 됩니다. 글자 모양은 메뉴 [서식]에서 담당하고 있습니다.

> ● **글자 모양 변경하기**
> **단축키** : Alt + L
> **메뉴** : [서식]-[글자 모양]
> **열림 상자** : [서식] 열림 상자의 [글자] 영역

도구를 이용한 글자 모양 꾸미기

1 메뉴 [파일]-[불러오기]를 선택하여 '로컬 디스크 (C:)'의 [한글2010-실습] 폴더에서 '유머-황당한 시험답안.hwp'를 불러옵니다.

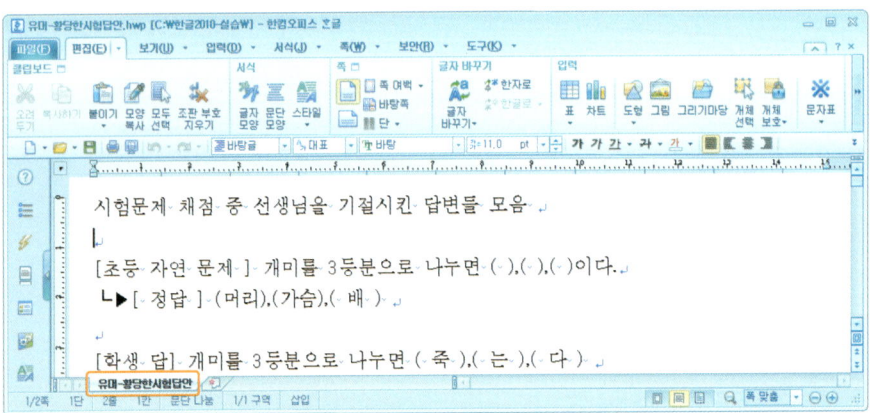

Lesson 03 편집의 기본! 텍스트 꾸미기

2 글자 모양을 지정할 곳을 범위로 지정하고 [서식] 열림 상자를 클릭하여 '글꼴'은 'HY산B', '글꼴 크기'는 '15pt', '글자 색'은 '진달래 색 계열'로 지정합니다.

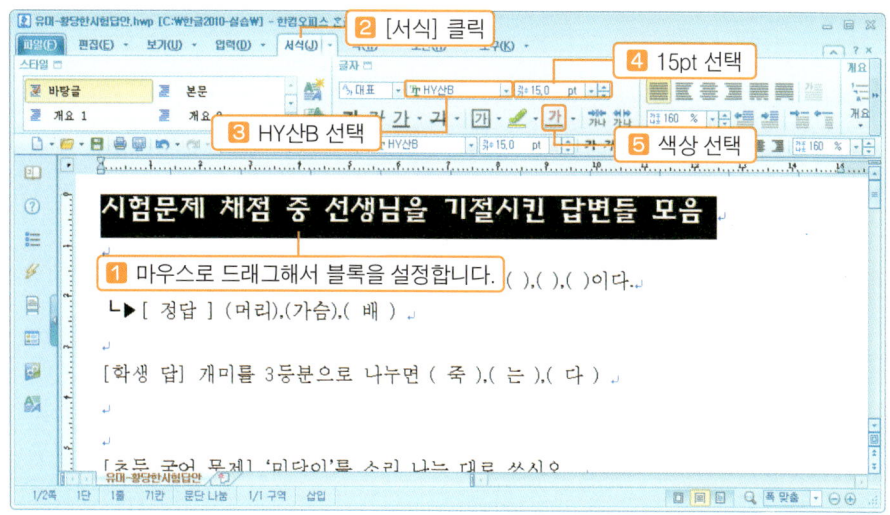

■ 다양한 블록 설정

- 다양한 블록 설정 : 원하는 부분을 드래그하여 블록 설정합니다.
- F3 키를 누르고 방향키 : F3 키를 누른 후 방향키로 이동하면 해당 부분이 블록 설정됩니다.

- 한줄 블록 설정하기 : 문서의 왼쪽 여백으로 마우스 포인터를 이동하면 포인터 모양( ) 이 변경됩니다. 이때 클릭하면 한 줄이 블록으로 설정됩니다.

- F4 키를 누르고 방향키 : F4 키를 누른 후 방향키로 이동하면 해당 부분이 블록 설정됩니다. 대부분의 블록 설정이 줄 단위의 가로 방향에 대한 것인데 반해 F4 키를 이용하면 세로 방향에 대한 블록을 지정할 수 있습니다.

아래 참고 화면을 보면 F3 키를 사용한 블록 지정과의 차이를 명확히 알 수 있습니다.

> **Note** 글꼴 모양에 관한 것과 기타 자주 사용되는 도구들은 아래 화면처럼 [서식] 열림 상자와 서식 도구 모음 줄에 함께 배치되어 있어서 사용자가 임의로 선택하여 사용할 수 있습니다.

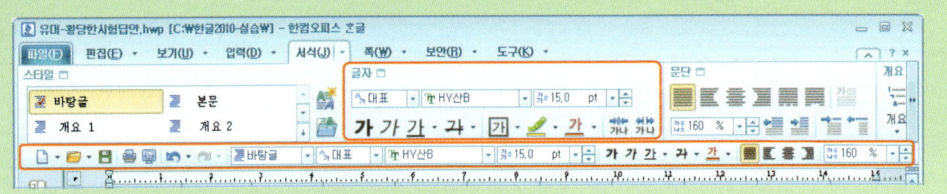

3 이번에는 [서식] 열림 상자가 아닌 기본 도구 상자를 이용하여 글꼴 모양을 지정합니다.

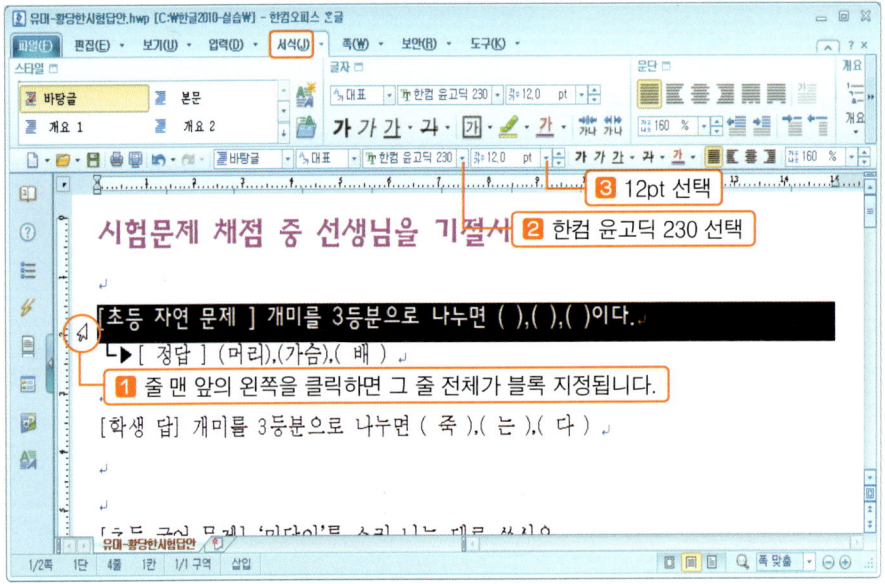

메뉴 및 단축키 이용한 글자 모양 꾸미기

1 작업할 대상을 블록 지정하고 메뉴 [서식]-[글자 모양] 또는 Alt+L을 누르거나 [서식] 열림 상자의 [글자] 아이콘을 누르면 [글자 모양] 대화 상자가 나타납니다. 이곳에서도 다양한 글꼴 모양을 지정할 수 있습니다.

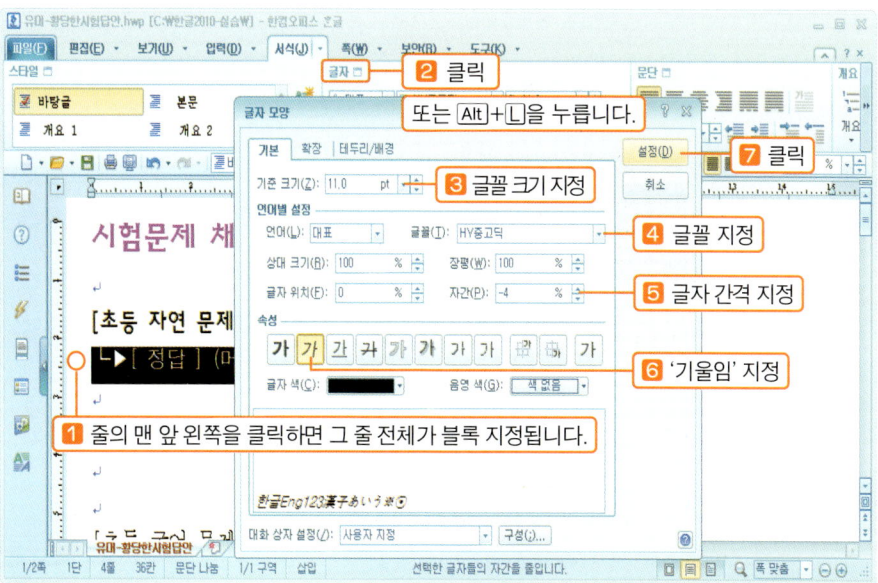

> **■ 한글 2010의 메뉴 선택하기**
> 메뉴 선택은 이전 버전까지는 화면 상단의 [메뉴명]을 클릭해서 하위 메뉴들을 나타냈지만 2010 버전에서는 메뉴명 우측에 있는 펼침 단추(▼)를 클릭해야 합니다. [메뉴명]을 클릭하면 메뉴가 아닌 열림 상자가 나타납니다.

■ [글꼴 모양] 대화 상자 살펴보기

항 목	내 용	예
글자 위치	마이너스 값이면 위쪽, 플러스 값이면 아래쪽에 나타납니다.	글자 위치 −15% : 샘플 글자 위치 +15 : 샘플
장평	글꼴을 홀쭉하게(100% 이하), 넓적하게(100% 이상) 지정	장평 70% : 샘플 장평 120% : 샘 플
자간	글자와 글자간의 간격 마이너스 값이면 좁아지고, 플러스 값이면 벌어집니다.	자간 −20 : 샘플 자간 10 : 샘 플
속성	진하게(가), 기울임(가), 밑줄(가), 취소선(가), 외곽선(가) 그림자(가), 양각/음각(가/가), 위/아래첨자(가/가), 보통 모양(가)	
음영색	글자의 뒤쪽의 바탕색	음영색: 샘플
글자색	글자의 색상	글자색: 샘플

2 아래 결과처럼 두 부분을 나누어서 글꼴 모양을 지정합니다.

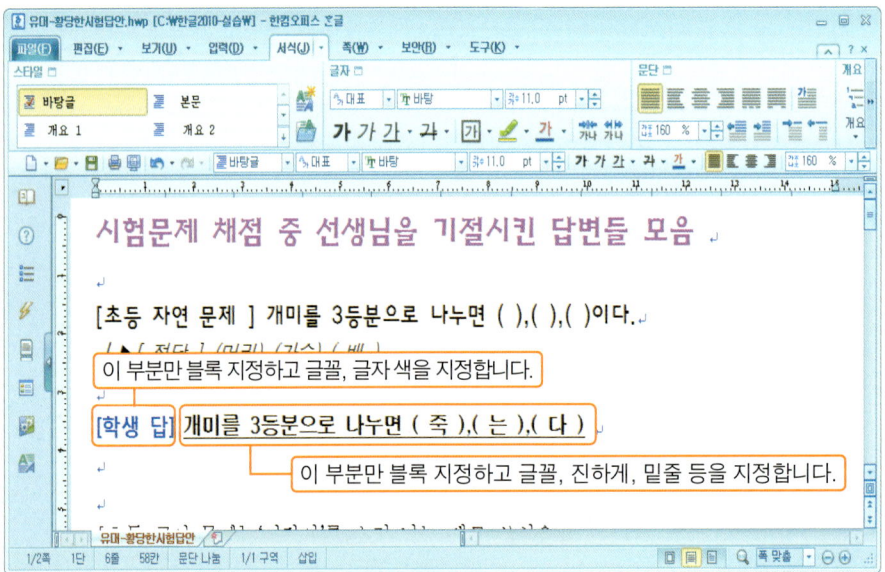

> **Note**
> 글자 모양은 [서식] 열림 상자 외에도 [편집] 열림 상자에도 배치되어 있습니다.

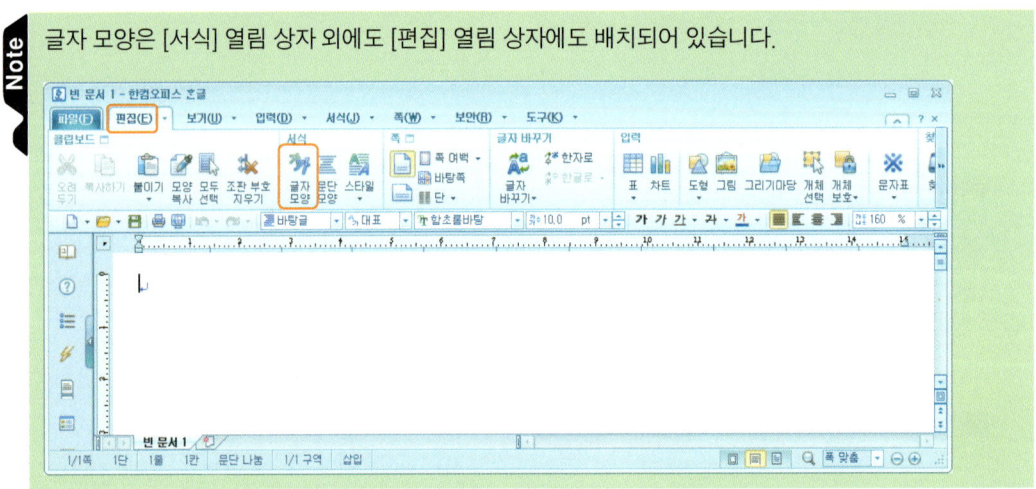

Lesson 03 편집의 기본! 텍스트 꾸미기

② 문단 모양 설정하기

문단이란 Enter에 의해 구분된 문장의 집합체입니다. 따라서 Enter를 눌러 줄을 바꾸기 전까지는 여러 줄이라 해도 하나의 문단이 됩니다. 화면에 메뉴 [보기]의 '문단 부호'를 체크해 두면 손쉽게 문단을 구별할 수 있습니다.

문단 모양의 주된 내용으로는 정렬, 좌우 여백, 줄 간격 등을 들 수 있습니다.

> ● **문단 모양 변경하기**
> **단축키** : Alt + T
> **메뉴** : [서식] - [문단 모양]
> **열림 상자** : [서식] 열림 상자의 [문단] 영역

도구를 이용한 문단 꾸미기

1 '로컬 디스크 (C:)'의 [한글2010-실습] 폴더에서 '문단모양실습하기.hwp' 파일을 불러옵니다.

2 커서를 작업할 곳에 위치시키고, 메뉴 [서식]을 눌러 나타나는 열림 상자에서 줄 간격을 지정합니다. A 부분은 줄 간격을 100%로, B 부분은 줄 간격 200%로 지정합니다.

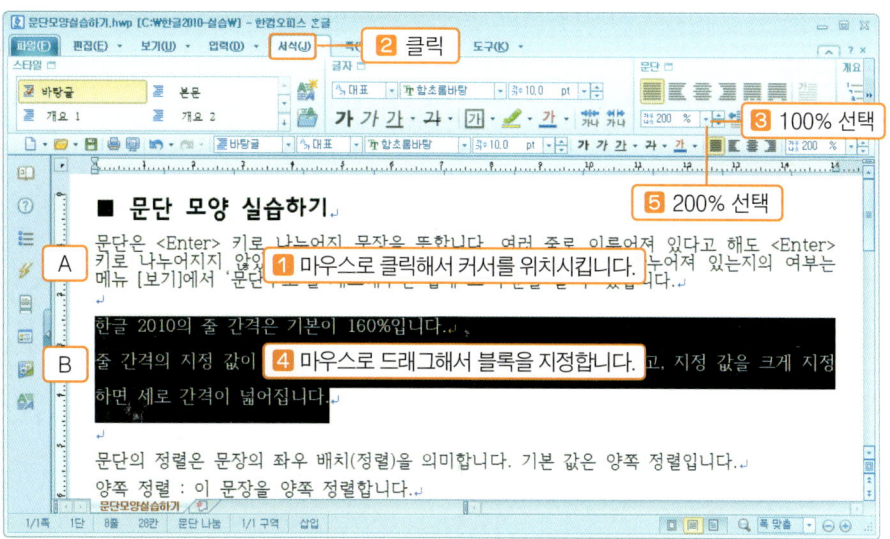

Note ■ 문단 부호 화면에 표시하기

메뉴 및 단축키로 문단 꾸미기

문단 모양에 설정은 메뉴 [서식]의 열림 상자나 기본 도구, 또는 단축키 등으로 다양하게 작업할 수 있습니다. 작업 방식은 어떤 것이든 크게 다르지 않습니다.

1 작업할 곳에 커서를 위치시키고 메뉴 [서식]의 펼침 단추(▼)를 눌러 [문단 모양]을 클릭합니다. 또는 단축키 Alt+T를 눌러도 됩니다.

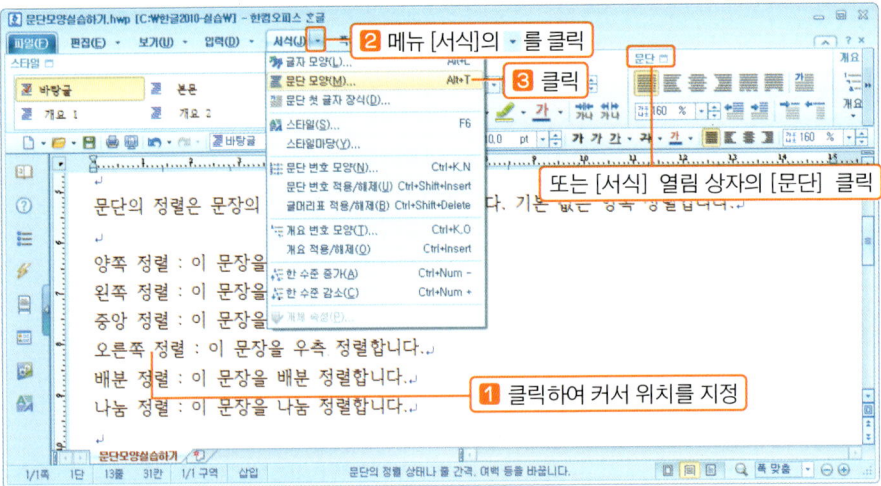

2 나타나는 [문단 모양] 대화 상자의 [기본] 탭에서 '정렬 방식'을 '왼쪽 정렬(≡)'을 선택하고 [설정]을 누릅니다.

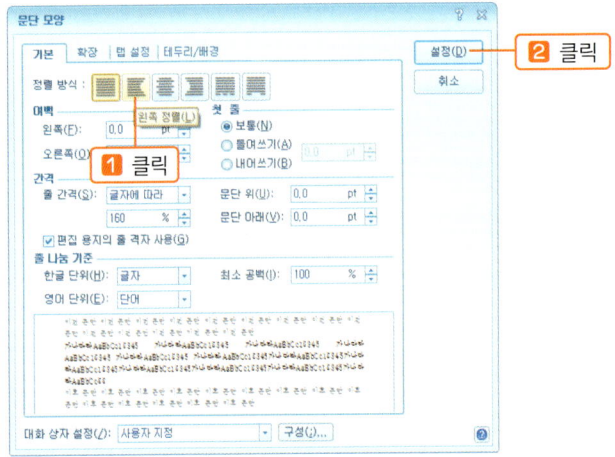

3 나머지 문장들도 설명문에 따라 각각을 정렬합니다.

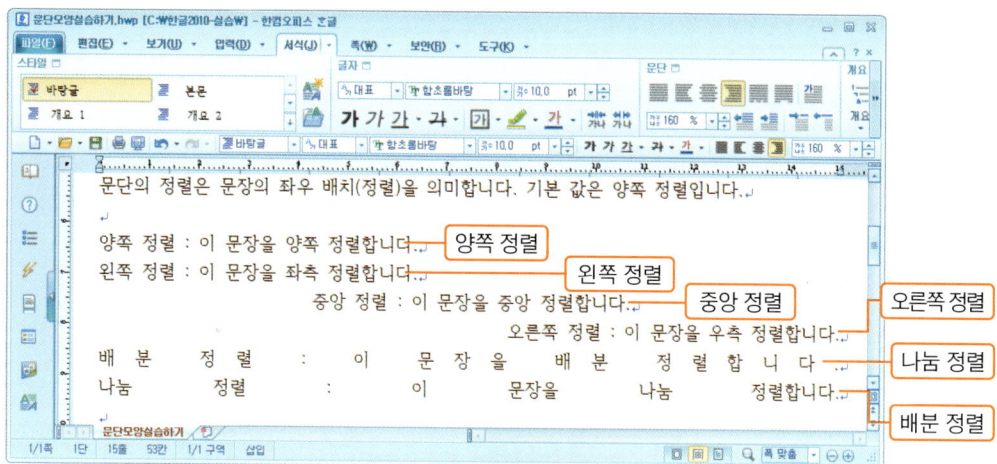

4 화면처럼 블록을 지정하고 [문단 모양] 대화 상자를 불러 '여백'을 왼쪽, 오른쪽 20pt씩 지정합니다.

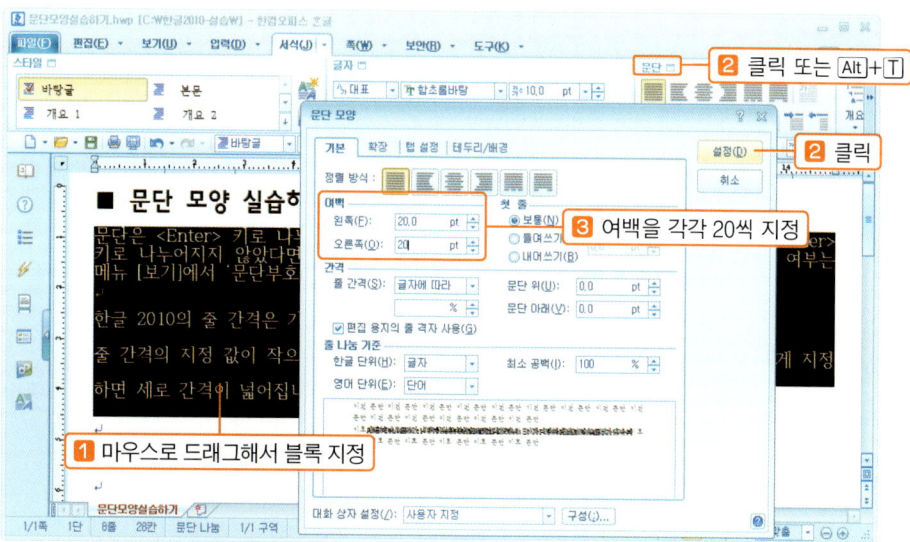

5 화면에 지정한 위치를 클릭하여 위치를 지정하고 [문단 모양] 대화 상자를 불러 '문단 아래'의 값으로 '15'를 지정합니다. 결과를 확인하면 현재 줄 아래로 15pt만큼 떨어져 나타납니다.

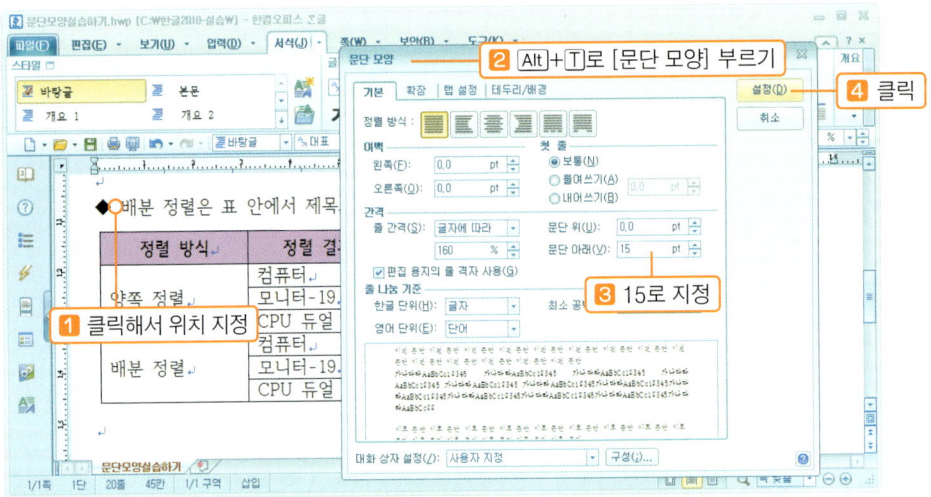

■ 현재 위치로 내어쓰기 하기([Shift]+[↹])

문서에서 번호나 기호 등을 사용해서 문장을 시작하게 되면 그 부분만큼을 내어쓰기해서 맞춰야 하는 경우가 많습니다. 이때 손쉬운 방법으로 윗줄의 내어쓰기 할 곳에 커서를 위치시키고 [Shift]+[↹]을 누르면 그 위치로 내어쓰기가 됩니다.

아래에 잘못된 작업과 [Shift]+[↹] 키를 이용한 올바른 편집 예를 참조하기 바랍니다.

• 잘못된 편집과 입력
- 첫 번째 문장은 문단 끝에서 빈칸을 삽입하여 다음 줄로 넘기고 앞쪽은 빈 칸으로 내어쓰기를 흉내 냄
- 두 번째 문장은 이어지는 문장임에도 문단 끝에서 강제로 줄 바꿈하여 다음 줄로 넘기고 앞쪽은 빈 칸으로 내어쓰기를 흉내 냄

• 문단 끝을 넘어가게 입력한 후 [Shift]+[↹] 키로 내어쓰기 하기

Lesson 03 편집의 기본! 텍스트 꾸미기

단순히 위의 두 가지 입력/편집 결과는 동일하게 보일지 모르지만 문단 폭이 달라진다면 잘못 입력/편집된 문서는 일일이 빈 칸 등을 삭제해줘야 하는 수정 작업이 뒤따르게 됩니다. 그러나 내어쓰기 명령으로 정렬한 문서는 그런 추가 작업이 필요 없습니다.

문서 입력에서 훈글 사용자들이 가장 많이 실수하는 전형적인 예이므로 이 책의 읽는 독자들은 이런 형태의 문서에서 현재 위치로 내어쓰기 하는 Shift + Tab을 잘 기억하였다가 문서 편집에 적극 활용하기 바랍니다.

6 배분 정렬을 실습하기 위해 표 안의 대상을 블록 지정하고 앞서 언급한 여러 방법으로 [문단 모양]을 불러 정렬 중 '배분 정렬'을 지정합니다.

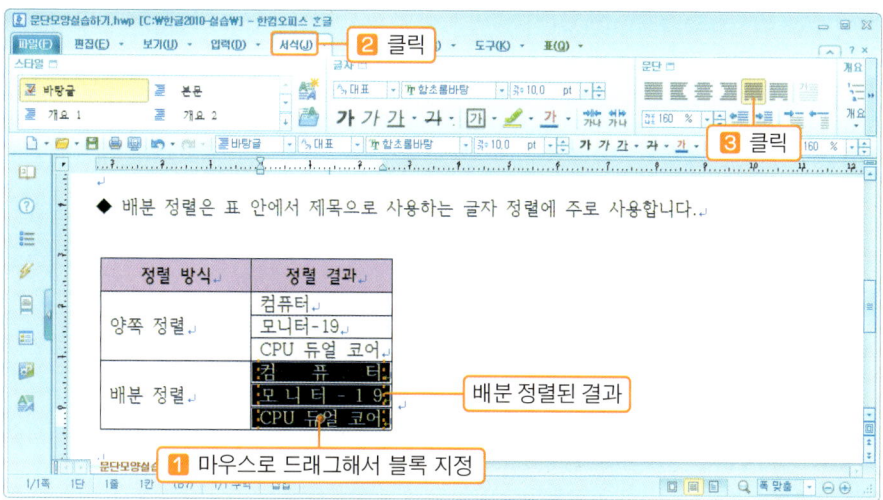

Note 문단 모양은 [서식] 열림 상자 외에 [편집] 열림 상자에도 배치되어 있습니다.

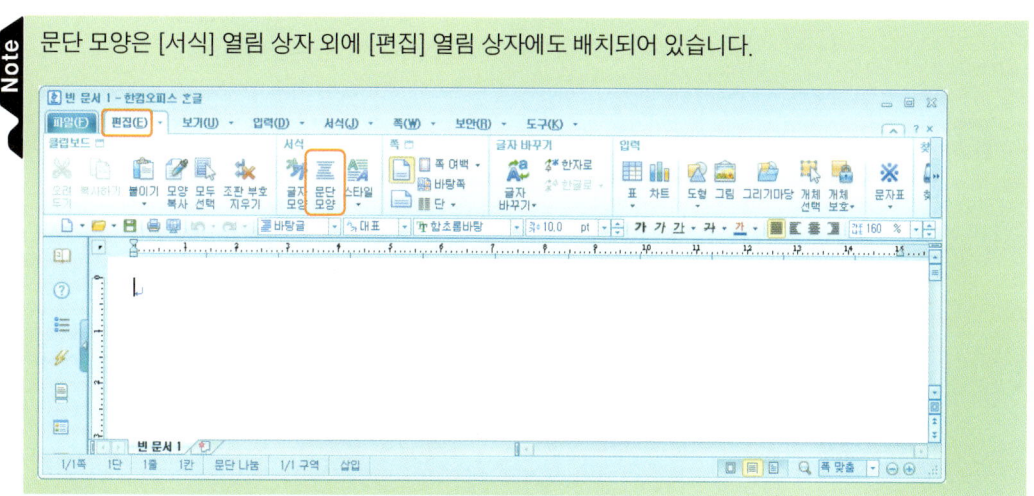

문단 첫 글자 장식하기

문장이 시작하는 첫 글자를 여러 줄에 걸쳐 나타나게 하는 편집을 간혹 보게 됩니다. 이런 편집을 [문단 첫 글자 장식] 기능에서 담당합니다.

● 문단 첫 글자 장식

메뉴(열림 상자) : [서식]-[문단 첫 글자 장식]

1 작업할 곳에 커서를 위치시키고 먼저 줄 간격을 기본 값인 '160%'로 변경하고 [서식] 열림 상자에서 [문단 첫 글자 장식]을 눌러 설정 사항을 지정합니다.

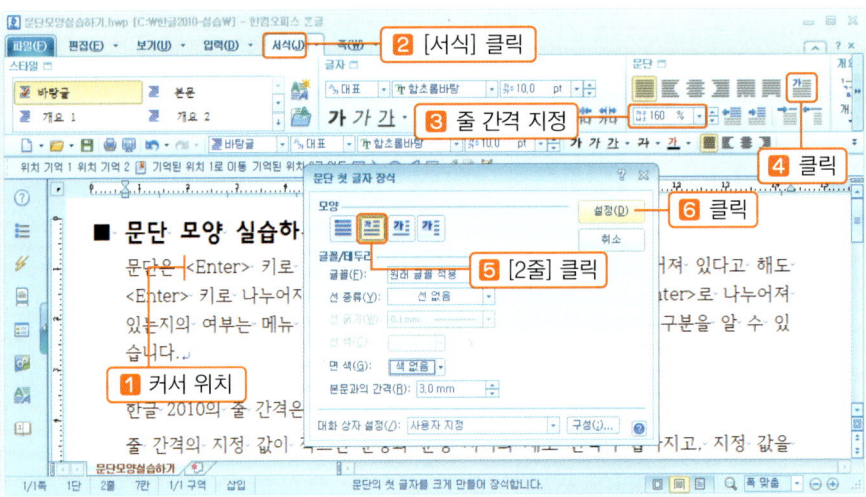

2 화면의 결과를 확인하고 아래 문단으로 커서를 위치시키고 다시 문단 첫 글자 속성을 지정합니다.

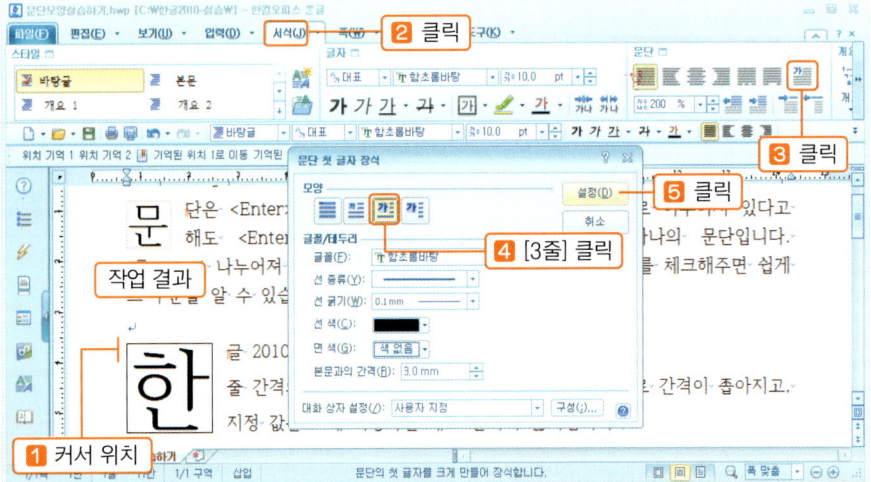

Lesson 03 편집의 기본! 텍스트 꾸미기

3 모양 복사

문단 모양과 글자 모양 등을 여러 곳에 반복적으로 지정할 때는 매번 같은 작업을 반복하기보다는 이전에 지정한 문단과 글자 모양의 속성을 그대로 모양 복사하여 사용하는 것이 효과적입니다.

● 모양 복사

단축키 : Alt + C
메뉴(열림 상자) : [편집]-[모양 복사]

1 [한글2010-실습] 폴더에서 '유머-황당한시험답안.hwp' 파일을 불러온 후, 아래 지시 사항대로 글자와 문단 모양을 지정합니다.

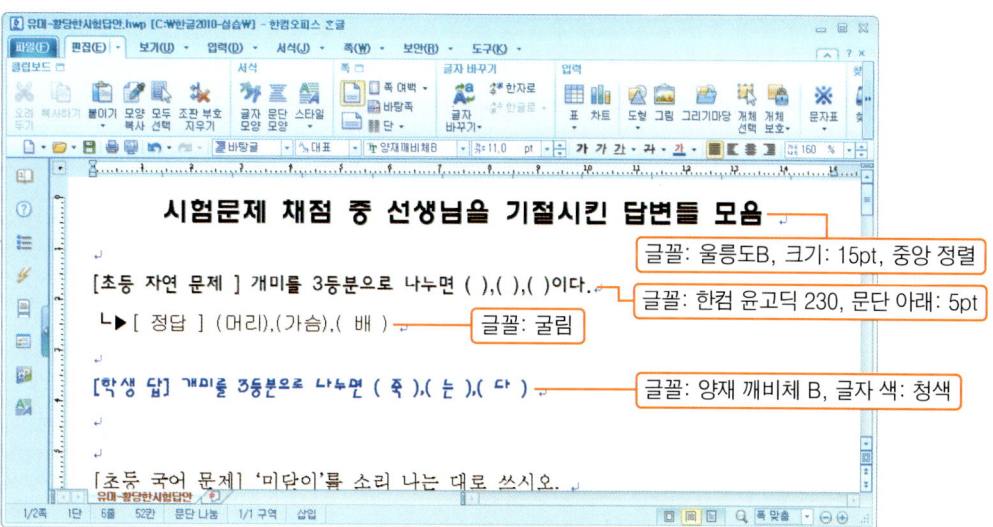

■ [모양 복사] 대화 상자

[모양 복사]시 복사할 항목을 선택하여 적용할 수 있습니다. 글자와 문단, 스타일뿐 아니라 표의 속성도 복사하여 다른 곳에 적용할 수 있습니다.

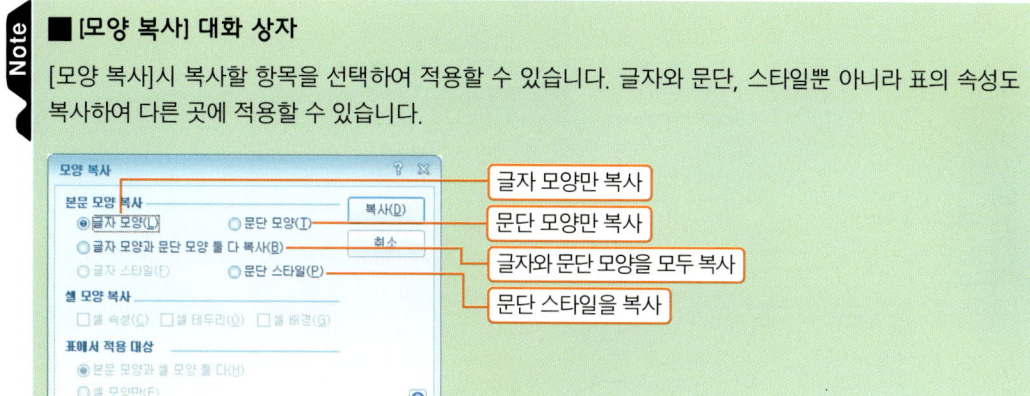

2 이 문서는 [문제], [정답], [학생 답]의 형태가 반복됩니다. 따라서 각각에 지정된 글자와 문단 모양을 해당 부분에 모양 복사하면 작업이 손쉽게 완성됩니다. 먼저 [문제] 부분을 모양 복사합니다.

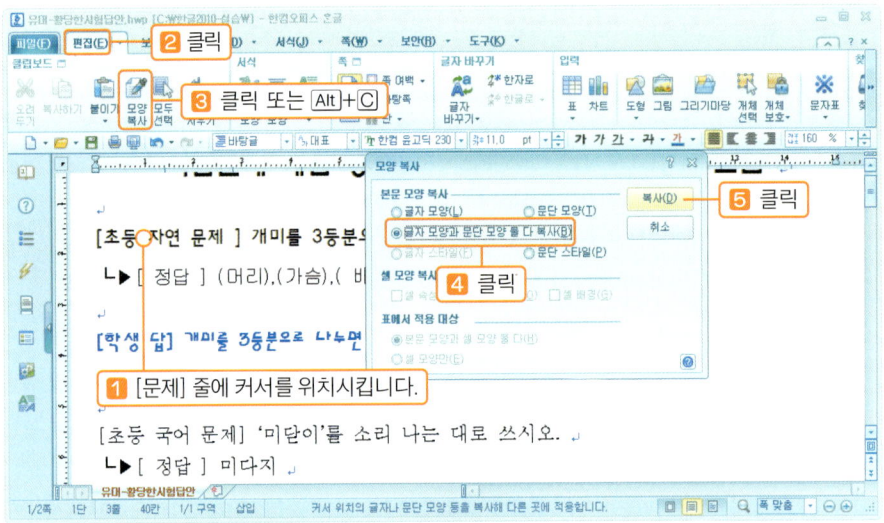

3 [문제]에 해당하는 부분을 모양 복사했으면 아래쪽 [문제]에 해당하는 부분을 블록 설정하고 다시 [모양 복사]를 클릭해서 복사한 모양을 적용시킵니다.

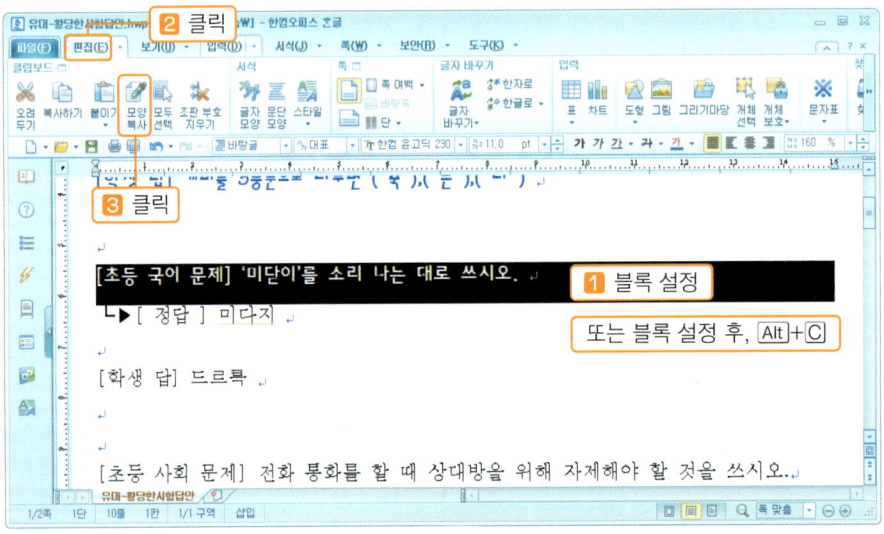

> **■ 모양 복사 (Alt + C)**
>
> 모양 복사와 복사한 모양을 적용하는 것 모두가 단축키 Alt + C를 사용합니다. 모양을 복사하려면 커서만 위치시키고 Alt + C, 모양 복사한 것을 적용시키려면 블록을 설정한 후 Alt + C를 누릅니다.

Lesson 03 편집의 기본! 텍스트 꾸미기

4 같은 방식으로 아래쪽의 [문제] 부분을 블록 설정하고 [모양 복사] 아이콘을 클릭해서 복사해둔 모양 복사를 적용합니다. 계속 같은 방식으로 맨 마지막 문제까지 모양 복사를 적용합니다.

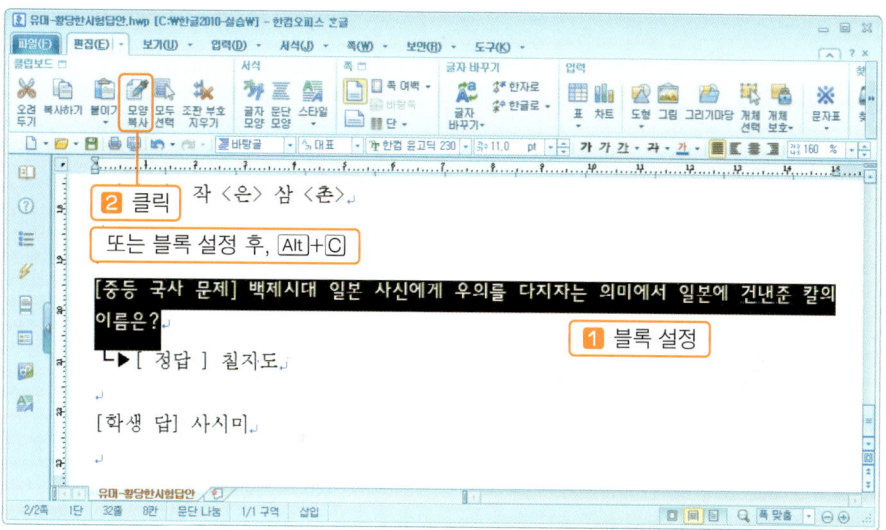

> **Note**
> ■ 모양 복사 (Alt + C)
> 한번 모양 복사를 해두면 다시 새로운 모양 복사를 하지 않는 한 계속해서 같은 모양을 반복하여 적용할 수 있습니다.

5 이번에는 [정답] 부분을 새롭게 모양 복사해 둡니다.

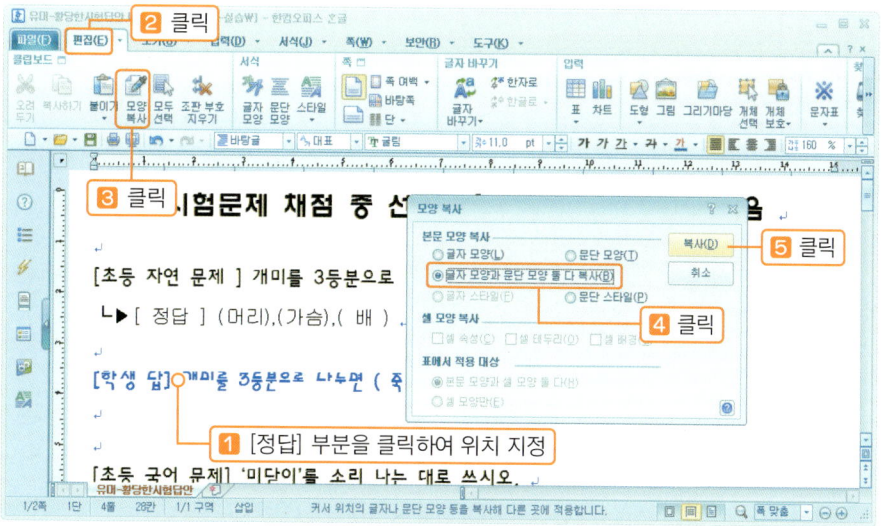

6 [정답] 부분의 모양 복사를 했으면 아래쪽 문서의 [정답] 부분을 블록 설정하여 계속 모양 복사를 적용합니다.

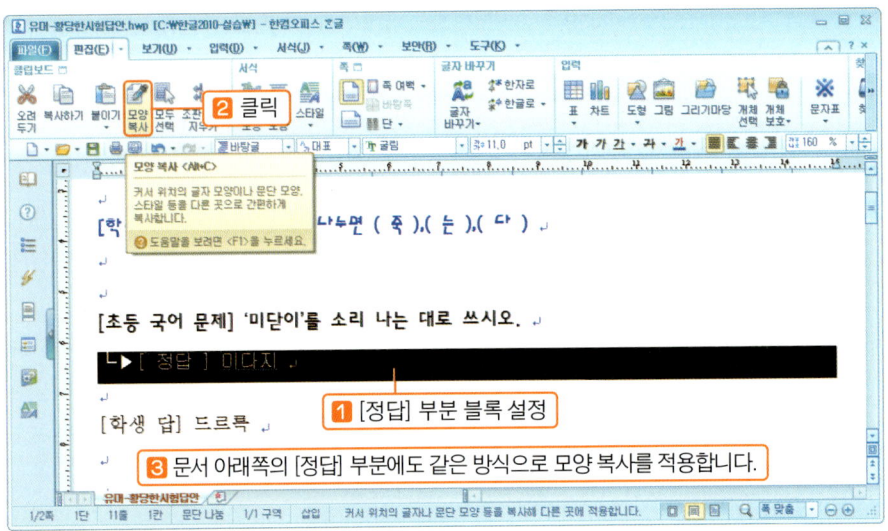

7 마지막으로 [학생답]에 대한 부분을 모양 복사해서 문서에 해당 부분에 모두 적용시킵니다. 모두 완료했으면 해당 파일을 '유머-황당한시험답안(완료).hwp'란 다른 이름으로 저장합니다.

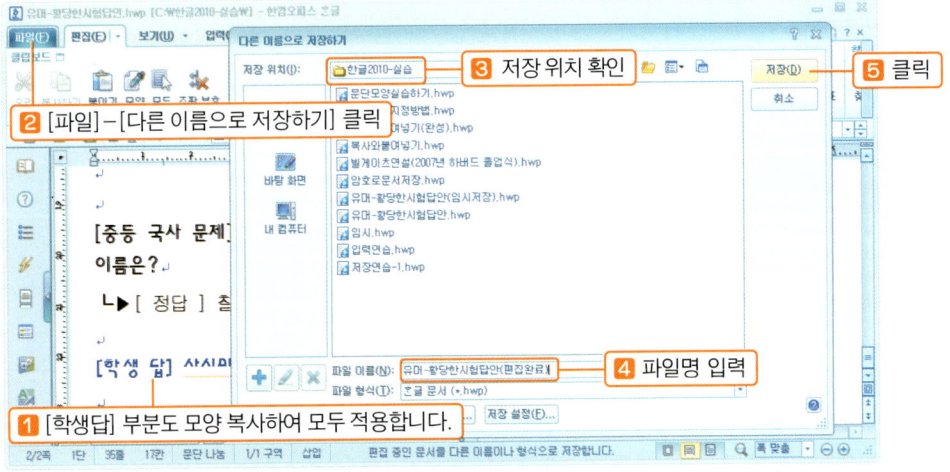

④ 글상자로 내용 입력하기

현재 보고 있는 책의 실습 과정의 그림에 지시 사항 등을 적어 놓은 것이 글상자입니다. 그러나 일반 문서에서는 책처럼 그림과 혼합하는 경우보다는 제목 등에 글 상자를 많이 사용합니다. 글상자 사용법과 위치 지정 등을 학습해 두면 앞으로 배우게 될 한글 2010에서 개체(표, 그리기 등) 작성에 많은 도움이 됩니다.

● 글 상자 만들기

메뉴(열림 상자) : [입력]-[개체]-[글 상자]

글상자로 내용 꾸미기

1 '로컬 디스크(C:)'의 [한글2010-실습] 폴더에서 '산소개.hwp' 파일을 불러옵니다.

2 불러온 문서를 아래처럼 편집하고자 합니다. 미리 결과를 살펴본 후, 하나하나 따라 하면서 실습하겠습니다.

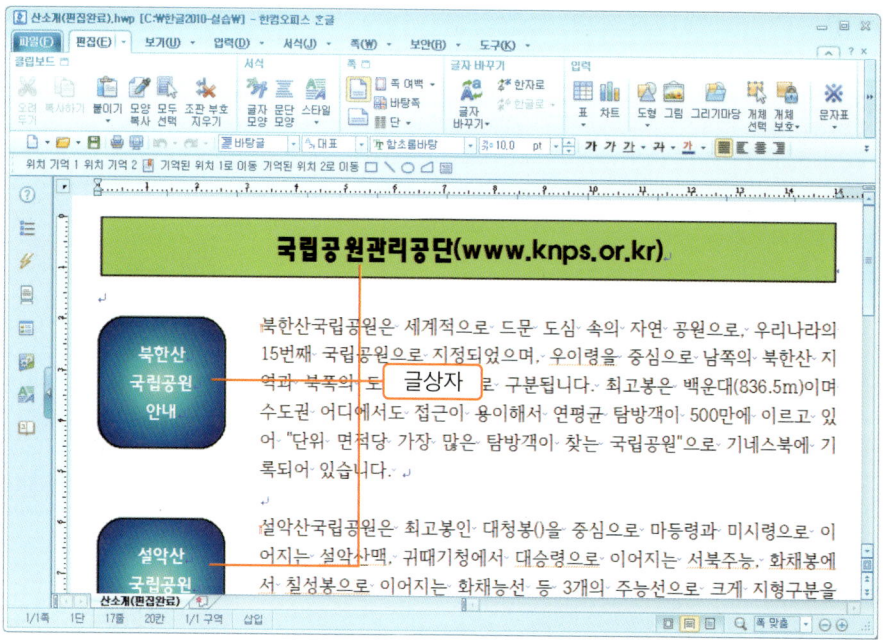

3 [입력] 열림 상자에서 [가로 글상자]를 클릭해서 원하는 위치에 마우스로 드래그해서 글상자를 작성합니다.

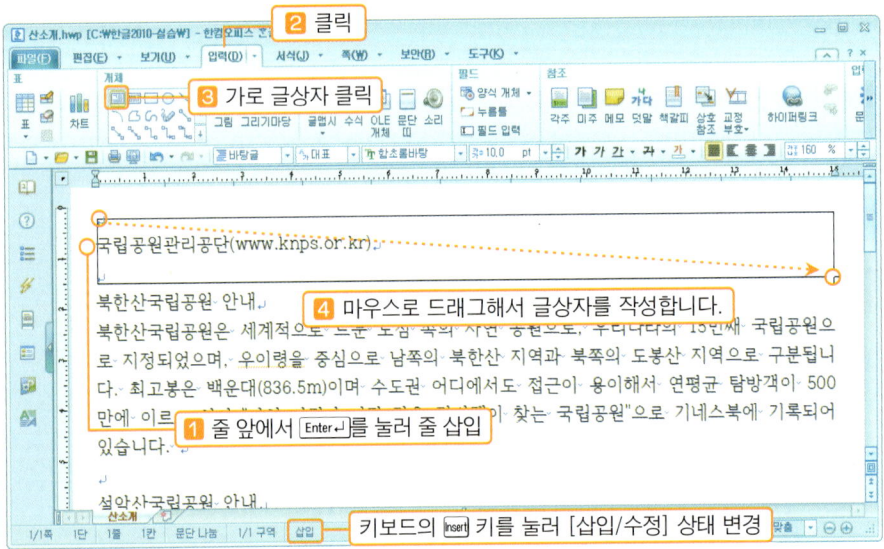

Note

■ **상환 선 표시**

[보기] 열림 상자에서 [상황 선]을 체크하여 나타냅니다.

4 글상자의 테두리를 마우스로 클릭해서 선택한 후, 나타나는 [도구] 열림 상자에서 [글자처럼 취급]을 클릭해서 선택해줍니다.

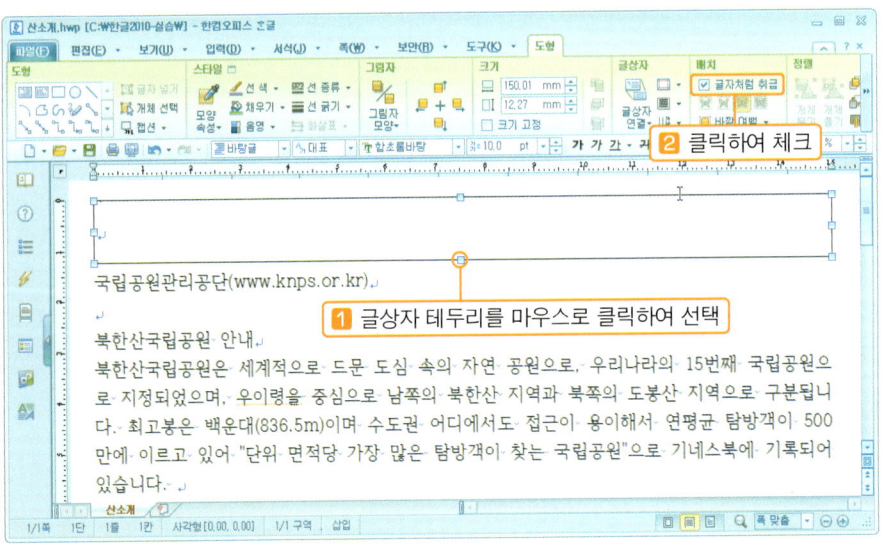

Lesson 03 편집의 기본! 텍스트 꾸미기

5 '국립공원.....' 문장을 드래그해서 오려두기(Ctrl+X)해서 글상자 안에 붙여넣기(Ctrl+V)합니다.

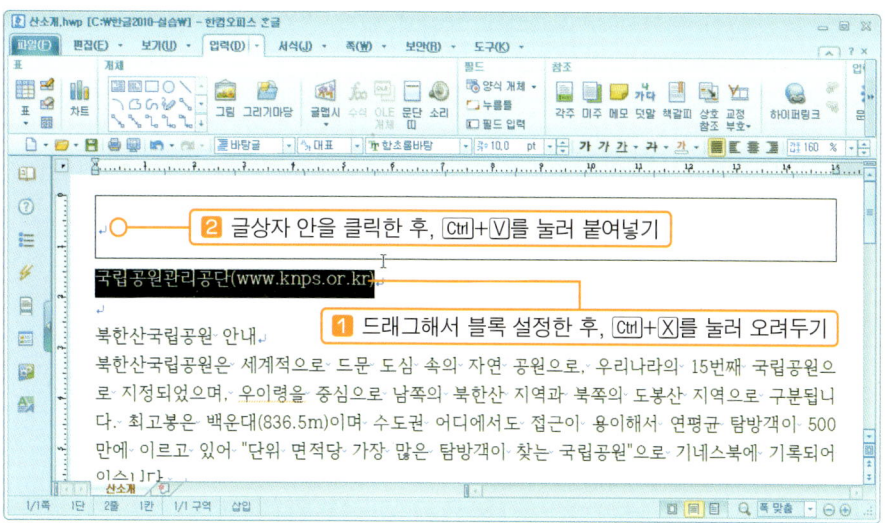

6 글상자 안에 복사한 '국립공원...' 문장을 블록 설정한 후, 글자에 속성을 지정합니다.

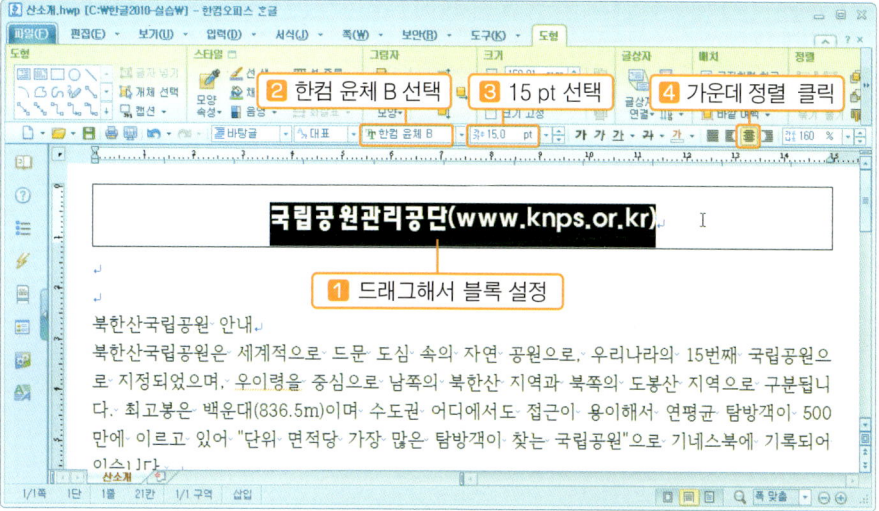

> **Note** 화면 상단의 [도구] 열림 상자는 글상자 및 그리기 개체를 마우스로 클릭하여 선택하면 자동으로 표시됩니다.

글상자 편집하기

앞서 작성한 문서 파일에 이어서 글상자의 편집과 새로운 글상자를 만들어서 문서를 완성하겠습니다.

1 글상자의 테두리를 클릭하여 선택한 후, 글상자의 색상과 테두리 굵기를 지정합니다.

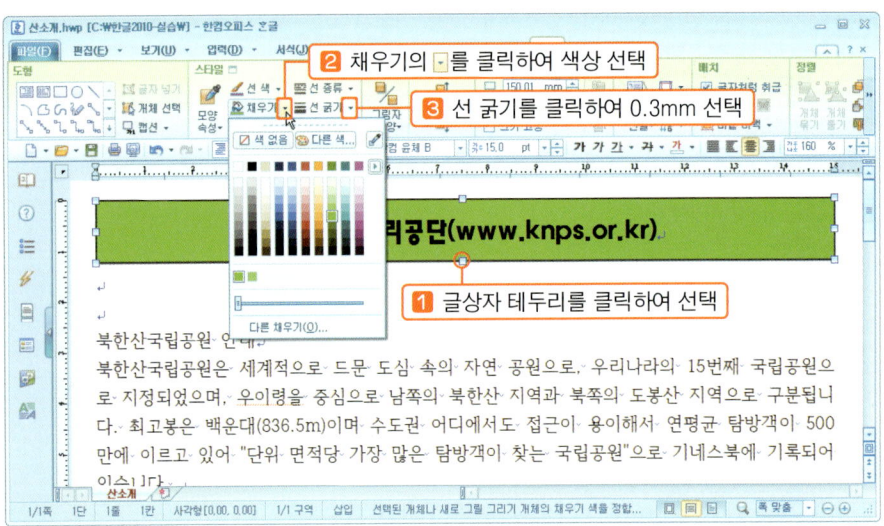

> **■ 글상자의 크기 조절**
> 글상자를 선택하면 주위에 크기 조절점이 나타납니다. 이 조절점을 마우스로 드래그해서 크기를 조절할 수 있습니다.
>
> **■ 글상자 위치 이동**
> 글상자를 선택한 후, 크기 조절점이 아닌 곳을 마우스로 드래그하여 위치를 변경합니다.
>
> **■ 글상자의 삭제**
> 글상자를 선택한 후, 키보드의 Delete 키를 눌러 삭제합니다.

Lesson 03 편집의 기본! 텍스트 꾸미기

2 메뉴 [입력]을 클릭해서 나타나는 열림 상자에서 [가로 글상자]를 선택하고 Shift 키를 누른 채, 화면처럼 드래그해서 글상자를 작성합니다. 작성한 글상자를 선택하고 마우스 우측 단추나 Ctrl + N, K를 눌러 나타나는 빠른 메뉴에서 [개체 속성]을 클릭합니다.

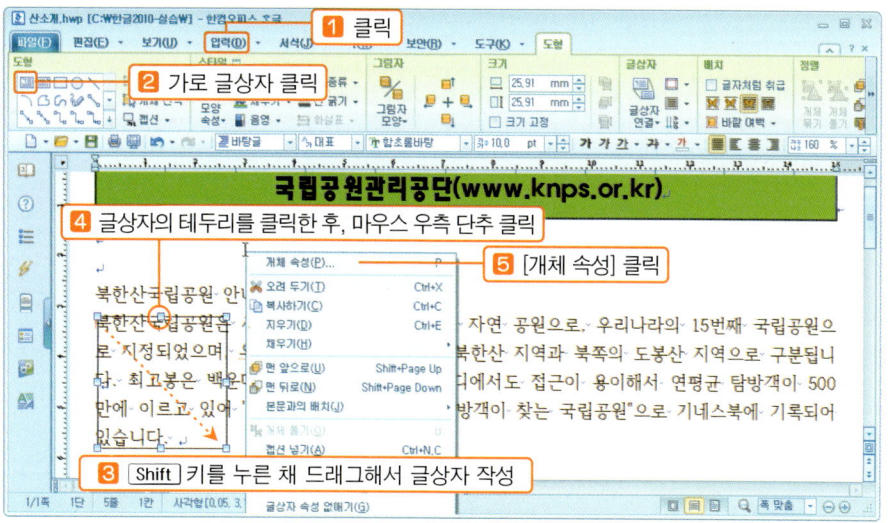

Note
글상자 및 그리기 개체에서 Shift 키를 누른 채 마우스로 드래그하면 정사각형 모양으로 그려지고, 직선 등을 Shift 키를 누르고 드래그하면 똑바르게 수직, 수평선이 그려집니다.

3 나타나는 [개체 속성] 대화 상자에서 화면을 참조하여 여러 속성을 글상자에 지정합니다.

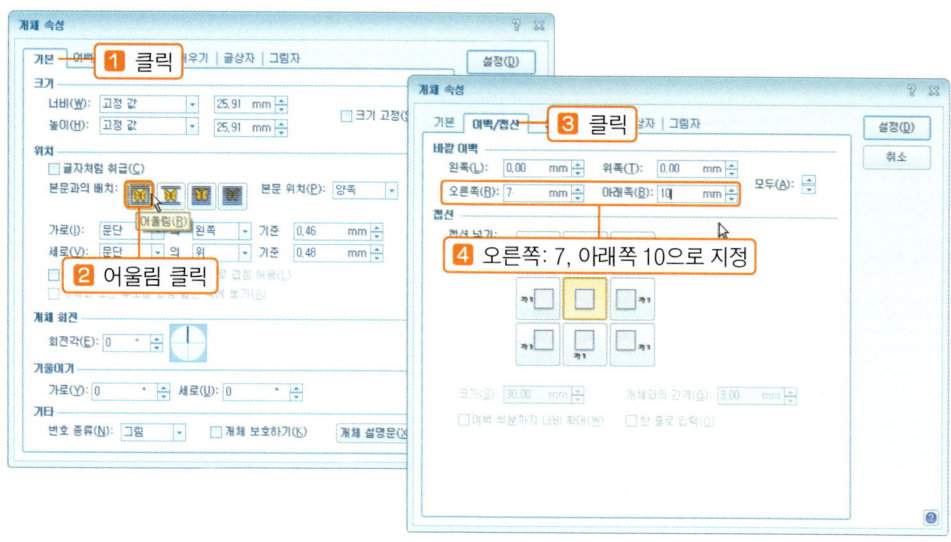

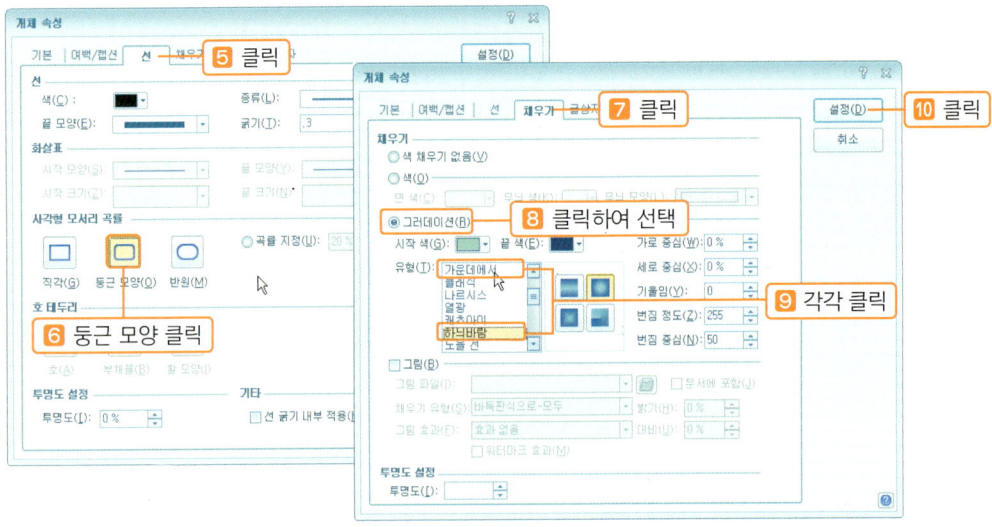

> **Note**
> [개체 속성] 대화 상자는 해당 개체를 선택한 후, 마우스 우측 단추를 눌러 [개체 속성]을 누르거나 또는 단축키 Ctrl+N, K(Ctrl 키를 누른 채 N,K를 이어서 누름)면 나타납니다. 이것은 글상자뿐만 아니라 표, 글상자, 그리기 등의 모든 개체에 공통적으로 사용할 수 있습니다.
>
> 작업 일부는 [도형]의 열림 상자에서도 처리할 수 있지만 [개체 속성] 대화 상자에서 보다 더 다양한 속성을 지정할 수 있습니다.

4 '북한산국립⋯' 문장을 드래그해서 블록 설정 후, 오려두기(Ctrl+X)해서 글상자 안에 붙여넣기(Ctrl+V)하고 글자 모양을 지정합니다.

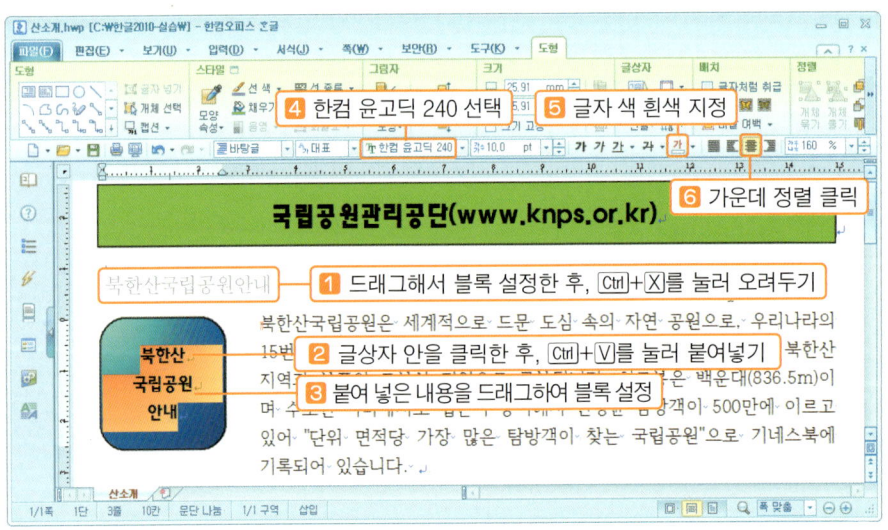

Lesson 03 편집의 기본! 텍스트 꾸미기

5 완성된 글상자를 클릭하여 선택하고 Ctrl+C를 눌러 복사한 후, '설악산....' 앞에 커서를 놓고 Ctrl+V를 눌러 붙여넣기합니다.

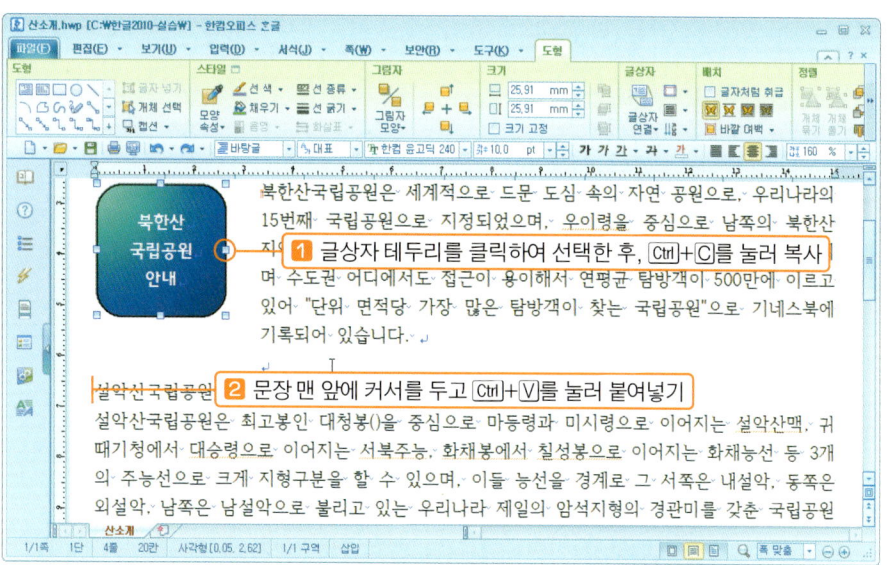

6 글상자 안의 글자를 수정하고, 글상자 위쪽의 문장을 삭제하여 편집을 완료한 후, [파일]-[다른 이름으로 저장하기]를 선택하여 '산소개(편집완료).hwp'로 저장합니다.

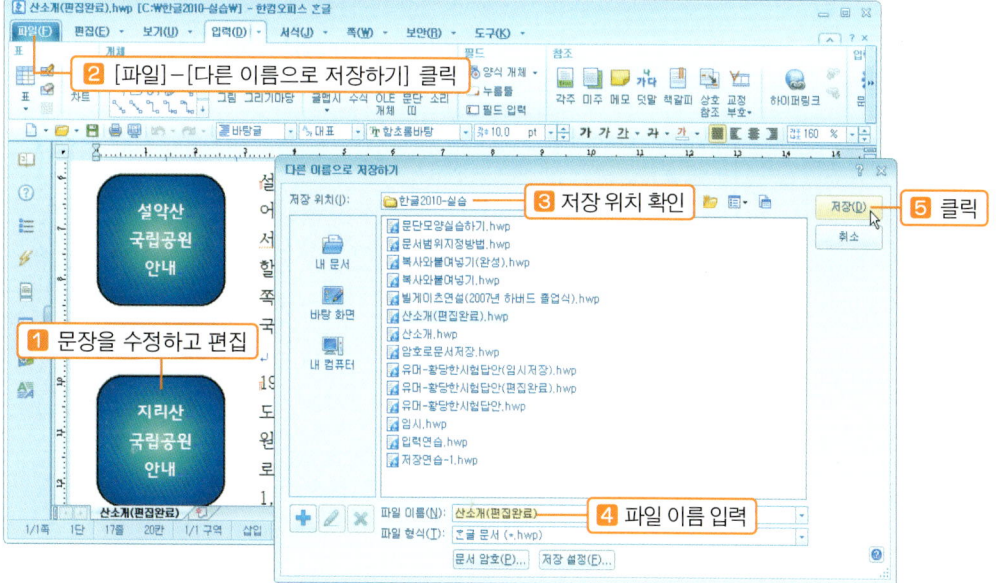

개체(글상자)의 위치 지정 살펴보기

지금 학습하고 있는 글상자나 곧이어 배우게 될 표 등의 작업에서 사용자들이 어려워하는 것 중 하나가 개체(글상자, 표 등)의 위치 지정입니다.

개체의 위치 지정은 [개체 속성] 대화 상자의 [기본] 탭의 [위치]에서 지정합니다.

● **개체 속성**
단축키 : 개체를 선택한 후, Ctrl+N, K
빠른 메뉴 : 개체를 선택한 후, 마우스 우측 단추를 눌러 [개체 속성] 선택

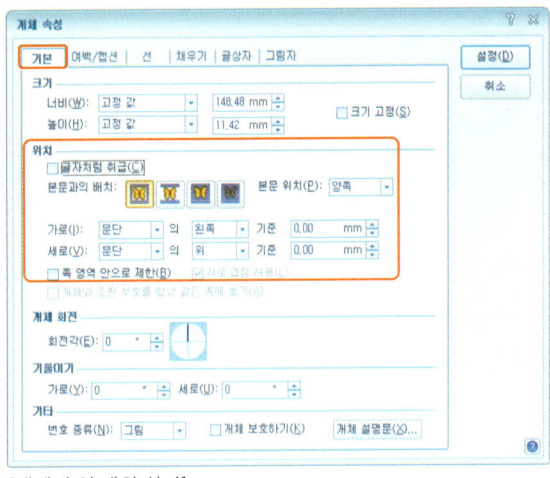

① **글자처럼 취급** : 선택하면 개체를 글자처럼 취급

② **본문과의 배치** : '글자처럼 취급'을 선택하지 않을 때 본문 문장과 개체의 배치를 지정

어울림( ), 자리 차지( )
글 앞으로( ), 글 뒤로( )

[개체 속성 대화 상자]

개체의 위치를 손쉽게 지정하는 다른 방법은 개체를 선택해서 나타나는 열림 상자의 [배치] 항목을 이용하는 것입니다. 해당 개체를 선택하면 아래와 유사한 [배치] 항목들이 나타나며, 작업 내용은 [개체 속성]의 [위치]와 동일합니다.

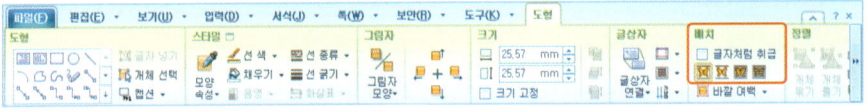

[개체를 클릭하여 선택해서 나타난 열림 상자]

■ 개체의 위치 지정

① **글자처럼 취급** : 개체를 보통 글자처럼 동일하게 취급합니다. 따라서 글자를 입력하거나 지우면 개체의 위치도 같이 변합니다. '글자처럼 취급'이 체크되어 있지 않으면 '본문과의 배치'란이 사용할 수 있게 활성화됩니다.

② **본문과의 배치** : 본문의 문장과 개체의 배치를 [어울림], [자리 차지], [글 뒤로], [글 앞으로] 중에서 지정합니다. 각각의 의미는 아래 설명과 그림을 참조하기 바랍니다.

- 어울림( ) : 개체 주위로 문장이 겹치지 않게 배치됩니다.
- 자리 차지( ) : 개체가 한 줄을 차지하고 그 위아래로 문장이 배치됩니다.
- 글 앞으로( ) : 개체가 글과 겹쳐지면서 글 앞으로 배치되어 개체 뒤에 글이 보이지 않을 수 있습니다.(채우기가 되었을 때)
- 글 뒤로( ) : 개체가 글과 겹쳐지면서 글 뒤로 배치되어 개체 위에 글이 나타납니다.

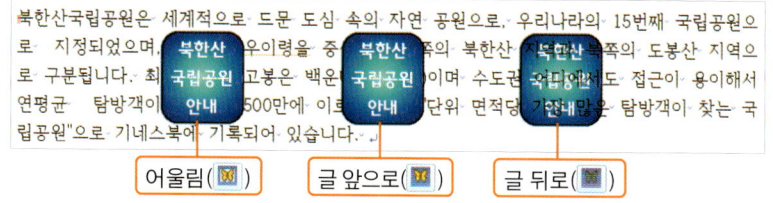

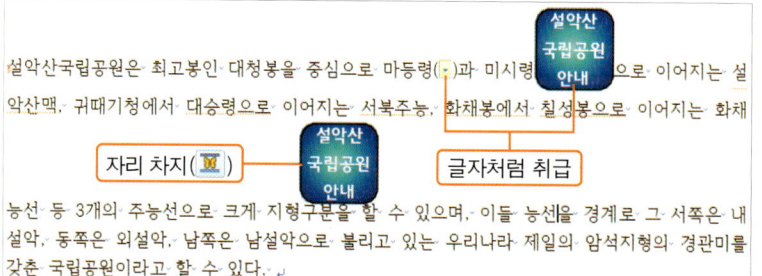

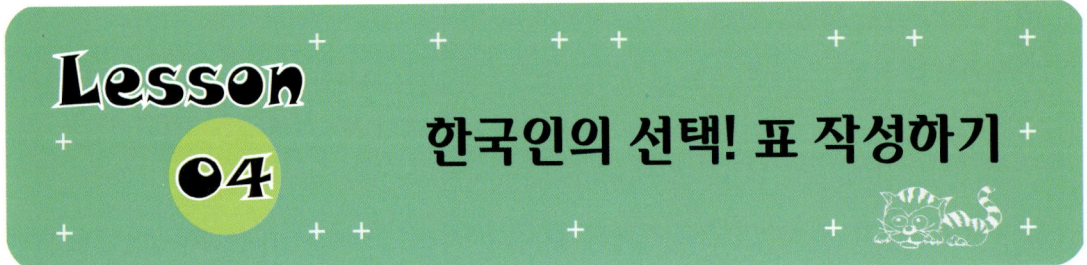

Lesson 04 한국인의 선택! 표 작성하기

표는 우리나라 문서 환경에서 매우 중요시 되는 항목입니다. 다른 나라보다 표를 많이 사용하기 때문이고, 말로 표현하는 것보다 표로 정리해서 보는 것을 선호하는 경향이 있기 때문입니다. 따라서 한글에서 표 사용법만 보면 어느 수준의 사용자인지를 금방 알 수 있을 정도입니다.

1 표를 만드는 여러 가지 방법 익히기

표는 크게 열림 상자나 메뉴로 만들거나 직접 마우스로 드래그하여 작성할 수 있습니다. 마우스로 드래그하는 것이 손쉽지만 오랜 기간 사용되어진 훈글이기에 초기에 사용하던 방법인 메뉴 방식이 아직도 널리 사용되고 있습니다.

메뉴나 열림 상자로 표 만들기

● 표 만들기
메뉴 : [입력]-[표]-[표 만들기]
열림 상자 : [입력] 열림 상자의 [표]

1 [입력] 열림 상자에서 [표]의 윗부분( )를 클릭합니다.

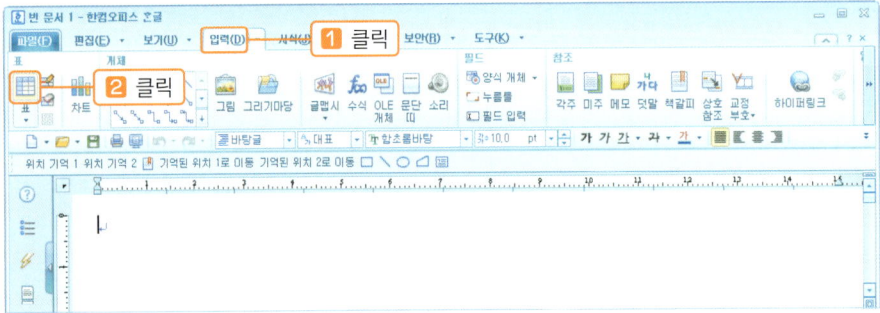

Lesson 04 한국인의 선택! 표 작성하기

2 [표 만들기] 대화 상자가 나타나면 3줄, 5칸의 표를 작성합니다.

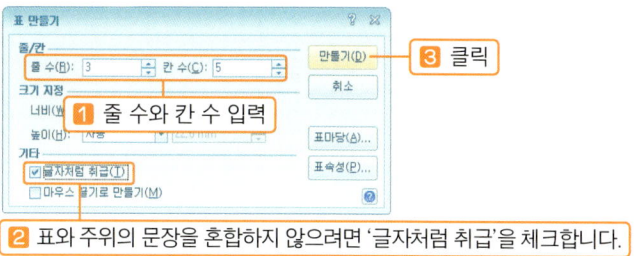

1 줄 수와 칸 수 입력
2 표와 주위의 문장을 혼합하지 않으려면 '글자처럼 취급'을 체크합니다.
3 클릭

3 표가 만들어지면서 첫 번째 줄의 첫 칸에 커서가 위치합니다. 원하는 셀을 클릭하여 내용을 입력할 수 있습니다.

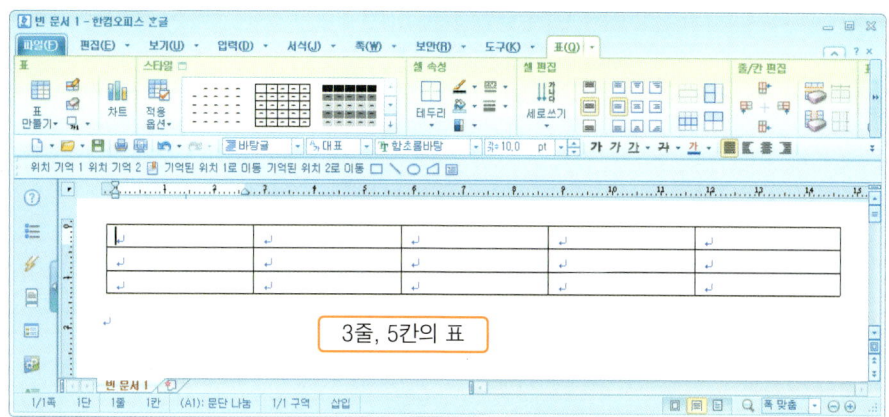

3줄, 5칸의 표

> **Note**
>
> ■ 셀과 표 안에서 [Tab] 키 역할
>
> - '셀'은 표의 한 칸을 의미합니다. 따라서 3줄, 5칸의 표는 3×5=15개의 셀을 갖습니다.
> - 셀과 셀 간의 이동은 방향키나 또는 원하는 셀을 마우스로 클릭하면 됩니다. 단, 표 안에서 [Tab] 키는 [도구]-[환경 설정]의 '표 안에서 <Tab>으로 셀 이동'의 체크 여부에 따라 다르게 동작합니다.

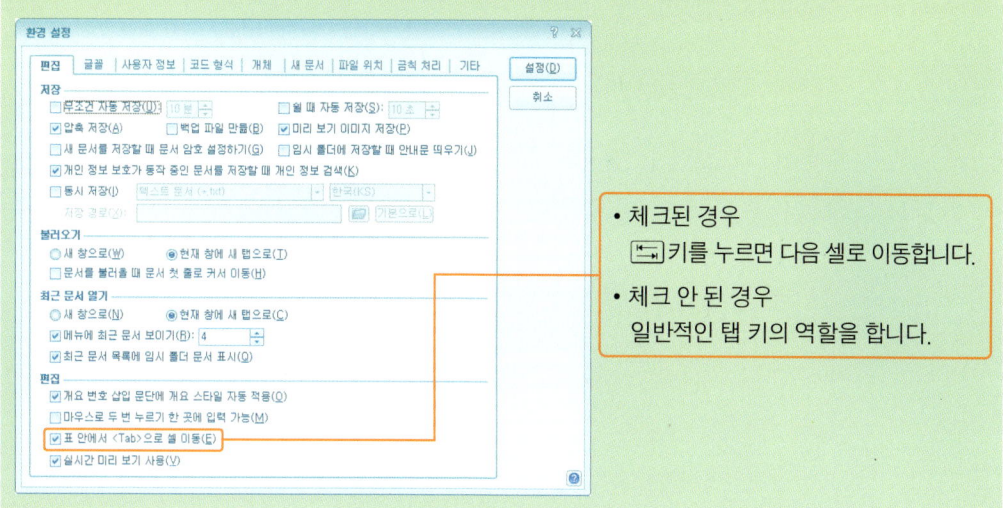

- 체크된 경우
  [Tab] 키를 누르면 다음 셀로 이동합니다.
- 체크 안 된 경우
  일반적인 탭 키의 역할을 합니다.

4 표를 작성할 때, 줄 칸의 수를 직접 입력하지 않고 선택할 수도 있습니다. 작성된 표 아래에 커서를 위치시키고 [입력] 열림 상자에서 [표]의 아랫부분(🍳)을 클릭하여 나타나는 원하는 줄, 칸의 위치(2×4)를 클릭합니다.

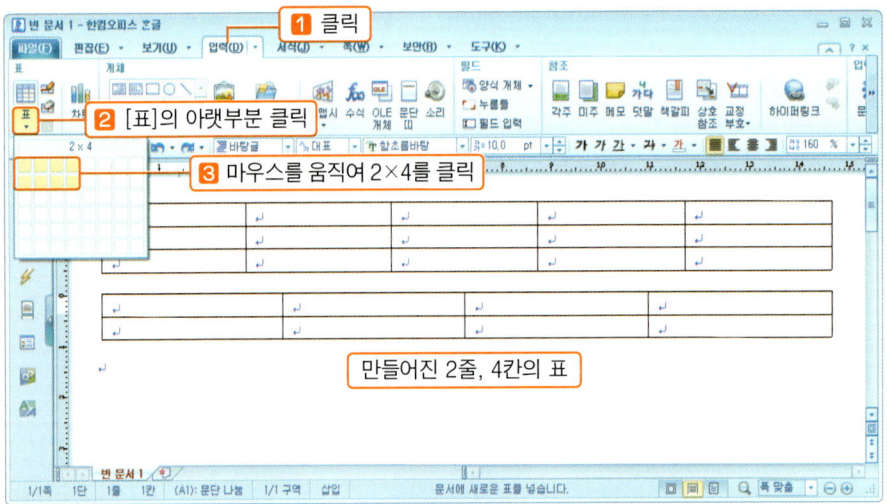

> **Note**
>
> ■ 표 삭제
> 작성된 표의 테두리를 마우스로 클릭하여 선택한 후, Delete 키를 눌러 삭제합니다.
>
> ■ [표] 열림 상자
> 표를 선택하거나 표 안에 커서가 위치되면 [표] 열림 상자가 나타납니다.

마우스로 표 만들기

마우스를 이용하여 표를 작성할 수도 있습니다. 초보자들에게는 편리하게 느껴지는 방법이지만 사용자들은 마우스보다는 메뉴 방식을 더 많이 사용하고 있는 것 같습니다.

> ● **마우스로 표 만들기**
> **메뉴** : [입력]-[표]-[표 그리기]
> **열림 상자** : [입력] 열림 상자의 [표 그리기]

1 메뉴 [입력]-[표]-[표 그리기]를 선택합니다. 또는 [입력] 열림 상자의 [표 그리기]를 선택해도 됩니다.

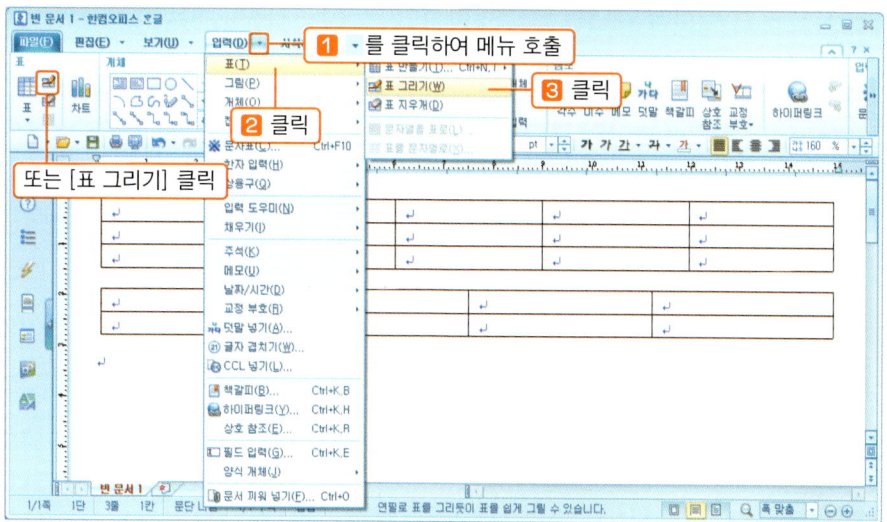

2 화면에 연필(✐) 표시가 나타나면 마우스로 드래그하면서 아래 화면처럼 표를 그려줍니다.

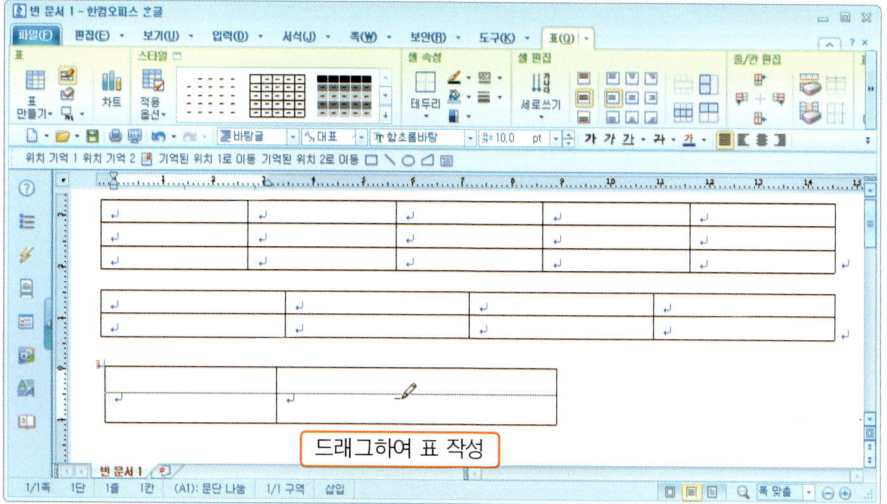

> **Note** 화면에 연필(✎) 표시가 있으면 계속해서 마우스로 표를 그릴 수 있습니다. 표 그리기를 종료하려면 Esc 키를 누릅니다.

② 표 편집하기

표를 작성하게 되면 표 안에 자료를 넣는 기본 작업 외에도 많은 편집 과정이 뒤따릅니다. 줄이나 칸의 크기를 조절해야 하고, 새로 필요해지는 줄을 더 만들거나 삭제, 선의 테두리나 셀 안의 글자들의 속성(글자, 문단) 등 다양한 편집 작업이 있습니다.

줄과 칸의 합치기/나누기

1 [한글2010-실습] 폴더에서 '표편집-1.hwp' 파일을 불러옵니다.

2 부서별 셀을 합치기 위해 해당 셀을 마우스로 드래그해서 블록 지정한 후, [표] 열림 상자에서 [셀 합치기]를 클릭합니다. 나머지 부서도 부서별로 셀 합치기 해줍니다.

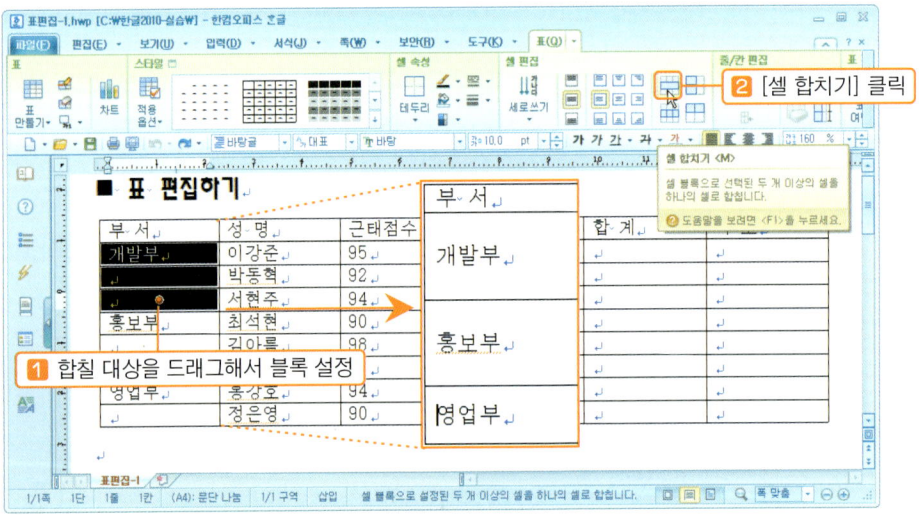

> **Note** ■ 단축키를 이용한 셀 합치기
> 마우스로 합칠 셀을 드래그해서 블록 지정한 후, 키보드에서 M을 누릅니다. 'M'은 Merge(합치다)의 약자에서 유래했다고 이해하면 됩니다.

셀을 합치는 다른 방법으로는 [표] 열림 상자의 [표 지우개(⬚)]를 사용할 수도 있습니다. 화면에 지우개(⬚)가 나타나면 삭제할 선을 드래그해서 선을 지우면 셀이 합쳐져 나타납니다.

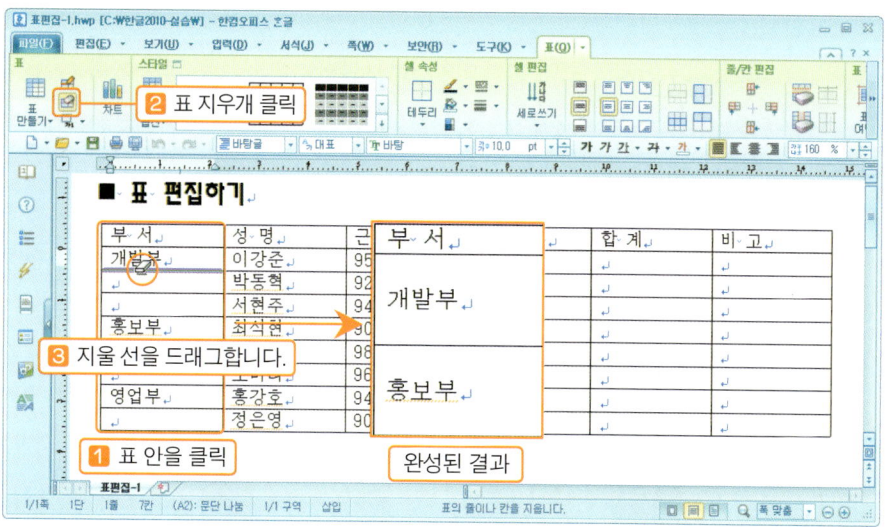

■ 선을 잘못 합쳤거나 나눴을 때는?

작업을 잘못 진행했다면 바로 Ctrl+Z를 눌러 이전 작업을 취소합니다.

3 '성명'란 2칸으로 나누고자 합니다. 줄이나 칸을 나눌 때는 나눌 곳을 셀 블록으로 지정한 후, [표] 열림 상자의 [셀 나누기]를 클릭하여 원하는 설정을 하고 [나누기] 단추를 클릭합니다.

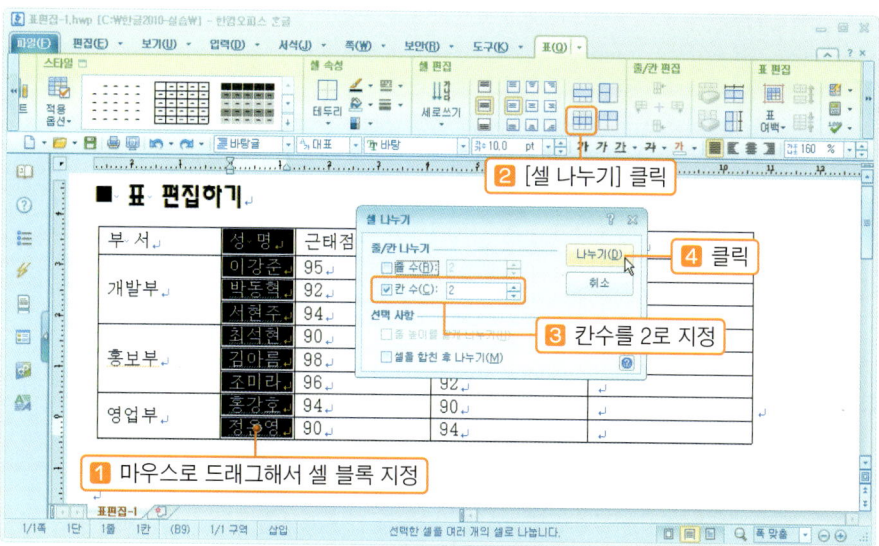

> **■ 단축키를 이용한 셀 나누기**
> 나누기할 셀을 드래그해서 블록 지정한 후, 키보드에서 [S]을 누릅니다. 'S'는 Split(나누다)의 약자에서 유래했다고 이해하면 됩니다.

4 '성명'란이 2칸으로 나누어지다 보니 셀 폭이 좁아져서 나타납니다. 두 열을 블록 설정한 후, [Ctrl]+[→]를 여러 번 눌러 아래 화면처럼 셀 폭을 넓혀 줍니다.

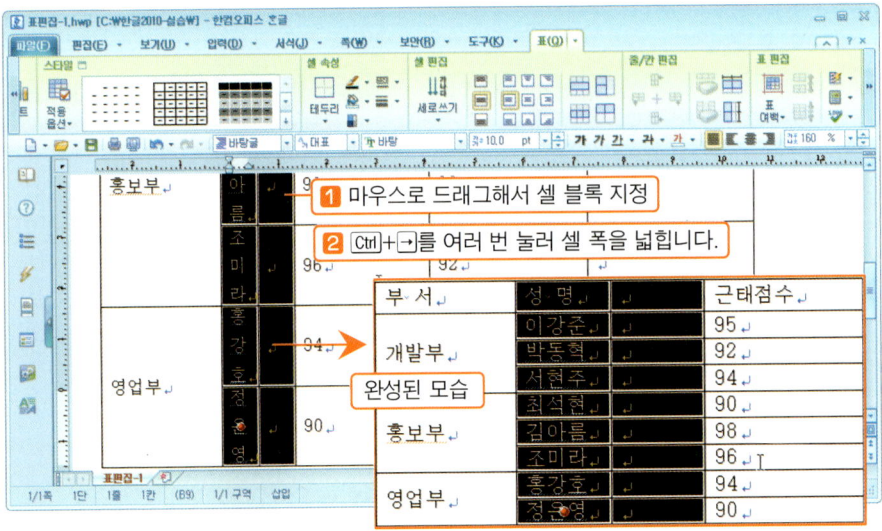

다른 방법으로는 줄이나 칸을 합칠 때 표 지우개(✐)를 사용했던 것과 반대로 줄이나 칸을 새롭게 표를 그려 주는 방법을 사용할 수도 있습니다.
[표]의 열림 상자에서 [표 그리기]를 클릭한 후, ✐ 표시가 나타나면 아래 화면처럼 나눌 곳을 드래그해줍니다.

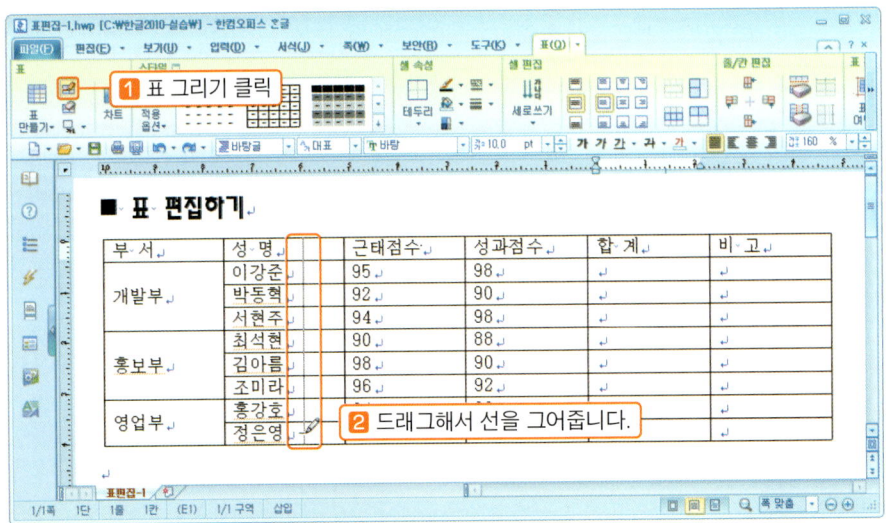

Lesson 04 한국인의 선택! 표 작성하기

5 지금까지 셀을 합치고, 필요한 셀을 나눈 후, 나누어진 칸에 자료를 입력한 결과 화면입니다.

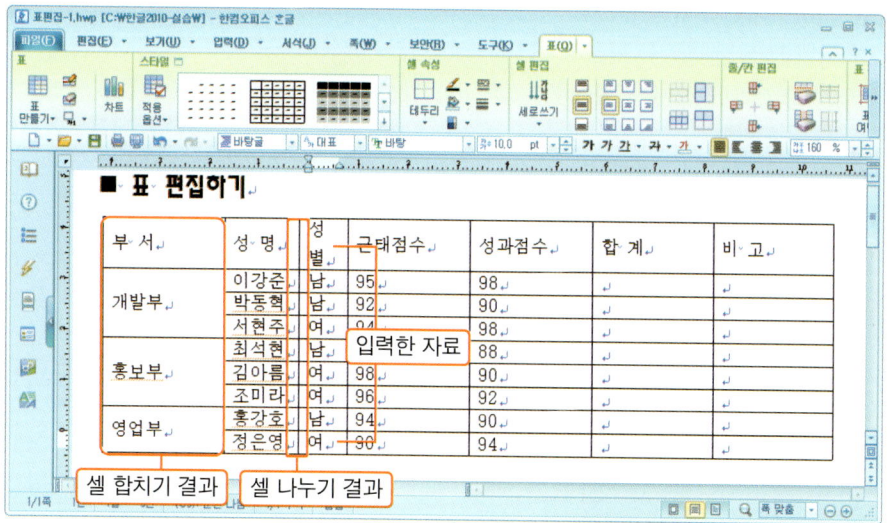

Note
■ 표 안이나 문서 화면에 ↵ 표시를 나타내려면?

화면이나 표 안의 ↵ 표시는 문단 부호입니다. 문단 부호의 표시 여부는 [보기] 열림 상자에서 [문단 부호]에서 지정할 수 있습니다.

줄과 칸의 삽입/삭제하기

1 줄을 삽입하기 위해 먼저 삽입할 위치를 클릭한 후, [표] 열림 상자에서 [아래에 줄 추가하기]를 클릭합니다.

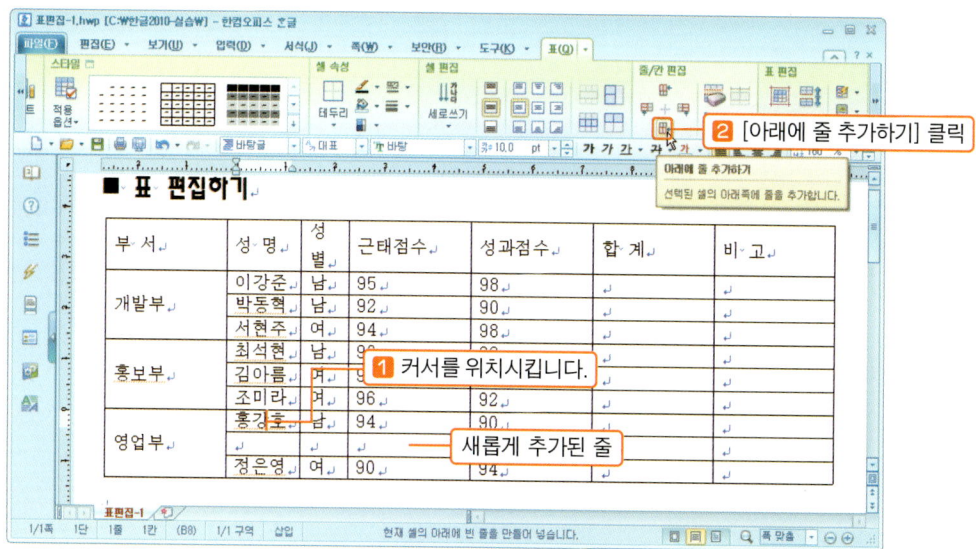

2 칸을 삭제하기 위해 해당 칸을 클릭하여 위치를 잡고 [표] 열림 상자에서 [칸 지우기]를 클릭합니다.

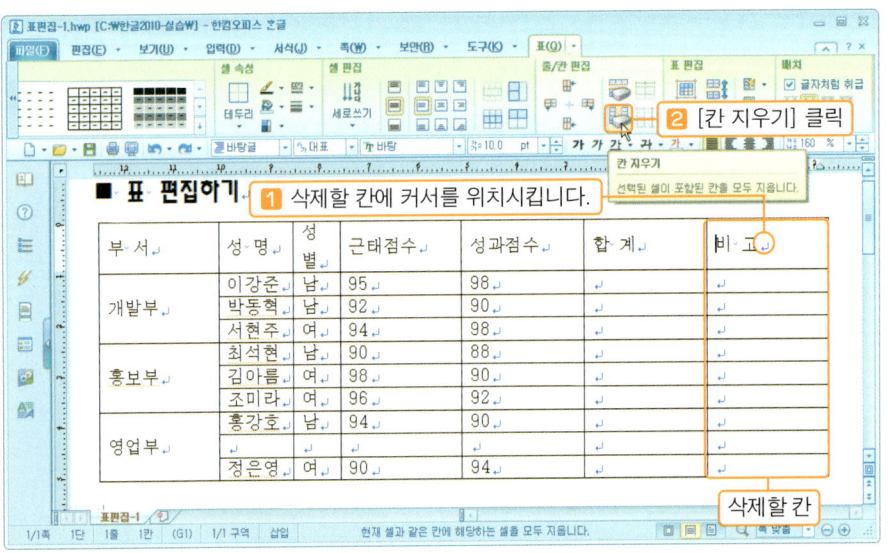

3 맨 우측 [비고]란이 삭제된 결과 화면입니다.

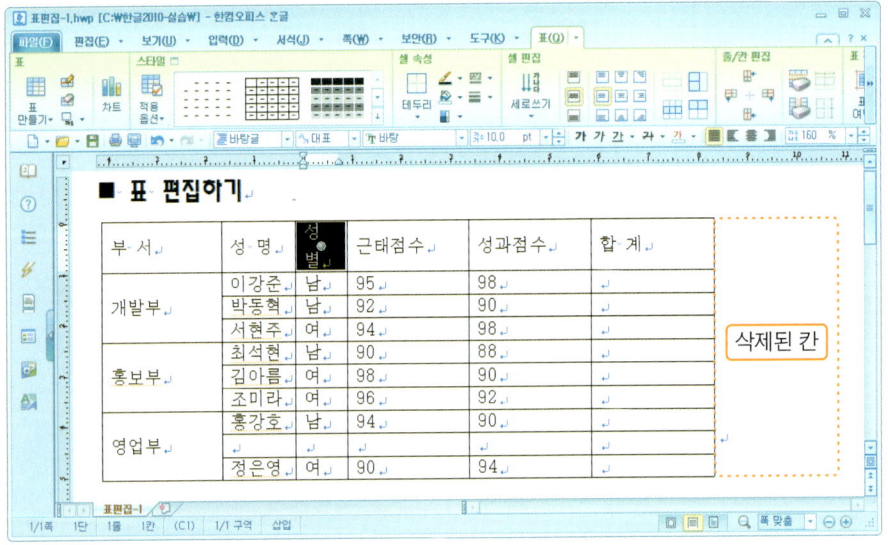

표의 셀 크기 조절하기

표를 만든 후 글자를 입력하다 보면 셀의 크기를 조정해야 하는 일이 빈번하게 발생하는데, 사용자들이 많이 어려워하는 작업 중 하나입니다.

셀 크기의 조정은 마우스를 경계선에 놓고 드래그해서 작업하는 손쉬운 방법이 있지만 몇 가지 단점이 있어 셀 블록(F5)을 활용하여 키보드의 Ctrl 키나 Shift 와 함께 방향키(←,→,↑,↓)를 사용하는 방법이 더 많이 사용되고 있습니다.

● 셀 크기 조절하기

1. 셀이 속한 줄이나 칸의 전체 크기 조절
   셀에서 F5 키를 눌러 블록 지정한 후, Ctrl +방향키

2. 셀이 속한 곳만 한정하여 줄이나 칸의 크기 조절
   셀에 F5 키를 눌러 블록 지정한 후, Shift +방향키
   ※ 셀 크기 조절은 설명만으로는 이해가 어려울 수 있습니다. 이어지는 실습에서 결과를 살펴보면 쉽게 이해할 수 있습니다.

1 '성별'란의 폭을 넓혀 보겠습니다. 해당 셀에서 F5 키를 눌러 셀 블록을 설정한 후, Ctrl + → 를 몇 번 눌러 한 줄에 '성별' 글자가 표시되게 늘려 줍니다.

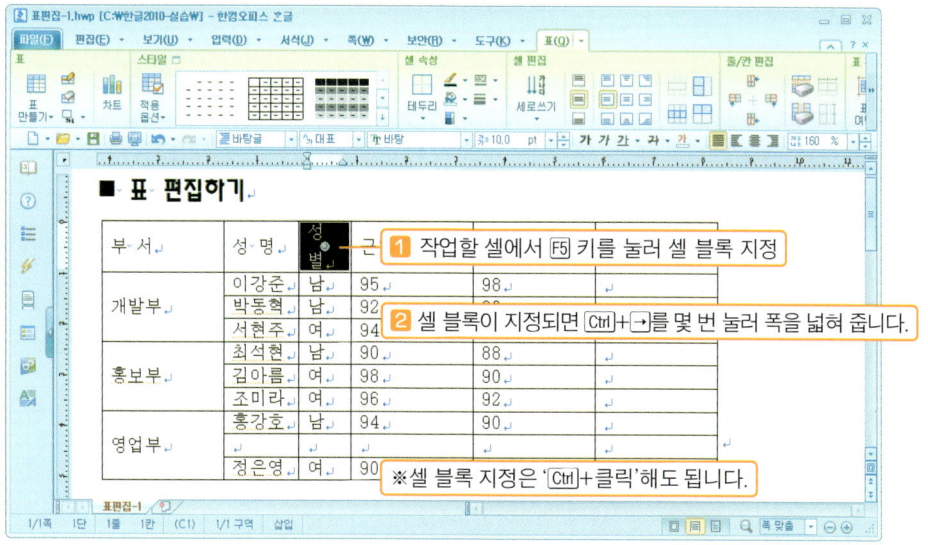

> Note
> 셀 블록은 'Ctrl +클릭'해도 지정됩니다. 'Ctrl +클릭'은 Ctrl 키를 누른 채 클릭하라는 의미입니다.
> F5 키를 사용하거나 'Ctrl +클릭'하는 것 중에서 사용자가 편한 방법을 선택해서 사용하면 됩니다.

2 표의 맨 윗줄인 제목줄의 높이를 넓히려 합니다. 해당 줄의 아무 곳에서나 F5 키를 눌러 블록을 지정한 후, Ctrl+↓를 여러 번 눌러 원하는 크기만큼 조절합니다.

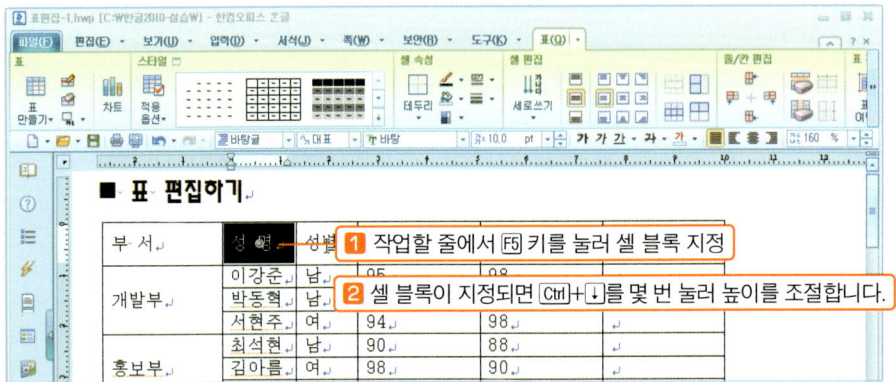

■ 마우스를 이용한 셀 폭 조정하기

해당 셀의 경계선에 마우스를 위치시키면 포인터의 모양이 변경됩니다. 이때 좌우나 상하로 드래그하여 셀 폭이나 셀 높이를 조정할 수도 있습니다.

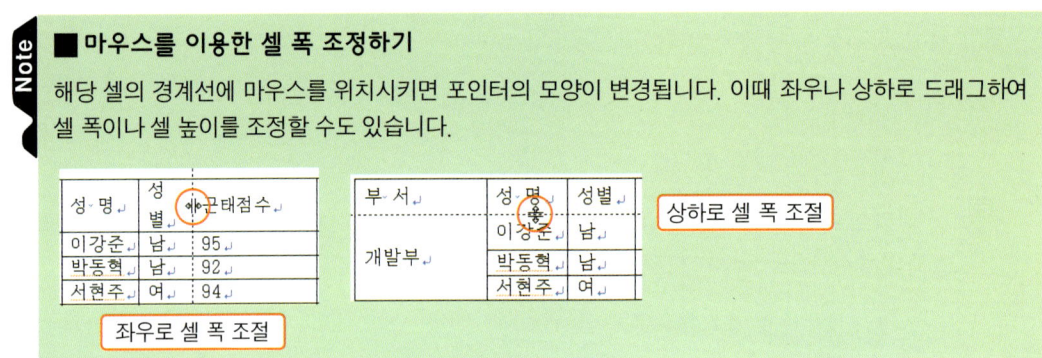

3 셀 블록을 지정한 후, Shift+→를 누르면 해당 셀만 셀 폭이 조정됩니다. 화면의 결과와 실습하면서 화면을 살펴보면 정확히 알 수 있습니다.

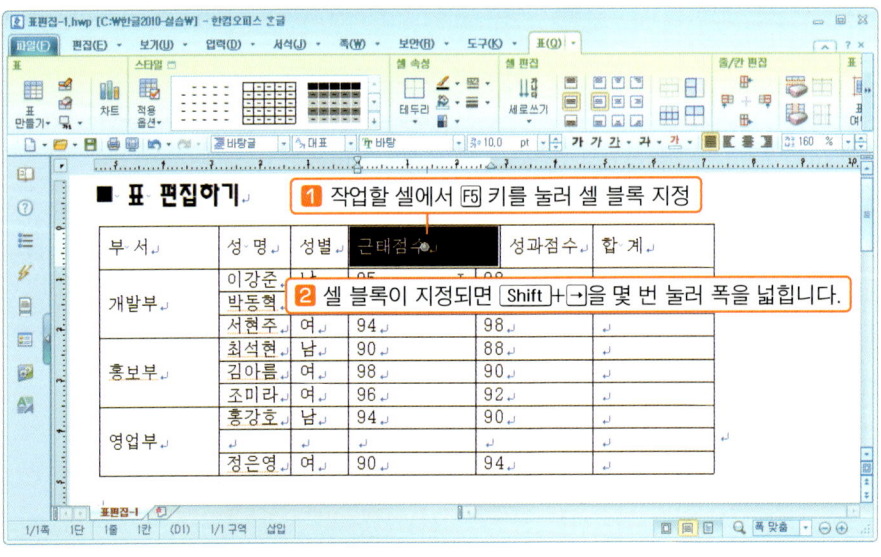

Lesson 04 한국인의 선택! 표 작성하기

4 한 칸만 조정된 부분을 다시 아래 셀들과 일치하게 조정합니다. 이때는 Shift +방향키와 Ctrl +방향키를 병행해서 조절하는 것이 좋은 방법입니다.

F5 키를 눌러 셀 블록 지정

일치되는 근처까지 Shift + ← 를 눌러 폭을 줄입니다.

Ctrl + ← 를 눌러 세로를 맞춥니다.

표 나누기와 붙이기

자주 발생하는 경우는 아니지만 작성한 표를 분리하거나 분리한 표를 서로 붙이는 경우도 발생합니다. 표의 나누기와 붙이기는 상하 방향으로의 작업을 의미하며 작업 방법을 익혀두면 필요할 때 유용하게 사용할 수 있습니다.

표 나누기는 커서 위치 위로 나눠지고, 표 붙이는 커서 위치의 아래 것이 붙여지므로 작업할 때 커서 위치를 정확히 위치시켜야 합니다.

1 개발부와 홍보부를 서로 분리하기 위해 해당 위치에 커서를 위치시키고 메뉴 [표]-[표 나누기]를 클릭하거나 [표] 열림 상자의 [표 나누기(　)]를 클릭합니다.

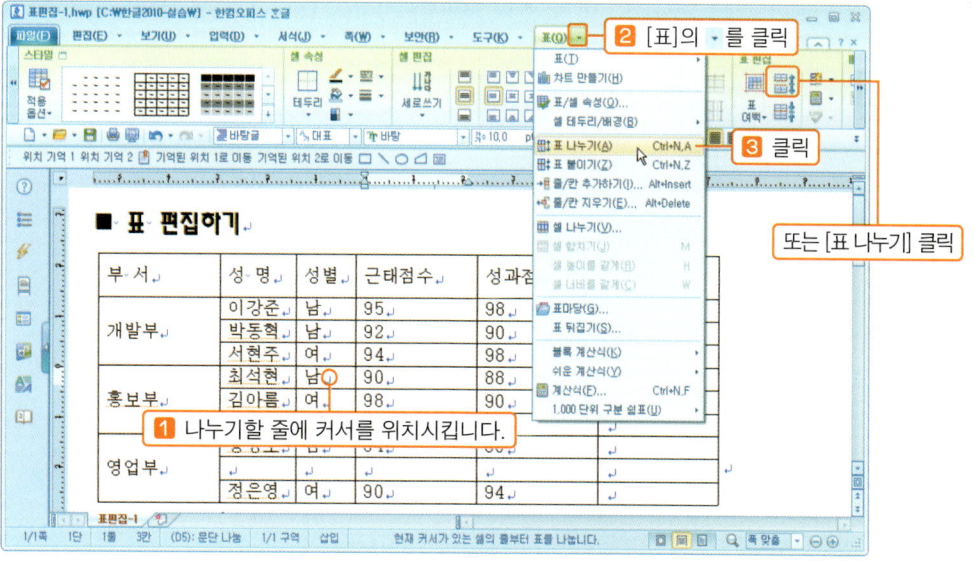

2 분리된 결과 화면입니다. 다시 표를 붙이기 위해 커서를 개발부의 맨 아랫줄에 위치시키고 메뉴 [표]-[표 붙이기]나 [표] 열림 상자의 [표 붙이기(▦)]를 클릭합니다.

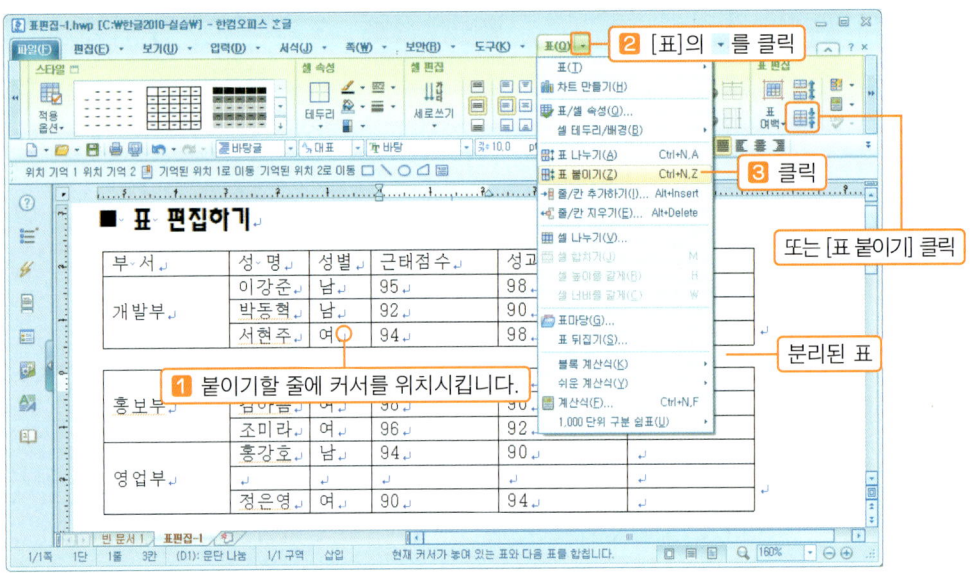

3 다시 붙여진 결과 화면입니다.

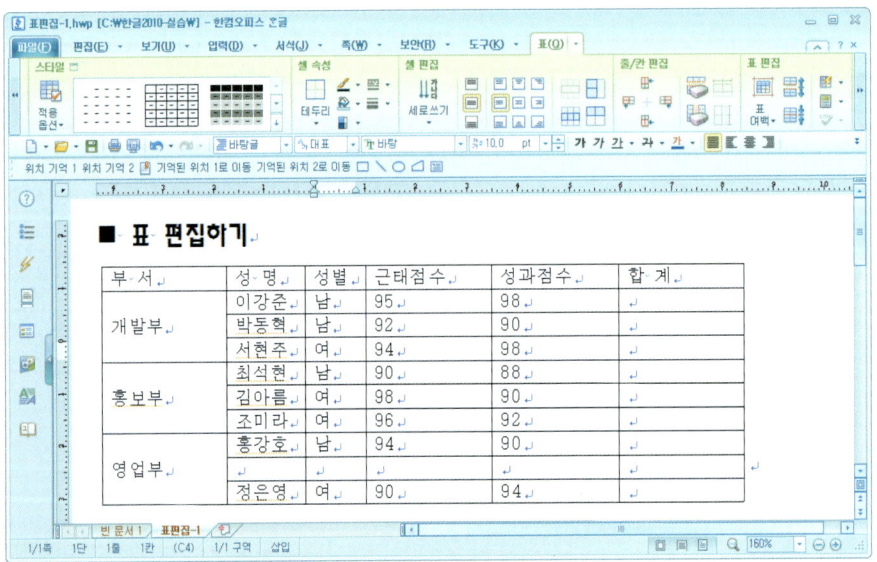

3 표 꾸미기

지금까지는 표 작성에 초점을 맞췄다면 이번에는 작성한 표의 꾸미기를 위주로 살펴보겠습니다. 표가 가지는 속성(테두리, 표의 배경, 캡션…)과 표에 글자나 숫자 등의 내용이 채워질 것이므로 앞서 학습한 글자 모양(글꼴, 크기, 글꼴 색…)과 문단 모양(정렬, 줄 간격, 문단 여백…) 등의 내용을 다시 살펴볼 수 있습니다.

셀 속성 지정하기

1 [한글2010-실습] 폴더에서 '표편집-2.hwp' 파일을 불러 맨 위 제목에 속성을 지정합니다.

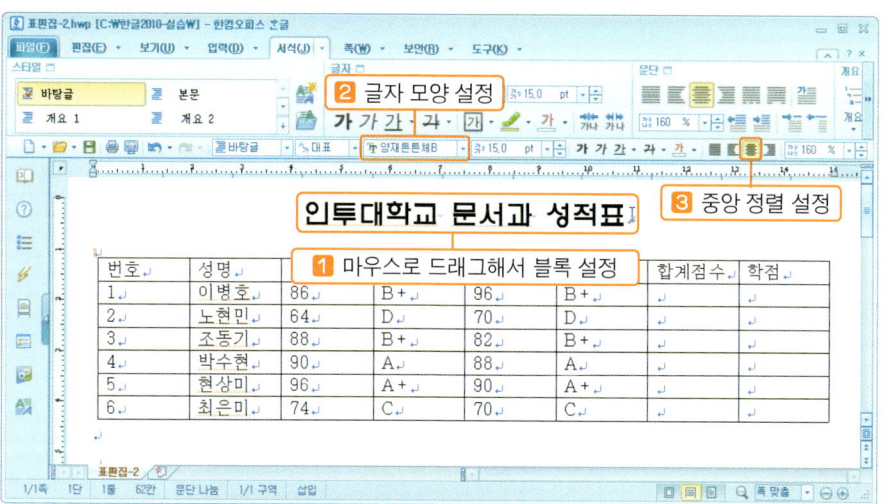

2 표의 바깥 테두리를 클릭하여 선택한 후, [배치]와 [정렬]을 지정합니다.

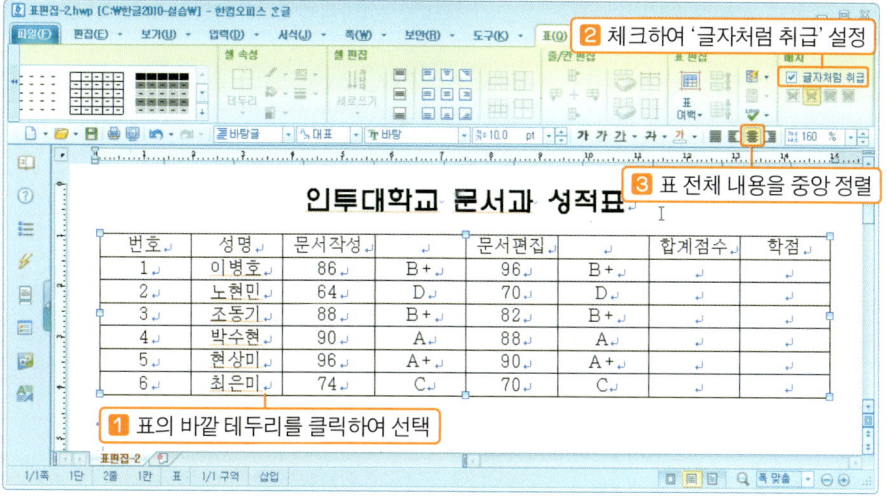

3 표의 상단 줄을 마우스로 드래그하여 블록 설정한 후, 마우스 우측 단추를 눌러 [셀 테두리/배경]-[각 셀마다 적용]을 선택합니다.

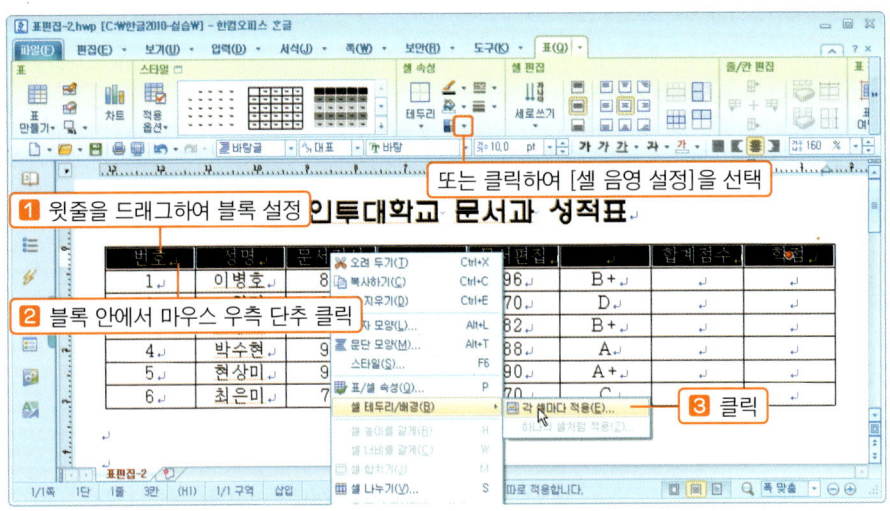

4 나타나는 [셀 테두리/배경] 대화 상자의 [배경] 탭에서 [채우기] 면색을 하늘색 계열로 지정하고 [설정]을 누릅니다.

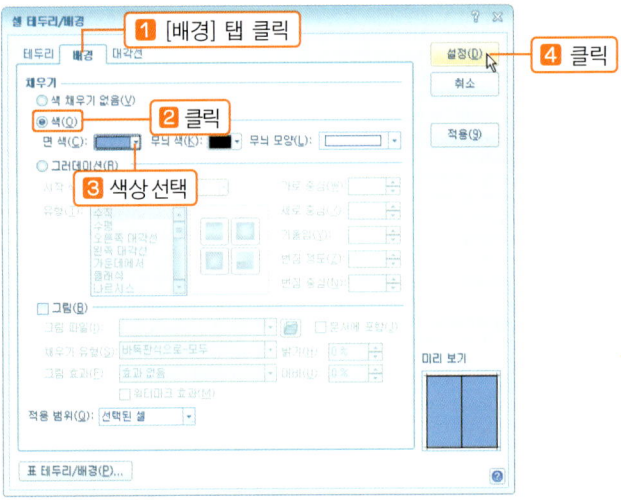

5 이번에는 열림 상자의 도구를 이용하여 테두리 작업을 하겠습니다. 표 전체를 블록 설정하고 [표] 열림 상자의 [셀 테두리 굵기]와 [테두리]를 클릭하여 속성을 지정합니다.

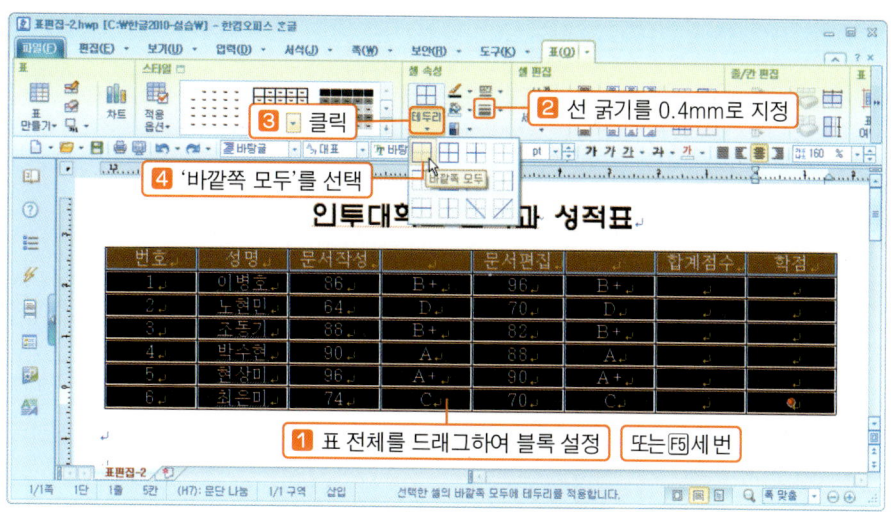

위의 작업을 표 전체를 블록 설정하고 마우스 우측 단추를 클릭하여 [셀 테두리/배경]-[각 셀마다 적용]을 선택하였다면 아래처럼 속성을 부여하면 됩니다.

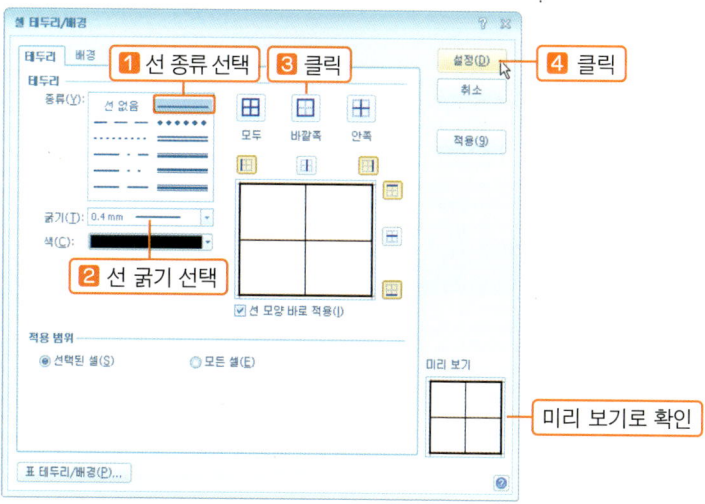

6 표의 좌측 상단에 대각선을 긋기 위해 해당 셀을 선택하고, [표] 열림 상자의 [셀 테두리 굵기]를 지정하고 [테두리]에서 [대각선]을 선택합니다.

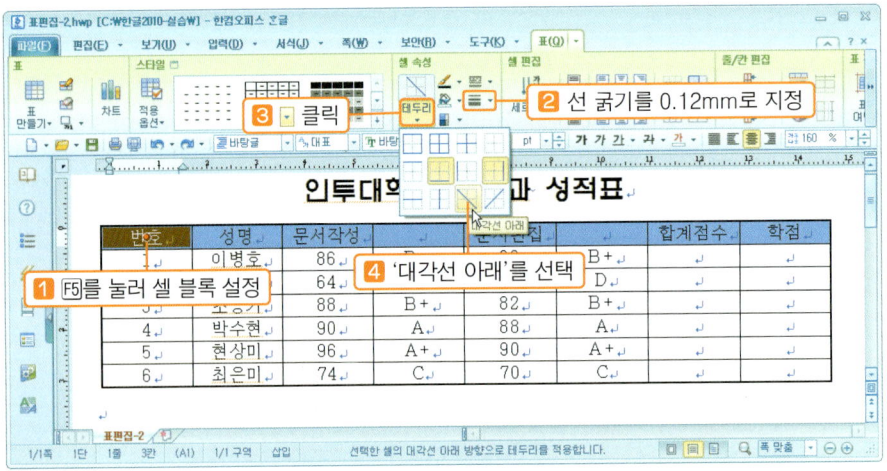

> **Note**
>
> [표]의 열림 상자 중 [테두리]는 두 가지 점을 유의해야 합니다.
>
> 첫째, 아이콘의 윗부분을 클릭하는 것과 아랫부분을 클릭하는 것은 서로 다른 의미를 갖습니다.
>
> - 현재 보이는 선을 바로 적용
> - 적용할 선을 선택할 수 있습니다.
>
> 둘째, 적용되는 선 굵기는 기존 것이 적용됩니다. 따라서 이전과 다르게 굵기를 지정하려면 [셀 테두리 굵기]를 먼저 선택한 후에 [테두리] 속성을 지정해야 합니다.

7 대각선을 부여한 '번호' 글자 앞에 '내용'을 넣고 Enter를 눌러 줄을 분리합니다. '내용'과 '번호'를 각각 왼쪽, 오른쪽 정렬시키고 화면처럼 블록을 설정한 후, [셀 나누기]를 클릭하여 2줄로 나눠줍니다.

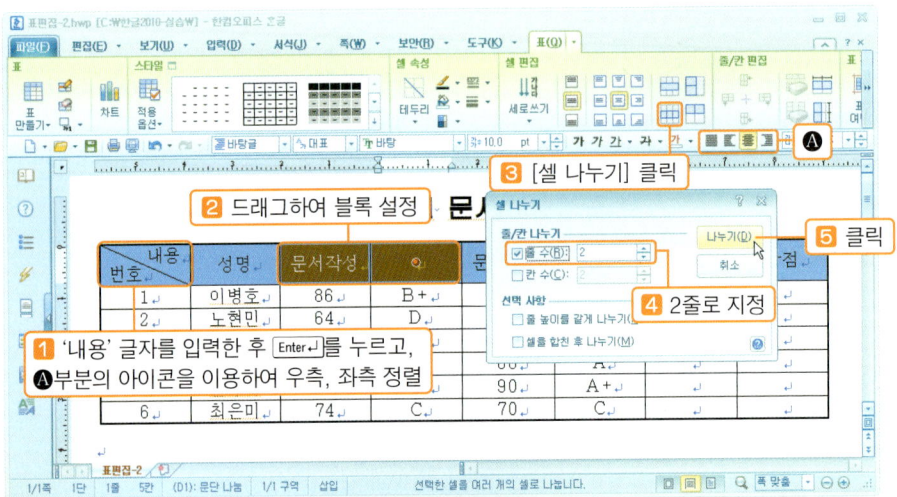

8 나누어진 두 줄의 위쪽을 블록 지정하여 [셀 합치기]를 합니다.

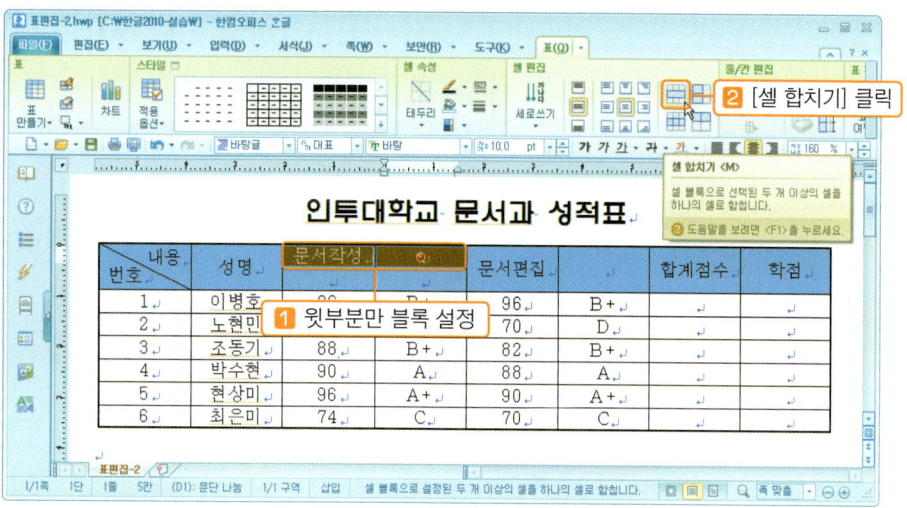

9 '문서편집'란도 '문서작성'란과 같이 작업하고, 제목줄에 글자 모양과 아래쪽 테두리를 지정하여 완성하고, 표 전체의 줄 높이를 넓혀서 '표편집-2(편집완료).hwp'의 다른 이름으로 저장합니다.

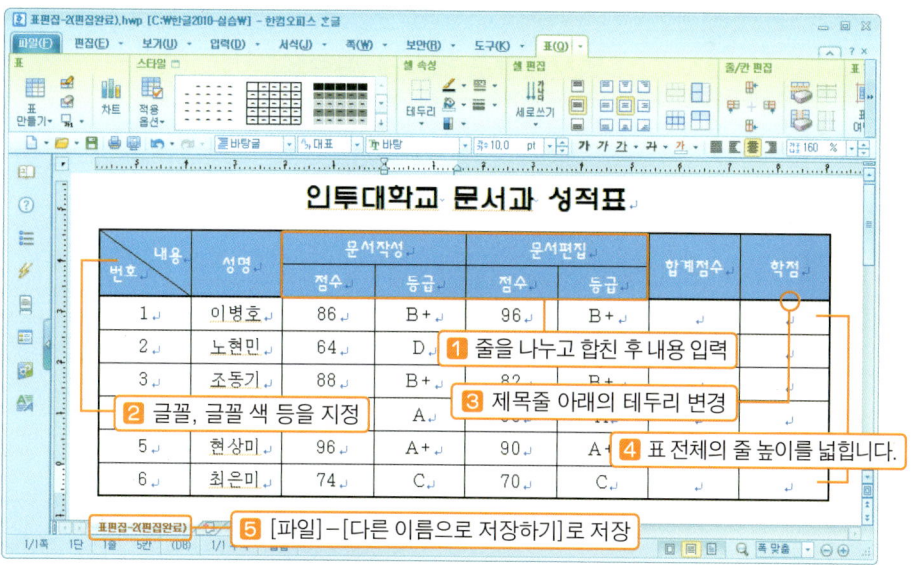

긴 스텝의 따라 하기를 통해 표를 편집해 보았습니다. 표는 이미 언급한대로 사용 빈도가 매우 높습니다. 표를 만들고 표를 편집(테두리, 합치기, 나누기, 줄의 삽입과 삭제 등)하는 여러 작업이 익숙해질 때까지 많이 연습해 보기 바랍니다. 혹 잘 진행되지 않는 부분들은 교재의 해당 부분을 다시 살펴보고, 표 작성뿐만 아니라 메뉴와 열림 상자, 단축키, 빠른 메뉴 등의 다양한 작업 방식도 함께 익히기 바랍니다.

표에서의 복사/붙여넣기

문장의 복사와 붙여넣기 작업은 이미 살펴보았습니다. 이런 복사와 붙여넣기는 문장뿐만 아니라 모든 개체에 공통적으로 적용되며, 작업 방식은 대상 개체에 따라 약간의 차이만 발생합니다.

● **복사/붙여넣기/오려두기의 단축키**

복사 : Ctrl+C
붙여넣기 : Ctrl+V
오려두기 : Ctrl+X

1 저장해둔 '표편집-2(편집완료).hwp' 파일을 가지고 작업합니다. '2번 노현민' 줄과 '합계점수'란을 삭제합니다.

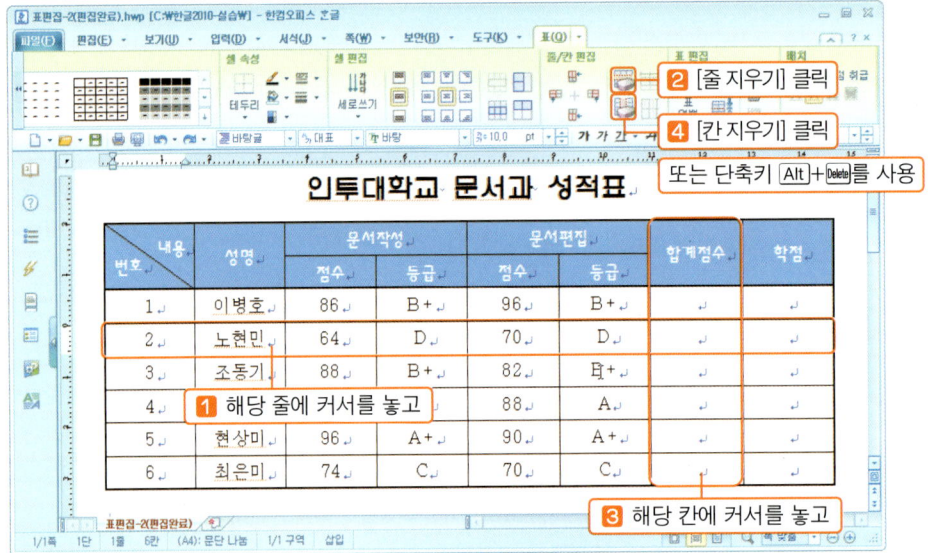

Note

실습용으로 제공된 파일 중 파일 이름 끝에 괄호 즉, '...(편집완료)', '...(완성)' 등으로 되어 있는 파일은 독자 분들이 예제 파일을 이용해서 편집 완료하여 저장하는 것입니다. 미처 작업 결과를 작성하지 못했다면 아래 경로에 제공하는 편집 완료 파일들을 불러서 작업하면 됩니다.

(C:) 드라이브의 [한글2010-실습] 폴더 아래의 [편집완료파일]

※ 위는 제공하는 실습 파일을 [C:\한글2010-실습] 폴더에 압축 풀기를 하였을 때의 경로입니다.

2 '문서작성'란과 '문서편집'란을 서로 뒤바꾸려 합니다. 내용을 지우고 다시 입력하는 것은 올바른 방법이 아닐 것입니다. '문서편집'란을 오려두기해서 '문서작성'란 앞으로 복사하는 것이 좋은 방법입니다.

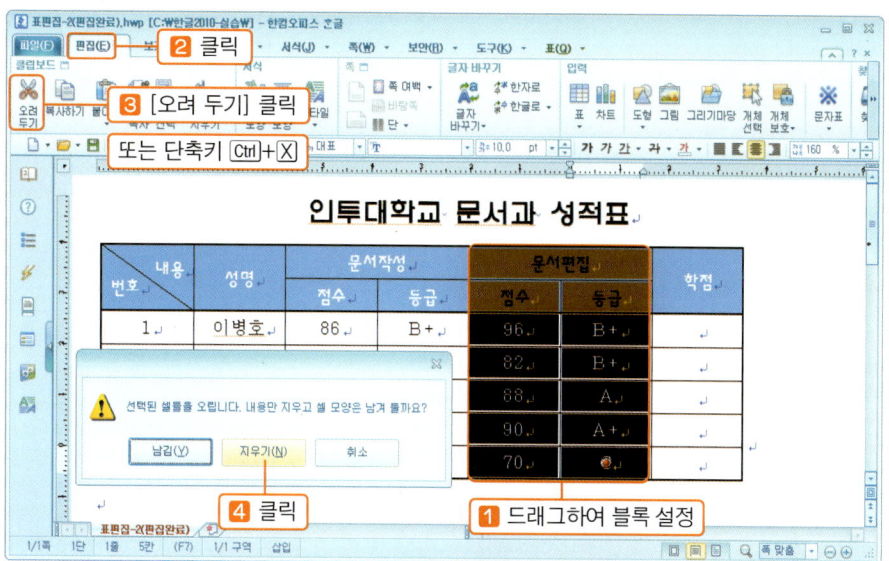

3 붙여 넣을 칸의 왼쪽에 커서를 놓고 [붙이기]합니다.

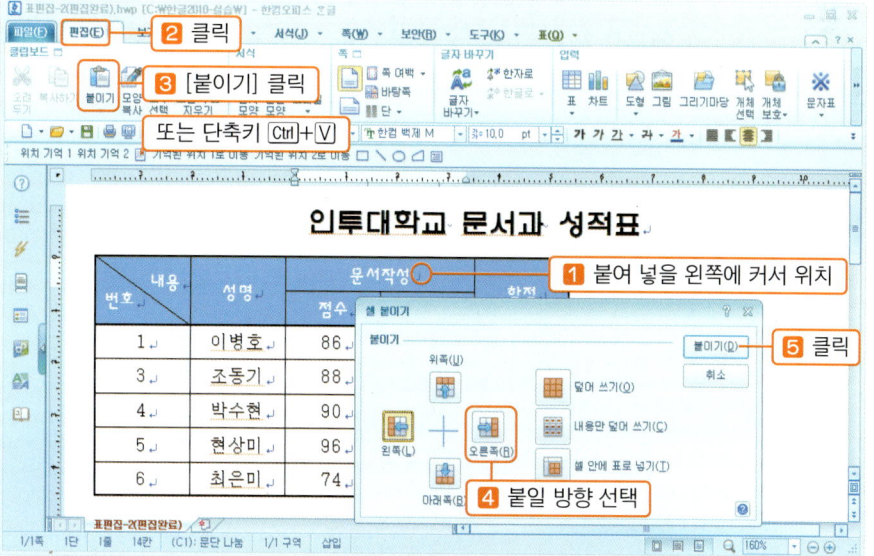

■ 표 안의 자료 삭제하기

줄이나 칸 자체가 아닌 표 안의 내용만 삭제하려면, 삭제할 부분을 블록 지정하고 Delete 키를 누릅니다. 이때 지정한 셀 블록이 칸 전체, 줄 전체로 지정되어 있으면 우측과 같은 화면이 나타납니다. 내용만 지우려면 [남김]을, 선택한 셀들도 함께 삭제하려면 [지우기]를 선택합니다.

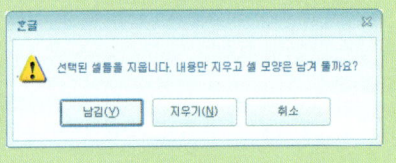

표 안의 자료가 아닌 줄/칸의 자체를 삭제하려면 블록을 설정하지 않고 커서만 위치시킨 후, 단축키 Alt + Delete 를 사용합니다.

4 줄을 복사해 보겠습니다. 3번 학생 줄을 블록 지정하고 복사(Ctrl+C)해 둡니다.

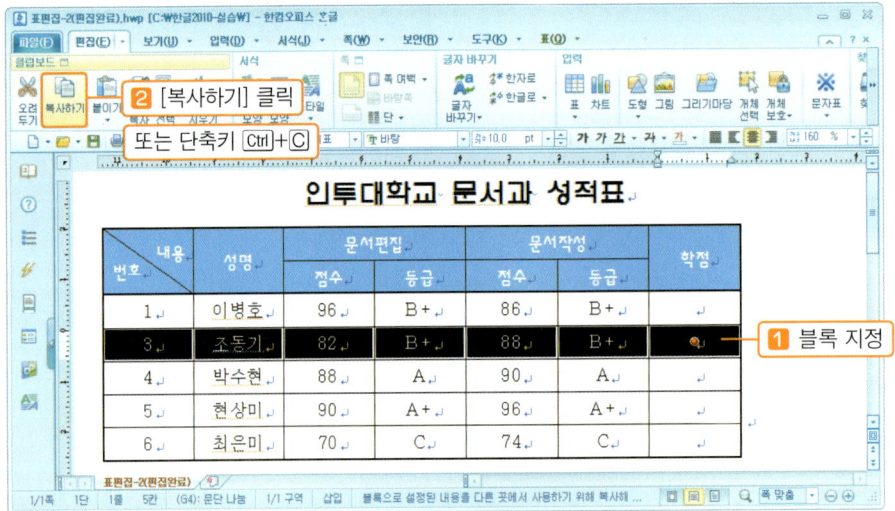

5 복사한 줄을 붙여 넣을 위치로 이동한 후, 붙여넣기(Ctrl+V)합니다.

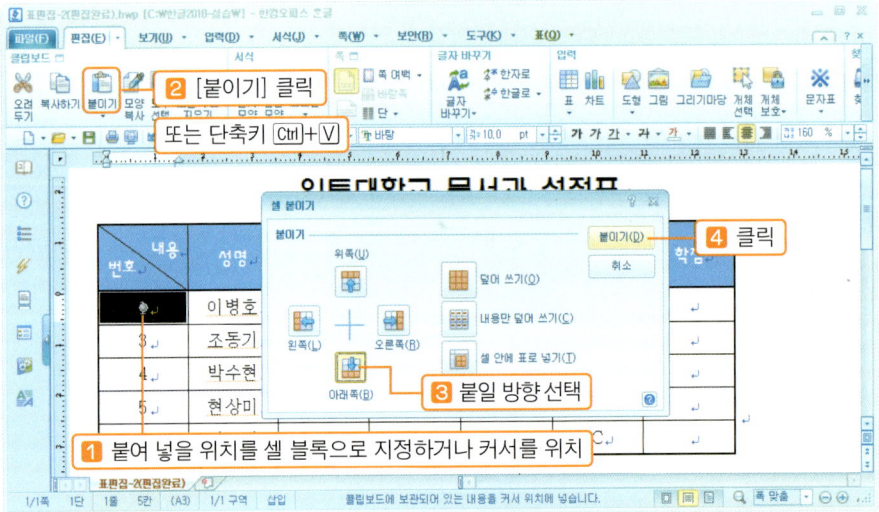

표의 모양 복사

글자와 문단에서 사용하던 모양 복사(Alt+C)를 표에서도 사용할 수 있습니다.

1 '등급'란이 중앙 정렬되어 어색해 보입니다. '문서편집'란의 '등급' 부분을 드래그하여 셀 블록으로 지정하고, [편집] 열림 상자의 [문단 모양]을 클릭하여 속성을 지정합니다.

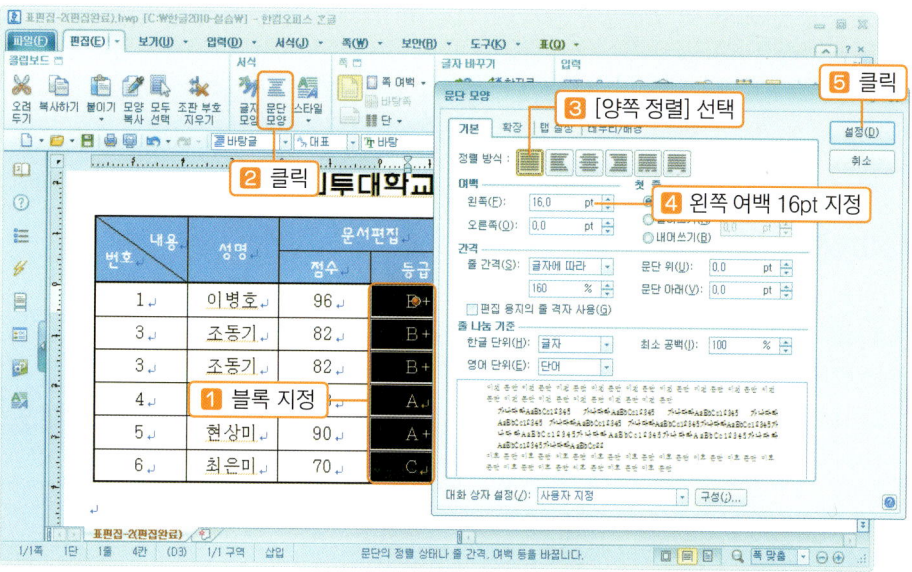

2 지정한 속성을 모양 복사하여 '문서작성'란의 '등급'에도 적용합니다.

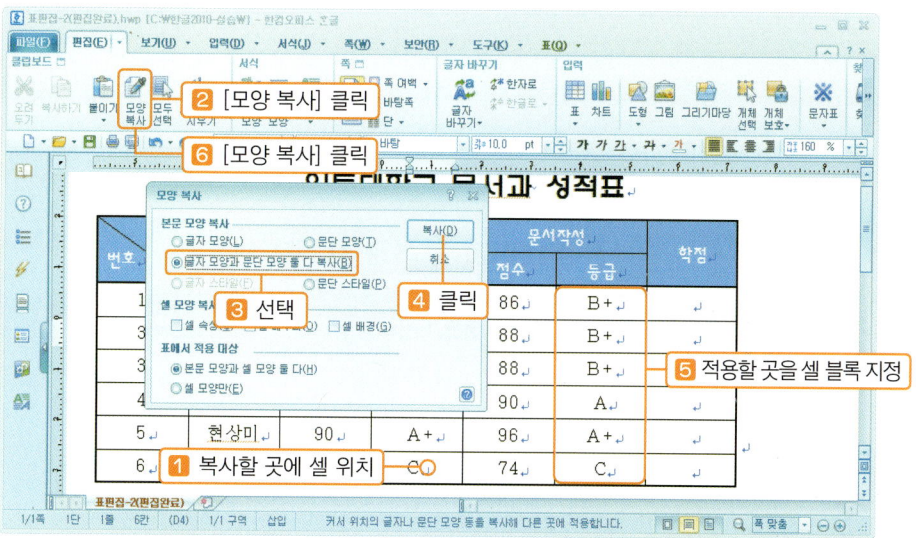

실습처럼 같은 속성을 여러 곳에 지정할 때는 매번 반복하여 다시 지정하는 것보다 모양 복사를 활용하면 손쉽게 작업할 수 있습니다.

표 스타일 적용

일반적으로 표는 상단이나 좌측에는 제목들이 놓이게 되므로 표 본문과 제목들을 구분하여 색상이나 테두리를 달리 하는 작업들을 많이 합니다. 한글 2010에서는 다양한 표 형태를 제공하여 이를 선택하여 사용할 수 있는 표 스타일 기능을 제공합니다.

1 커서를 표 안에 놓고 [표] 열림 상자 [스타일]의 자세히( ) 단추를 클릭한 후, 원하는 형태를 선택합니다.

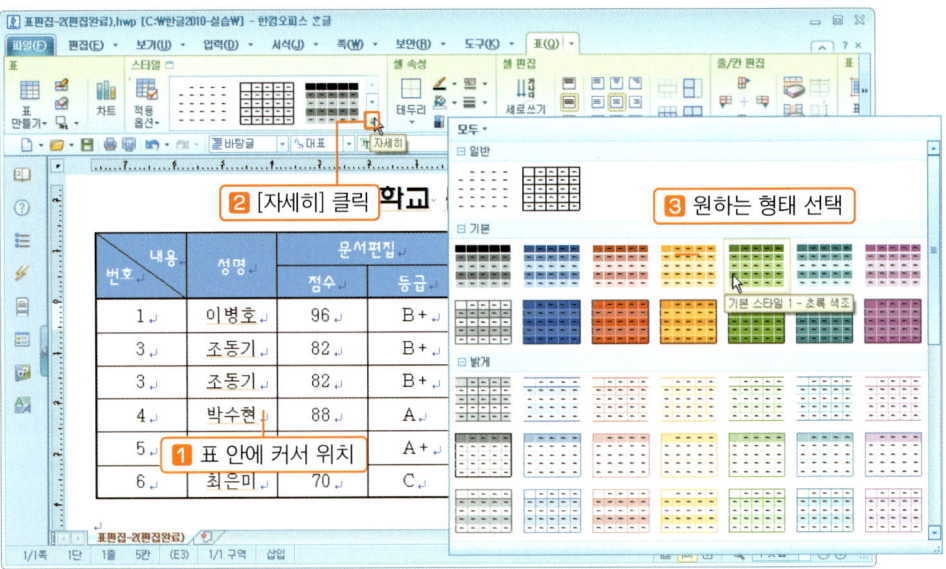

나타난 결과를 보면 상단의 제목줄이 예상과 다르게 나타남을 알 수 있습니다. 이것은 무조건 제일 윗줄을 제목으로 간주하기 때문입니다. 이런 것을 방지하려면 사용자가 특정 부분을 제목 셀로 지정해 주어야 합니다.

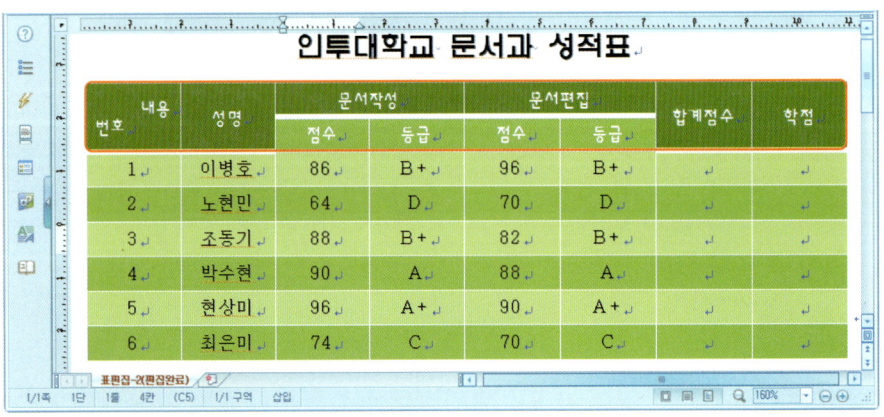

2 표 상단줄을 블록 지정하고 [표] 열림 상자의 [스타일]을 클릭하여 [제목 셀]로 지정합니다.

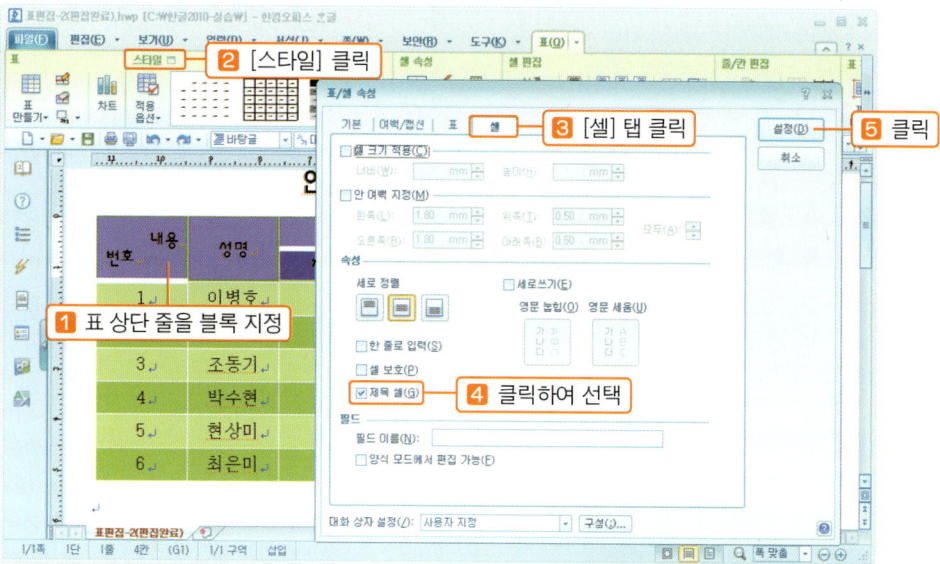

3 제목 셀을 지정한 후, 다시 한 번 1번 과정처럼 표 스타일을 적용하면 원하는 결과를 얻을 수 있습니다.

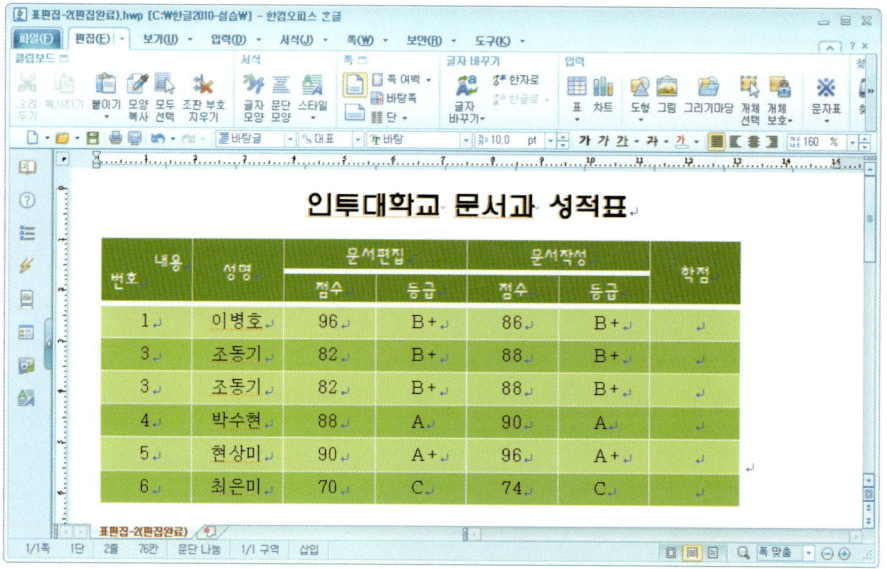

표 캡션 달기

그림이나 표를 만든 후, 그 밑에 [그림 1-1], [표 1-1]과 같은 형태로 번호를 부여하는 것을 캡션이라 합니다. 그림에 부여하면 그림 캡션, 표에 부여하면 표 캡션입니다. 이러한 캡션은 차후에 표나 그림에 대한 차례를 만들 때 활용할 수 있습니다.

1 커서를 표 안에 위치시키고 [표] 열림 상자에서 [스타일]을 클릭합니다. 또는 표 안에서 마우스 우측 단추를 클릭하여 [표/셀 속성]을 선택합니다.

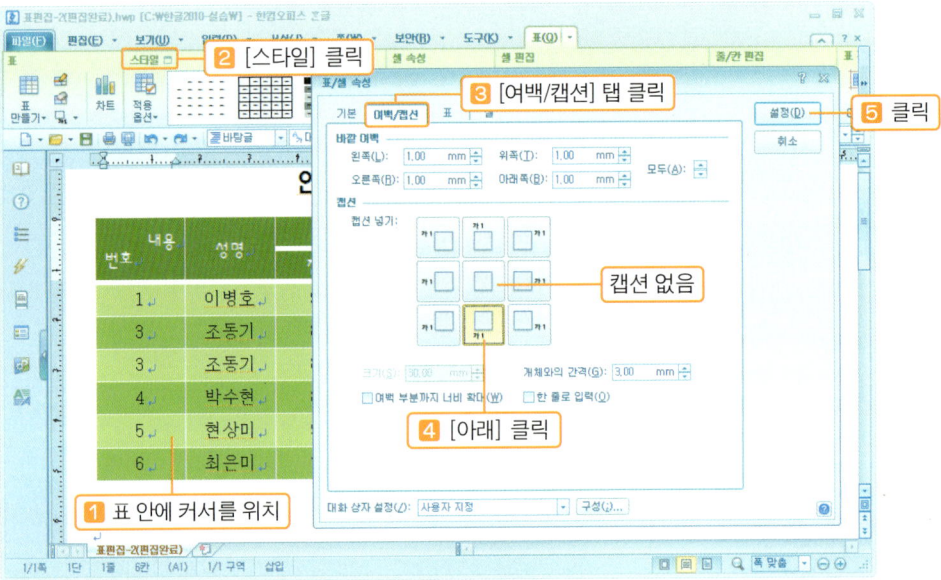

2 표 아래에 캡션이 나타납니다. 캡션의 위치나 표와의 간격 등은 다시 [표/셀 속성]에서 지정하고, 글꼴 등은 직접 드래그하여 속성을 부여해줄 수 있습니다.

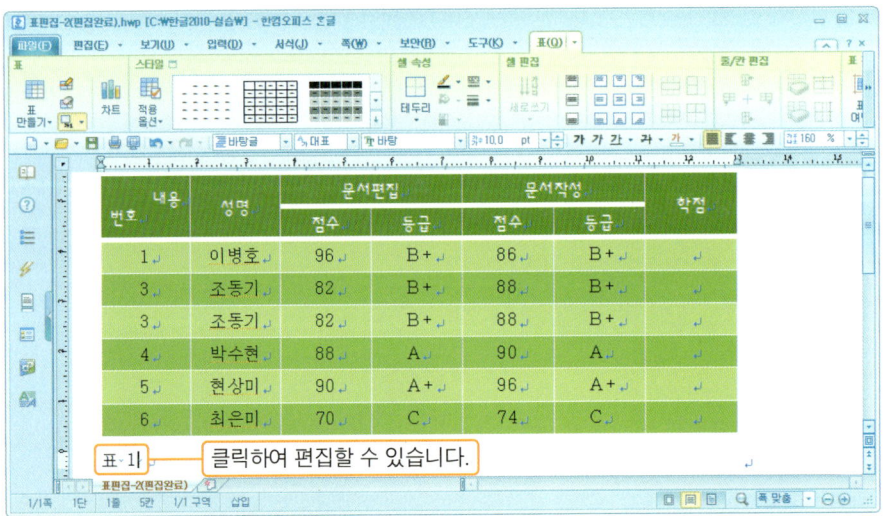

4 표 활용하기

문자열을 표로 만들기

문자열 형태로 만들어진 자료를 활용하여 표로 만들고, 표로 작성된 데이터를 문자열로 상호 변경할 수 있습니다.

표 형태의 자료는 대부분 문자열로 변환할 수 있지만 반대로 문자열을 모두 표로 변환할 수 있는 것은 아닙니다. 문자열의 구성이 표로 만들 수 있는 일정한 형태를 갖추고 있어야 표로 변환할 수 있습니다.

● **문자열을 표로/표를 문자열로**

메뉴 : [입력]-[표]-[문자열을 표로/표를 문자열로]

1 C: 드라이브의 [한글2010-실습] 폴더에서 '단축키모음.hwp' 파일을 불러옵니다.

'단축키모음.hwp' 파일을 잘 살펴보면 '지우기 관련 단축키'와 '편집 관련 단축키'로 두 덩어리로 나누어져 있으며 각 항목은 쉼표(,)로 구분되어 있습니다.

2 먼저 위쪽 '지우기 관련 단축키' 부분의 문자열을 블록 설정하여 표로 변환하겠습니다.

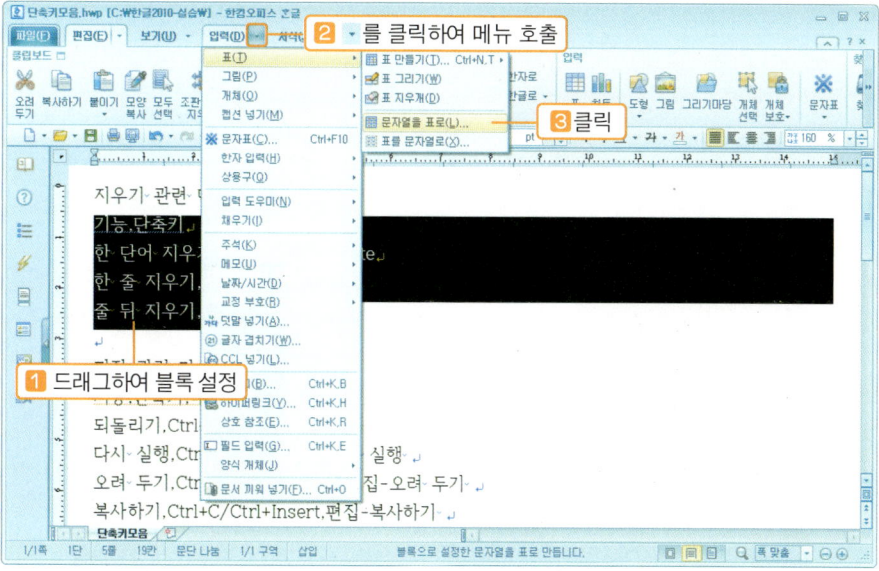

3 [문자열을 표로] 대화 상자에서 '분리 방법 지정'을 클릭하여 '쉼표'를 선택하고 [설정]을 누릅니다.

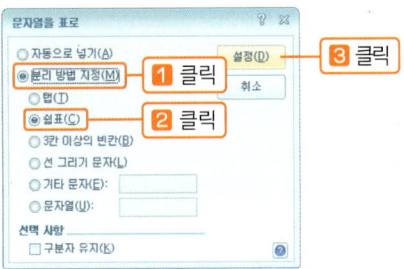

4 문자열이 표로 변환한 결과를 확인합니다.

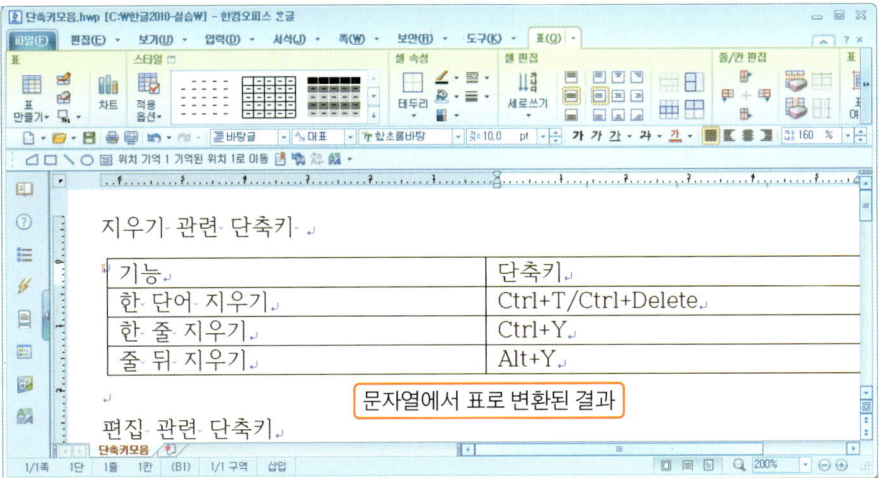

문자열에서 표로 변환된 결과

5 같은 방식으로 아래쪽 '편집 관련 단축키'도 문자열을 표로 변환합니다.

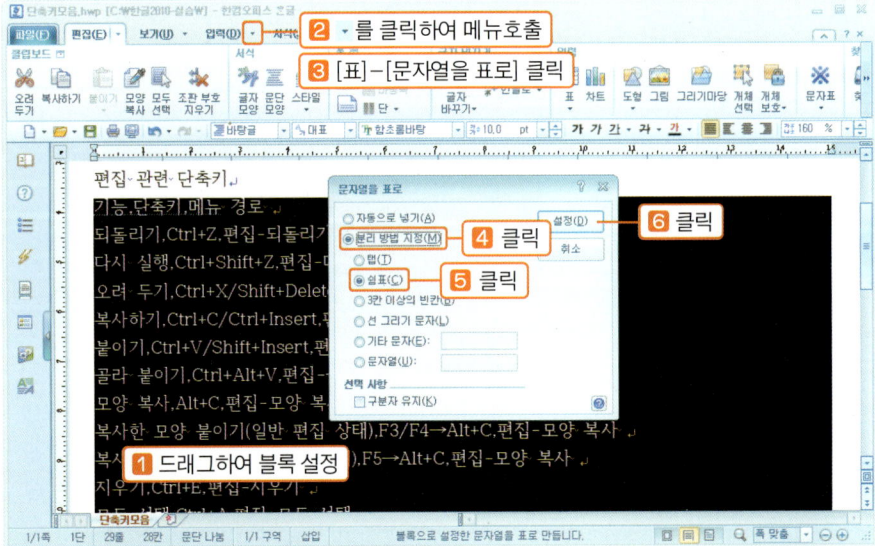

6 문자열이 표로 변환되었습니다. 표의 배치를 '글자처럼 취급'으로 각각 처리해주고 줄이나 칸의 조정, 표 안 내용 등을 편집해서 완성해서 '단축키모음(편집완료).hwp'라는 다른 이름으로 저장합니다.

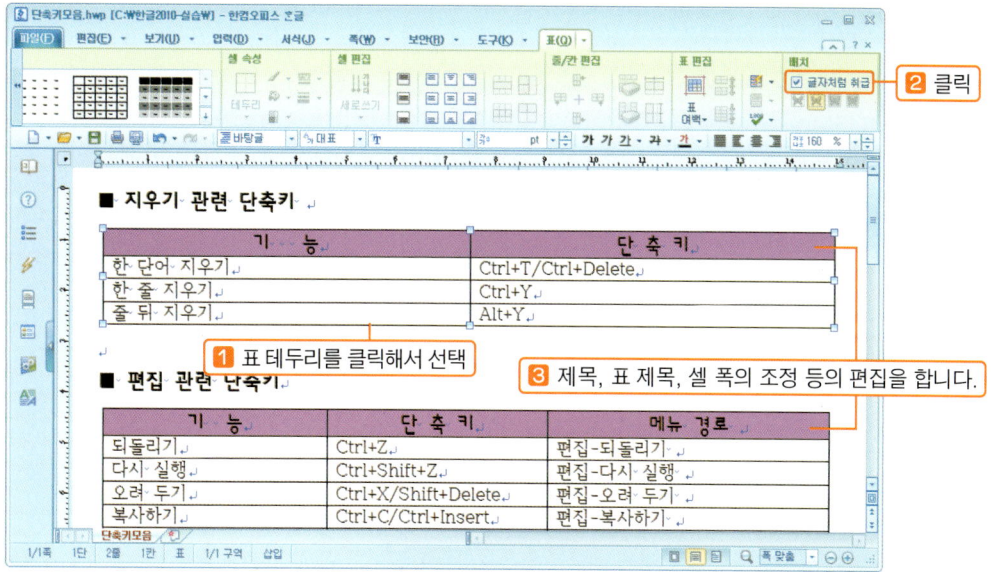

표를 문자열로 만들기

표로 만들어진 내용을 문자열 형태로 변환하는 작업입니다. 문자열을 표로 만드는 작업의 반대 작업입니다.

1 표 안에 커서를 놓고 메뉴 [입력]-[표]-[표를 문자열로]를 선택합니다.

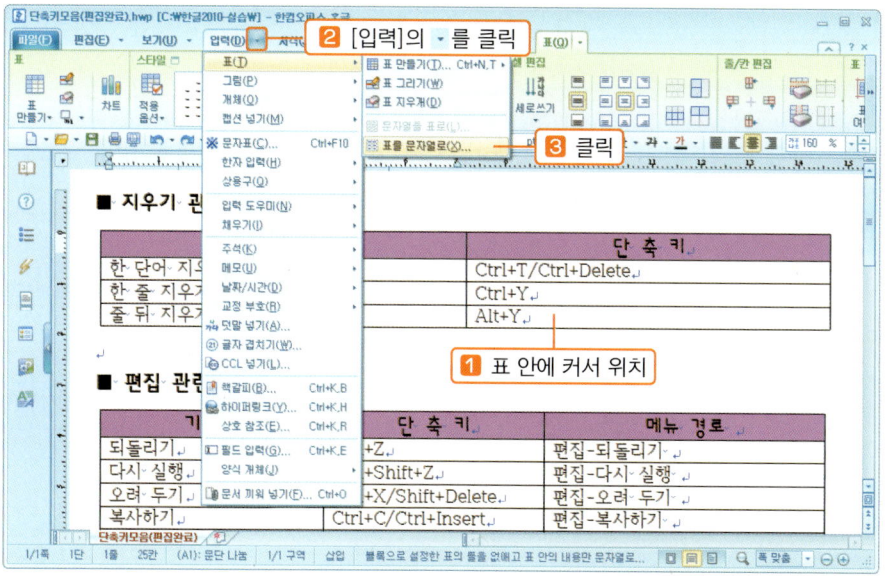

2 [표를 문자열로] 대화 상자에서 분리 방법을 지정하고 [설정]을 누릅니다.

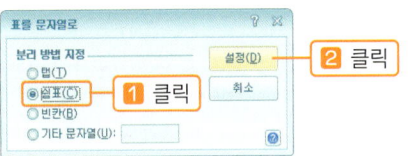

3 이어서 아래쪽 '편집 관련 단축키'까지 표를 문자열로 변환한 결과 화면입니다.

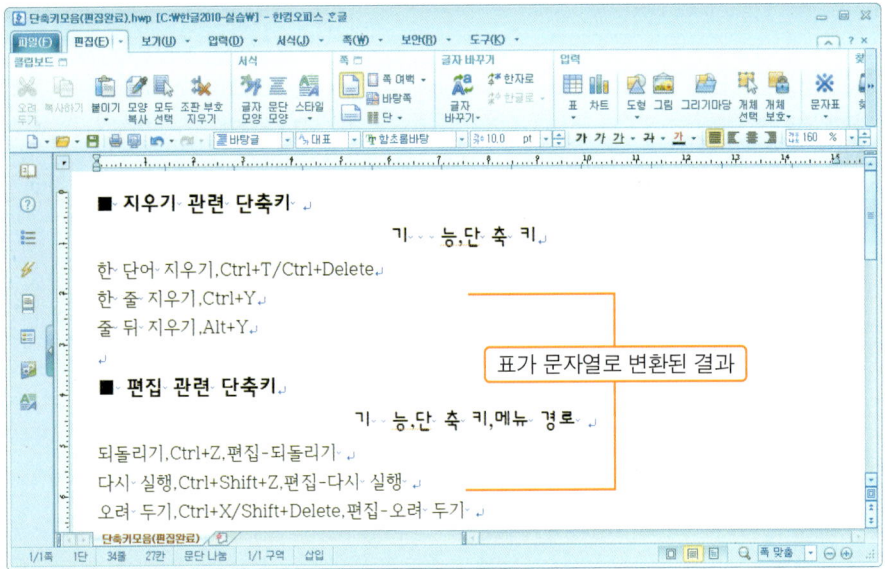

쪽 경계에서 나누기와 제목줄 자동 반복

표의 내용이 쪽 경계에 위치하여 다음 쪽까지 넘칠 때 표의 배치가 '글자처럼 취급' 상태가 아니면 자동으로 두 쪽에 걸쳐 나타나며 제목줄을 다음 쪽에 반복 표시할 수도 있습니다. 그러나 표의 배치가 '글자처럼 취급' 상태이면 표가 두 쪽에 걸쳐 나타나지 않으며 당연히 제목줄 반복 기능도 사용할 수 없습니다. 이처럼 표의 쪽 경계에서 나누기와 제목줄 반복은 '글자처럼 취급'이 아닌 상태에서 작업이 이뤄져야 한다는 것을 꼭 기억하기 바랍니다.

1 C: 드라이브의 [한글2010-실습] 아래의 [편집완료파일] 폴더에서 '단축키모음-2(편집완료).hwp' 파일을 불러옵니다.

2 이 파일은 여러 표로 구성된 2쪽 분량의 문서입니다. 1쪽과 2쪽의 경계 부분으로 화면을 이동하면 아래 화면처럼 표가 양쪽 페이지에 걸쳐 나타나는 것을 볼 수 있습니다.

Lesson 04 한국인의 선택! 표 작성하기

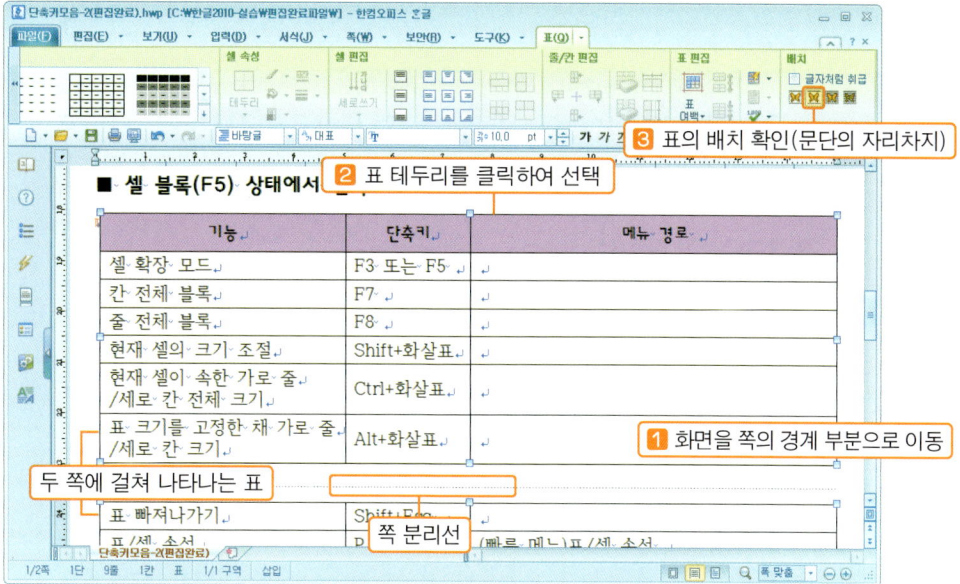

Note 표의 크기가 커서 한 쪽에 나타낼 수 없어 두 쪽에 걸쳐 나타내려면 표의 배치가 '글자처럼 취급' 상태가 아니어야 합니다.

3 표의 배치가 문단의 자리차지여서 두 쪽에 걸쳐 나타납니다. 두 쪽에 걸쳐진 표의 제목줄을 반복하여 표시하겠습니다.

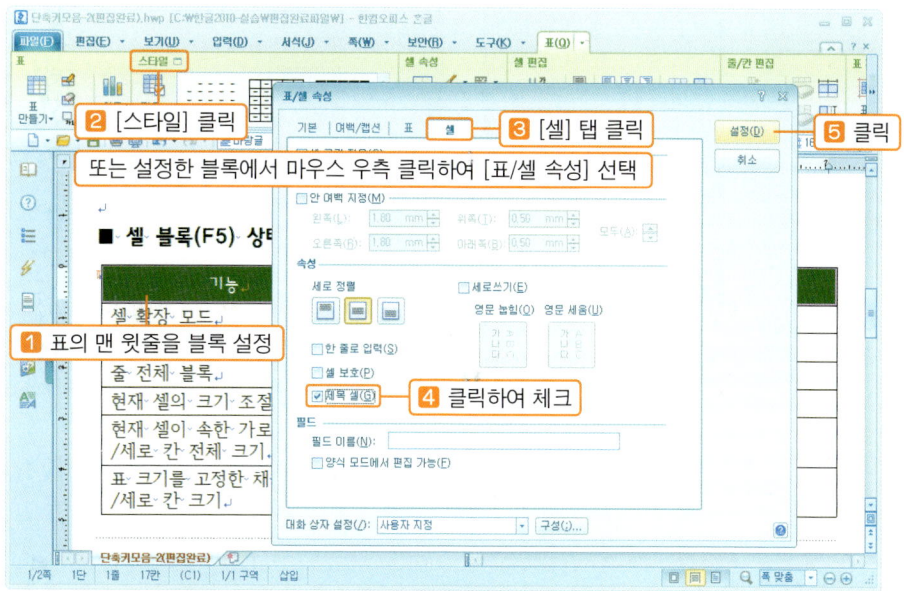

4 제목 셀로 지정한 부분이 새로운 페이지에도 반복해서 나타납니다.

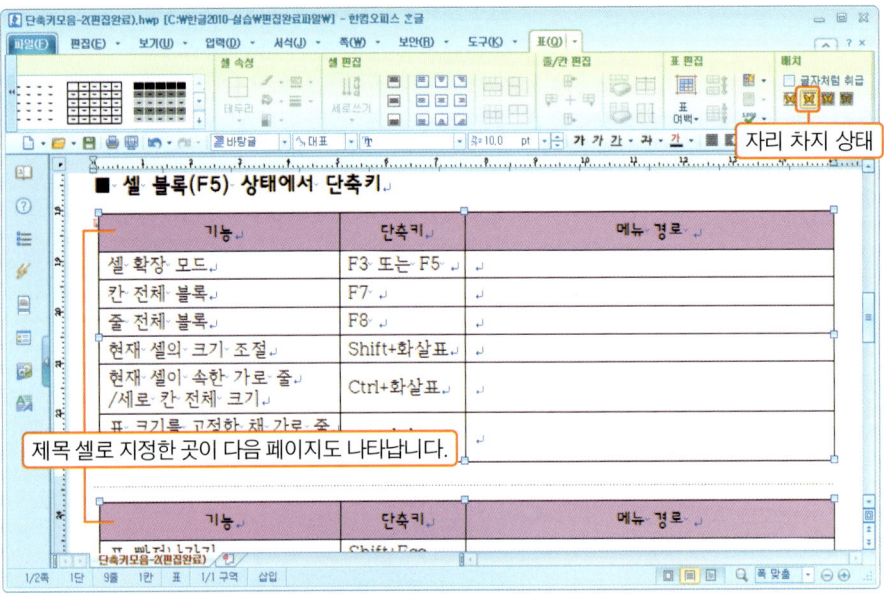

5 이러한 결과는 메뉴 [파일]-[미리 보기]에서도 확인할 수 있습니다.

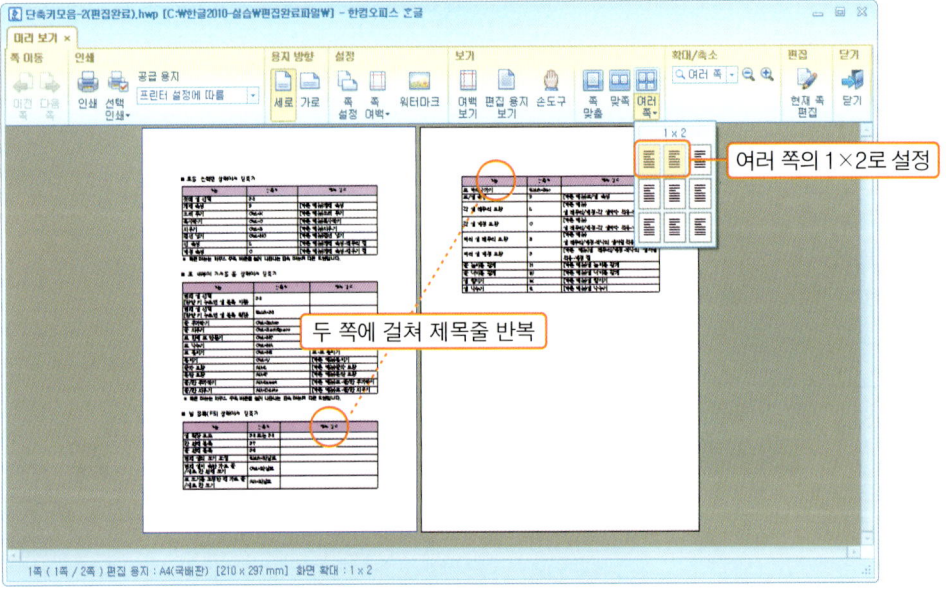

표에서 계산식 사용하기

한글 2010에서의 계산은 수치 계산용 프로그램의 대명사인 엑셀처럼 다양한 계산 처리를 할 수 있는 것은 아닙니다. 간단한 합계와 평균 정도의 계산에 사용하는 것을 권장합니다.

표의 계산은 셀의 이름을 사용하여 계산합니다. 셀 이름이란 가로는 A, B, C, D…의 순서로 정해지고, 세로는 1, 2, 3, 4…와 같은 순서로 이름이 정해집니다.

A1	B1	C1	D1
A2	B2	C2	D2
A3	B3	C3	D3

이런 셀 이름은 표 안에서 커서를 움직여 셀과 셀 사이를 이동하면 상황 선에 A1, A2, A3…과 같이 셀 이름이 표시됩니다.

따라서 표에서 계산식을 사용할 때는 셀 안의 내용을 직접 쓰지 않고 그 셀의 이름을 입력합니다. 또한 표의 계산은 블록 계산식, 쉬운 계산식, 계산식으로 나눠집니다.

① **블록 계산식** : 계산할 대상을 블록으로 지정하여 계산하며 그 결과는 지정된 블록의 모양에 따라 블록 아래나 블록 우측에 나타납니다.
② **쉬운 계산식** : 커서가 위치한 셀을 기준으로 가로/세로의 합계나 평균 등을 계산합니다.
③ **계산식** : 계산할 셀 위치(셀 이름)를 사용자가 직접 지정하여 계산하는 방식입니다.

1 C: 드라이브의 [한글2010-실습] 폴더에서 '표-견적서.hwp' 파일을 불러옵니다. 이 예제를 이용하여 표 계산을 실습하겠습니다.

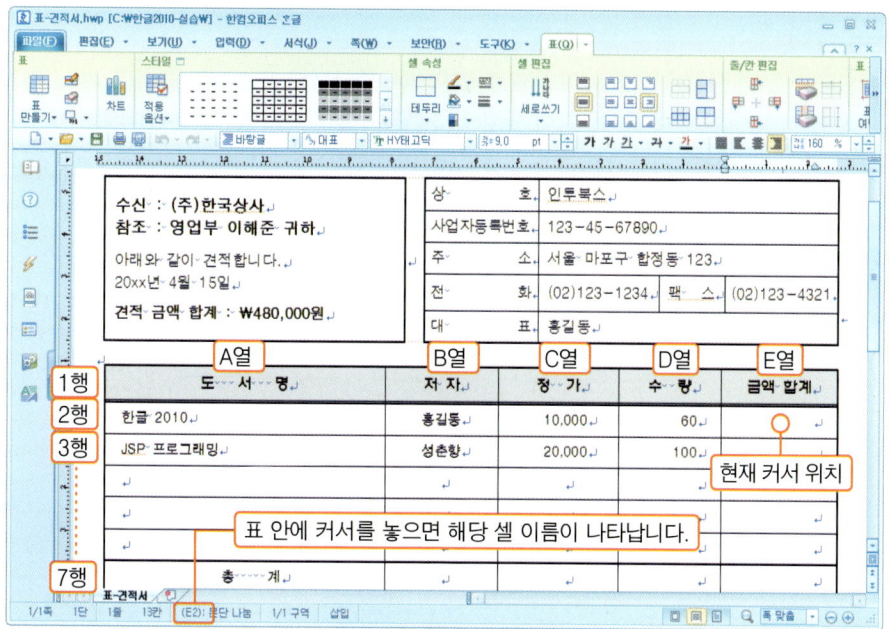

> **Note** 불러온 '표-견적서.hwp' 파일은 표 연습에 매우 좋은 예제 파일입니다. 계산식을 연습하는 것 외에도 같은 결과가 나오도록 표 만들기 연습을 해보기 바랍니다. 표 작성시 메뉴 [보기]에서 [문단 부호]와 [투명선] 등을 활성화시켜 놓고 작업하는 것이 좋으며 자료를 넣을 줄은 처음부터 많이 만들지 말고 전체 윤곽을 모두 완성한 후, 복사와 붙여넣기 기능으로 확장하는 것이 좋습니다.

2 표 계산의 다양한 방법 중 블록 계산식으로 금액의 합계를 구하겠습니다. 블록 지정은 계산할 값이 있는 곳과 결과가 나타날 곳을 함께 지정해야 합니다.

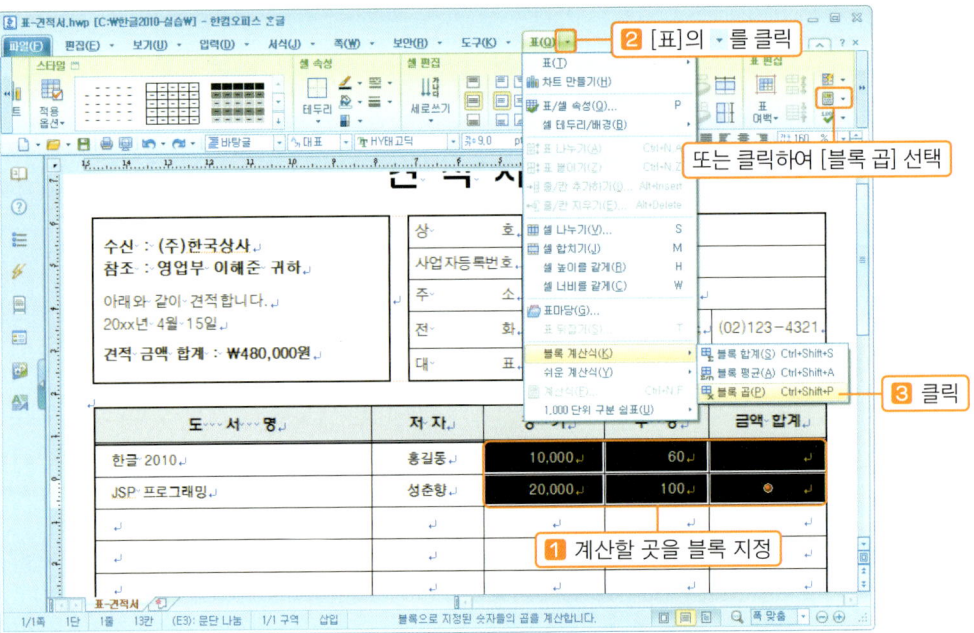

3 이번에는 쉬운 계산식을 이용하여 세로 방향의 '수량' 합계를 계산하겠습니다. 계산 결과가 나타날 곳에 커서를 위치시키고 [표] 열림 상자의 [계산식]을 클릭하여 [세로 합계]를 선택합니다.

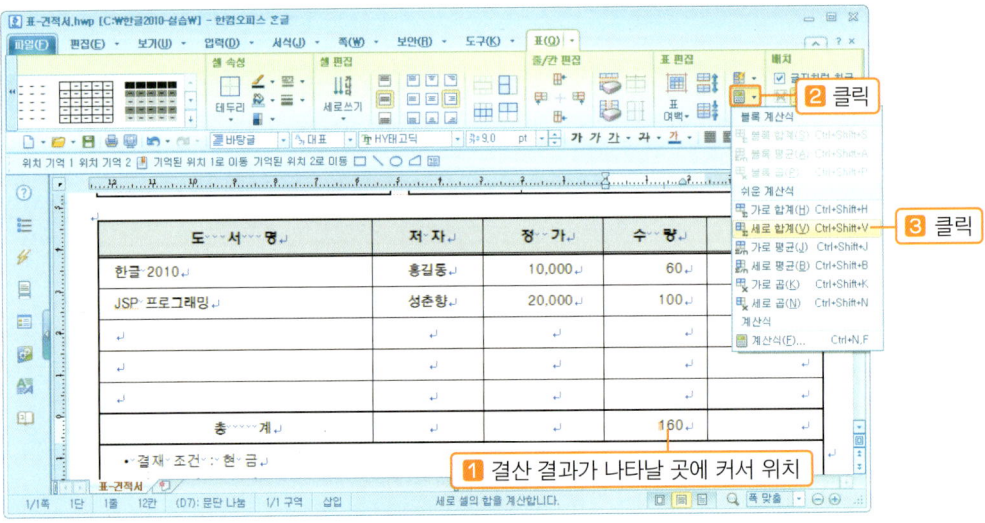

Lesson 04 한국인의 선택! 표 작성하기

4 표의 계산식 중 마지막 방식인 계산식을 이용하여 '금액 합계'를 구합니다.

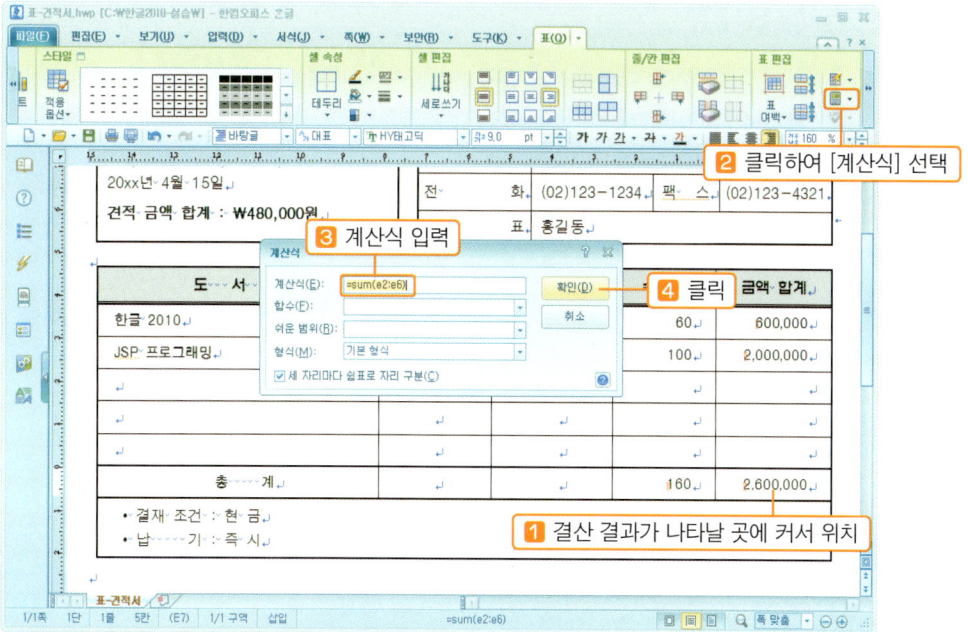

■ 계산식 도움말 보기

키보드의 F1 키를 누른 후, [도움말]의 [색인] 탭에서 '계산식'을 입력하여 나타나는 도움말을 참조합니다. 셀 이름에 대한 지식이 있다면 그 의미를 쉽게 파악할 수 있습니다.

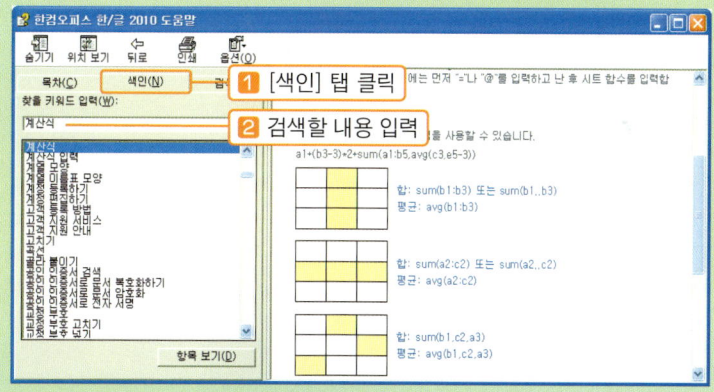

꼭 계산식이 아니더라도 한글 사용 도중 궁금한 사항에 대해서는 도움말 기능을 적극 활용하기 바랍니다. 풍부하고 상세하게 제공되는 도움말이 혼자서 학습하는 데에 더할 나위 없이 좋은 참고서가 될 것입니다.

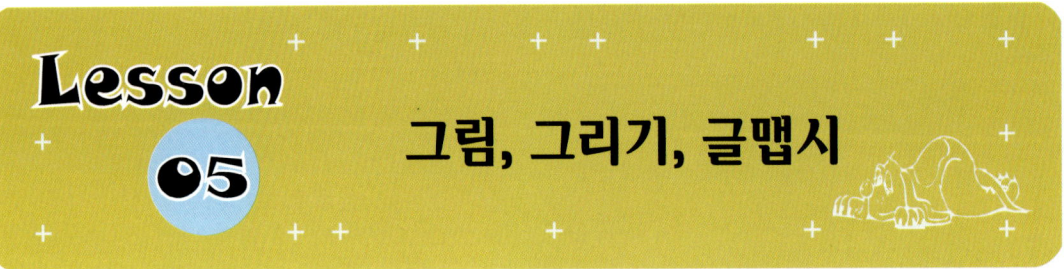

Lesson 05 그림, 그리기, 글맵시

한글 2010에서는 다양한 개체가 존재합니다. 표나 글상자, 그림, 그리기, 글맵시 등이 개체에 속합니다. 이런 개체는 개체 속성이란 것을 갖는데 해당 개체를 선택한 후, 마우스 우측 단추를 눌러 [개체 속성] 항목을 선택하거나 해당 개체를 더블 클릭하면 원하는 편집을 할 수 있으며, 그 개체 속성은 대부분 대동소이합니다.

1 문서에 그림 넣기와 편집하기

● 문서에 그림 넣기

단축키 : Ctrl + N, I
메뉴 : [입력]-[그림]-[그림]
열림 상자 : [입력] 열림 상자의 [그림( )]

1 C: 드라이브의 [한글2010-실습] 폴더에서 '산소개.hwp' 파일을 불러온 후, 그림을 넣기 합니다.

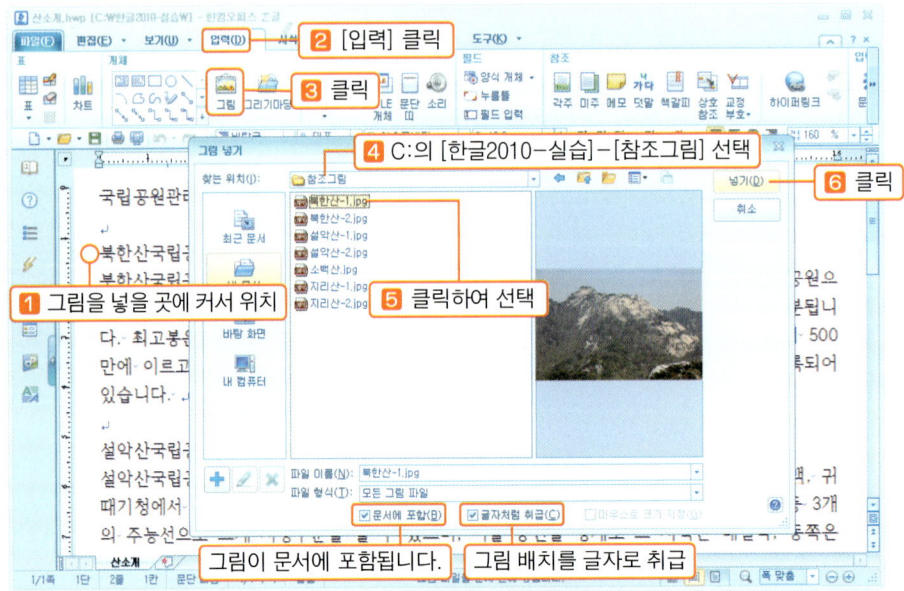

한글에 그림 넣기를 하면 두 가지 종류로 그림이 들어옵니다. 하나는 문서에 포함되는 [삽입 그림] 형태이고 또 하나는 문서와는 별도로 그림이 있는 위치에서 불러와서 표시만 해주는 에 [링크 방식]입니다. 특별한 경우가 아니라면 그림을 문서에 포함시켜 사용하는 것이 편리합니다.

■ 그림 옵션 중 [문서에 포함]의 의미

그림 넣기에는 여러 곳에서 [문서에 포함]이라는 옵션 항목을 보게 됩니다.

- [문서에 포함]을 체크 : 의미 그대로 현재 문서에 그림이 포함되는 것을 뜻합니다.
- [문서에 포함]을 체크하지 않음 : 문서에 그림이 나타나는 것은 동일합니다. 그러나 그림이 문서에 완전히 포함되는 것이 아니고 그림과 문서가 서로 연결되어 있는 형태이므로 다른 컴퓨터로 문서를 가져가면 그림에 대한 연결 정보가 달라져서 그림이 나타나지 않을 수 있습니다. 문서가 이동하면 그림도 같이 가져가야 하는 불편함이 있습니다.

2 그림을 더블 클릭하여 [개체 속성] 대화 상자를 불러 그림 크기를 지정합니다.

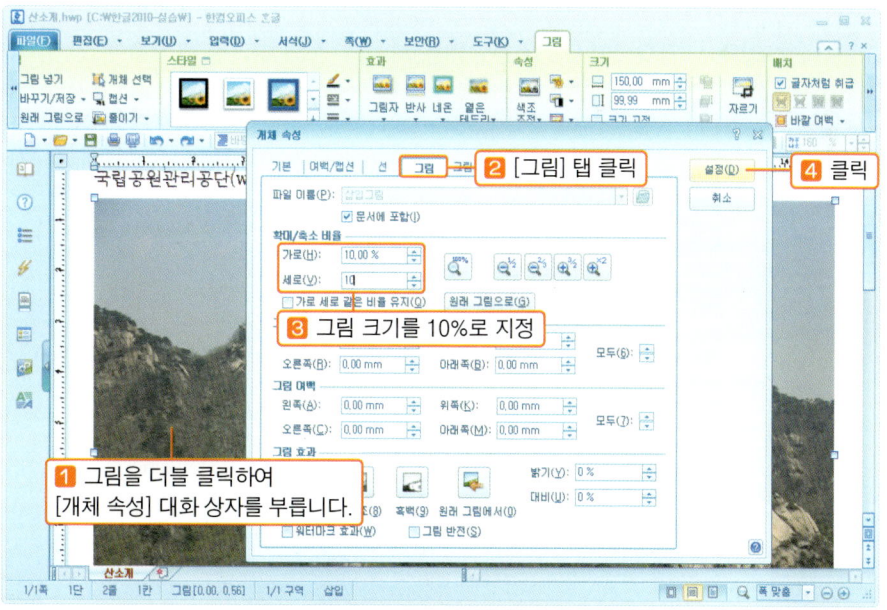

> ■ [개체 속성] 대화 상자를 나타내기
>
> 방법 1 : 해당 개체를 더블 클릭
> 방법 2 : 해당 개체를 선택한 후, 마우스 우측 단추를 눌러 [개체 속성] 선택

3 그림을 본문과 [어울림]으로 배치하고 그림 여백을 지정하여 편집합니다.

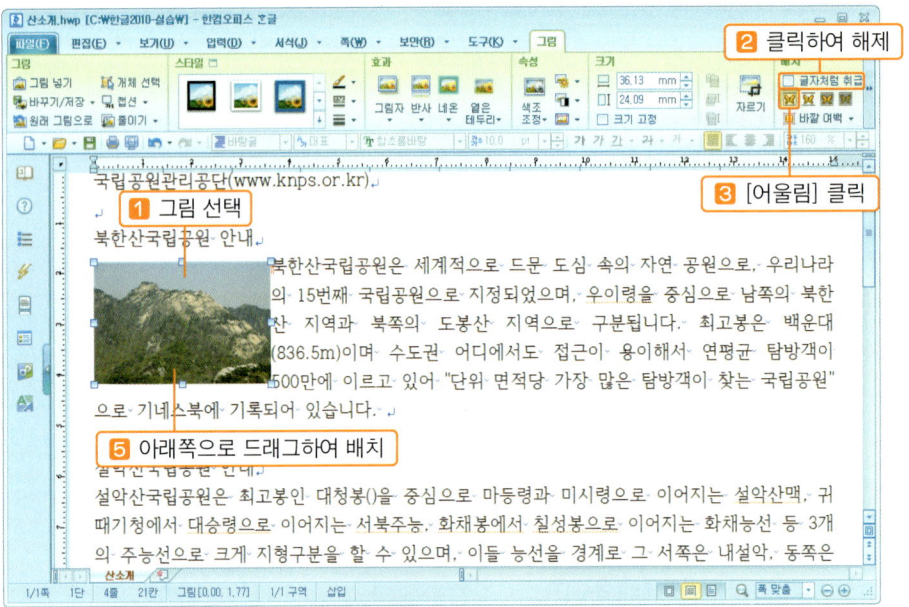

4 [스타일], [효과]의 '그림자', '반사', '네온', '옅은 테두리' 등의 효과를 지정할 수 있습니다.

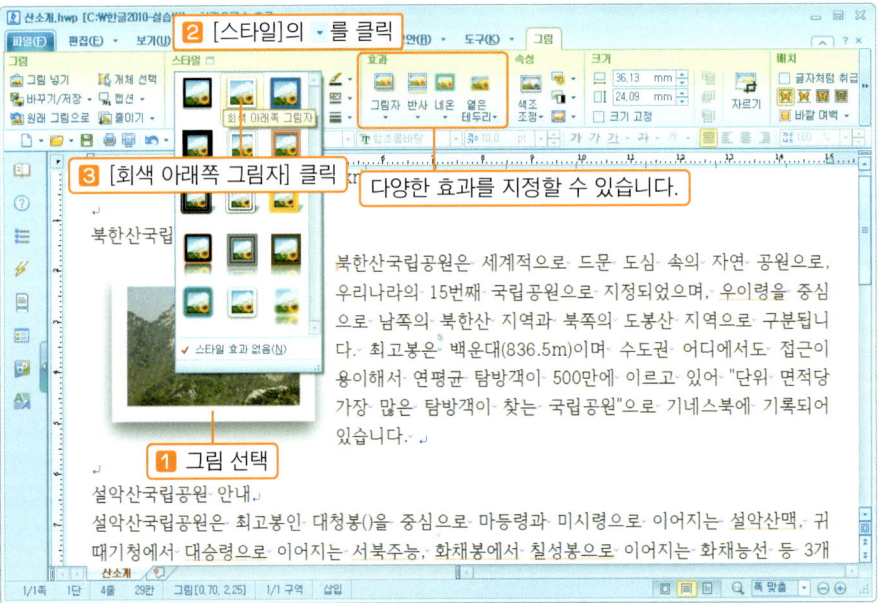

> **Note** 이후 실습 화면에서는 열림 상자의 위치를 표시하지 않겠습니다. 앞선 많은 실습을 통해서 연습했고 책의 그림만 봐도 어떤 열림 상자를 클릭했는지를 손쉽게 알 수 있기 때문입니다.

5 설악산 글에는 설악산 그림을, 지리산 글에는 지리산 그림을 불러서 크기를 지정하고 다양한 효과를 주어 편집합니다.

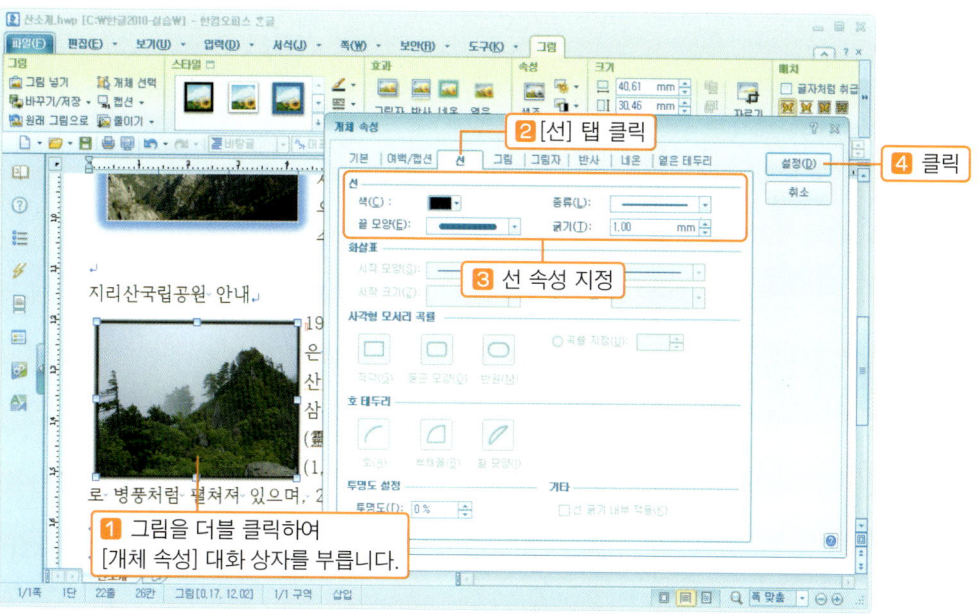

6 위의 지리산의 그림을 보면 아래쪽에 문장이 배치되어 있습니다. 왼쪽에 그림, 오른쪽에 문장을 배치하기 위해서 그림의 오른쪽과 아래쪽에 여백을 지정합니다. 편집이 끝났으면 '산소개-그림편집(완료).hwp'란 다른 이름으로 저장해 둡니다.

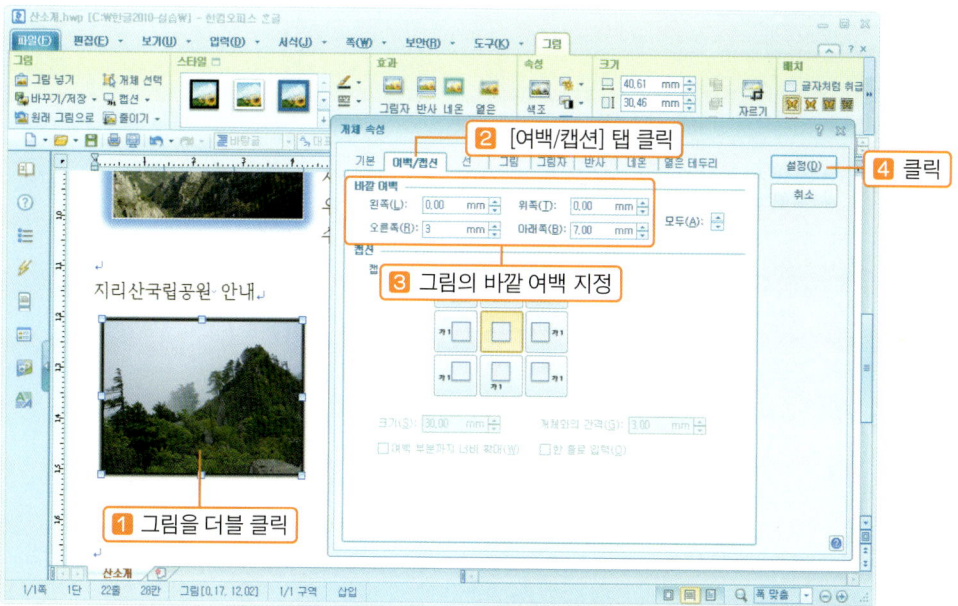

> **Note**
> 문서에 삽입된 그림(문서에 포함 형태로 불러온 그림)을 문서 외부로 저장하려면 그림을 선택한 후, [그림] 열림 상자의 [바꾸기/저장]-[그림 저장]을 선택하여 작업합니다.

지금까지 그림 넣기를 위주로 간단한 편집을 해보았습니다. [그림] 열림 상자의 다양한 도구들의 역할과 그림을 더블 클릭하여 나타나는 [개체 속성] 대화 상자의 각 항목들을 살펴두기 바랍니다.

② 표와 글상자에 그림 넣기

그림은 글상자나 표 안에도 넣을 수 있습니다. 그 대상이 표인지 글상자인지만 다를 뿐 작업 방식은 크게 다르지 않습니다.

표에 그림 넣기

1 열려진 문서를 모두 닫고(Ctrl+F4) '산소개.hwp' 문서를 불러온 후, 1줄 2칸의 표를 작성합니다.

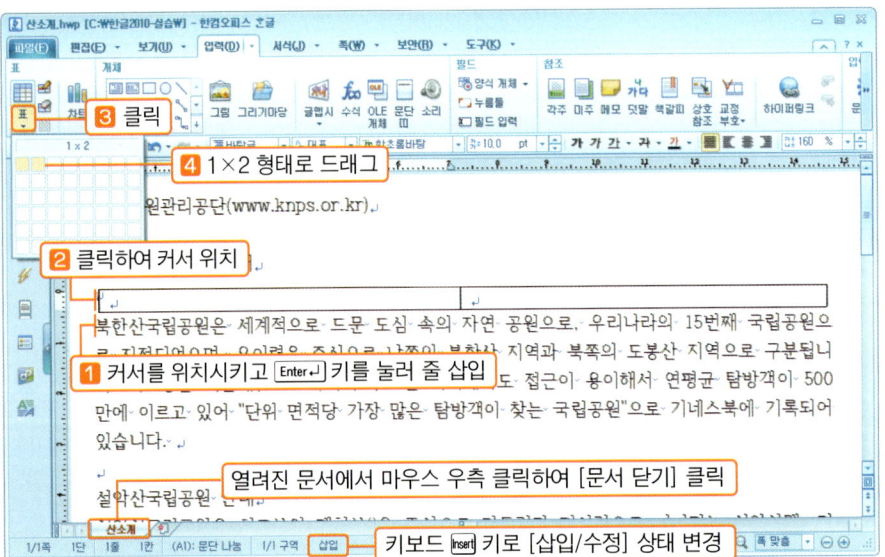

Lesson 05 그림, 그리기, 글맵시

2 만들어진 표의 위치를 '글자로' 처리합니다.

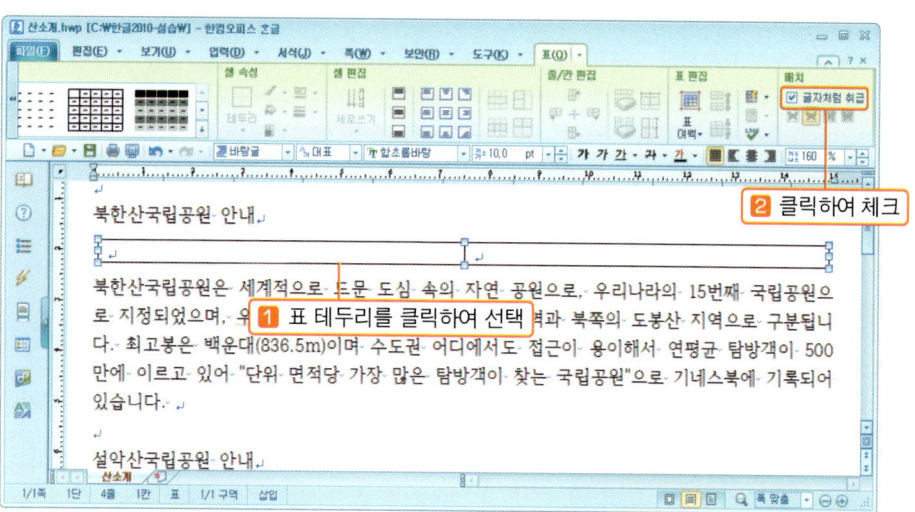

3 표의 오른쪽 칸에 문장들을 잘라내서 붙여넣기하고 칸을 적절히 조절합니다.

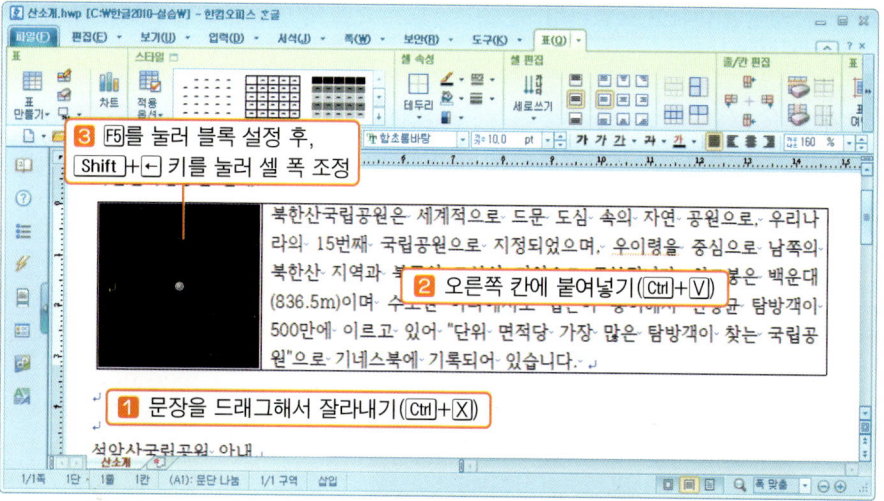

> **Note**
>
> ■ Ctrl 키와 Shift 키를 이용한 셀 폭(좌우) 조정
>
> Ctrl +좌우 방향키 : 해당 칸이 늘거나 줄어드는 만큼 표 전체 폭도 조절됩니다.
> Shift +좌우 방향키 : 해당 칸만 늘거나 줄어들 뿐 표 전체 크기는 고정되어 있습니다.
>
> ※ 특정 셀을 F5 키로 블록 지정한 후, Ctrl +방향키와 Shift +방향키로 셀 폭을 조절해 보면 그 의미를 손쉽게 알 수 있습니다.

4 왼쪽 칸에 그림을 넣습니다.

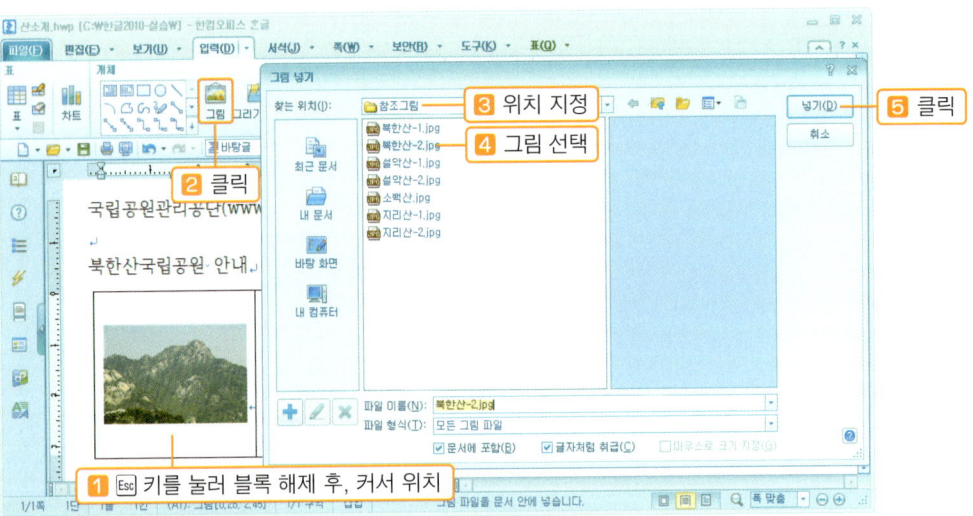

5 같은 방식으로 1줄 2칸의 표를 만들어 '설악산'과 '지리산'의 문장을 표의 오른쪽에 잘라내어 붙여 넣고, 표의 왼쪽에 그림을 넣습니다. 작업이 완료되면 문장이 들어간 셀의 여백을 조절하여 보기 편한 문서로 만듭니다.

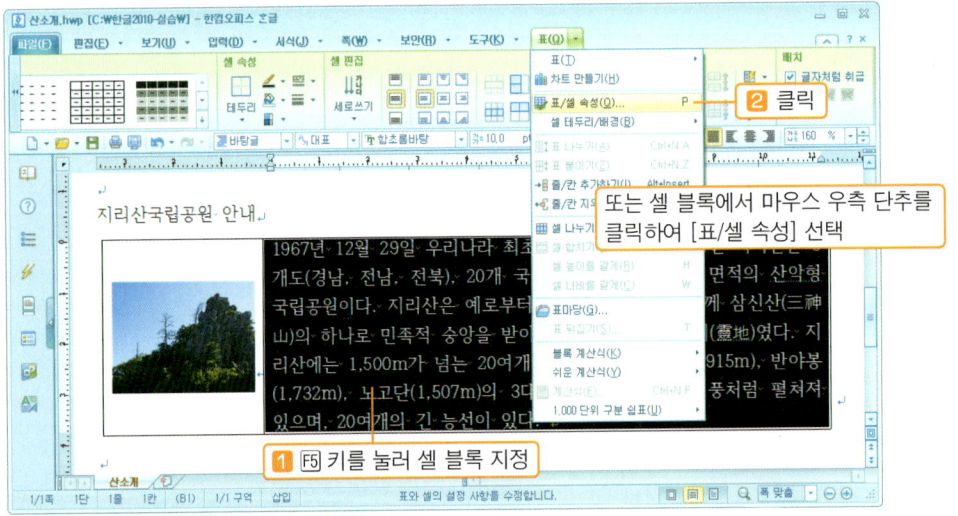

6 나타나는 [표/셀 속성] 대화 상자에서 셀의 안쪽 여백을 지정합니다.

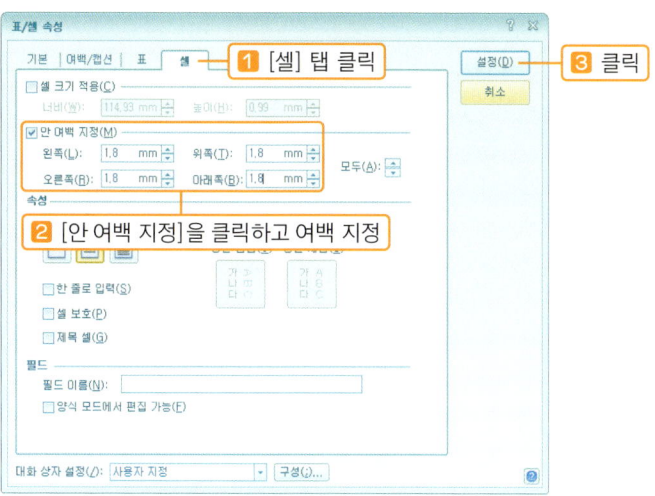

7 표 안에 안쪽 여백이 지정되어 나타난 결과 화면입니다.

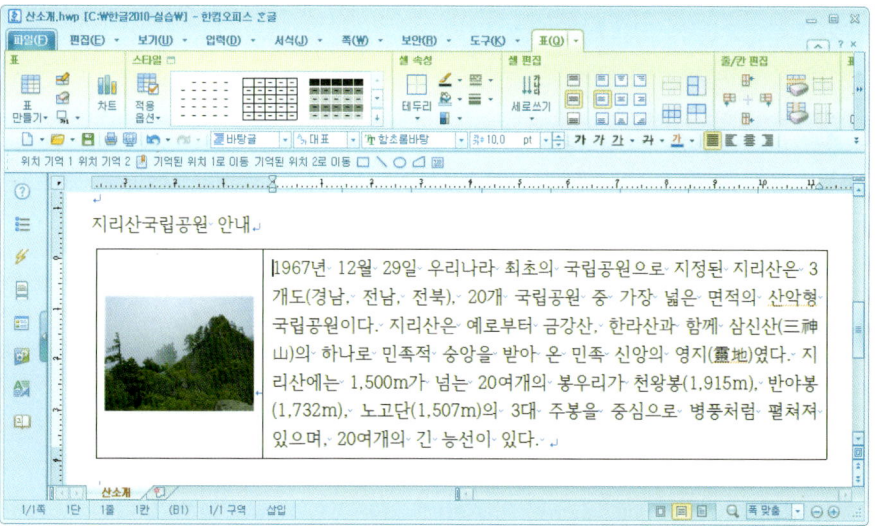

■ 그림 크기 조절

방법1 : 그림을 더블 클릭하여 [개체 속성]의 [그림] 탭에서 확대/축소의 비율을 지정합니다. 비율이 아닌 실제 크기를 지정하려면 [기본] 탭에서 지정해야 합니다.

방법2: Ctrl+드래그하면 가로 세로의 비율이 유지된 채 크기가 조절됩니다. Ctrl 키를 누르지 않고 그냥 드래그하면 자칫 가로 세로 비율이 어긋날 수 있습니다.

■ 그림 자르기

방법1: [그림] 열림 상자의 자르기( )
방법2: [개체 속성] 대화 상자의 [그림] 탭의 [그림 자르기]

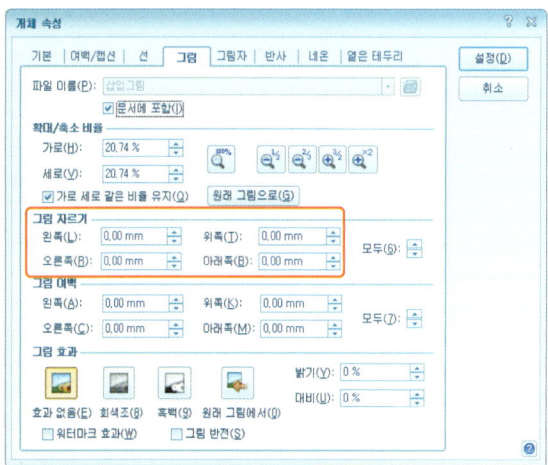

방법3: 그림 테두리에서 [Shift]+안쪽으로 드래그하면 그림을 자를 수 있습니다.

글상자에 그림 넣기

앞서 살펴본 표처럼 글상자에도 그림을 넣을 수 있습니다. 그러나 글상자에는 단순히 그림 넣기 외에 채우기 기능을 이용하여 그림을 넣을 수도 있습니다. 글상자에 채우기 기능을 활용하여 그림을 넣는 방법을 살펴보겠습니다.

1 [입력] 열림 상자에서 [가로 글상자]를 선택하여 화면에 사진이 들어갈 적당한 크기로 드래그하고, 글상자를 더블 클릭하거나 [채우기]의 [다른 채우기]를 선택합니다.

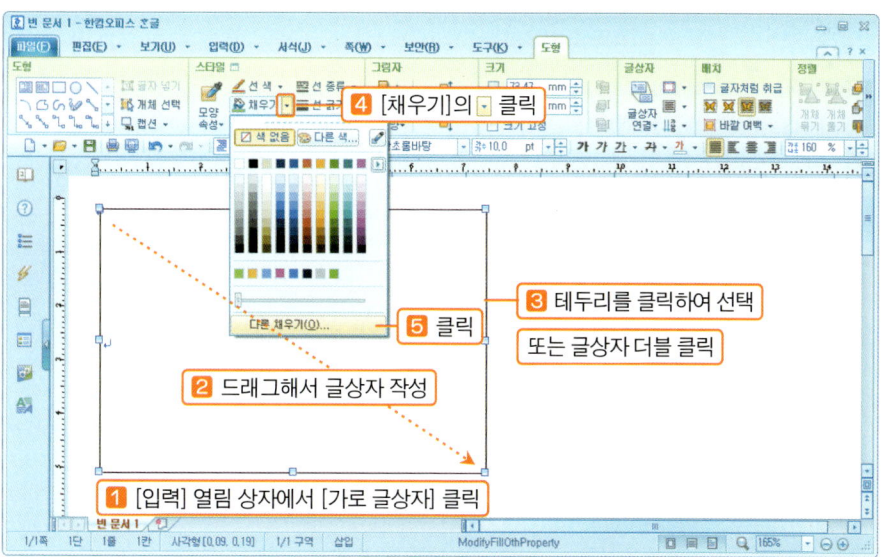

2 나타나는 [개체 속성] 대화 상자의 [채우기] 탭에서 그림을 선택하여 넣어 줍니다.

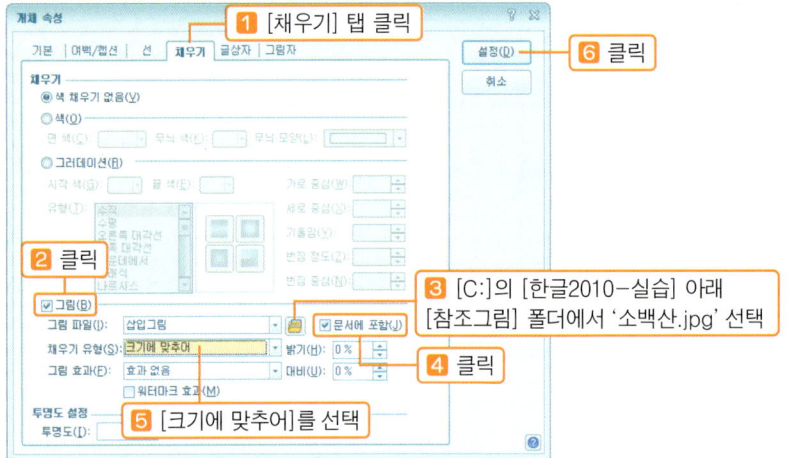

> **Note**
> 채우기 유형에 따라 글상자 안의 그림이 다르게 나타날 수 있습니다. 채우기 유형의 의미를 살펴보면서 결과가 어떻게 나타나는지 확인하기 바랍니다.

3 그림이 채우기된 글상자를 더블 클릭하여 [개체 속성] 대화 상자를 불러 글상자 선에 대한 속성을 지정합니다.

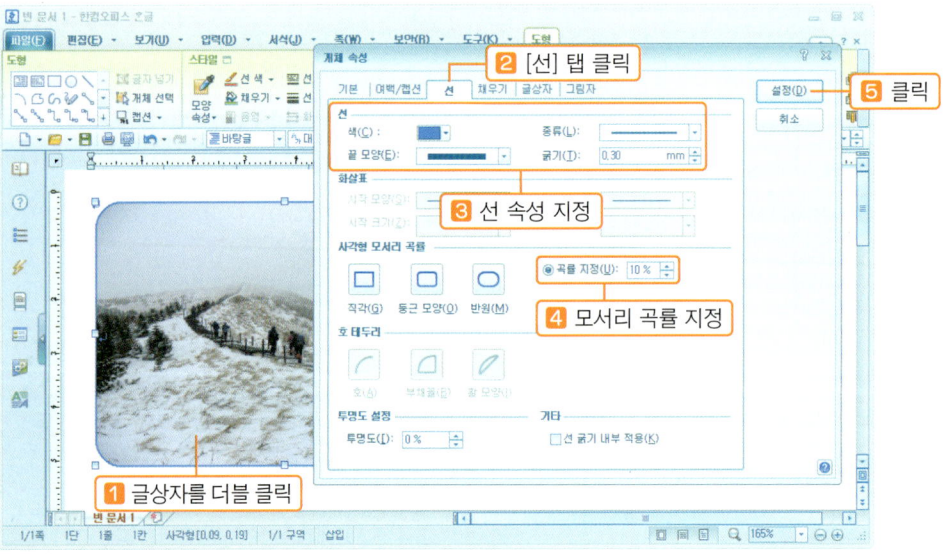

글상자에 단순히 그림을 넣는 것과 채우기 기능으로 넣은 것의 차이를 살펴보기 바랍니다. 글상자의 크기를 조절해 보면 그 차이를 보다 명확히 알 수 있습니다.

3 글맵시

글맵시는 글자를 구부리거나 외곽선, 면 채우기, 그림자, 회전 등의 효과를 주어 문자를 꾸미는 기능입니다. 문서에 포함된 글맵시 결과는 자유롭게 편집할 수 있습니다.

● 글맵시
명령 : 메뉴 [입력]-[개체]-[글맵시]
열림 상자 : [입력] 열림 상자의 [글맵시( )]

1 문서 상단에 위치한 '국립공원관리공단....'를 오려두기(Ctrl+X)한 후, 글맵시를 실행합니다.

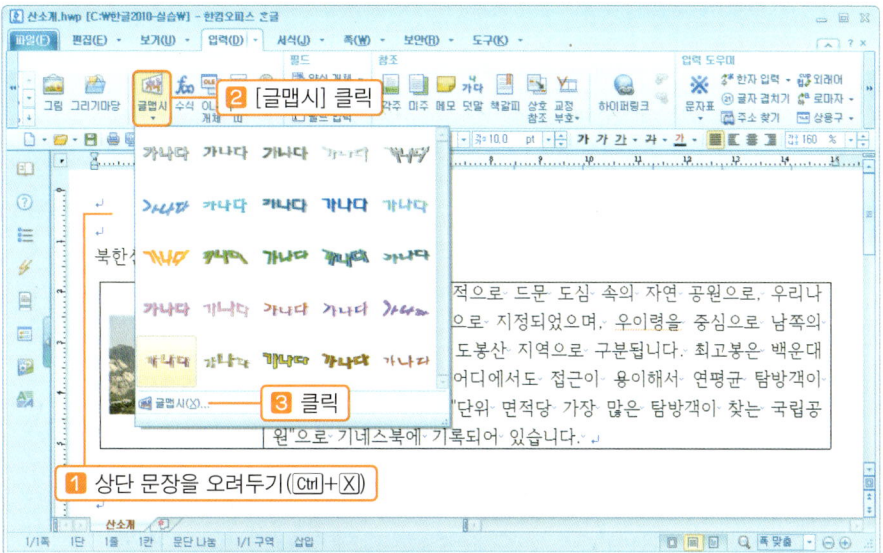

2 나타나는 [글맵시 만들기] 대화 상자의 내용에 붙여넣기(Ctrl+V)하고 [설정]을 클릭합니다.

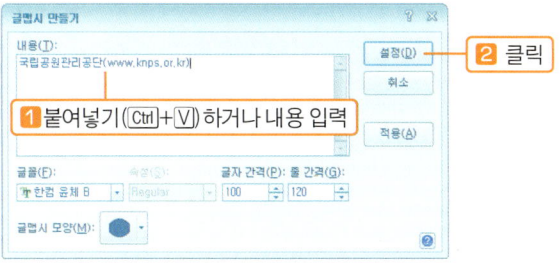

3 [글맵시] 열림 상자의 도구를 이용하거나 글맵시를 더블 클릭하여 [개체 속성] 대화 상자가 나타나면 일반 개체처럼 편집할 수 있습니다.

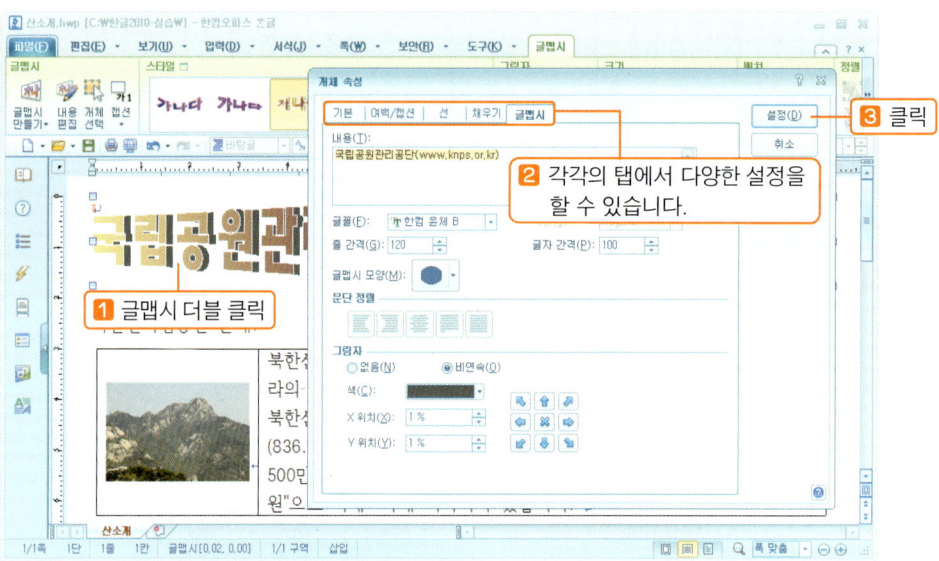

4 문서에서 그림과 글맵시, 표 등을 보기 좋게 편집하여 '산소개-그림글맵시(완료).hwp'란 다른 이름으로 저장해 둡니다.

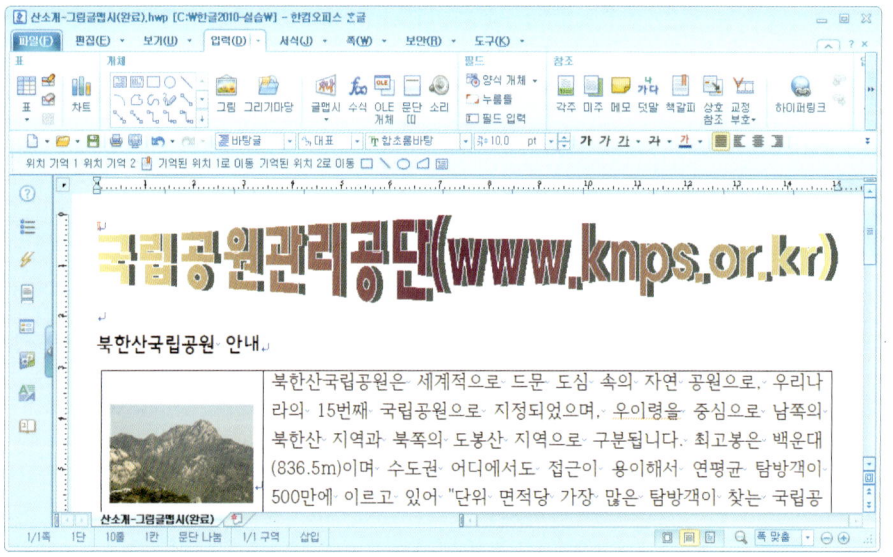

Lesson 05 그림, 그리기, 글맵시

4 그리기 도구와 그리기 마당을 이용한 문서 꾸미기

한글 2010에서 선, 네모 상자, 원과 같은 그리기 개체를 문서 편집에 이용할 수 있습니다. 이러한 것들은 [개체 속성]을 이용하여 편집할 수 있으며, 많이 사용하는 개체들은 [그리기 마당]에 미리 등록해서 제공하고 있습니다.

그리기 개체 이용하기

● 그리기 개체

열림 상자 : [입력] 열림 상자의 [개체]

아래와 같은 도형을 완성시키는 과정을 실습하겠습니다.

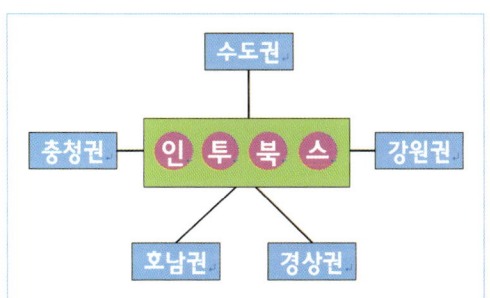

1 아래와 같은 동그란 원을 그리고 속성을 지정한 후, 글자 입력과 여러 가지 속성을 부여합니다.

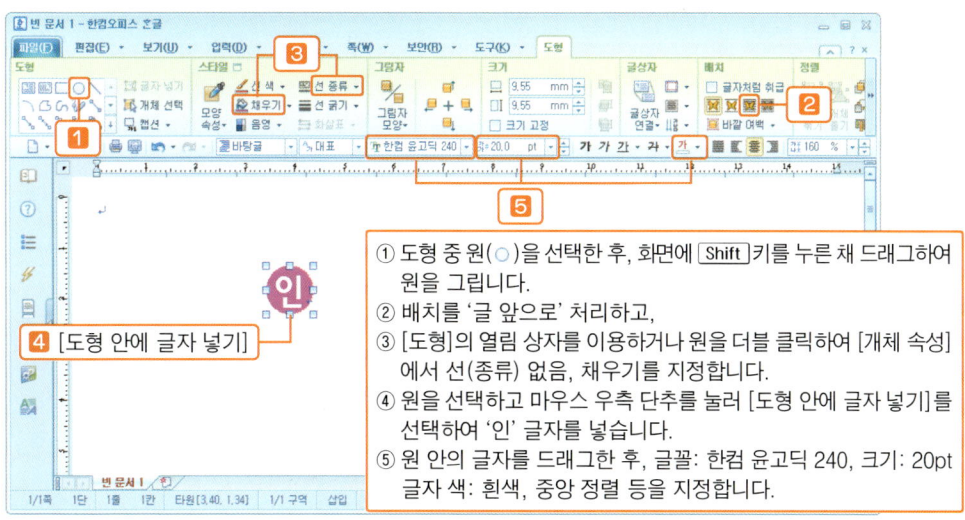

① 도형 중 원(○)을 선택한 후, 화면에 [Shift] 키를 누른 채 드래그하여 원을 그립니다.
② 배치를 '글 앞으로' 처리하고,
③ [도형]의 열림 상자를 이용하거나 원을 더블 클릭하여 [개체 속성]에서 선(종류) 없음, 채우기를 지정합니다.
④ 원을 선택하고 마우스 우측 단추를 눌러 [도형 안에 글자 넣기]를 선택하여 '인' 글자를 넣습니다.
⑤ 원 안의 글자를 드래그한 후, 글꼴: 한컴 윤고딕 240, 크기: 20pt 글자 색: 흰색, 중앙 정렬 등을 지정합니다.

2 비슷한 도형은 매번 다시 작업하는 것보다 Ctrl+드래그하여 복사해서 사용하는 것이 효율적입니다. 도형을 복사한 후, 글자를 수정합니다.

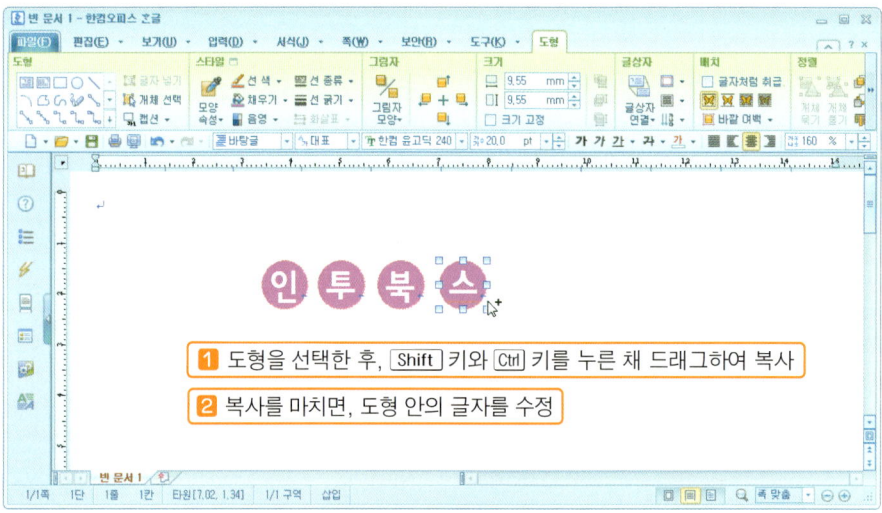

> **Note**
> 도형의 복사/붙여넣기도 Ctrl+C/Ctrl+V를 이용할 수 있지만 Ctrl+드래그하여 복사하는 방법이 보다 편리한 방법입니다.
> Ctrl+드래그할 때 Shift 키도 함께 누르면 즉, Ctrl 키와 Shift 키를 누른 채 드래그하면 수직, 수평 방향으로 똑바르게 복사됩니다.

3 'xx권'이라는 글상자를 작성하여 속성을 부여한 후, Ctrl+드래그하여 복사하여 배치합니다. 글상자가 완성되면 각각의 도형을 직선으로 연결합니다.

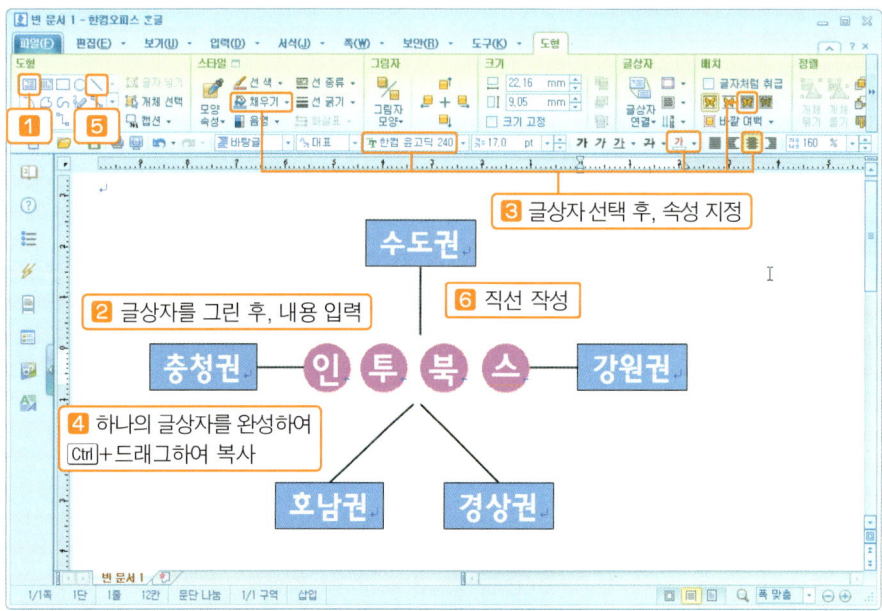

4 아래처럼 직사각형을 그리고 색을 채웁니다. 색을 채우면 뒤쪽 글자들이 안보이게 되는데 사각형 개체를 뒤로 보내 처리해 줍니다.

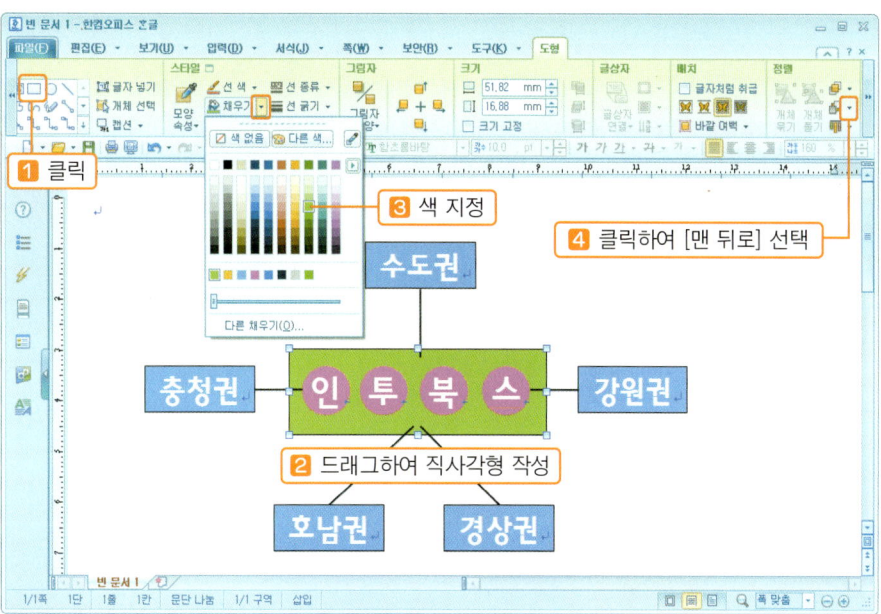

5 Shift 키를 누른 채 선들을 클릭하여 모두 선택한 후, [맨 뒤로] 보냅니다.

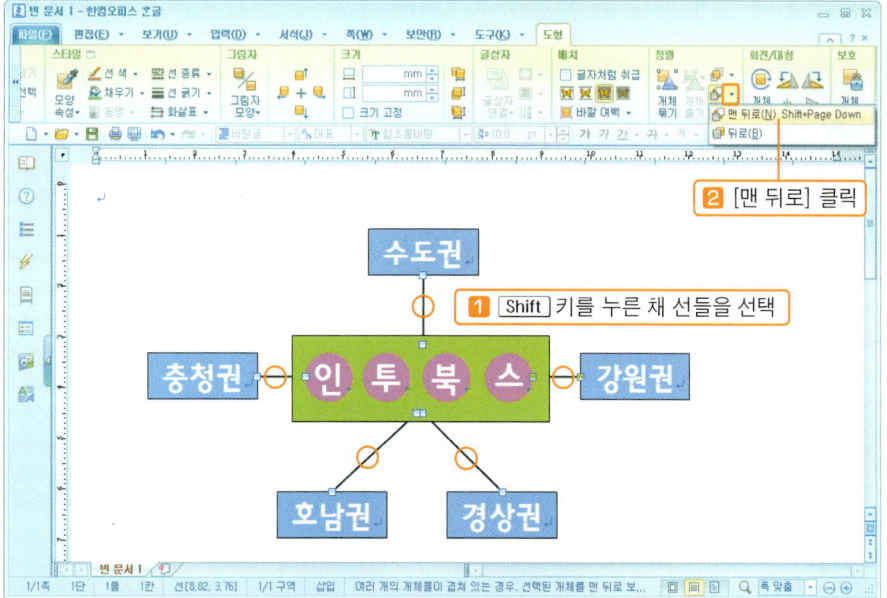

6 작성한 도형들을 하나로 묶어 흐트러짐을 방지해주고, '도형작성(완료).hwp' 파일로 저장합니다.

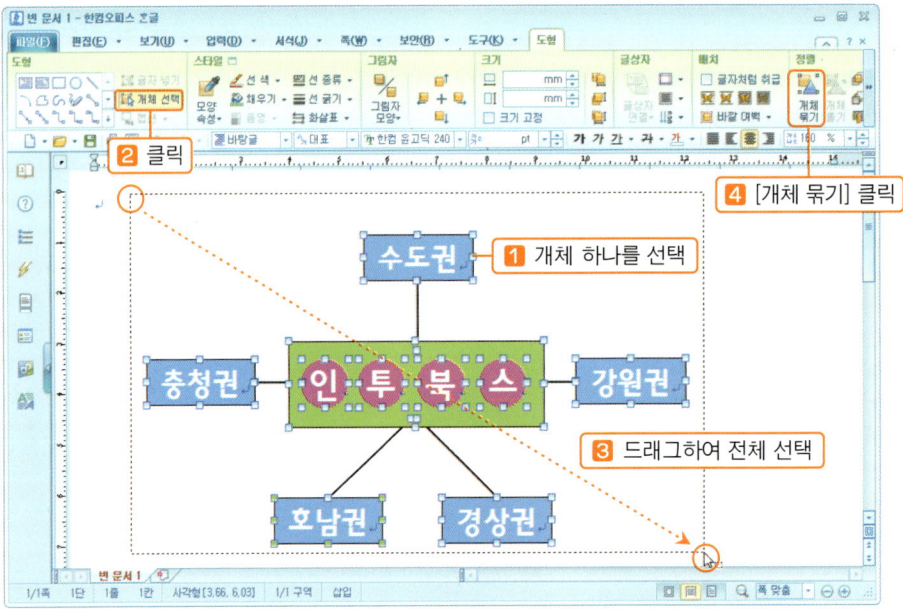

> **Note**
> - [개체 선택]은 [편집] 열림 상자에도 배치되어 있습니다.
> - 여러 그리기 개체를 이용하여 도형을 작성하였으면 이를 묶어두는 것이 관리하기 편합니다. 차후에 각각의 개체를 다시 이용하려면 [개체 풀기]하여 사용합니다.

그리기 마당으로 문서 꾸미기

[그리기 마당]은 많이 쓰이는 개체를 미리 만들어 등록해 놓고, 필요할 때마다 등록된 개체를 가져다 쉽고 빠르게 편집에 활용하는 방식을 말합니다. [그리기 마당]은 크게 [그리기 조각]과 그림 등을 제공하는 [클립아트]로 나뉘는데 사용자가 직접 그리지 않고 불러다 활용하므로 작업하는 시간과 노력을 절약할 수 있습니다.

● **그리기 마당**
메뉴 : [입력]-[그림]-[그리기 마당]
열림 상자 : [입력] 열림 상자의 [그리기 마당]

Lesson 05 그림, 그리기, 글맵시

1 C: 드라이브의 [한글2010-실습] 폴더에서 '사랑은언제나오래참고.hwp' 파일을 불러온 후, [삽입] 상태에서 맨 윗줄에 Enter 를 두 번 눌러 빈 줄 두 개를 삽입합니다.

2 제목을 입력하기 위해 [입력] 열림 상자의 [그리기 마당]을 클릭하여 적당한 제목 상자를 선택합니다.

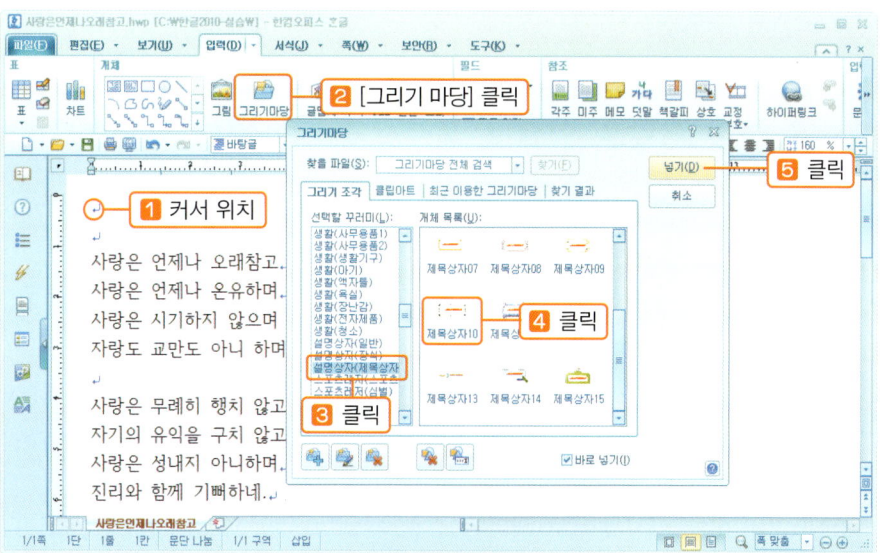

3 화면에 적당히 드래그하여 제목 상자를 작성하고 옆쪽으로 길게 늘려준 후, 배치를 [글자처럼 취급]으로 처리합니다.

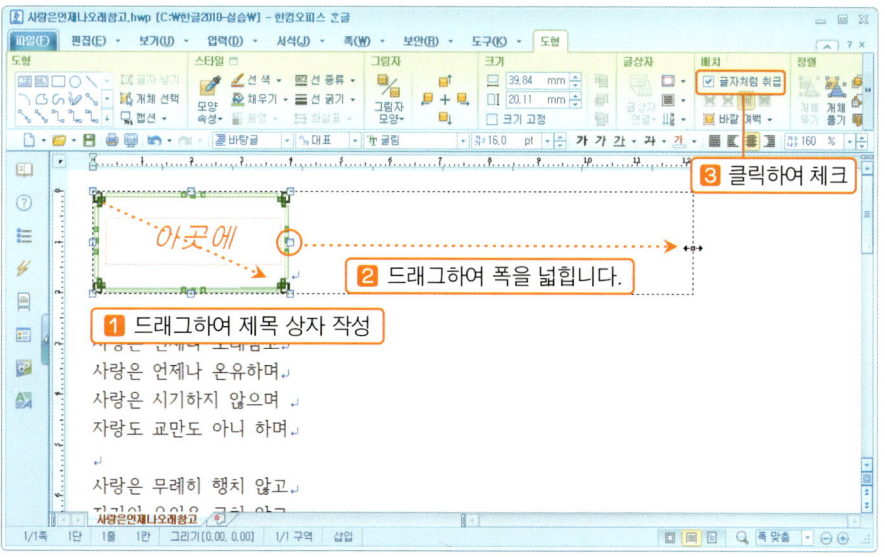

4 임의의 곳을 클릭하여 제목 상자가 선택되지 않게 한 후, 다시 제목 상자 안에 글자를 넣을 곳을 클릭하여 제목을 넣고 서식을 부여합니다.

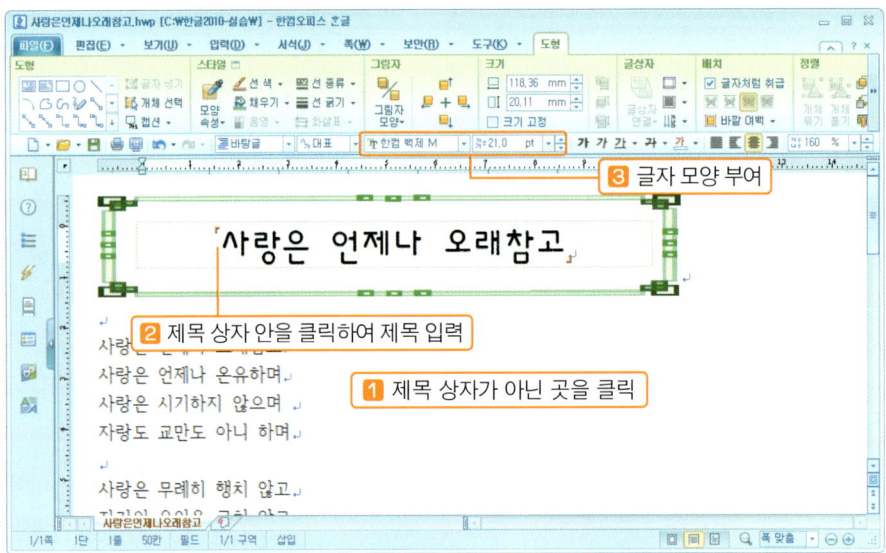

5 [그리기마당]의 [클립아트] 탭에서 [배너48]을 선택하고 화면에 드래그하여 작성합니다.

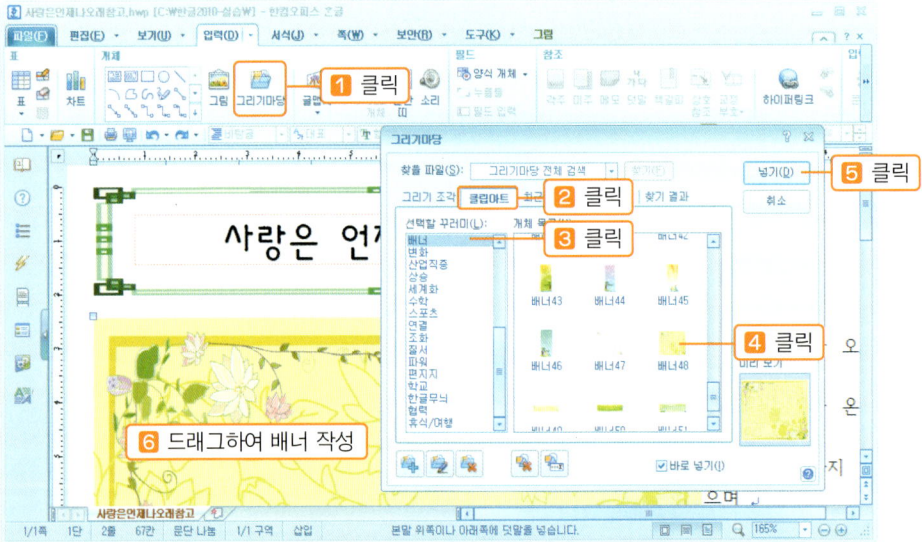

Lesson 05 그림, 그리기, 글맵시

6 작성한 배너를 클릭하여 크기를 조절하고 [글 뒤로]를 선택합니다.

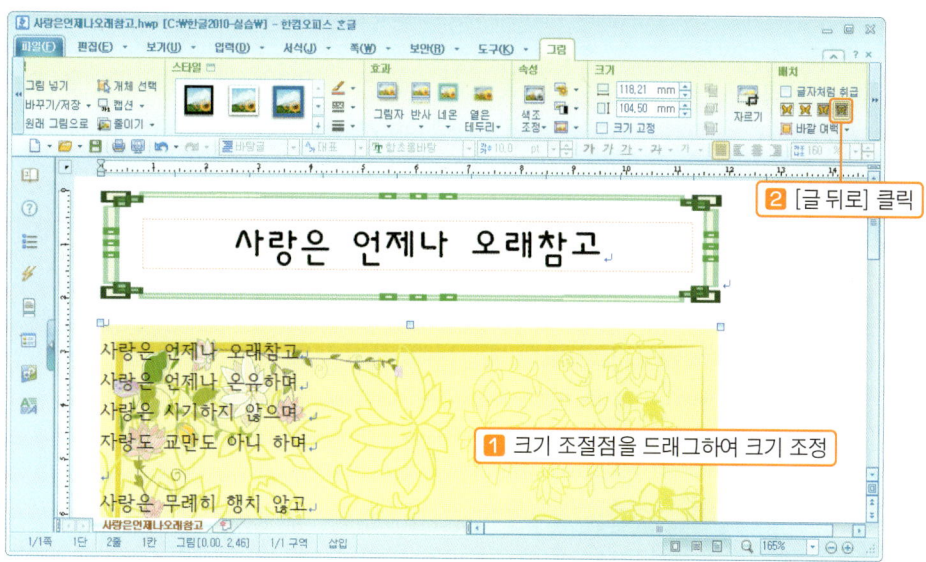

7 문장들을 블록 설정하고 Alt + T 를 눌러 문단 모양에서 좌측 여백을 지정하여 편집합니다.

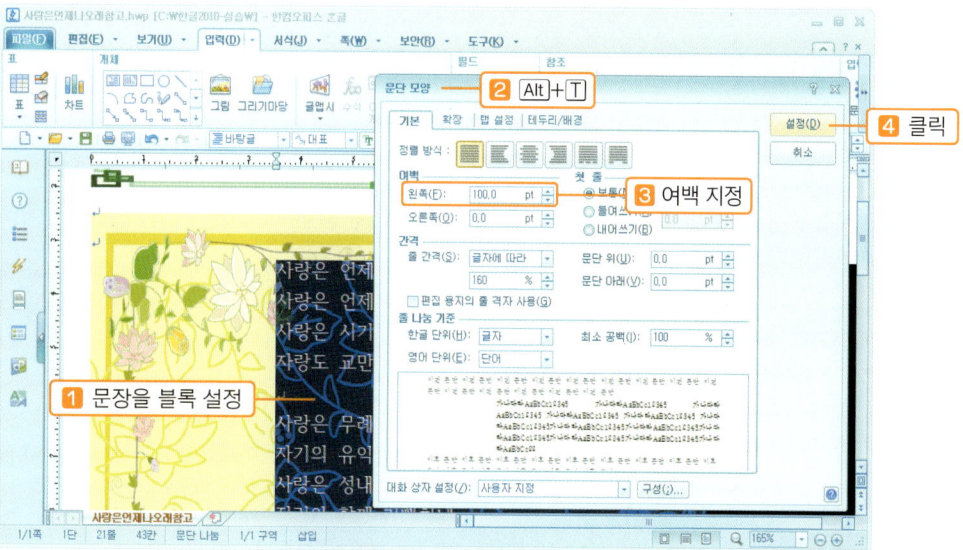

5 개체 모양 복사와 붙이기

글자와 문단 등의 반복된 형태는 모양 복사나 스타일 기능을 사용하면 매우 효과적입니다. 이번 한글 2010 버전에서는 글자와 문단의 모양 복사 기능 외에 개체의 모양 복사와 붙이기 기능이 추가되었습니다. [개체 모양 복사]와 [개체 모양 붙이기]는 그림 개체 또는 그리기 개체의 선 종류, 채우기 모양, 개체 크기 등 개체의 모양을 복사하여 다른 개체에 붙여 넣어 적용하는 기능입니다. 특정 개체의 모양을 반복적으로 지정할 때 사용하면 매우 편리합니다.

그런데 [개체 모양 복사/붙이기] 기능의 메뉴나 열림 상자의 배치가 작업자가 찾기 어렵게 되어 있습니다. 따라서 작업할 때 개체를 선택한 후, 마우스 우측 버튼을 눌러 나타나는 단축 메뉴나 단축키를 사용하는 것이 좋습니다.

● **개체 모양 복사와 붙이기**

단축키(단축 메뉴) : 개체 모양 복사([Alt]+[Shift]+[C])
개체 모양 붙이기([Alt]+[Shift]+[V])

앞선 실습해서 저장해둔 '도형작성(완료).hwp' 파일을 불러 작업하겠습니다. 저장된 파일이 없다면 [한글2010-실습]-[편집완료파일] 폴더에서 '도형작성(완료).hwp' 파일을 불러옵니다.

1 '도형작성(완료).hwp' 파일을 불러 개체를 클릭해서 선택한 후, [도형] 열림 상자의 [개체 풀기]를 클릭합니다.

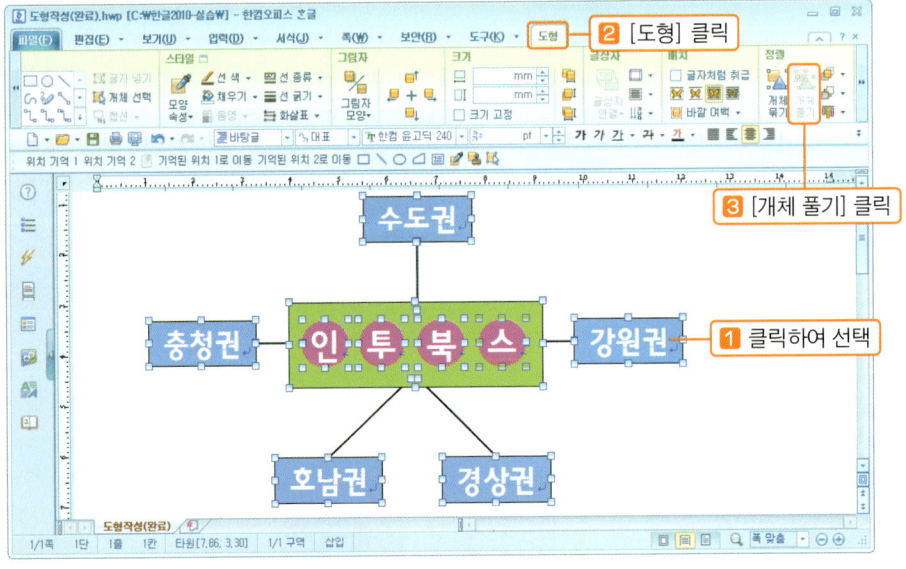

2 '충청권' 글상자의 채우기 색을 변경하고 그림자를 지정한 후, 그림자 위치를 조정합니다.

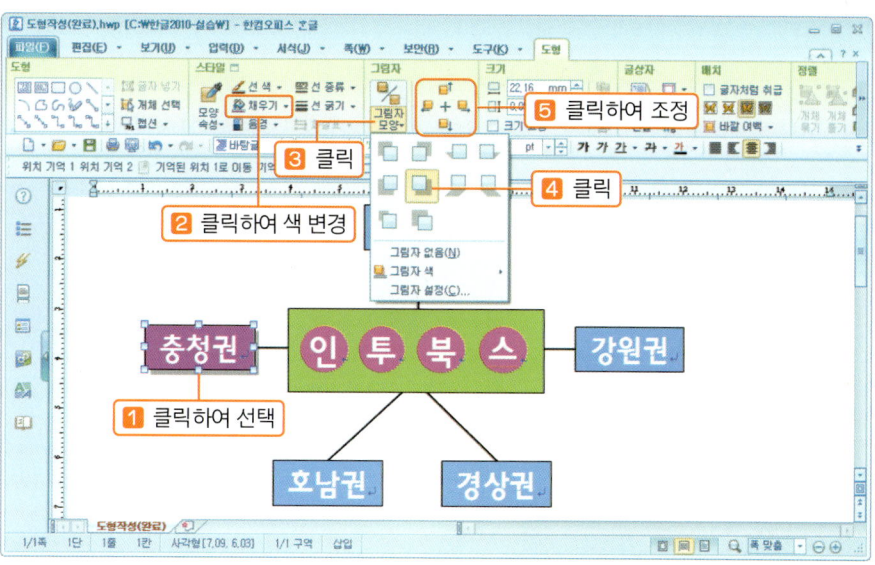

3 속성을 모두 지정하였으면 개체에서 마우스 우측 버튼을 눌러 단축 메뉴에서 [개체 모양 복사]를 클릭합니다.

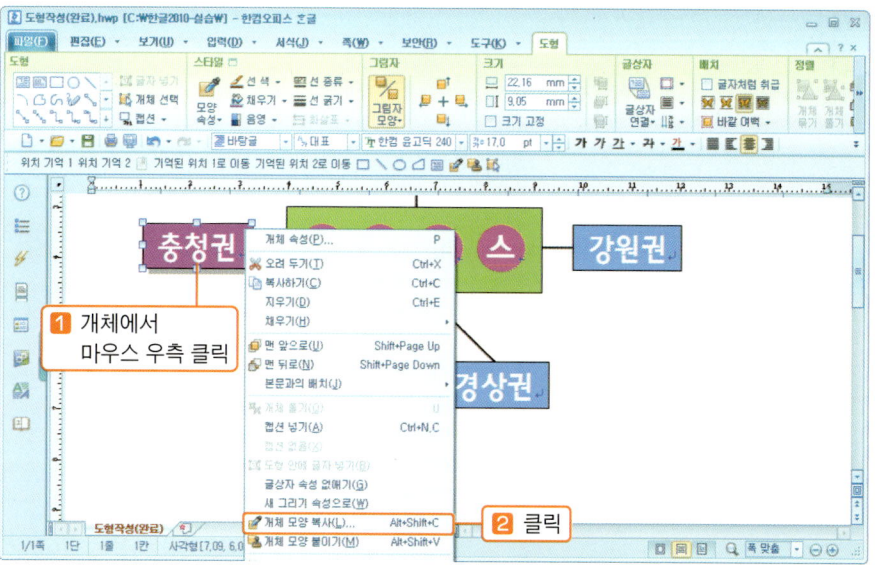

4 나타나는 [개체 모양 복사] 대화 상자에서 복사할 항목을 선택한 후, [복사]를 클릭합니다.

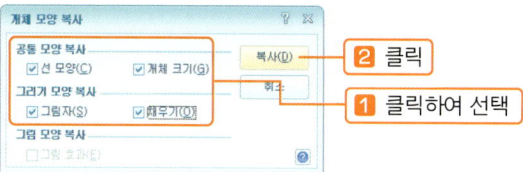

5 개체 모양을 복사했으면, 적용할 개체에서 마우스 우측 버튼을 눌러 [개체 모양 붙이기]를 클릭합니다.

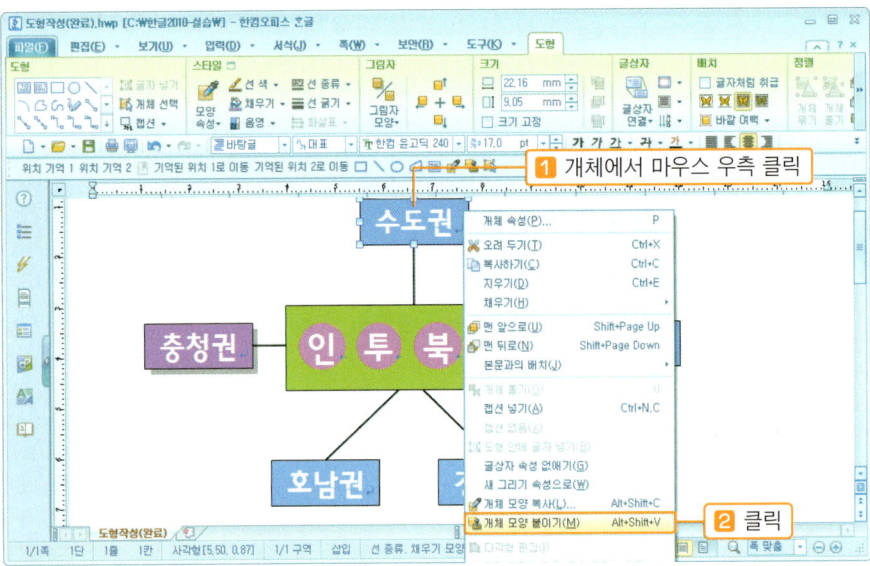

6 나머지 개체에도 복사한 개체 속성을 적용합니다. 개체를 클릭하여 선택한 후, [개체 모양 붙이기] 단축키인 Alt + Shift + V 를 누릅니다.

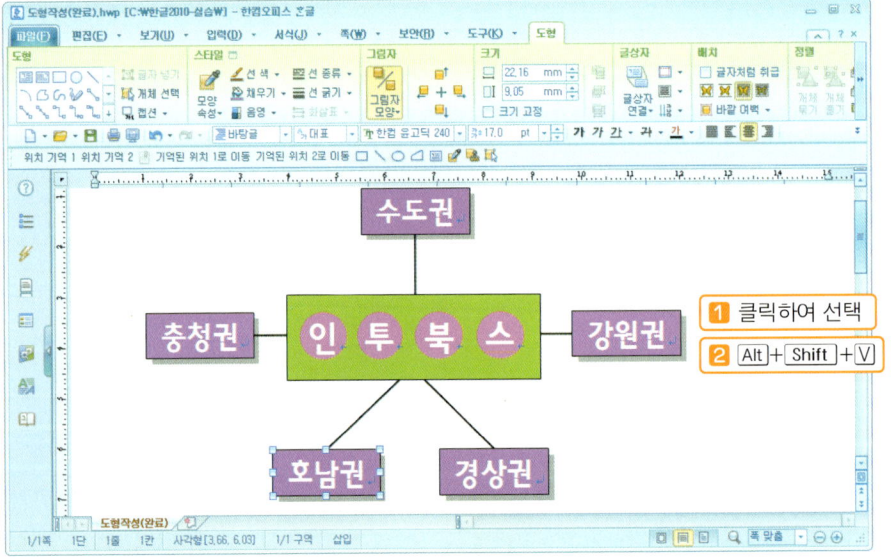

실습에서는 그리기 개체(글상자)를 이용하여 [개체 모양 복사/붙이기]를 살펴보았습니다. 이번에는 그림에 적용한 개체 속성을 다른 그림에 적용하는 것을 살펴보겠습니다. 작업 방법은 동일합니다.

1 [한글2010-실습] 폴더에서 '개체모양복사-그림.hwp' 파일을 불러옵니다.

이 파일에는 각각 다른 속성이 부여된 3개의 그림과 그 아래에 글상자들이 배치되어 있습니다.

2 그림을 클릭하여 선택한 후 [개체 모양 복사]의 단축키 Alt + Shift + C를 누릅니다.

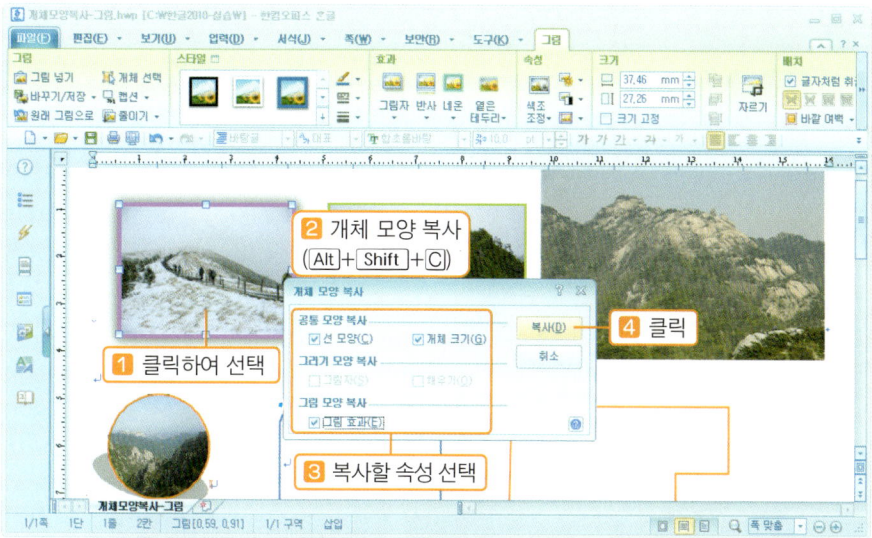

3 적용할 개체를 클릭하여 선택한 후, [개체 모양 붙이기]의 단축키 Alt + Shift + V를 누릅니다.

4 그림을 클릭하여 선택한 후 [개체 모양 복사]의 단축키 Alt + Shift + C 를 누릅니다.

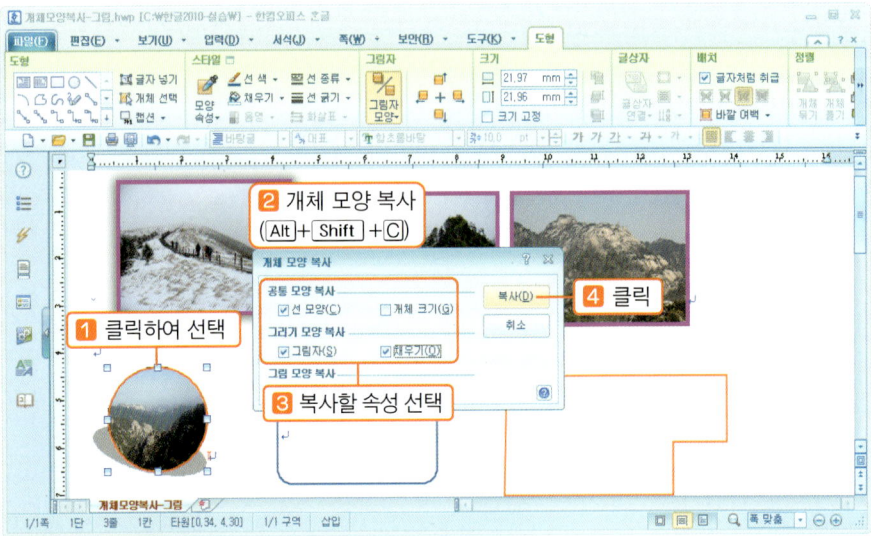

5 적용할 개체를 클릭하여 선택한 후, [개체 모양 붙이기]의 단축키 Alt + Shift + V 를 누릅니다.

> **Note**
> [개체 모양 복사/붙이기]는 개체 모양을 자주 지정해야 할 때 매우 유용한 기능입니다. 그러나 개체의 모든 속성을 다 복사해 주지 못하고 개체마다 적용되는 복사 항목이 달라지는 차이점이 있습니다.
>
> 그림의 모양 복사 대상은 크기와 테두리, 그림 개체 속성 창의 그림 탭에 있는 그림 효과 정도입니다. 반면 글상자에는 그림자 속성이 복사 대상이 됨을 알 수 있습니다.

Lesson 06 다양한 문서 편집을 위한 고급 기능 익히기

문서 편집을 하다 보면 작업을 효율을 높여 주는 다양한 기능들이 있습니다. 단순히 한두 페이지의 문서에는 적용되지 않지만 전문적인 문서를 다루려면 다양한 기능들을 익혀 두어야 합니다.

1 스타일 활용하기

문서를 보면 반복되는 형식이 있습니다. 내용의 반복이 아니라 글꼴, 글자 크기 등의 글자 모양과 정렬, 줄 간격 등의 문단 모양들을 말하는 것입니다.

예를 들어 시험 문제지 같은 경우 문제 부분의 형식이 계속 반복되고 문제 아래쪽 보기 형식이 반복됩니다. 이런 시험 문제지의 문제와 보기 부분의 형식을 문항 수 별로 일일이 글자와 문단 모양을 지정해야 한다면 그것은 비효율적인 작업이 됩니다. 이럴 때 문제 부분에 대한 형식, 보기 부분에 대한 형식을 미리 정해 놓고 사용할 수 있는 것이 스타일 기능입니다.

● 스타일

단축키 : F6
메뉴(열림 상자) : [서식]-[스타일]

새로운 스타일 만들기

1 C:의 [한글2010-실습] 폴더에서 '초등-쓰기문제.hwp' 파일을 불러옵니다.

2 불러온 문서에서 문제 부분에 대한 스타일과 보기 부분에 스타일을 각각 만들겠습니다.

3 메뉴 [서식]-[스타일]이나 단축키 F6을 누릅니다.

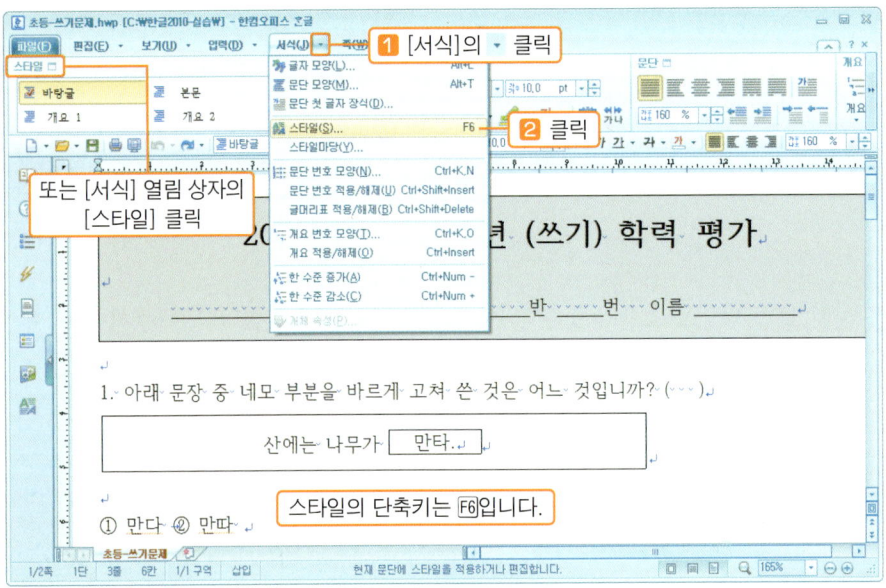

■ 한글 2010에서 메뉴 부르기

한글 2010에서 화면 상단의 [메뉴 이름]을 클릭하면 열림 상자가 나타납니다. [xxx] 메뉴를 클릭한다는 표현이 나오면 [메뉴 이름]이 아닌 메뉴 이름 옆의 펼침 단추(▼)를 눌러야 합니다.

4 [스타일] 대화 상자가 나타나면 문제 부분에 대한 스타일을 추가하고 문단 모양과 글자 모양을 지정합니다. 먼저 '글자 모양'부터 설정하겠습니다.

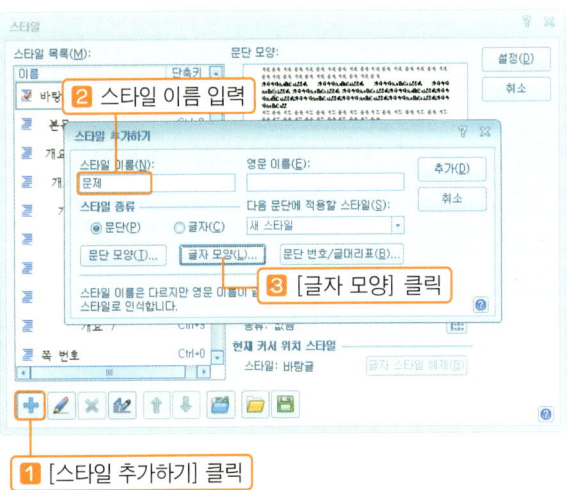

5 [글자 모양] 대화 상자가 나타나면 [문제] 스타일에 사용할 글자 모양을 지정합니다.

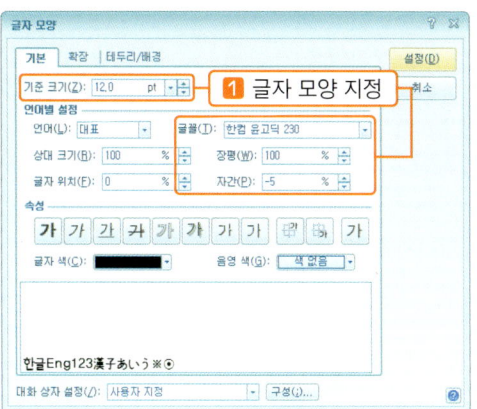 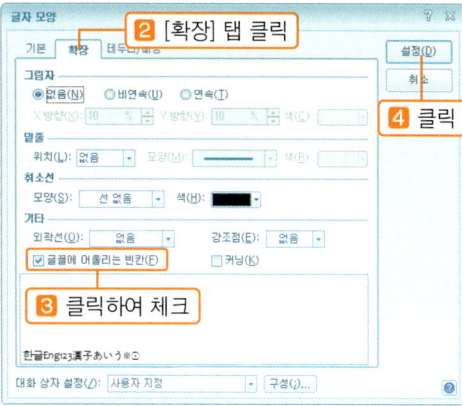

> ■ [글자 모양] 대화 상자 [확장] 탭의 [글꼴에 어울리는 빈칸]
> • 글꼴에 어울리는 빈칸 : 글꼴마다 어울리는 낱말 간격이 있습니다. [글꼴에 어울리는 빈칸]을 체크해 두면 글꼴에 알맞은 빈칸으로 조정됩니다.

6 위의 과정에서 [문제] 스타일에 사용할 '글자 모양'을 지정했습니다. 다시 [스타일 추가하기] 대화 상자가 나타나면 이번에는 '문단 모양'을 지정합니다.

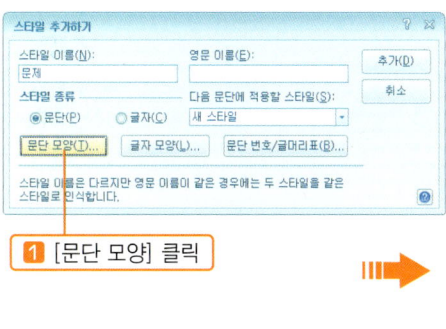 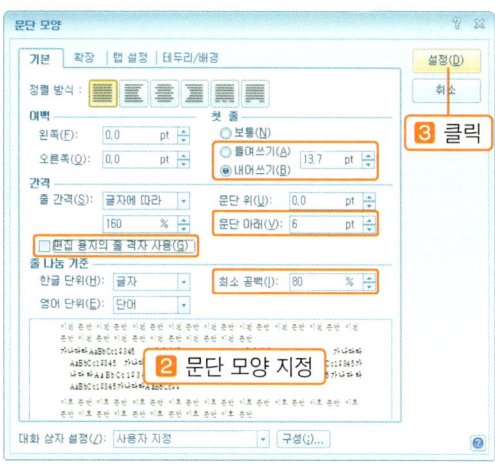

> ■ 문단 모양 속성 살펴보기
> • 편집 용지의 줄 격자 사용 : [편집 용지]의 [줄 격자]-[줄 수 지정]을 선택하면 한 페이지에 들어갈 수 있는 줄 수를 제한할 수 있습니다. 이렇게 줄 수가 지정되어 있을 때 그 줄 수의 간격에 맞게 문장을 배치하느냐를 선택합니다. 일반적으로 선택하지 않고 사용합니다.
> • 최소 공백 : 문단의 낱말과 낱말 사이의 빈칸 간격을 25~100%까지 지정할 수 있으며 값이 작을수록 낱말 간격이 좁아집니다.

7 문단 모양과 글자 모양을 모두 지정했으면 [추가]를 눌러 [문제] 스타일의 추가를 마칩니다.

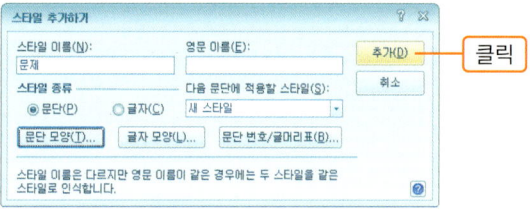

8 다시 F6 키를 눌러 같은 방식으로 [보기]란 이름으로 스타일을 추가합니다. 글자 모양은 지정하지 않고 문단 모양만 지정하되 주요 설정 사항은 다음과 같습니다.

> 문단 모양 : 왼쪽 여백 14pt, 탭 설정 : 왼쪽 200pt

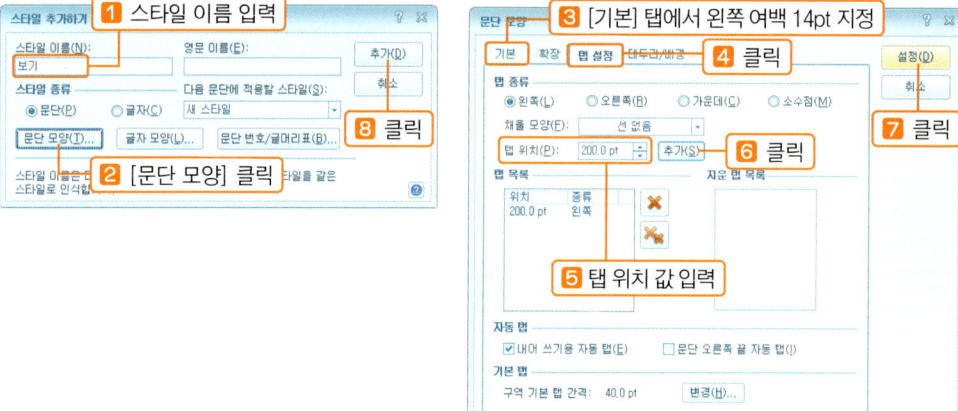

9 [문제] 스타일과 [보기] 스타일을 만들었으면 그 순서를 화면처럼 변경해 놓고 [취소] 단추를 눌러 스타일 생성 작업을 종료합니다.

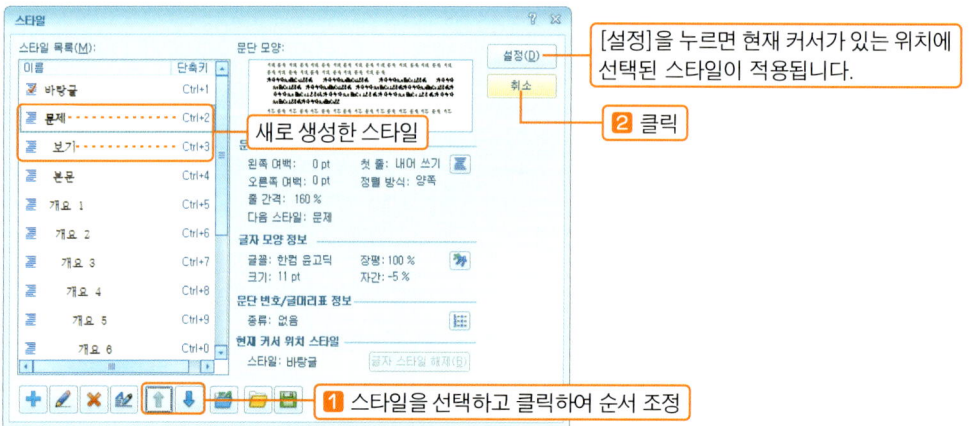

커서가 위치한 곳에서 스타일의 단축키를 누르면 바로 해당 스타일이 적용됩니다.
실습 화면에서는 [문제] 스타일은 Ctrl+2, [보기] 스타일은 Ctrl+3에 할당시켜 두었습니다.

■ [스타일] 대화 상자의 단추

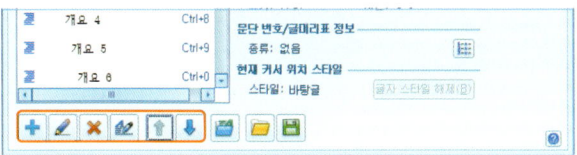

- **[스타일 편집하기(✎)]** : 스타일을 선택하고 단추를 눌러 스타일을 수정
- **[스타일 지우기(✘)]** : 선택한 스타일을 삭제(단, 바탕글 스타일은 삭제할 수 없습니다.)
- **[현재 모양으로 바꾸기(✎)]** : 스타일을 만들면서 글자/문단 모양을 지정하는 것이 아니라 문서에다 글자와 문단을 지정해 놓고 커서를 위치시킨 후, 그 형태대로 스타일을 만듭니다.
- **⬆ ⬇** : 선택한 스타일의 순서를 조정할 수 있습니다. 순서를 조정한다는 것은 스타일의 단축키를 변경한다는 것과 같은 의미입니다. 단, 바탕글 스타일의 순서는 맨 위로 고정되어 있습니다.

스타일 적용하기

만들어 둔 스타일을 문서에 적용해 보겠습니다. 스타일 적용 방법은 [서식] 열림 상자에 표시된 스타일 이름을 클릭하든가 스타일을 생성할 때 부여된 단축키(Ctrl+숫자)를 누르면 됩니다.

1 작업 중인 '초등-쓰기문제' 파일은 문제와 보기 형식이 반복되어 구성되어 있습니다. 앞서 작성한 [문제] 스타일을 문제 부분에 적용하겠습니다.

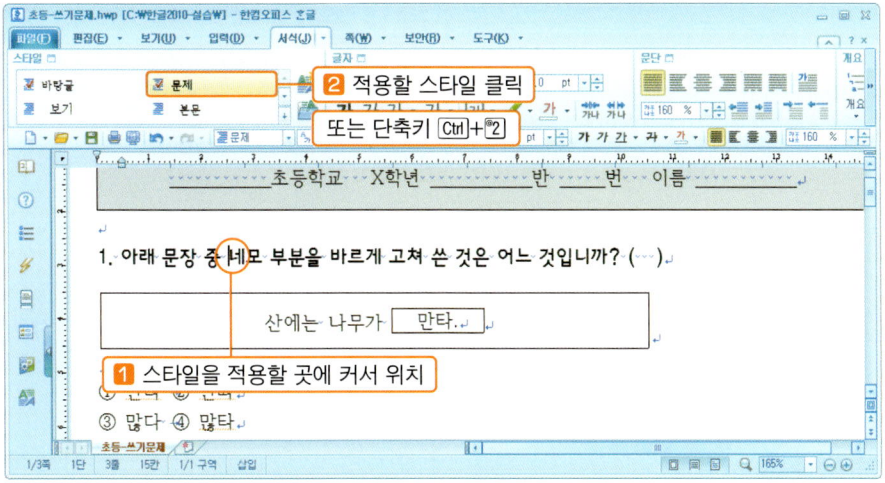

2 보기 부분을 블록 설정하고 [보기] 스타일을 클릭해서 적용합니다.

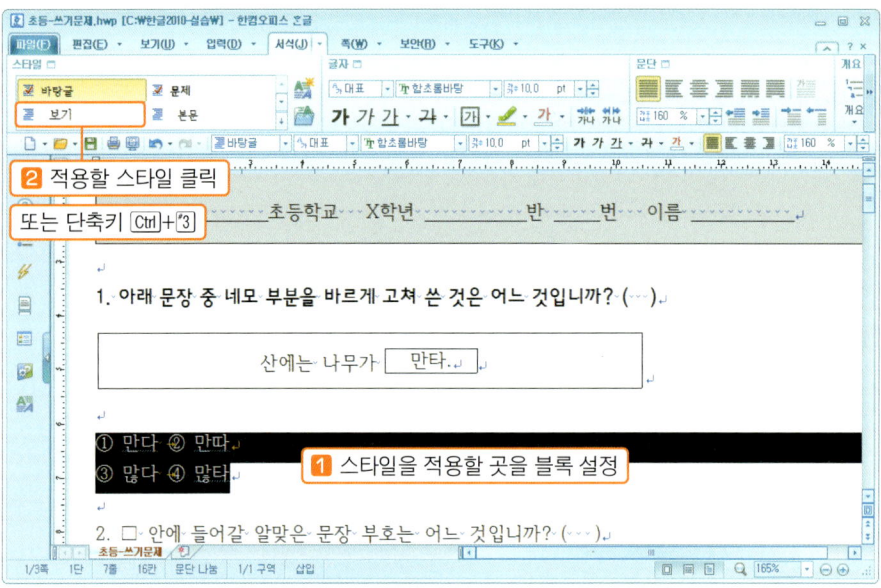

3 문서의 나머지 부분에도 '문제' 부분에는 [문제] 스타일을, '보기' 부분에는 [보기] 스타일을 적용합니다.

4 스타일을 적용하고 1쪽의 경계 부분을 보면 아래 화면처럼 5번 문제가 두 쪽에 걸쳐 나타납니다. 이런 것은 좋지 않은 편집이므로 5번을 강제로 다음 쪽으로 넘기려 합니다. 커서를 강제로 나누려는 문장의 맨 앞에 위치시키고 [쪽] 열림 상자의 [쪽 나누기]를 이용합니다.

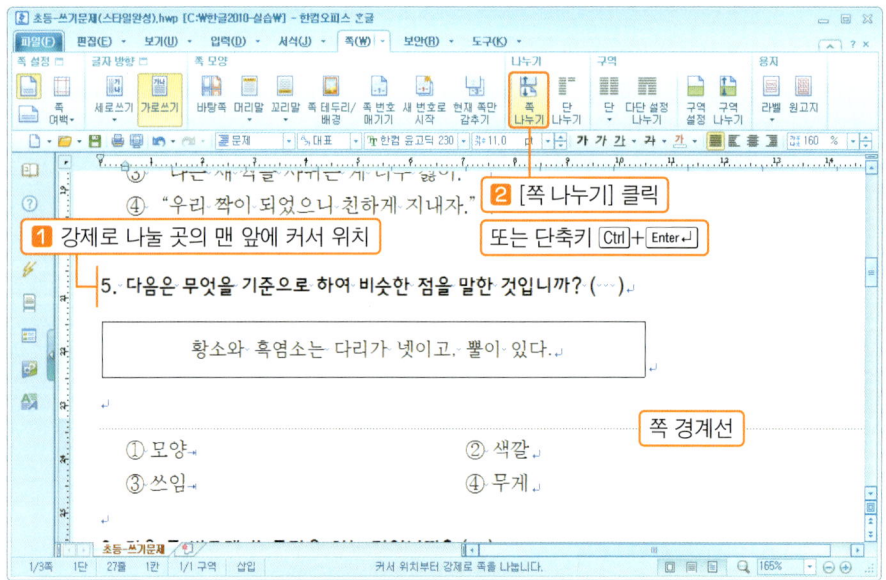

> **Note**
>
> ■ 강제 쪽 나누기
>
> 쪽이 다 차기 전에 굳이 그 쪽(페이지)을 끝내고 새로운 쪽에서 내용을 입력하고 싶을 때는 메뉴 [쪽]-[쪽 나누기]를 실행하거나 단축키 Ctrl+Enter를 눌러 강제로 쪽을 분리시킬 수 있습니다. 이렇게 강제로 들어간 쪽 분리 선은 [쪽 윤곽]이 설정되어 있지 않을 때에는, 빨강 점선으로 표시됩니다.
>
> ■ 강제 쪽 나누기 지우기
>
> [쪽 나누기]를 해서 쪽이 분리되면 앞 쪽 마지막에서 Delete 키를 누르거나 나눠진 쪽의 맨 앞에서 BackSpace 키를 눌러 강제로 나뉜 쪽을 해제할 수 있습니다.

5 이후 쪽 넘김과 부족한 부분들을 편집해서 '초등-쓰기문제(스타일완성).hwp'란 다른 이름으로 저장해 둡니다.

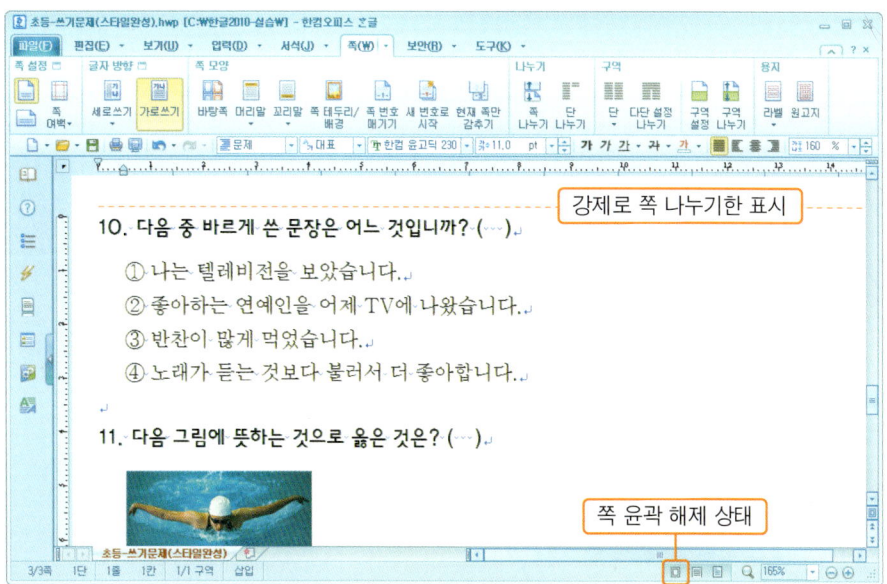

스타일 편집하기

지금까지의 작업한 것을 살펴보면 단순히 글자와 문단 모양을 모양 복사(Alt+C)한 것과 스타일을 적용한 것의 큰 차이를 발견할 수 없을 것입니다. 문항 수 별로 모양 복사하는 것이나 스타일을 지정한 것이나 작업량이 비슷하기 때문입니다. 그러나 작업한 문서에서 글꼴이나 자간, 문단 등을 수정해야 한다면 단순 모양 복사는 또다시 문항 수 별로 작업해줘야 하는 불편이 따르지만, 스타일은 정의한 스타일만 한번 수정해 주면 스타일이 적용된 모든 곳이 변경된 형식으로 같이 수정되므로 그 차이와 효과를 확연히 알 수 있을 것입니다.

결론적으로 몇 개 안되는 형식은 모양 복사를 사용하지만 그 개수가 많은 문서 편집에서는 스타일을 사용하는 것이 바람직한 작업 방식입니다.

1 작업한 문서의 [보기] 스타일을 글꼴은 '한컴돋움', 글꼴 크기는 '10pt'로 변경합니다.

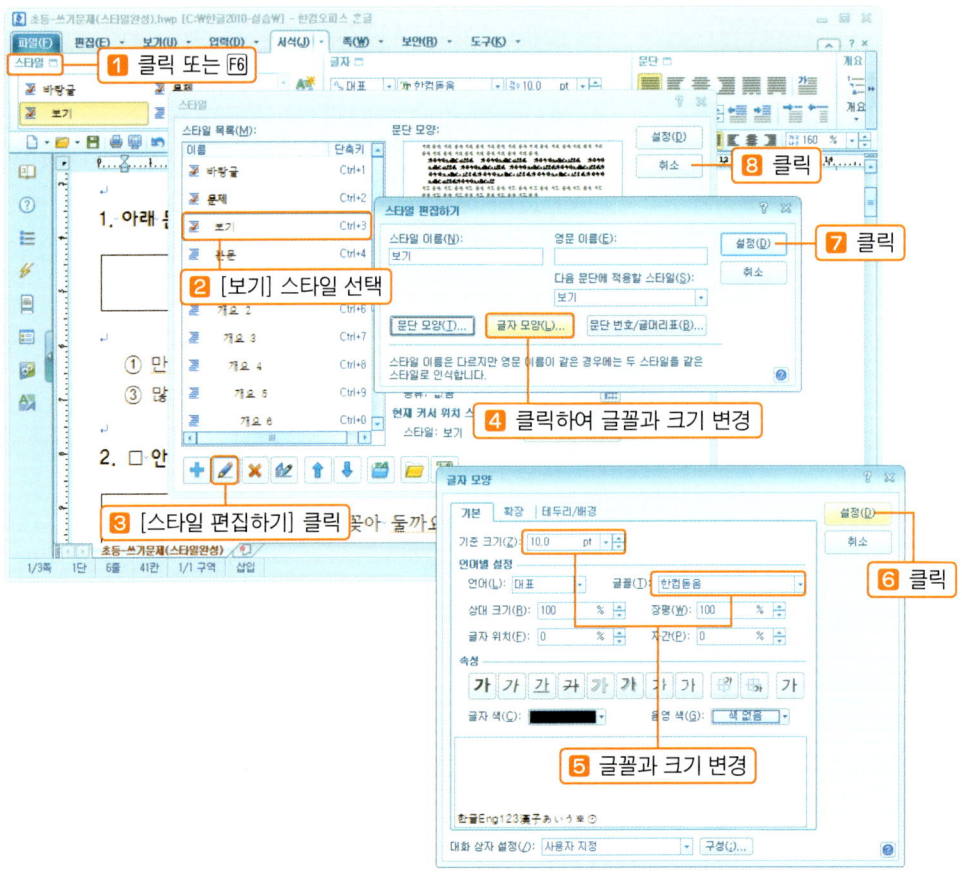

2 [보기] 스타일의 글꼴과 크기를 변경하였습니다. 문서의 보기 부분에 커서를 위치시켜 보면 글꼴과 크기가 수정한 스타일의 형태로 변경되어 있음을 알 수 있습니다.

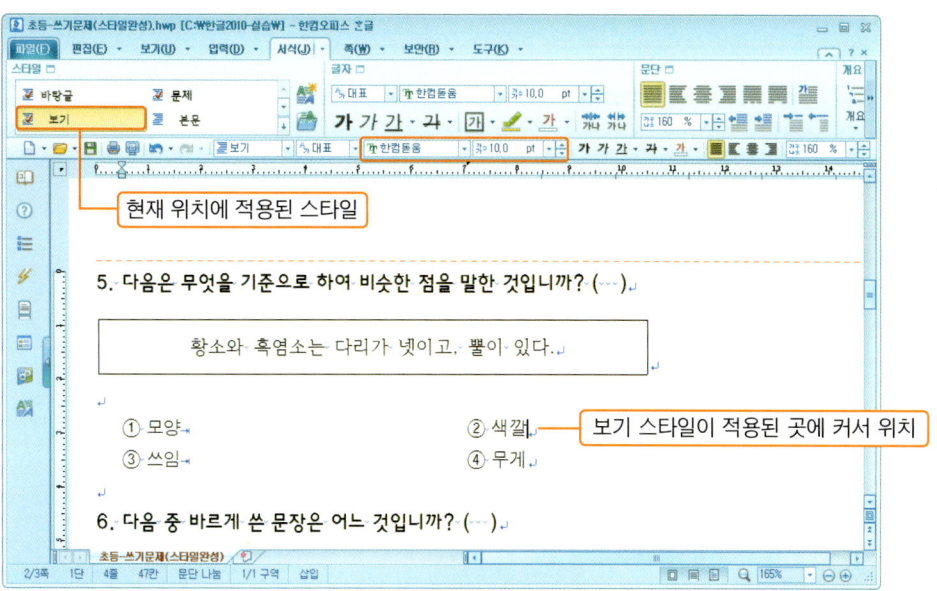

3 스타일은 문서가 저장되어야 그 문서에 함께 저장됩니다. 스타일을 변경했으므로 메뉴 [파일]-[저장하기]를 이용하여 같은 이름으로 다시 저장해 둡니다.

실습에서 확인한 것처럼 스타일 기능은 페이지가 많은 문서 편집에 빼놓을 수 없는 유용한 기능입니다.

예를 들어 20 문항씩 5과목으로 구성된 시험이라고 해도 문제와 보기가 각각 100개씩이 됩니다. 문제에 대한 서식과 보기에 대한 서식을 일일이 지정하는 것도 대단히 힘든 일인데 중간에 수정할 일이 발생한다면 참으로 끔찍한 상황이 될 것입니다.

이렇듯 페이지가 많고 비슷한 형태가 반복되는 문서에 스타일 기능을 사용하지 않고 작업한다면 얼마나 많은 시간과 노력이 들어갈지 미루어 짐작할 수 있을 것입니다. 이런 기능은 훈글뿐만 아니라 대부분의 문서 편집 프로그램에 필수적으로 들어 있는 기능이므로 잘 익혀서 업무에 활용하기 바랍니다.

2 개요 번호와 문단 번호

문서를 작성할 때 레벨(수준)을 부여하여 작성할 때 유용한 것이 개요와 문단 번호입니다. 문서의 레벨이란 아래 그림에서 보듯 상하 종속 관계를 지정하여 문서를 꾸미는 것을 의미합니다. 개요/문단 번호는 각각 7수준까지 번호를 매겨 주고, 번호를 매긴 순서가 바뀌면(Enter)로 문단이 바뀌면) 번호도 그에 맞게 변동됩니다.

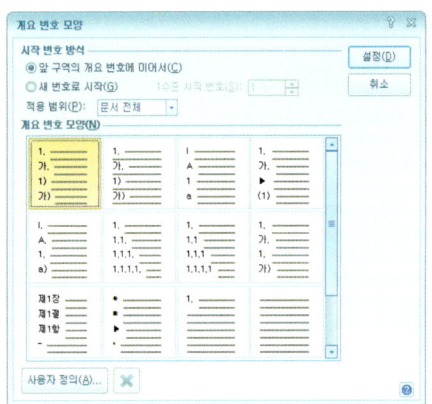 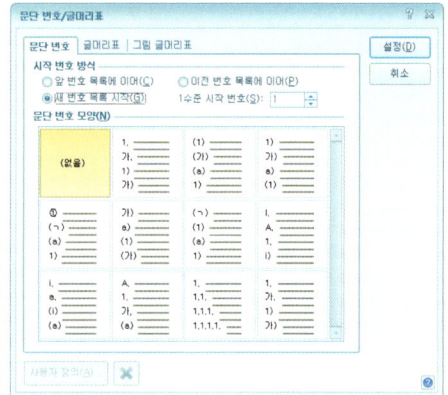

개요와 문서 번호는 그 형태와 쓰임새가 매우 흡사합니다. 차이점을 잘 이해하되, 활용하기에 따라 서로 유사한 기능을 수행할 수도 있습니다. [문서 번호/글머리표]는 문단에 번호를 부여하느냐 아니면 글머리표(■, ●, ◆…)를 부여하느냐의 차이만 있습니다.

■ 개요 번호와 문단 번호의 비교

① [개요 번호]는 구역 단위로, [문단 번호]는 문단 단위로 적용됩니다.

[개요 번호]는 구역 단위로 모양을 바꿀 수 있습니다. 한 구역 안에서는 같은 형태의 번호 모양만을 가지되, 동일한 번호가 아닌 앞 개요 번호에 이어지는 번호를 가져야 합니다. 새로운 개요 번호 모양이나 새 번호로 시작하고 싶을 때에는 [구역]을 나눠야 합니다.

하지만 [문단 번호]는 문단마다 서로 다른 번호 모양을 가질 수 있고, 시작 번호도 정의할 수 있습니다.

② [개요 번호]는 흔글에서 제공하는 스타일이고, [문단 번호]는 스타일에 활용할 수 있습니다.

[개요 번호]는 흔글에서 제공하는 스타일로, 사용자가 수정하여 사용할 수 있으며 계층적으로 문단 여백이 부여되어 있습니다. [문단 번호/글머리표]는 문단을 번호나 글머리표로 구분하여 레벨을 지정하는 것으로 여백 지정은 별도로 처리하여야 합니다. 스타일 지정시 [문단 번호/글머리표]를 사용하면 개요와 유사한 기능을 수행할 수 있습니다.

③ [개요 번호]와 [문단 번호]는 [서식] 메뉴나 열림 상자에서 모양의 선택, 적용과 해제, 수준의 증가와 감소를 처리할 수 있습니다.

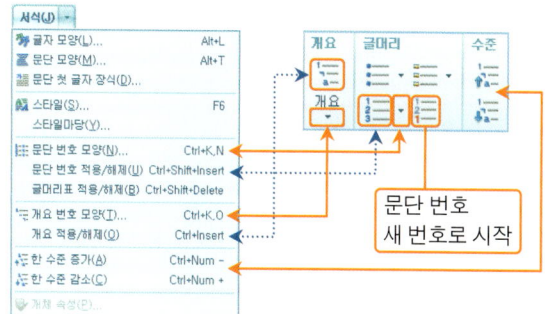

열림 상자의 ▼를 누르면 개요/문단 번호 모양을 지정할 수 있고, ▼가 아닌 부분을 클릭해야 적용/해제를 할 수 있습니다.

개요 번호 사용하기

● **개요 모양**

메뉴 : [서식]-[개요 모양]
열림 상자 : [서식] 열림 상자의 [개요]

1 C: 드라이브의 [한글2010-실습] 폴더에서 '개요-계절별화초.hwp' 파일을 불러옵니다.

2 화면 좌측에 [스타일] 작업 창을 표시하고, 메뉴 [서식]-[개요 번호 모양]을 클릭합니다. 나타나는 대화 상자에서 원하는 개요 모양을 선택하고 [설정]을 누릅니다.

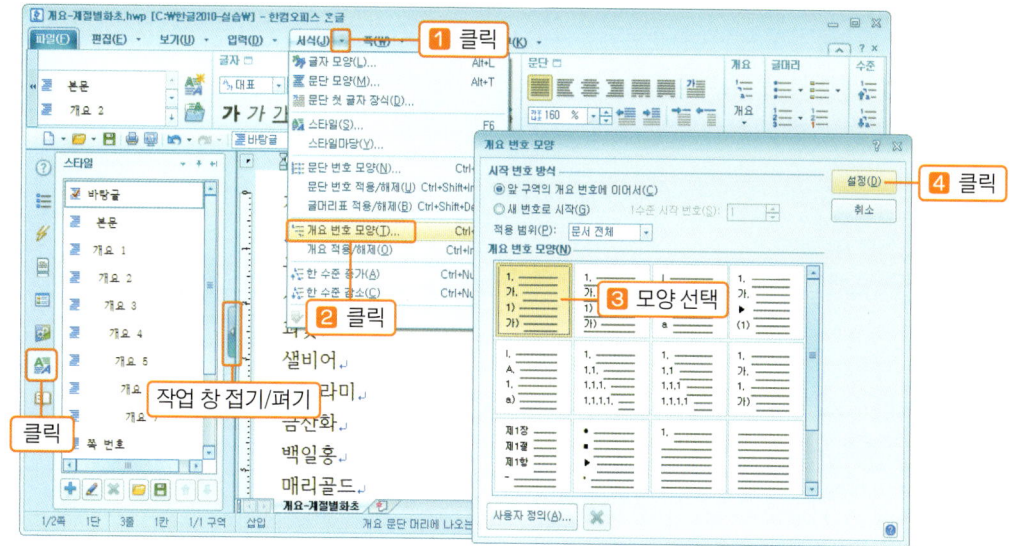

3 문서를 아래 모양처럼 계층적으로 편집하려고 합니다.

```
계절 ·············································1 수준
  심는 씨앗 ···································2 수준
    씨앗 이름들 ····························3 수준
  볼 수 있는 꽃 ·····························2 수준
    꽃 이름들 ································3 수준
```

위의 수준을 참조하여 커서를 이동하면서 좌측에서 해당하는 개요 번호를 클릭해줍니다.

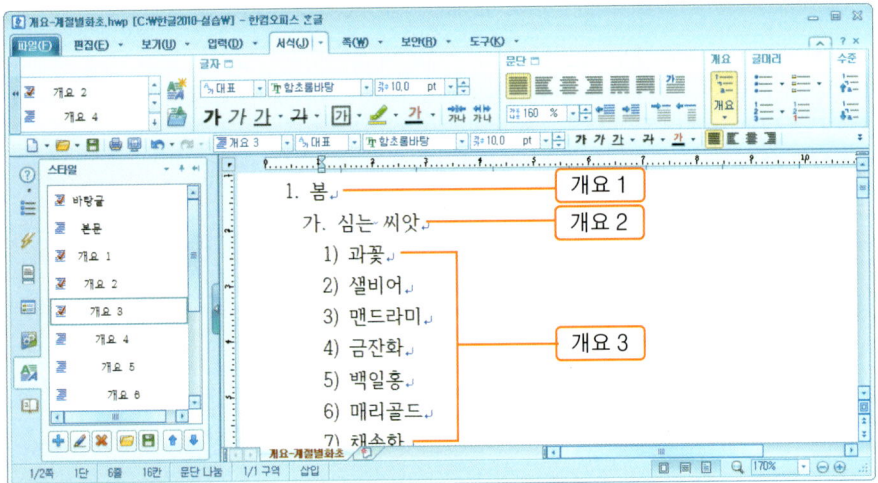

> **Note**
>
> ■ **개요 번호 해제**
>
> 개요 번호를 부여하지 않을 곳에서는 아래의 방법으로 처리합니다.
>
> ① 메뉴 [서식]-[개요 적용/해제]
> ② Ctrl+1 ------- 스타일의 1번인 [바탕글]을 적용합니다.

Lesson 06 다양한 문서 편집을 위한 고급 기능 익히기

■ 개요 번호 모양 변경

1 메뉴 [서식]-[개요 번호 모양]을 클릭하여 원하는 개요 모양을 선택할 수 있습니다. 사용자가 임의의 모양을 설정하려면 [사용자 정의]를 클릭하여 새롭게 정의합니다.

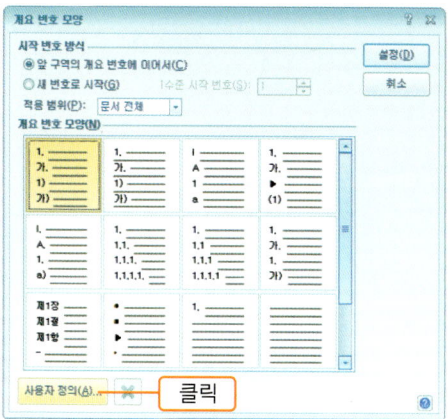

2 미리 보기 창처럼 나타내기 위해서 '2 수준'과 '3 수준'을 변경합니다.

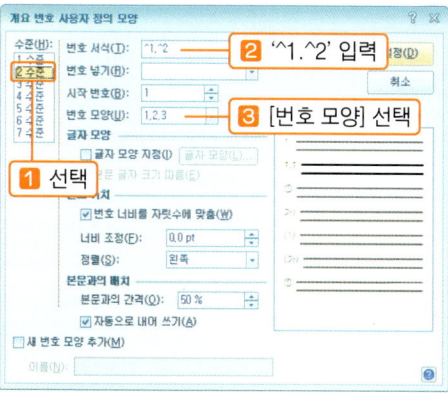
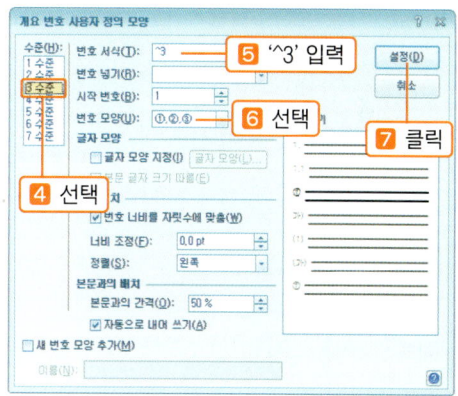

> **■ 개요 번호의 번호 서식**
>
> [번호 서식]을 사용자가 직접 입력할 때 '^' 뒤에 레벨 번호를 입력합니다.
> 예) ^1 ------ 1 수준의 번호를 사용(나타나는 형태는 [번호 모양]에 의해 결정됩니다.)
> 예) ^1.^2 ----- 1 수준의 번호 뒤에 '.'를 넣고 2 수준의 번호를 사용

3 개요 번호의 모양이 변경되어 나타나는 결과 화면입니다.

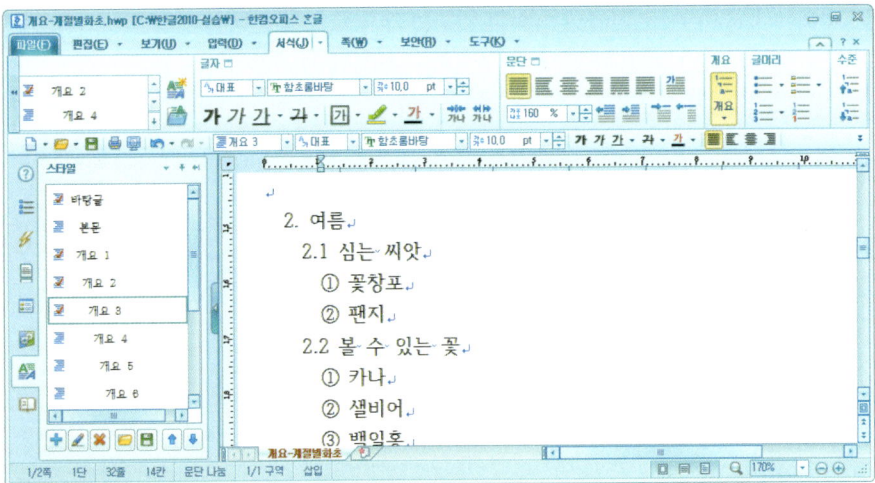

> **Note**
> ■ **개요 모양 변경**
> [개요 번호]는 구역 단위로 부여됩니다. 따라서 한 구역 안에서는 다른 형태의 번호 모양을 사용할 수 없으며, 다른 형태를 적용하려면 구역을 나눠줘야 합니다.

■ **개요 스타일 변경하기**

개요 번호는 스타일에 설정되어 있습니다. 따라서 사용자가 스타일을 수정/편집하여 사용할 수 있습니다.

1 메뉴 [서식]-[스타일]을 선택하거나 단축키 F6을 눌러 [개요 1]을 선택한 후, [스타일 편집하기]를 클릭합니다.

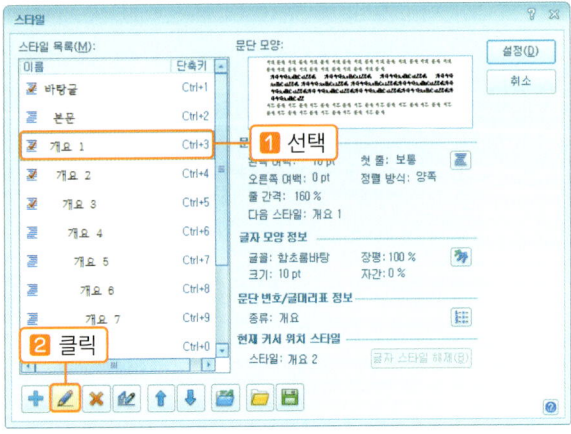

Lesson 06 다양한 문서 편집을 위한 고급 기능 익히기

2 [글자 모양]을 클릭하여 속성을 지정하고 [설정]을 클릭합니다.

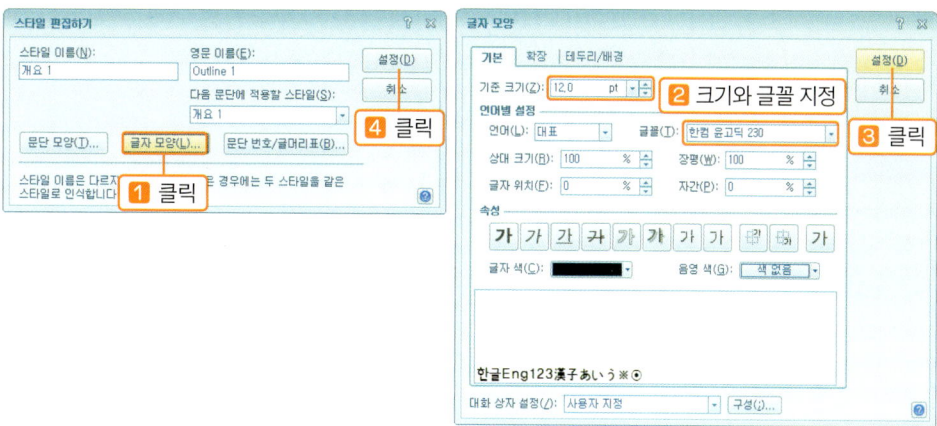

3 같은 방식으로 [개요 2]의 글자 모양을 수정합니다.

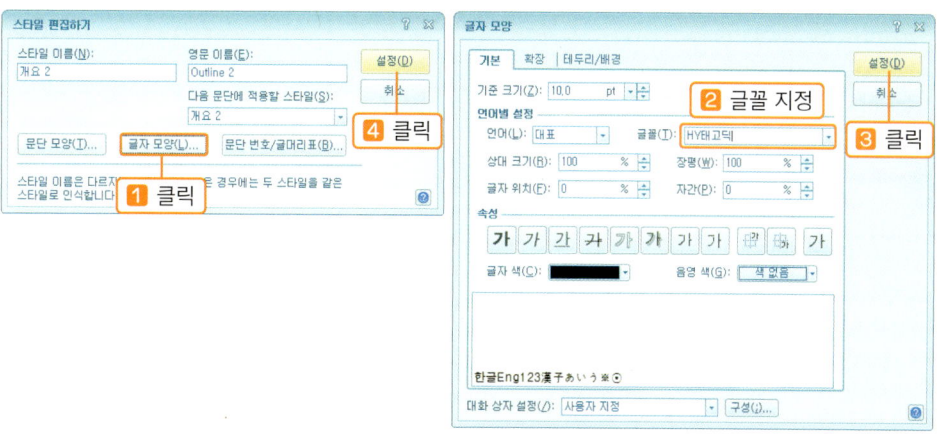

4 [개요 1]과 [개요 2]의 스타일을 변경한 결과 화면입니다.

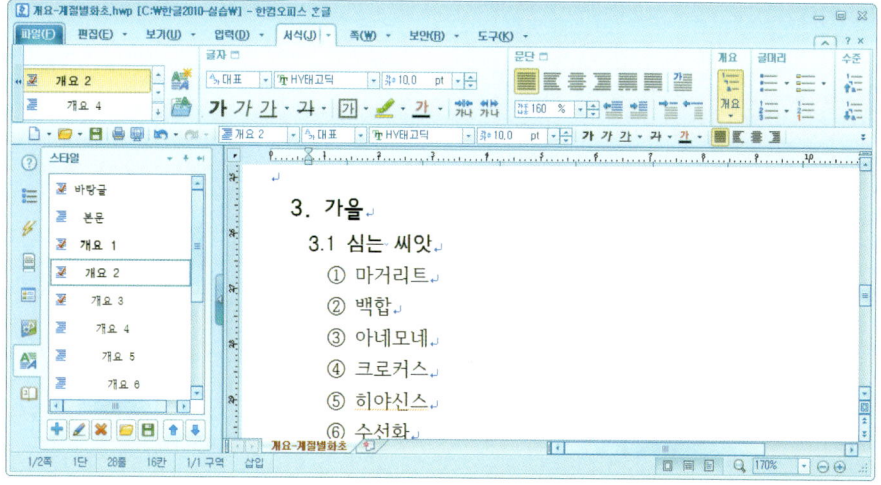

■ [개요 보기] 창 활용하기

1 메뉴 [보기]-[작업 창]-[개요 보기]를 실행하거나 [작업 창 접기/펴기] 단추를 클릭하여 [개요 보기]를 선택하면 문서에 사용된 모든 개요가 일목요연하게 나타납니다.

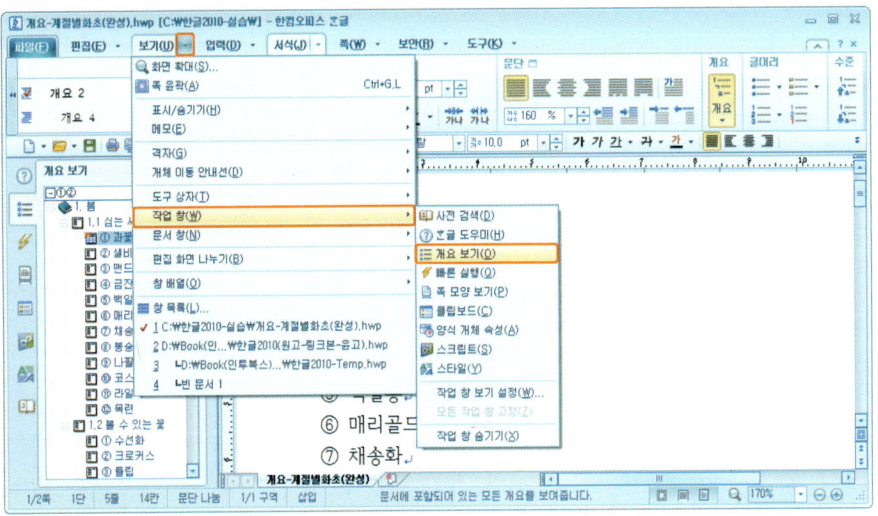

2 [개요 보기] 작업 창에서 원하는 항목을 클릭하면 편집 창의 해당 위치로 이동합니다.

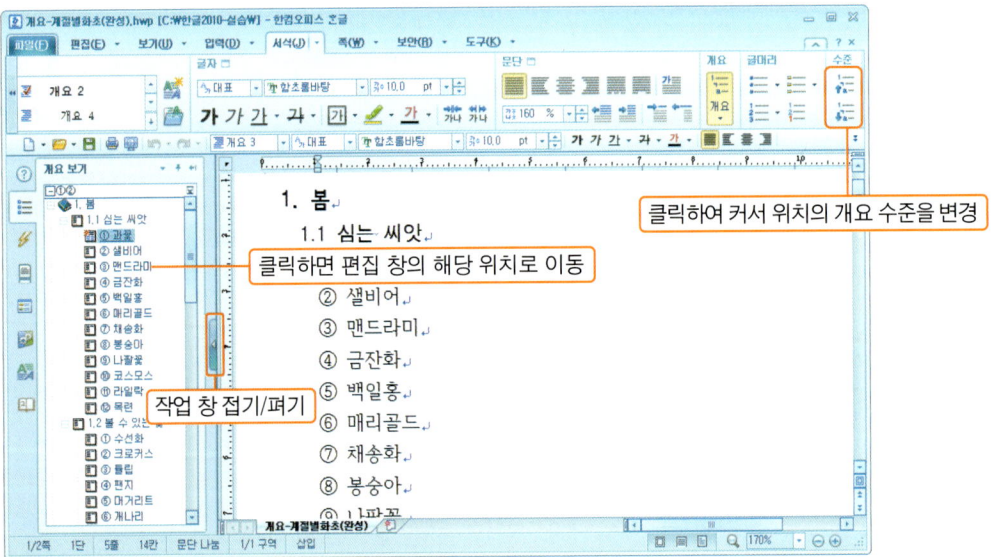

문단 번호 활용하기

앞서 개요 번호를 실습하듯이 문장에 문단 번호를 적용하고 문단 번호의 모양을 변경할 수 있습니다. 문단의 여백이 지정되지 않는 것과 한 구역 안에서도 새롭게 다시 번호를 시작할 수 있다는 것만 제외하면 다른 점이 없어 보입니다. 일반적으로 [개요 번호]는 큰 단위의 구분에 사용하고 [문단 번호/글머리표]는 간단한 구분에 사용합니다.

이곳에서는 예제를 통해서 문단 번호를 어떻게 활용하는 지를 살펴보겠습니다.

1 C: 드라이브의 [한글2010-실습] 폴더에서 '시험문제-번호없음.hwp' 파일을 불러옵니다.

이 문서에는 [문제] 스타일과 [보기] 스타일이 부여되어 있습니다. 이곳에서 실습할 [문단 번호]에서 '번호'라는 의미가 알려주듯 [문제] 스타일에 [문단 번호/글머리표]를 지정하여 문제에 자동으로 번호를 부여하겠습니다.

2 메뉴 [서식]-[스타일]을 선택하거나 F6을 눌러 [문제] 스타일을 선택한 후, [스타일 편집하기]를 눌러 [문단 번호/글머리표]를 클릭합니다.

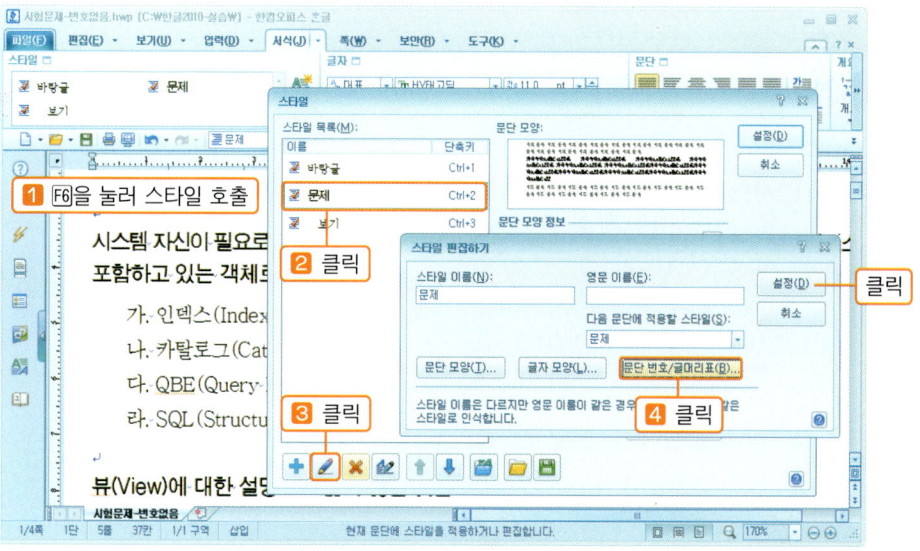

3 [문단 번호/글머리표] 대화 상자에서 아무 것이나 선택하여 [사용자 정의] 버튼이 활성화되면 클릭합니다. 문제에 번호만 부여할 것이므로 '1 수준'의 [글자 모양]을 '한컴 윤체 B', '12pt'로 지정하고 [설정]을 누릅니다.

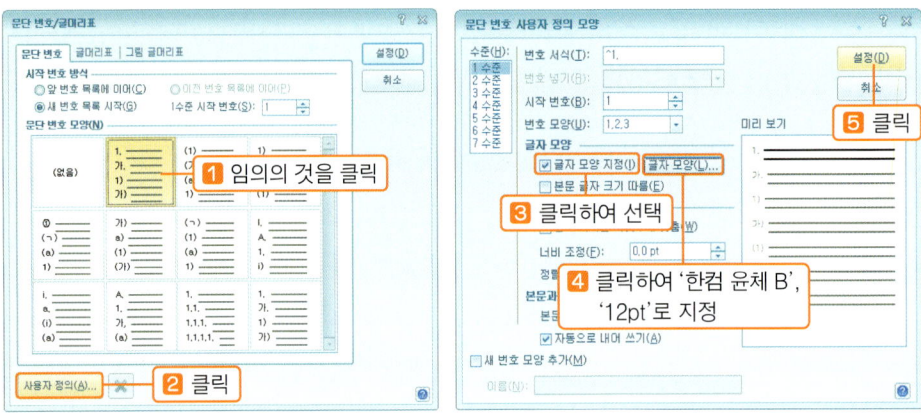

4 스타일 편집을 마무리하고 화면으로 돌아오면 [문제] 스타일에 [문단 번호]가 부여된 것을 볼 수 있습니다.

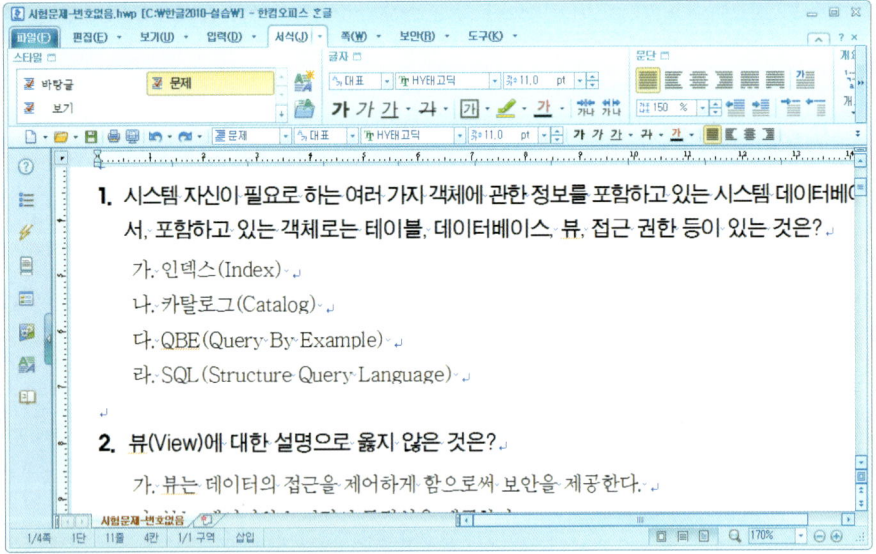

5 만약 문제 번호를 새롭게 부여할 경우가 발생하면 해당 위치에 커서를 놓고 메뉴 [서식]-[문단 번호 모양]을 선택하여 [새 번호 목록 시작]을 선택합니다.

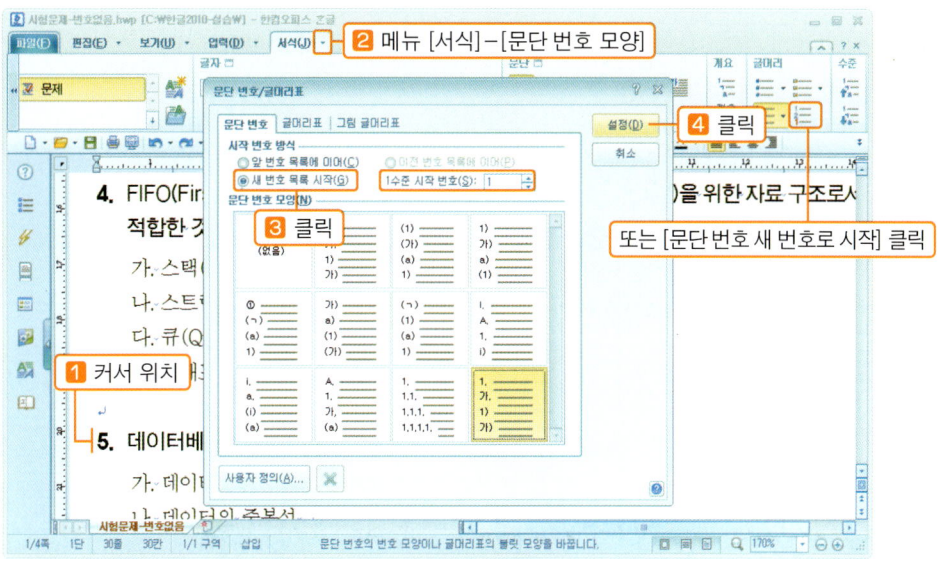

결과를 확인하면 커서 위치부터 새 번호가 부여된 것을 확인할 수 있습니다. [개요 번호]에서 새 번호를 부여하려면 [구역 나누기]가 되어야 하지만 [문단 번호]는 새로운 번호 부여가 자유롭습니다.

아래는 작업한 [문제] 스타일의 [문단 모양]을 나타낸 것입니다. [문단 모양]의 [확장] 탭을 살펴보면 [문단 종류]로 [번호 문단]이 지정되어 있음을 알 수 있습니다. 앞서 스타일을 수정하여 [문단 번호/글머리표]를 부여했기 때문에 문단 종류가 변경된 것입니다.

이곳에서 [없음]을 선택해주면 부여했던 [문단 번호/글머리표]가 해제됩니다.

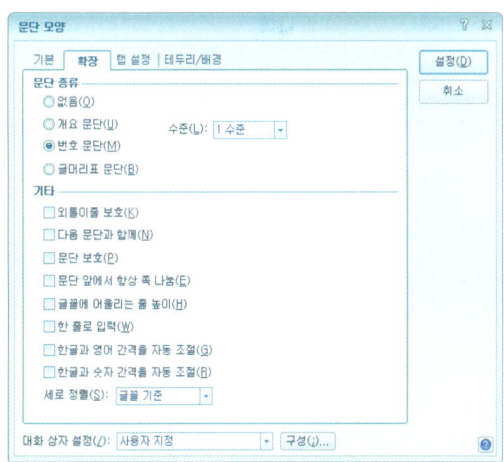

3 다단 문서 만들기

다단이란 문서의 쪽을 좌우로 몇 개씩 나누어 사용하는 것을 말합니다. 흔히 접하는 신문이 다단 편집의 대표적인 예라 할 수 있습니다.

아래 그림을 보면 다단의 의미를 쉽게 파악할 수 있을 것입니다.

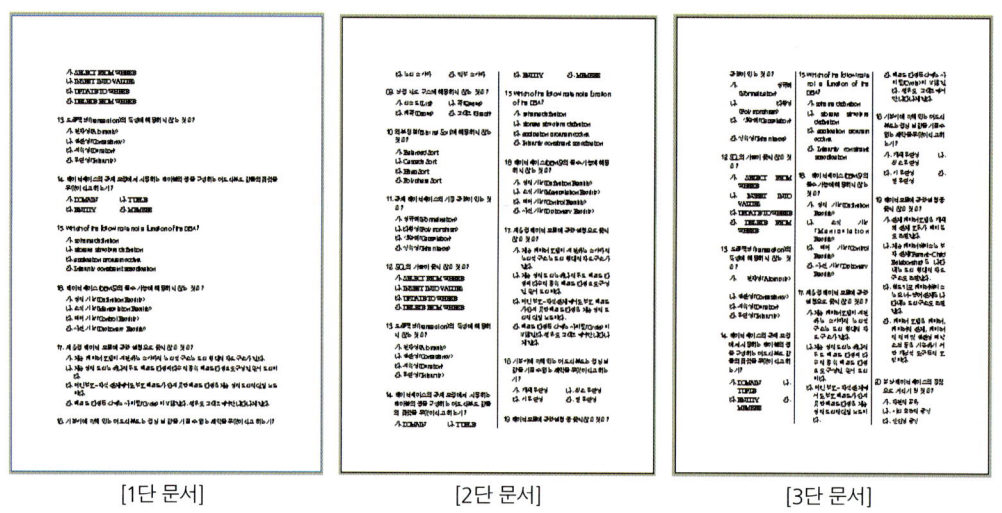

[1단 문서]   [2단 문서]   [3단 문서]

다단은 크게 구역 단위와 쪽 단위에서 작업할 수 있습니다. 구역 단위에서는 한 구역 전체를 같은 다단으로 동일하게 처리하는 것이고, 쪽 단위는 같은 쪽에서 윗부분은 1단, 아랫부분은 2단과 같이 서로 다르게 처리하는 것입니다.

구역이란 문서를 1구역, 2구역… 등으로 나누는 것을 말하는데 문서를 서로 다른 구역으로 나누어서 서로 독립적인 편집을 하고자 할 때 많이 사용합니다. 구역에 대한 구체적인 설명은 이어지는 바탕쪽 부분에서 상세히 다루겠습니다.

다단 만들기

● 다단 나누기

메뉴 : [쪽]-[다단 설정]
열림 상자 : [쪽] 열림 상자의 [단]

1 C: 드라이브의 [한글2010-실습] 폴더에서 '시험문제.hwp' 파일을 불러옵니다.

불러온 문서는 시험 문제의 예이며, 통상 이런 시험 문제지는 2단으로 편집한 것을 많이 봐왔을 것입니다. 실습을 통해서 2단 문서로 편집해 보겠습니다.

2 문서를 2단으로 처리하기 위해 메뉴[쪽]-[다단 설정]이나 [쪽] 열림 상자에서 [단]을 클릭합니다.

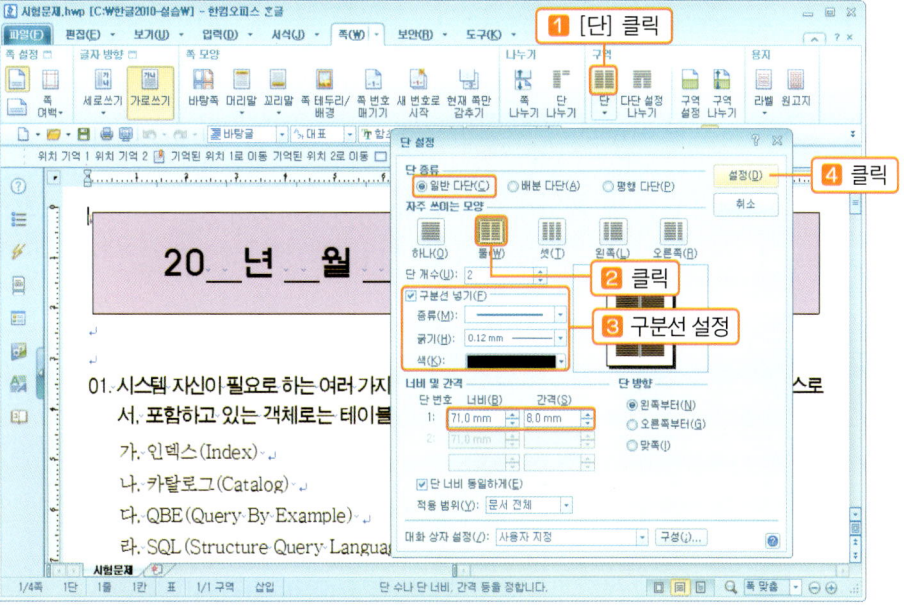

Note
• [쪽] 열림 상자의 [단]의 아이콘을 위아래로 기능이 분리되어 있습니다.

　　[단 설정] 대화 상자 호출
　　간단하게 단 개수만 선택

• 다단을 지정한 후 1단의 평범한 문서로 변경하려면 단 개수를 '1'로 지정하면 됩니다.
• 다단의 개수나 단 구분선 등을 변경하려면 다시 단의 개수를 지정하면 됩니다.
• 좌우 다단의 폭을 달리하려면 [너비 및 간격]에서 조정할 수 있습니다.

3 문서가 동일한 폭의 2단으로 변경되었는데, 맨 위 표로 만든 시행일자 부분이 겹쳐 나타나므로 표의 배치를 문단의 자리차지로 변경합니다.

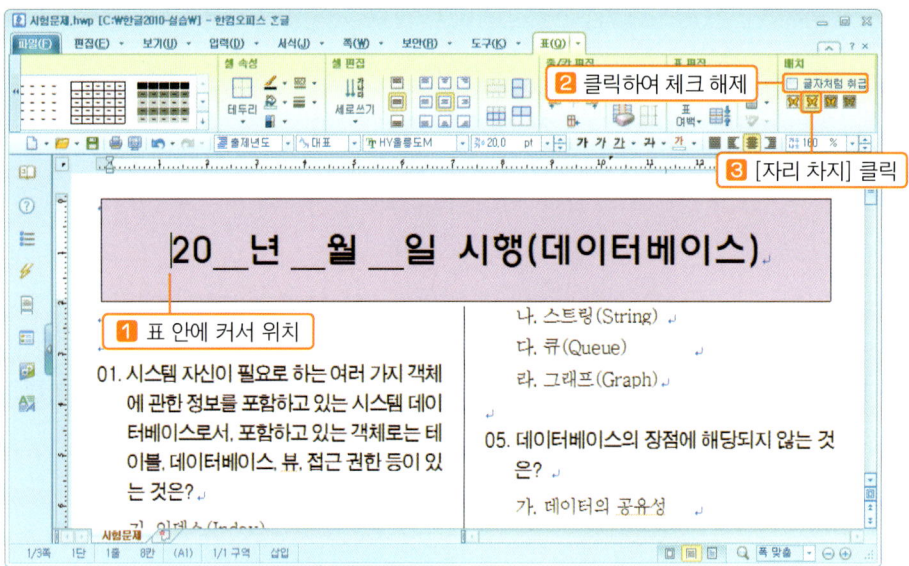

4 1쪽의 경계선 부분을 보면 4번 문제의 위치가 애매하게 배치되어 있으므로 이를 우측 다단으로 넘기겠습니다. 커서를 위치시키고 메뉴 [쪽]-[단 나누기]나 [쪽] 열림 상자의 [단 나누기]를 클릭합니다.

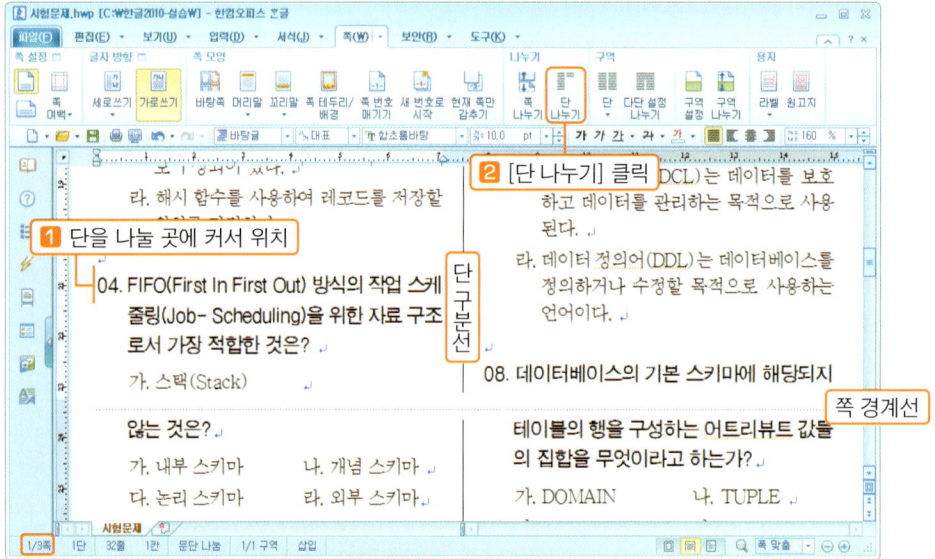

> **Note**
> 여러 쪽에 걸친 문서는 항상 쪽과 쪽의 경계 부분을 살펴서 적당한 편집을 해줘야 어색하지 않은 문서가 됩니다.
>
> - **쪽 나누기** : 메뉴 [쪽]-[쪽 나누기] 또는 단축키 Ctrl + Enter↵
> - **단 나누기** : 메뉴 [쪽]-[단 나누기]
>
> 쪽 나누기는 내용을 다음 쪽으로 분리하는 것입니다. 단에서 다음 단(우측의 단)으로 내용을 분리하려면 [쪽 나누기]가 아닌 [단 나누기]를 사용해야 합니다.

5 좌우 단에 걸쳐진 내용은 [단 나누기]로, 쪽에 걸쳐진 내용들은 [쪽 나누기]를 해서 문서 끝까지 다 듬어준 후, '시험문제(2단편집).hwp'의 다른 이름으로 저장합니다.

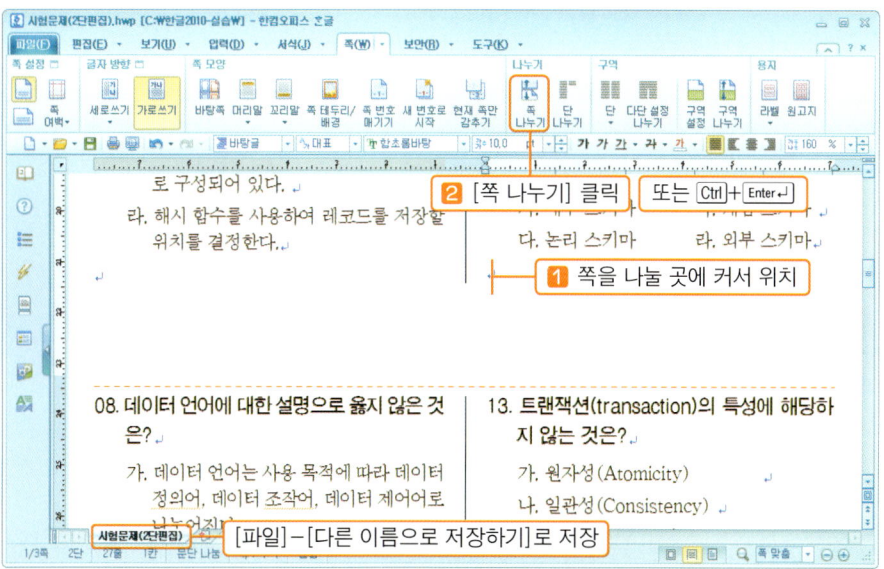

■ 단과 단 사이의 이동

- 이동할 단 쪽에 내용이 입력되어 있으면 마우스로 클릭하여 커서 위치를 옮깁니다.
- 이동할 단 쪽에 내용이 없다면 [단 나누기]를 하여야 커서를 위치시킬 수 있습니다.

같은 쪽에서 여러 다단 만들기

한 구역이나 문서 전체가 아닌 같은 쪽에서 서로 다른 다단을 사용하려면 [다단 설정 나누기] 작업을 먼저 해준 후, 다단을 지정해야 합니다.

① 새로운 단 모양으로 시작하고 싶은 곳에 커서를 놓고 [쪽-다단 설정 나누기]를 실행합니다.
② 커서 이후의 내용은 앞 단의 내용과 별개의 내용으로 간주됩니다.
③ [쪽-다단 설정]을 실행하여 새로운 다단 모양을 지정합니다.

1 현재 창에 '빌게이츠연설(2007년 하버드 졸업식).hwp' 파일을 불러옵니다.

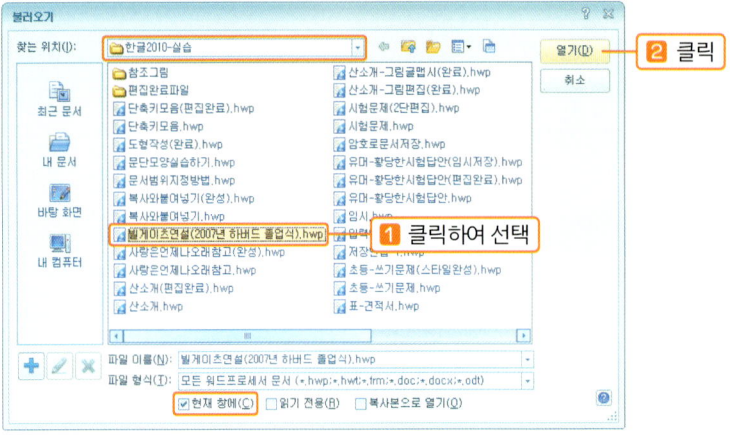

Note: 최근 문서나 새로 불러오는 문서가 새 창에 나타나느냐 현재 창에 새 탭으로 나타나느냐는 메뉴 [도구]-[환경 설정]에 따라 달라집니다.

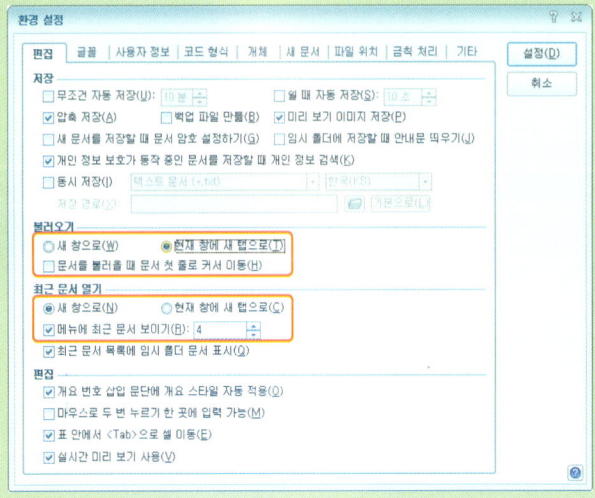

Lesson 06 다양한 문서 편집을 위한 고급 기능 익히기

2 문서 전체를 2단으로 지정해 놓고, 특정 부분부터는 3단으로 지정하기 위해 [다단 설정 나누기]를 합니다.

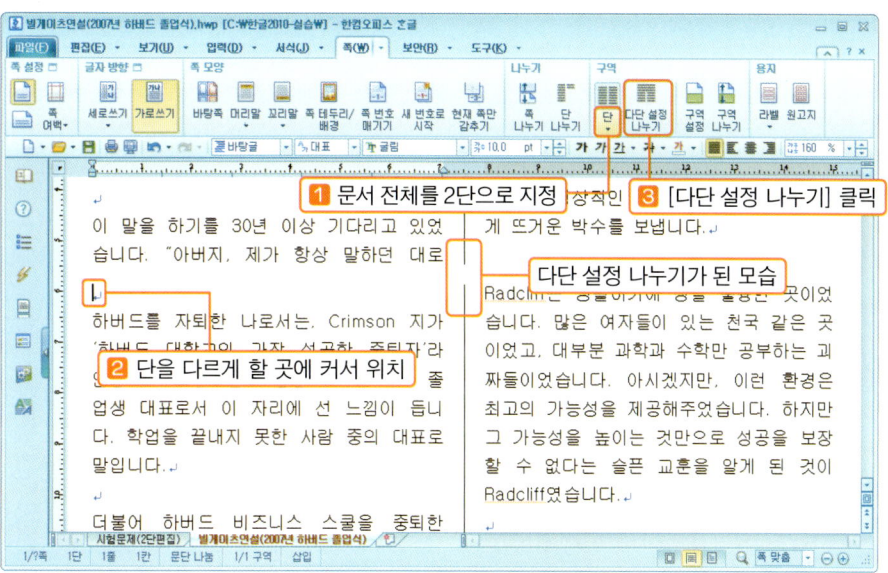

Note [쪽] 열림 상자의 [단]의 아이콘을 위아래로 기능이 분리되어 있습니다.
　[단 설정] 대화 상자 호출
　간단하게 단 개수만 선택

3 [다단 설정 나누기] 설정을 했으면 나눈 아래쪽을 3단으로 지정합니다.

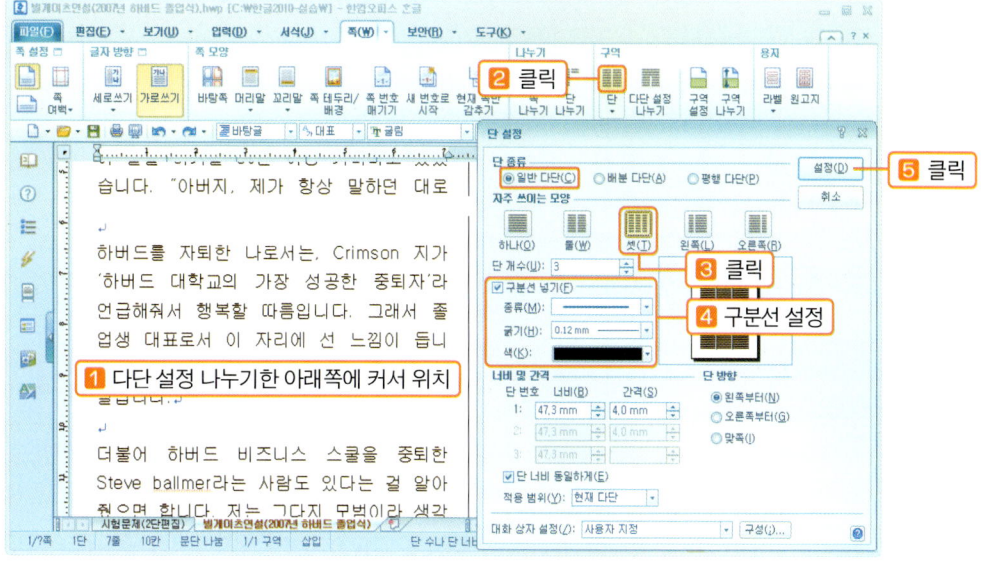

4 같은 쪽에서 위는 2단, 아래는 3단으로 처리된 결과를 볼 수 있습니다. 만약 [구역 설정 나누기]를 해제하려면 [쪽 나누기] 해제처럼 나누어진 위나 아래에서 Delete 나 Back Space 키를 누르면 됩니다.

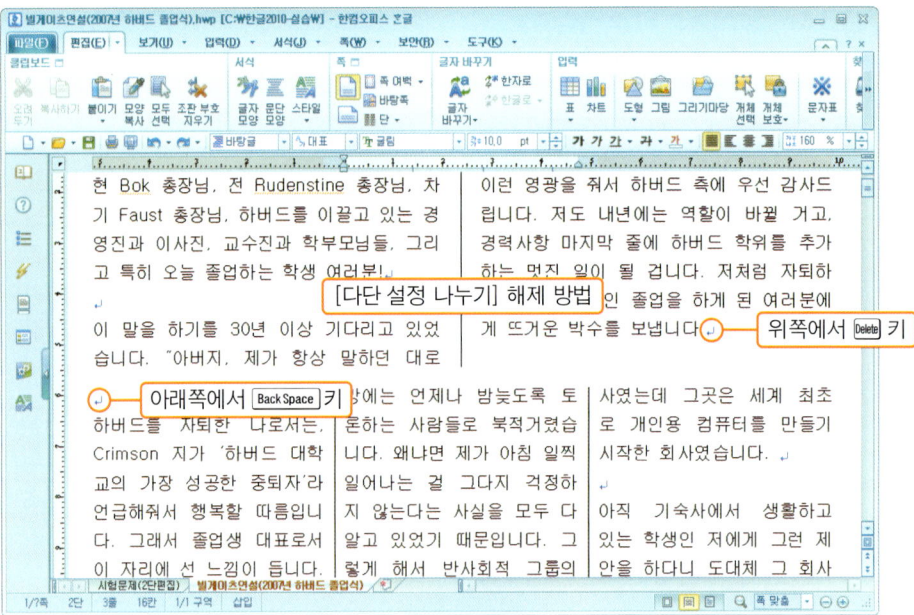

다단의 종류 (일반 다단, 배분 다단, 평행 다단)

다단은 크게 [일반 다단], [배분 다단], [평행 다단]으로 나누어집니다. 지금까지 실습한 것이 일반적으로 많이 사용하는 일반 다단이고, 배분 다단은 일반 다단과 같지만 맨 마지막 쪽의 내용을 수평으로 맞춰서 끝내는 것이 차이입니다.

[3단 편집의 일반 다단 모습]

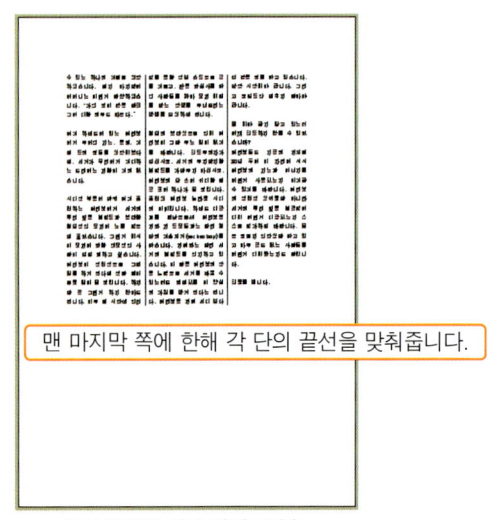

[3단 편집의 배분 다단 모습]

■ 평행 다단

일단 다단이나 배분 다단에서는 한쪽 단의 내용이 다 차면 다음 단(우측)으로 내용이 넘어갑니다. 그러나 평행 다단은 현재 커서가 있는 다단의 내용이 차면 다음 다단이 아닌 다음 쪽의 같은 위치의 다단으로 내용이 넘어갑니다.

이런 평행 다단의 특징으로 인해 한 쪽 단에는 제목이나 용어 등의 표제어를 적고, 다른 쪽 단에는 그에 대한 설명을 적는 형식의 문서를 편집할 때 매우 효과적입니다.

각 단의 분리는 [쪽]-[단 나누기]를 이용하면 됩니다. 즉, 왼쪽에 내용을 넣고 [단 나누기]해서 오른쪽 단으로 분리하고 다시 왼쪽으로 분리하려면 다시 [단 나누기]를 합니다.

1 평행 다단을 실습하기 위해 C: 드라이브의 [한글2010-실습] 폴더에서 '다단-도움말.hwp' 파일을 불러옵니다.

예제 파일을 살펴보면 좌측에 진하게 처리된 부분들이 있습니다. 이런 제목들을 좌측에 놓고, 그와 관련된 내용을 우측에 배치하는 평행 배분 편집을 실습하겠습니다.

2 '따라하기' 부분부터 다단을 지정하기 위해 [다단 설정 나누기]를 하고 아래 화면처럼 2단의 평행 다단을 지정합니다.

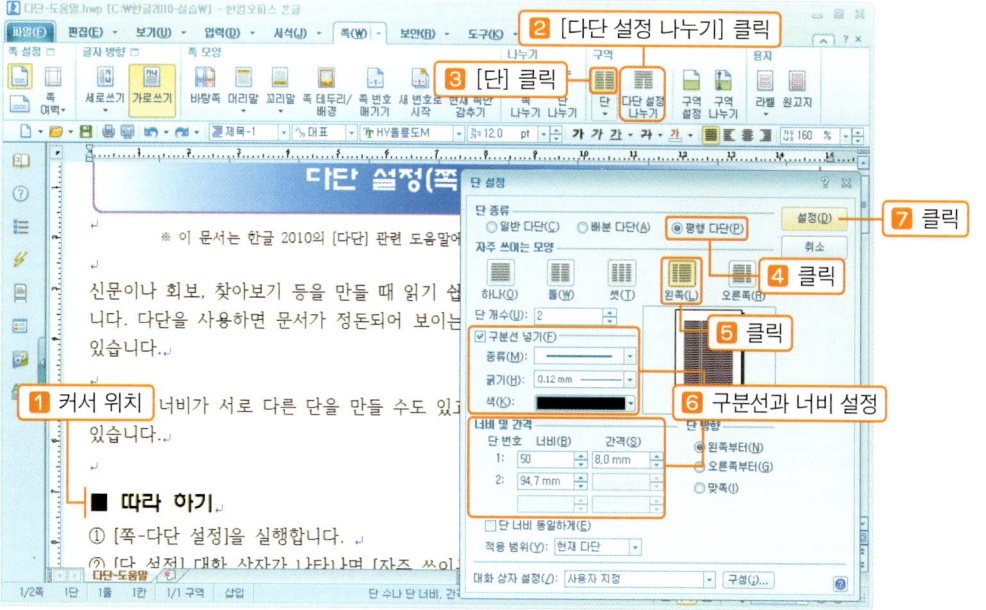

3 제목 부분을 좌측에 놓고 우측에는 그와 관련된 설명을 놓으려고 합니다. 다른 단쪽으로 분리시킬 곳에 커서를 놓고 [단 나누기]를 클릭합니다.

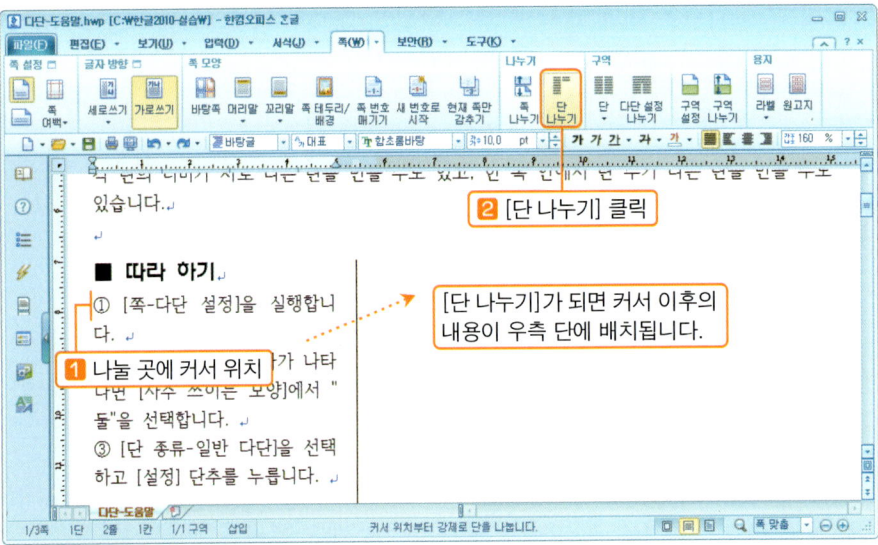

4 [단 나누기]에 의해 우측 단에 설명문이 이동되었습니다. 앞서와 반대로 제목 부분을 좌측 단에 놓기 위해 해당 부분에 커서를 놓고 또 다시 [단 나누기]를 합니다.

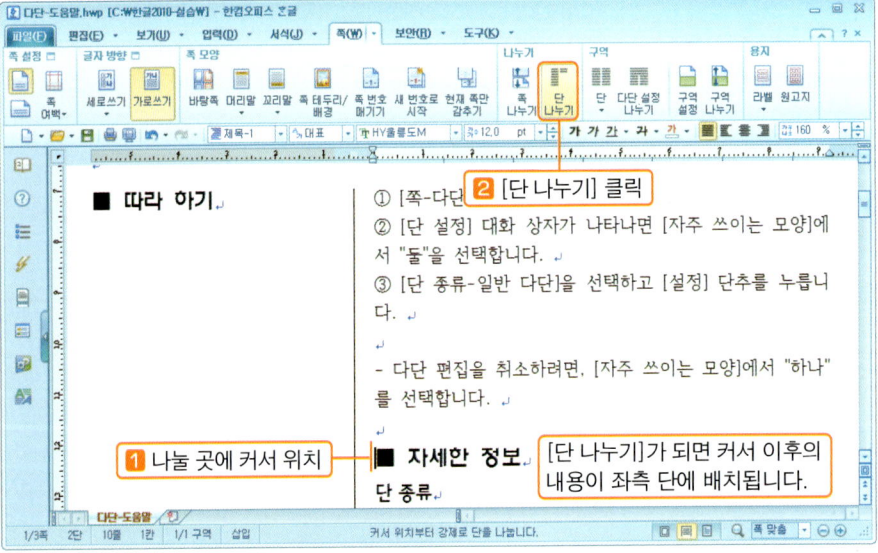

5 계속 내용을 보면서 [단 나누기]를 해서 제목 부분은 좌측 단에, 설명 부분은 우측 단에 배치시킵니다. 작업이 끝나면 '다단-도움말(평행다단완성).hwp'이란 다른 이름으로 저장합니다.

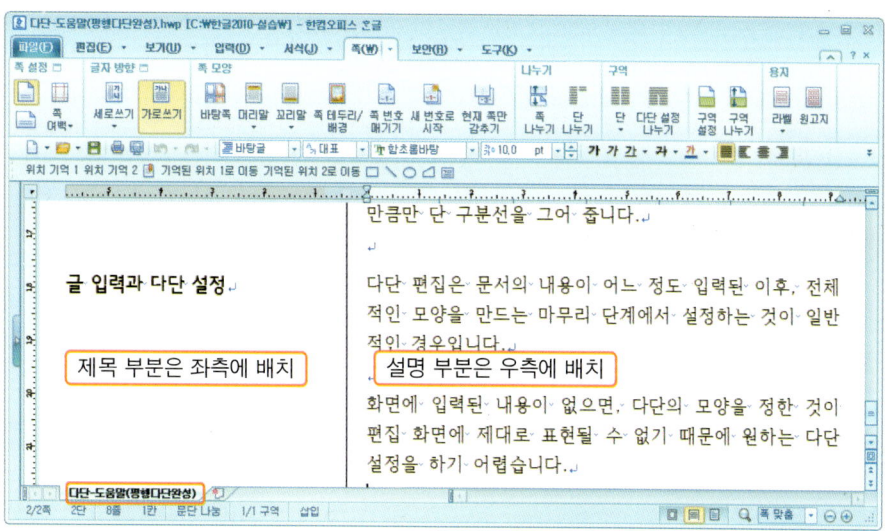

■ 평행 다단에서의 줄 삽입

평행 다단의 특성 상 아래 화면과 같이 편집되었다면 점선으로 나타낸 부분을 기준으로 위아래로 내용이 구분될 것입니다.

- Ⓐ 위치, 즉 좌측 단에서 줄 삽입하면 좌측 단의 내용만 아래로 내려갑니다.
  단, 줄을 많이 삽입하여 수평으로 우측 단의 아래 경계를 벗어나면 좌우측 단이 같이 아래로 내려갑니다.
- Ⓑ 위치, 즉 우측 단에서 줄 삽입하면 좌우측 단의 내용이 함께 아래로 내려갑니다.

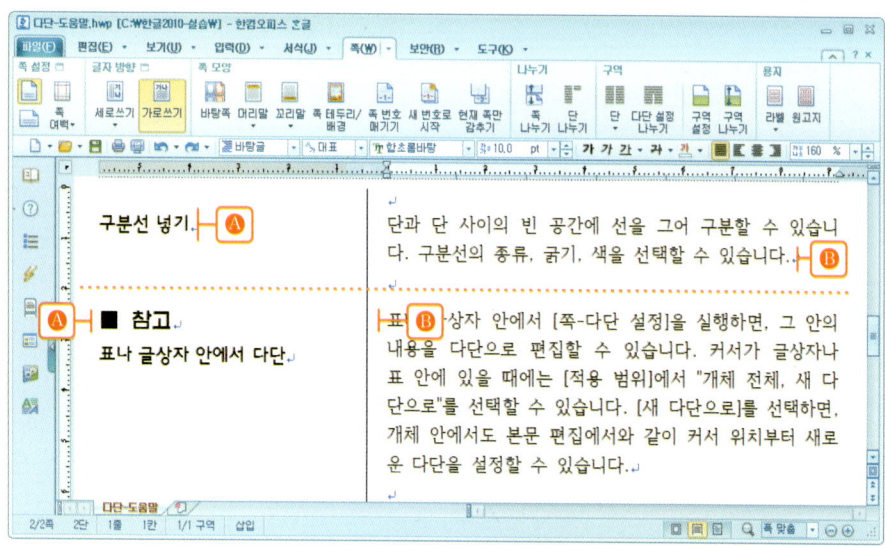

4 수식 편집

흔글 2010에서는 [수식 편집기] 창과 [스크립트] 창에서 수식을 입력할 수 있습니다.

● 수식 만들기
메뉴 : [입력]-[개체]-[수식]
열림 상자 : [입력] 열림 상자의 [수식]

수식 편집기로 수식 입력하기

1 메뉴 [입력]-[개체]-[수식]을 클릭하거나 [입력] 열림 상자의 [수식]을 클릭하면 [수식 편집기] 창이 나타납니다.

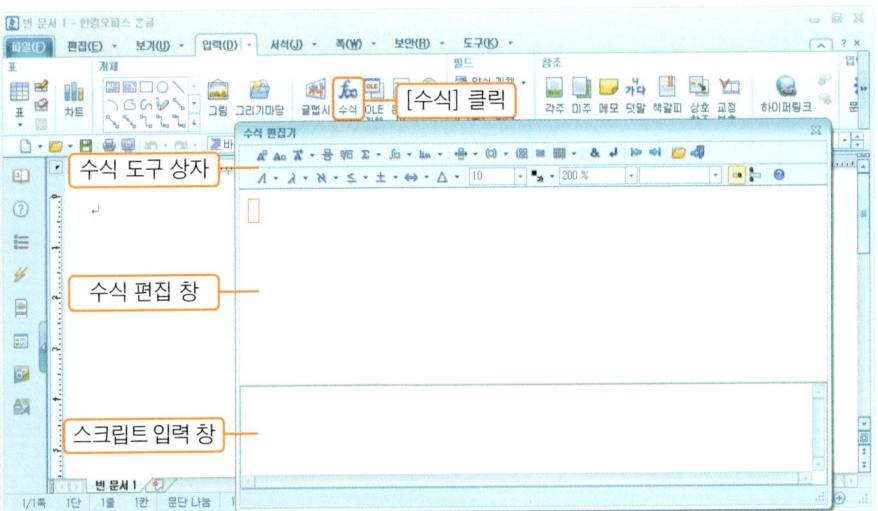

2 아래 문장을 작업 순서를 참조하여 입력합니다.

$27^{\frac{1}{3}} + \log_2 4$

1 도구 상자를 활용하여 수식 입력
2 수식 입력 후 [넣기] 클릭

수식 편집 창에서 작업한 내용이 스크립트 창에 표시됩니다.

순서	작업 방법	결 과
❶	27을 입력	27
❷	위첨자( ) 클릭	$27^{\square}$
❸	분수( ) 클릭하여 값 입력	$27^{\frac{1}{3}}$
❹	↹ 키나 ← 를 눌러 다음으로 이동	
❺	+log 입력	$27^{\frac{1}{3}}+\log$
❻	아래 첨자( )를 클릭하고 값 입력	$27^{\frac{1}{3}}+\log_2$
❼	↹ 키나 ← 를 눌러 다음으로 이동	
❽	4를 입력	$27^{\frac{1}{3}}+\log_2 4$
❾	넣기( )를 눌러 수식 입력을 종료	

3 편집 화면에 수식이 나타나면 줄을 바꾸어 또 다른 수식을 입력하기 위해 [입력] 열림 상자의 [수식]을 클릭하여 아래 수식을 입력합니다.

$$\sum_{n=1}^{\infty}(S_n+T_n)$$

순서	작업 방법	결 과
❶	Σ ▼ 를 클릭하여 원하는 형태를 선택하고 값 입력	$\sum$
❷	∞는 Ctrl+F10를 눌러 [문자표] 중 [유니코드 문자표]-[수학 연산자]에서 선택하여 입력	$\sum_{n=1}^{\infty}$
❸	↹ 키나 ← 를 눌러 다음으로 이동	
❹	(S를 입력하고 아래 첨자( )를 클릭하여 값 입력	$\sum_{n=1}^{\infty}(S_2$
❺	↹ 키나 ← 를 눌러 다음으로 이동	
❻	+T를 입력하고 아래 첨자( )를 클릭하여 값 입력	$\sum_{n=1}^{\infty}(S_2+T_n$
❼	)를 입력	$\sum_{n=1}^{\infty}(S_2+T_n)$
❽	넣기( )를 눌러 수식 입력을 종료	

4 줄을 바꿔 아래의 수식도 입력합니다.

$$A=\begin{pmatrix}3&0\\0&3\end{pmatrix}$$

순서	작업 방법	결 과
❶	A=를 입력	
❷	행렬(▼)을 클릭 후 원하는 형태를 선택	$A=\begin{pmatrix}\square&\square\\\square&\square\end{pmatrix}$
❸	행렬 값을 입력	$A=\begin{pmatrix}3&0\\0&3\end{pmatrix}$
❹	넣기( )를 눌러 수식 입력을 종료	

5 지금까지 입력한 수식의 결과 화면입니다.

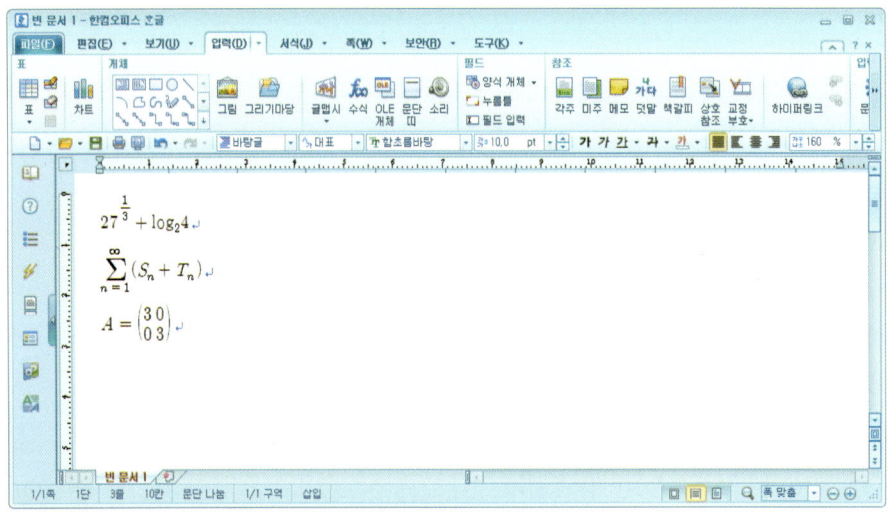

수식의 글자, 색상 등 속성 변경하기

작성한 수식에 대해 글꼴, 글자 크기, 색상 등의 편집을 할 수 있습니다.

- 수식 편집 : 문서의 수식을 더블 클릭
- 수식 지우기 : 일반 글자처럼 [Back Space] 키나 [Delete] 키를 이용

1 화면의 수식 중 첫 번째 것을 더블 클릭하여 [수식 편집기] 창을 부릅니다.

2 스크립트 창의 맨 앞에 'bold'를 입력하고 [넣기]를 눌러 종료합니다.

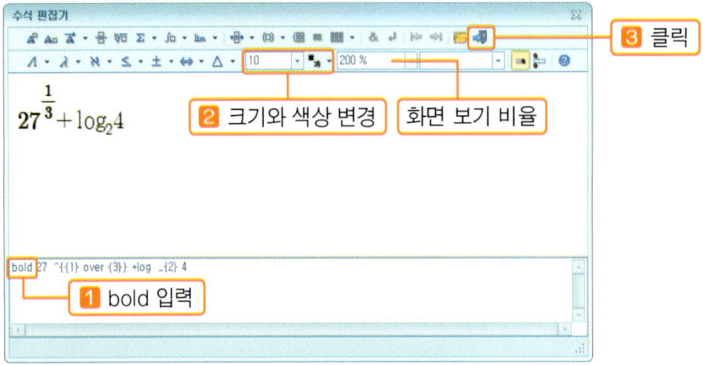

■ 수식 글꼴 변경

수식의 기본 글꼴은 이탤릭체입니다. 다른 모양으로 작업하려면 아래의 명령어를 스크립트 창에서 사용해야 합니다.

명 령	설 명	스크립트의 예	결 과
	생략시 기본으로 이탤릭체	a ^{2} +b ^{3} +4	$a^2 + b^3 + 4$
rm	로마체	rm a ^{2} +b ^{3} +4	$a^2 + b^3 + 4$
bold	진하게	bold {a ^{2} +b ^{3} +4}	$a^2 + b^3 + 4$

※ 스크립트에서 범위를 지정하려면 { }로 감싸줍니다.
※ ` 는 빈칸을 넣어 줄 때 사용합니다.

스크립트 창에서 수식 입력하기

문서에 수식을 입력할 때 주로 [수식 편집기] 창의 도구들을 많이 사용하지만 사용자가 직접 스크립트 창에 명령어를 입력할 수도 있습니다. 스크립트 방식을 익숙하게 다루려면 많은 명령어들을 숙지하고 있어야 하는데 이 부분은 한글의 도움말을 참조하기 바랍니다.

한글은 F1 키를 누르면 [도움말] 화면이 나타납니다.
[색인] 탭에서 '수식'을 입력하여 나타나는 항목 중 [수식 명령어 목록]이나 [수식 명령어 설명] 등을 참조하기 바랍니다.

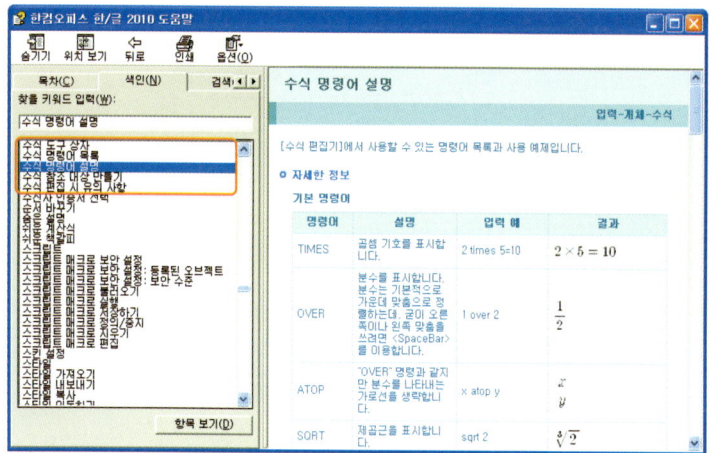

5 머리말과 꼬리말

쪽 번호 매기기

문서의 분량이 많다면 식별이 쉽도록 쪽 번호를 부여하는 것이 좋습니다. 쪽 번호 매기기로 작업한 쪽 번호는 [편집 용지]의 '꼬리말' 여백과 '아래쪽' 여백을 합친 높이의 중간에 나타납니다.

● 쪽 번호 매기기

메뉴(열림 상자) : [쪽]-[쪽 번호 매기기]

1 실습할 파일로 '빌게이츠연설-챕터구분.hwp' 파일을 불러옵니다.

이 파일은 총 7쪽에 걸친 문서입니다. 인쇄했을 때 보기 쉽도록 쪽 번호 매기기 작업을 하겠습니다.

2 문서를 [쪽 윤곽]이 나타나도록 변경하고 [쪽] 열림 상자의 [쪽 번호 매기기]를 클릭하여 쪽 번호를 지정합니다.

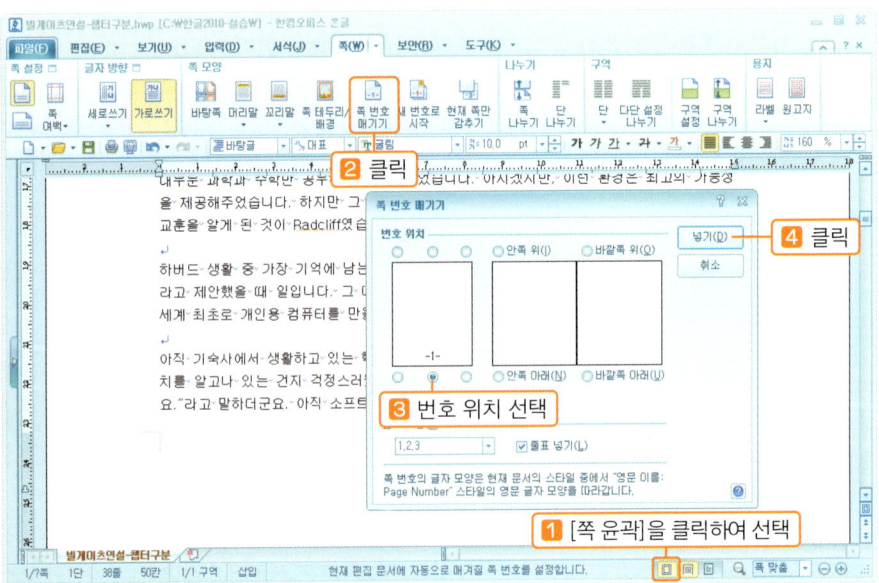

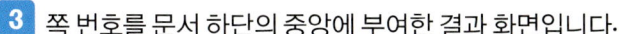

3 쪽 번호를 문서 하단의 중앙에 부여한 결과 화면입니다.

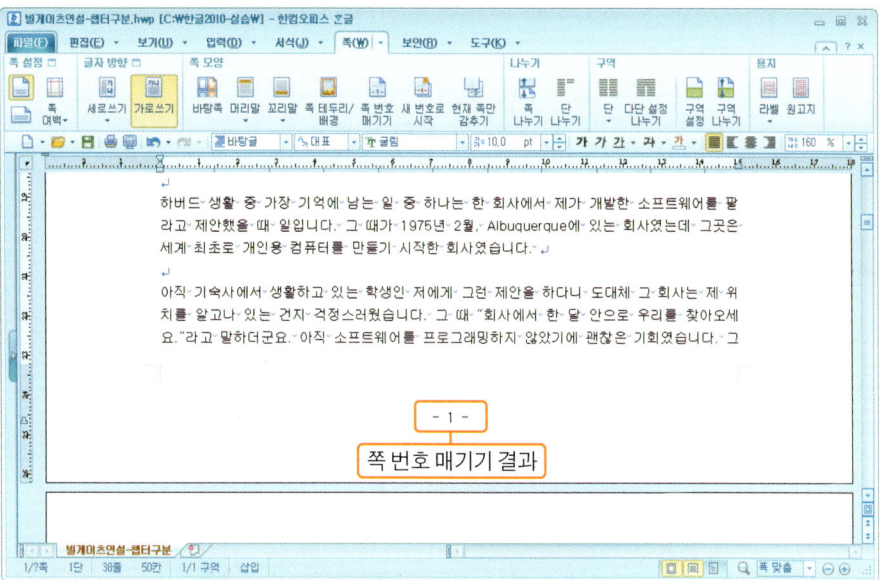

> **■ [쪽 번호 매기기]의 결과 화면**
> [쪽 번호 매기기]한 결과 화면은 [파일]-[미리 보기]나 [쪽 윤곽]이 설정된 상태에서 확인할 수 있습니다.
> [쪽 윤곽]이 설정되어 있지 않다면 메뉴 [보기]-[쪽 윤곽]을 체크 상태로 만듭니다.

■ [쪽 번호 매기기] 해제

[쪽] 열림 상자의 [쪽 번호 매기기]를 클릭하여 '쪽 번호 없음'을 선택하면 부여되었던 쪽 번호 매기기가 해제됩니다.

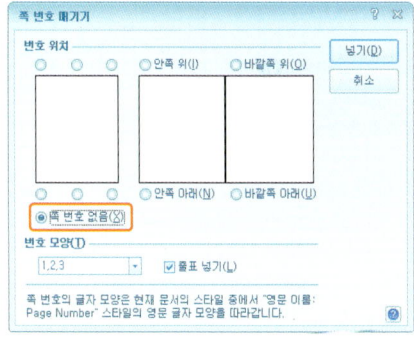

머리말/꼬리말 넣기

대부분의 책들을 보면 종이 상단에 책 이름이나 챕터 이름들이 나타나 있고, 책 아래에는 쪽 번호 등이 기재되어 있습니다. 이렇게 여러 쪽으로 구성된 문서에서 위쪽에 공통적으로 표시하는 내용을 머리말, 아래쪽에 표시하는 내용을 꼬리말이라고 부르며, 결과가 나타나는 위치만 다를 뿐 작업 방식은 동일합니다.

● **머리말/꼬리말**

메뉴(열림 상자) : [쪽]-[머리말/꼬리말]

머리말과 꼬리말은 [편집 용지]와 밀접한 관련이 있습니다. [편집 용지]에서 머리말/꼬리말에 사용할 공간(높이)을 지정하기 때문입니다.

1 '빌게이츠연설-챕터구분.hwp' 파일에 부여된 [쪽 번호 매기기]를 해제합니다.

[쪽] 열림 상자의 [쪽 번호 매기기]를 클릭하여 '쪽 번호 없음'을 선택하면 부여되었던 쪽 번호 매기기가 해제됩니다.

2 머리말과 꼬리말의 공간을 확인하기 위해서 단축키 F7를 누르거나 [쪽] 열림 상자에서 [쪽 설정]을 눌러 [편집 용지]를 살펴봅니다.

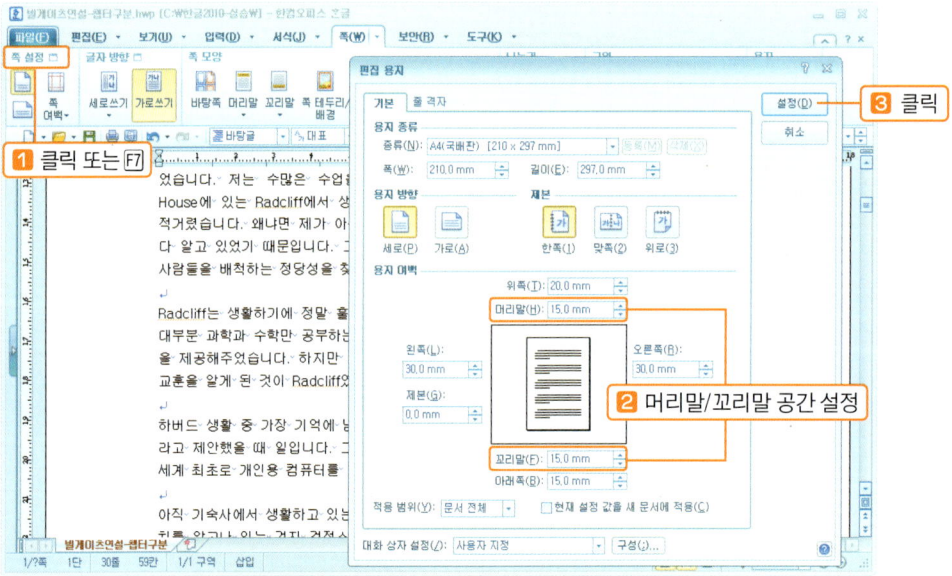

■ [편집 용지]의 여백 위치

책은 왼쪽 페이지에 짝수 쪽 번호를, 오른쪽 페이지에 홀수 쪽 번호를 부여하는 것이 관례입니다. 따라서 머리말/꼬리말의 짝수 쪽은 왼쪽, 홀수 쪽은 오른쪽 페이지를 의미합니다.

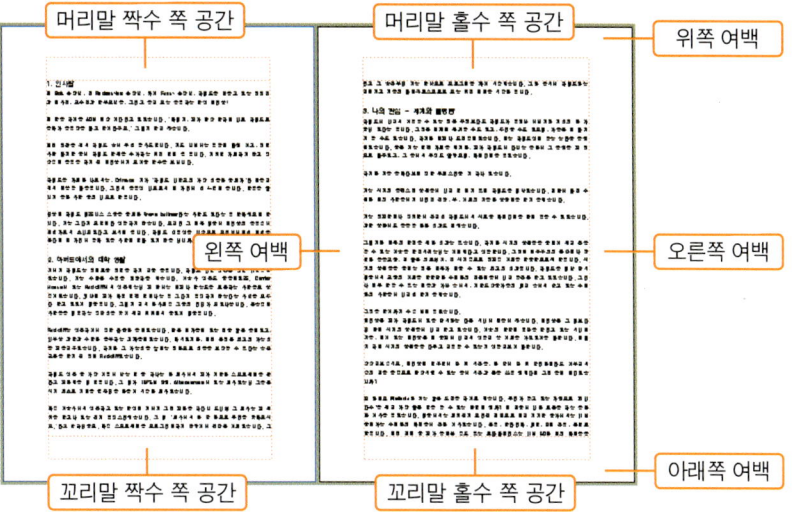

일반적으로 책의 머리말은 왼쪽(짝수 쪽)에 책 이름을, 오른쪽(홀수 쪽)에 챕터 이름 등을 기재합니다.

3. Ctrl+Page Up 키를 눌러 1쪽으로 이동한 후, [쪽] 열림 상자의 [머리말] 클릭하여 [홀수 쪽], 원하는 모양을 선택합니다.

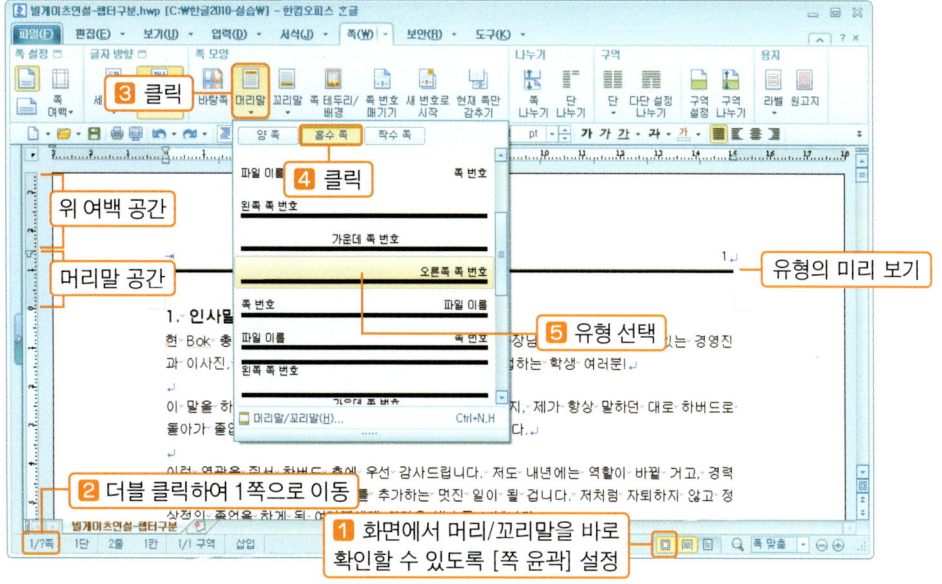

> **Note**
> - 머리말/꼬리말은 현재 커서가 있는 쪽부터 새로운 머리말/꼬리말이 부여되기 전까지 반영됩니다. 따라서 머리말/꼬리말을 부여할 때는 해당 페이지에 커서를 놓고 작업해야 합니다.
> - 머리말 유형 중 [모양 없음]을 선택하면 사용자가 원하는 형태로 꾸밀 수 있으며, 미리 제공된 유형을 선택해도 이를 편집하여 사용할 수도 있습니다.

4 2쪽에 커서를 놓고 계속해서 같은 방식으로 머리말 짝수 쪽을 지정합니다.

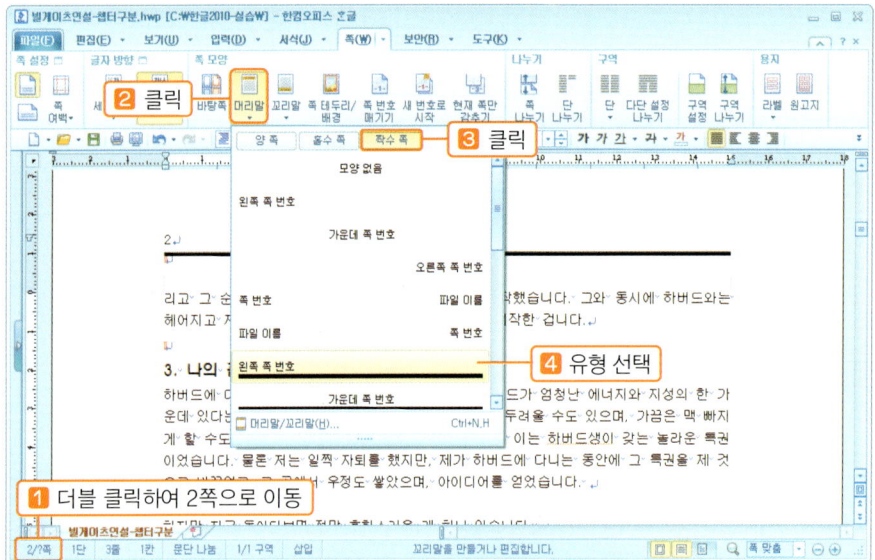

> **Note**
> 현재가 [쪽 윤곽] 상태인데도 머리말/꼬리말의 결과가 화면에 나타나지 않을 수 있습니다. 그 이유는 머리말/꼬리말의 홀수 쪽은 홀수 쪽에 위치해야 나타나고, 머리말/꼬리말의 짝수 쪽은 짝수 쪽에 위치해야 나타나기 때문입니다.

5 이번에는 꼬리말을 지정하겠습니다. 같은 작업 방식으로 아래와 같이 지정해줍니다.

- 꼬리말 홀수 쪽(1쪽에서 작업) : 유형 중 [오른쪽 쪽 번호] 선택
- 꼬리말 짝수 쪽(2쪽에서 작업) : 유형 중 [왼쪽 쪽 번호] 선택

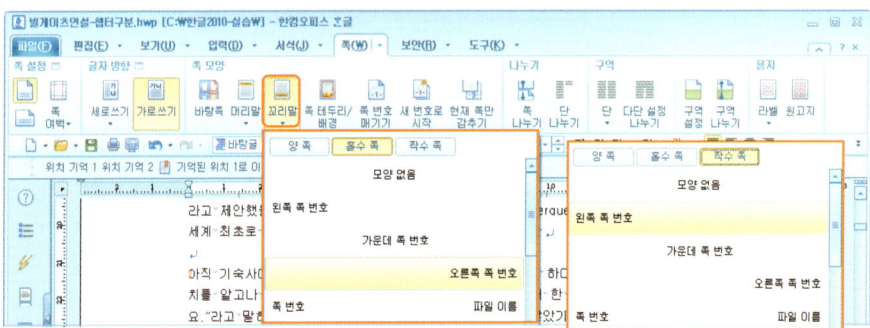

Lesson 06 다양한 문서 편집을 위한 고급 기능 익히기

6 메뉴[파일]-[미리 보기]로 확인해 보면 페이지 상단에 머리말 짝수 쪽과 홀수 쪽이, 페이지 하단에는 꼬리말이 각각 짝수 쪽과 홀수 쪽에 부여된 것을 알 수 있습니다.

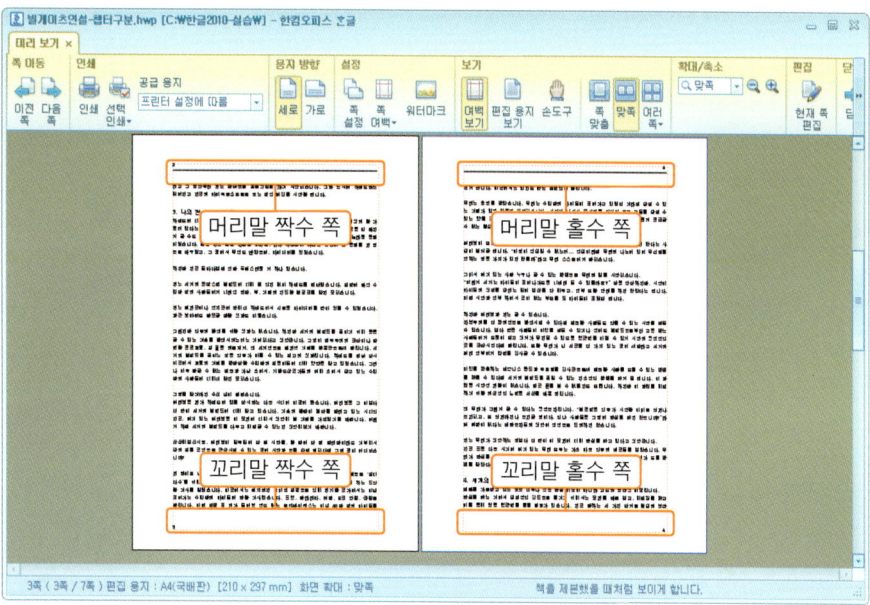

Note

호글의 개체(글상자, 표, 그림, 쪽 번호 매기기, 머리말/꼬리말 등)의 표시 여부는 [보기] 열림 상자의 [표시/숨기기]에서의 체크 여부로 결정되고, 표시 형태는 [도구] 열림 상자의 [환경 설정]에 따라 달라집니다.

본서의 화면 그림은 아래의 설정일 때 나타나는 결과입니다.

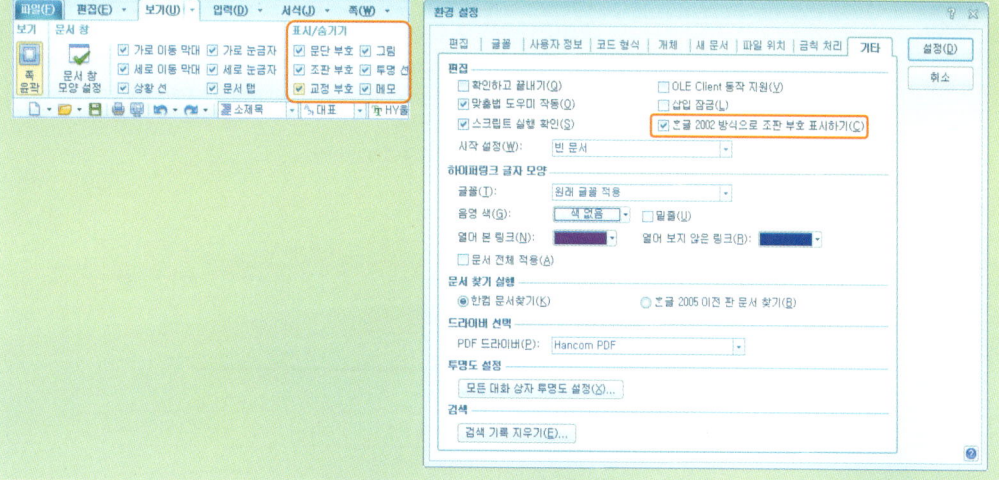

머리말과 꼬리말의 수정/삭제/감추기

작성한 머리말과 꼬리말은 그 내용을 수정하거나 삭제할 수 있으며 원하는 쪽에서만 나타나지 않게 하는 감추기 기능도 있습니다.

1 머리글을 수정하기 위해 [쪽 윤곽] 설정 상태에서 1쪽으로 이동하여 문서 위쪽의 머리말 홀수 쪽을 더블 클릭하여 쪽 번호를 지우고 '1장 인사말'이란 내용을 넣고 편집합니다.

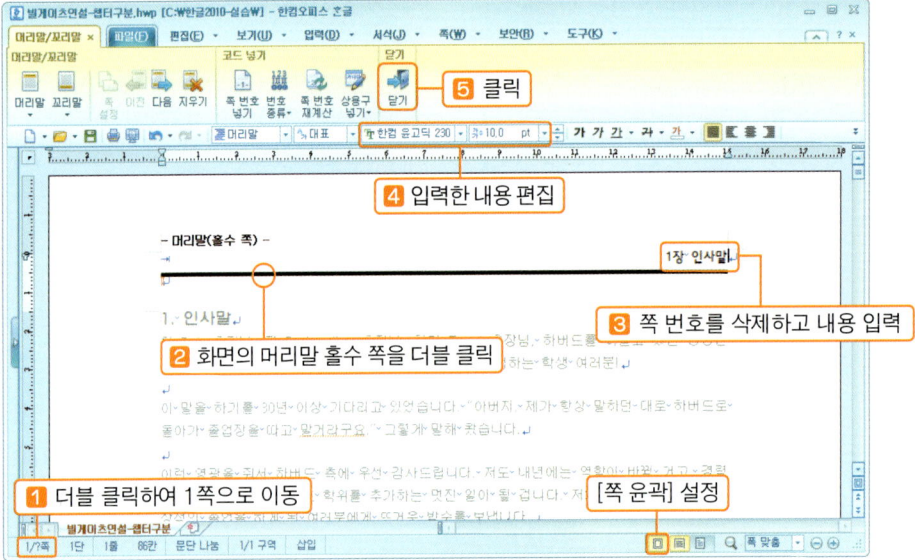

2 2쪽으로 이동하여 같은 방식으로 머리말 짝수 쪽을 수정하여 '빌게이츠 하버드대 연설문'이란 문장을 넣고 편집합니다.

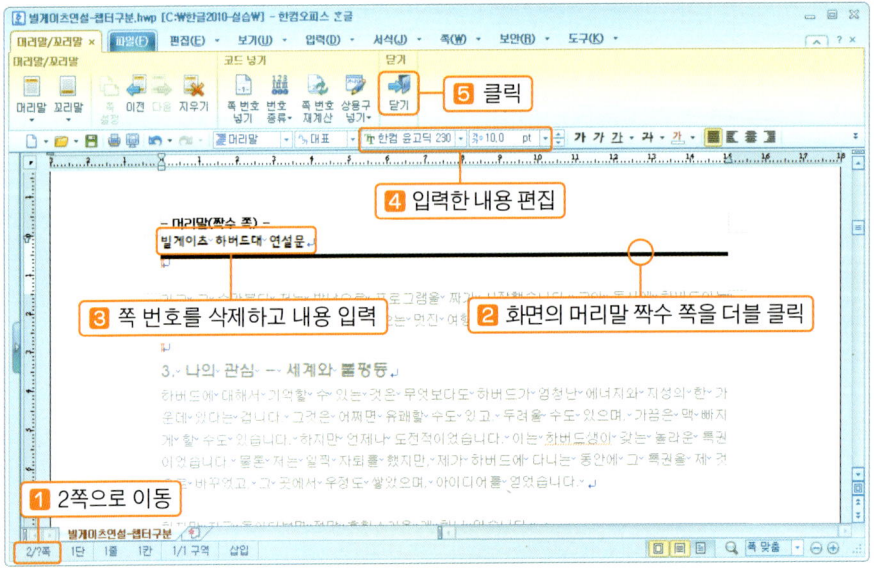

3 메뉴 [파일]-[미리 보기]로 결과를 확인합니다.

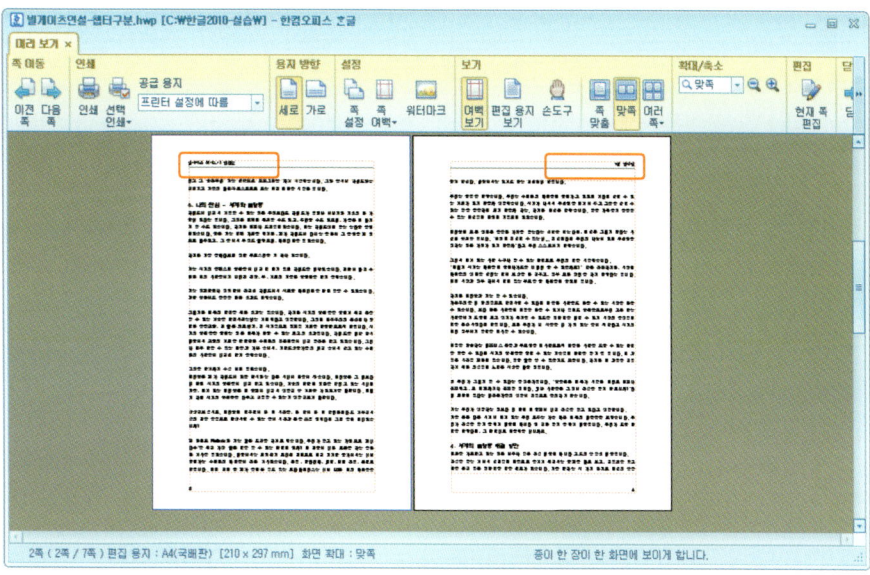

■ 머리말/꼬리말 삭제

[쪽 윤곽] 상태에서 머리말과 꼬리말을 삭제하려면 수정 작업처럼 해당 머리말/꼬리말을 더블 클릭한 후, 열림 상자의 [지우기]를 누릅니다.

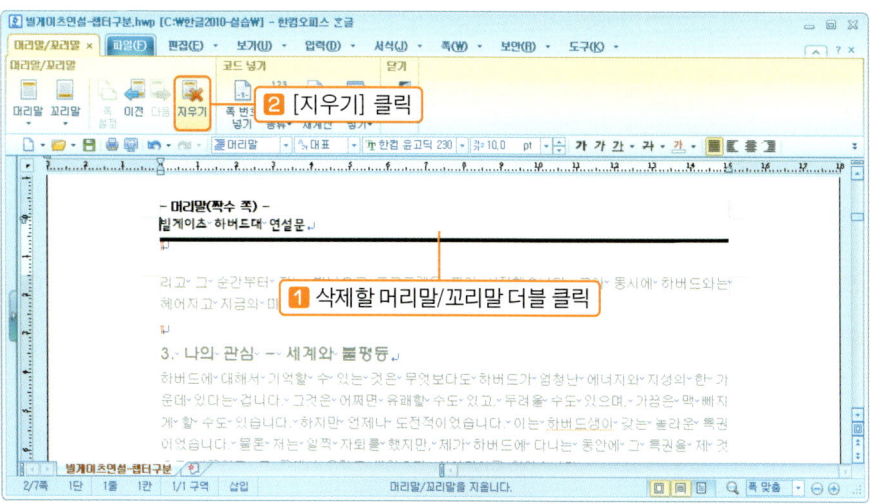

■ 머리말/꼬리말 감추기

> ● 감추기
> 메뉴 : [쪽]–[감추기]
> 열림 상자 : [쪽] 열림 상자에서 [현재 쪽만 감추기]

특정 페이지에서 머리말/꼬리말 등을 감추려면 메뉴 [쪽]-[감추기]를 눌러 현재 쪽에서 감추기 할 항목을 선택합니다. 차후 감추기한 항목을 다시 나타내려면 [감추기] 대화 상자를 불러 해당 항목을 체크 해제하면 됩니다.

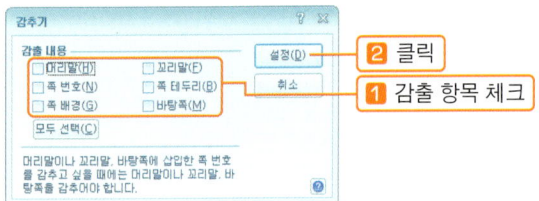

여러 개의 머리말/꼬리말 넣기

책처럼 내용이 여러 챕터로 구분되는 경우에는 각 챕터 별로 머리말과 꼬리말을 다르게 지정할 수 있습니다. 머리말 짝수 쪽은 일반적으로 책 이름이 나타나므로 여러 챕터일지라도 한 번만 지정하지만, 챕터 이름을 기재하는 홀수 쪽은 각 챕터 별로 여러 개를 만들게 됩니다. 여러 개의 머리말과 꼬리말을 지정하면 지정한 쪽부터 반영되므로 해당 위치로 이동한 후에 작업해야 합니다.

1 화면의 모든 문서를 닫고(Ctrl+F4), '빌게이츠연설-챕터구분-2.hwp' 파일을 불러옵니다.

이 파일은 3개의 챕터로 분리되어 있으며, 머리말 짝수 쪽엔 '빌게이츠 하버드대 연설문'이란 문장이, 머리말 홀수 쪽엔 'Chapter 1. 인사말과 대학 생활'이 부여되어 있습니다.

```
Chapter 1. 인사말과 대학 생활
Chapter 2. 세계의 불평등 해결 방안
Chapter 3. 맺음말 - 하버드의 역할
```

2 Chapter 1의 머리말 홀수 쪽 내용을 복사해 둡니다.

실습하고 있는 예제처럼 여러 챕터에 머리말 홀수 쪽을 지정할 때는 맨 앞에 홀수 쪽을 지정해 놓고 그것을 복사해서 다음 챕터에 활용하는 것이 좋은 작업 방식입니다. 왜냐하면 글꼴의 속성이나 선 등을 사용했을 때의 길이나 배치 위치 등을 매번 다시 지정하는 것이 번거롭고 하나라도 빼먹으면 올바른 편집이 되지 않기 때문입니다.

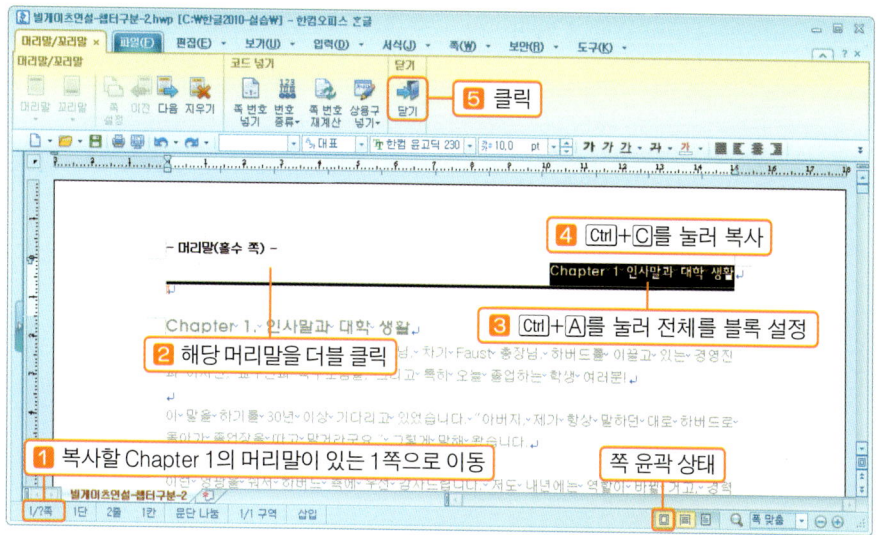

실습에서 Ctrl+A를 사용하여 블록 설정하는 것은 문장과 선들이 혼합되어 있어 마우스로 블록 설정하여 복사하게 되면 자칫 전부가 아닌 일부만 복사될 수 있기 때문입니다.

3 Chapter 2 부분으로 이동하여 새로운 머리글 홀수 쪽을 만들기 위해 유형 중 [모양 없음]을 선택합니다.

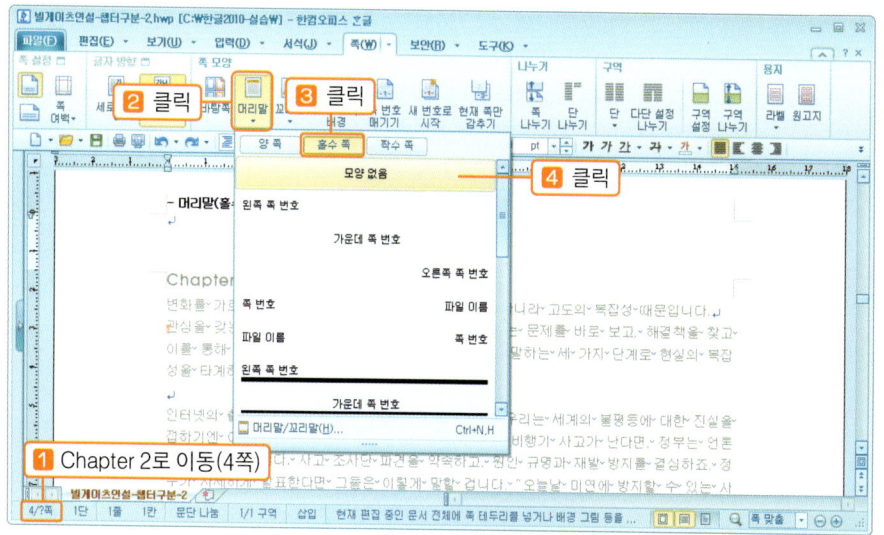

> **Note**
>
> ■ 머리말/꼬리말의 [모양 없음]
> 머리말과 꼬리말을 지정할 때 이미 만들어둔 유형을 선택하여 작업할 수 있지만 [모양 없음]은 사용자가 원하는 형태로 직접 편집하는 것입니다. 실습에서는 앞쪽 머리말을 복사한 후 붙여넣기하여 사용할 것이므로 [모양 없음]을 선택하여 작업합니다.

4 새 머리말 홀수 쪽이 나타나면 Ctrl+V를 눌러 복사해둔 내용을 붙여넣기한 후, 그 내용을 'Chapter 2 세계의 불평등 해결 방안'으로 수정합니다.

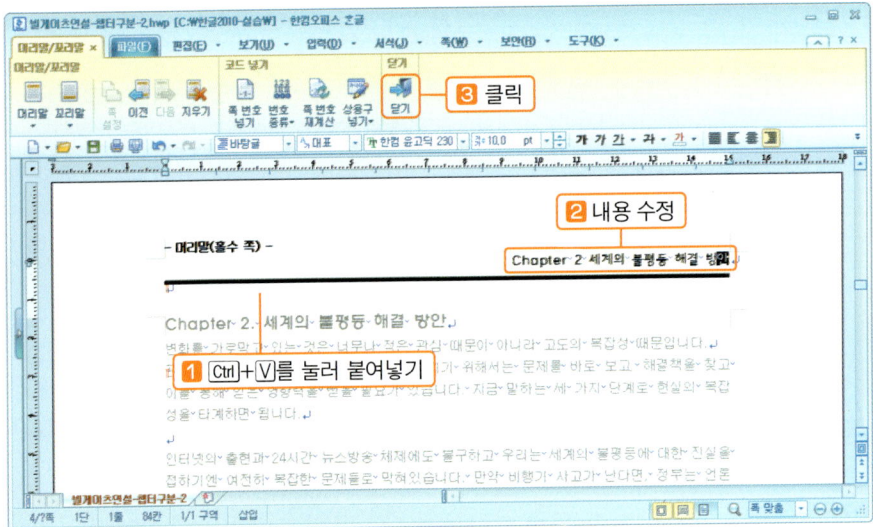

5 현재 작업 중인 것이 머리말 홀수 쪽이므로 5쪽으로 이동해 보면 결과를 확인할 수 있습니다.

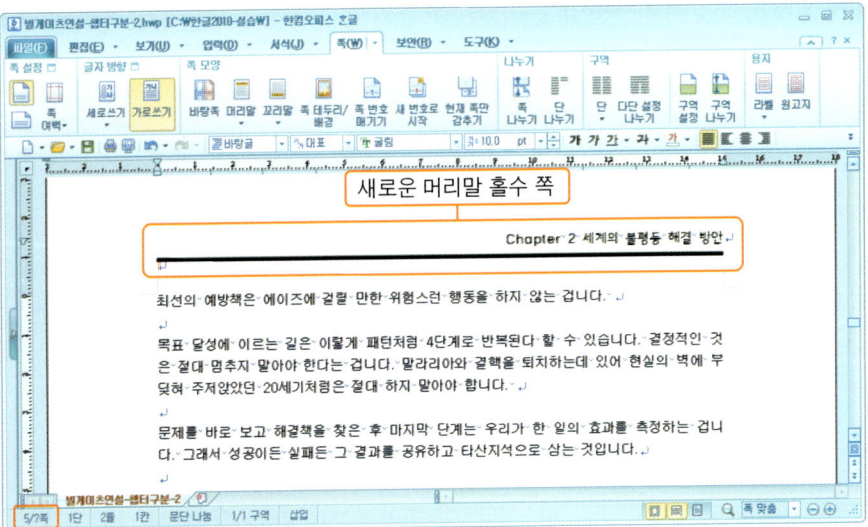

6 같은 방식으로 7쪽, Chapter 3에 새로운 머리글 홀수 쪽을 만들고 내용을 편집한 후, 그 결과를 확인하여, '빌게이츠연설-복수머리글.hwp'란 다른 이름으로 저장해 둡니다.

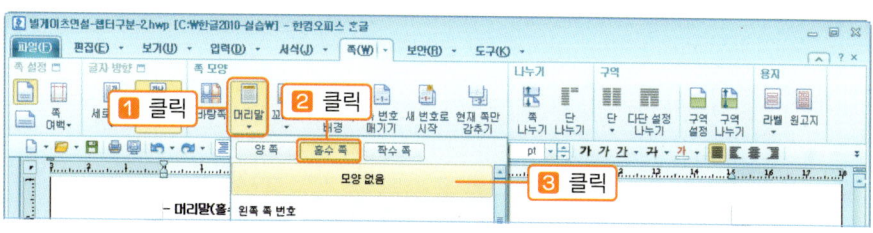

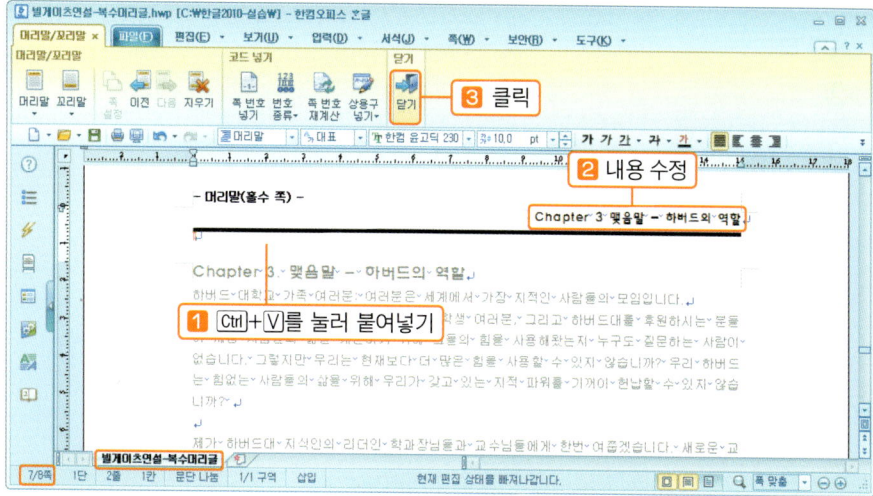

■ [쪽 번호 넣기]와 [쪽 번호 매기기]의 차이

[쪽 번호 매기기]는 흔글에서 정해준 위치를 사용자가 선택하여 쪽 번호를 지정할 때 사용합니다.

● 쪽 번호 매기기

메뉴(열림 상자) : [쪽]-[쪽 번호 매기기]

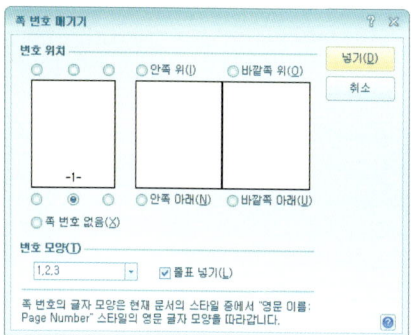

그러나 [쪽 번호 넣기]는 머리말과 꼬리말 작업 과정에서 쪽 번호를 넣고자 할 때 사용합니다. 따라서 머리말과 꼬리말 어느 곳이든 넣을 수 있으며 글상자 안에 넣어 위치를 지정하는 방법 등으로 사용자가 원하는 위치에 배치할 수도 있습니다.

> ● 머리말과 꼬리말에서의 [쪽 번호 넣기]
> 메뉴 : [쪽]–[머리말/꼬리말]을 선택 후, 작업 과정에서 [쪽 번호 넣기]
> 열림 상자 : [쪽] 열림 상자의 [머리말]/[꼬리말]을 선택 후, 작업 과정에서 [쪽 번호 넣기]

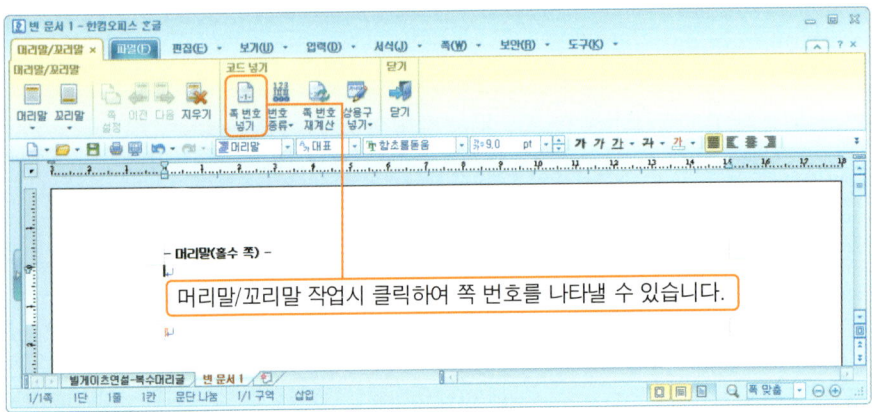

찾아가기를 이용한 찾기

앞선 실습의 결과로 저장해 둔 '빌게이츠연설-복수머리글.hwp' 파일에 여러 개의 머리말을 지정해 보았습니다. 이렇게 여러 개의 머리/꼬리말을 지정해 놓은 후 이를 수정하거나 삭제 하려면 해당 위치로 이동하여 작업해야 하는데 그 방법은 아래와 같습니다.

– [쪽 윤곽] 상태에서 보이는 해당 머리말/꼬리말을 더블 클릭
– [찾아가기]를 이용

[쪽 윤곽] 상태에서의 작업은 지금까지 해왔던 방법이므로 이번에는 [찾아가기]를 활용해 보 겠습니다. [찾아가기]는 머리말/꼬리말 같은 조판 부호만 아니라 쪽이나 스타일 등 다양한 유형을 찾아가기 할 수 있습니다.

> ● 찾아가기
> 단축키 : Alt + G
> 메뉴 : [편집]–[찾기]–[찾아가기]
> 열림 상자 : [편집] 열림 상자의 찾기(찾기)의 ▼를 눌러 [찾아가기]

Lesson 06 다양한 문서 편집을 위한 고급 기능 익히기

1 [찾아가기]는 커서가 위치한 곳부터 찾아가기를 합니다. 맨 처음부터 찾아가기 작업을 하기 위해 '빌게이츠연설-복수머리글.hwp' 파일에서 Ctrl+Page Up 을 눌러 첫 페이지로 이동한 후, 단축키 Alt+G 를 누르거나 [편집] 열림 상자의 [찾기]의 ▼를 눌러 [찾아가기]를 선택합니다.

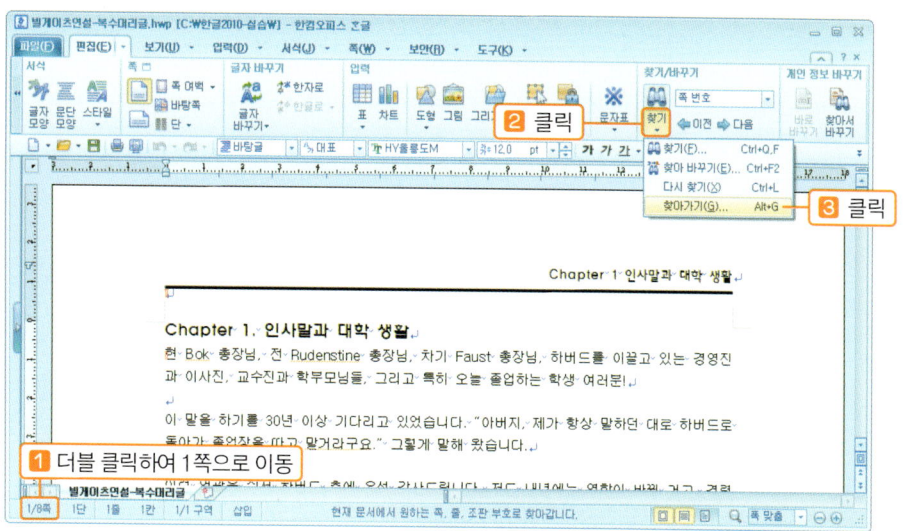

2 [찾아가기] 대화 상자에서 찾을 대상으로 [조판 부호]를 지정하고 [머리말]을 선택한 후, [가기]를 클릭합니다.

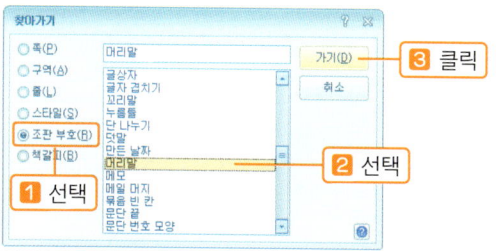

■ [찾아가기] 대화 상자

- 쪽 : 쪽을 지정하여 이동
- 스타일 : 선택한 스타일이 부여된 곳으로 이동
- 조판 부호 : 선택한 조판 부호가 있는 곳으로 이동
- 책갈피 : 선택한 책갈피가 있는 곳으로 이동

3 화면에 큰 변화가 없는 것처럼 보이지만 현재 커서가 위치한 곳에 [찾아가기]에서 지정한 머리말이 입력되어 있습니다.

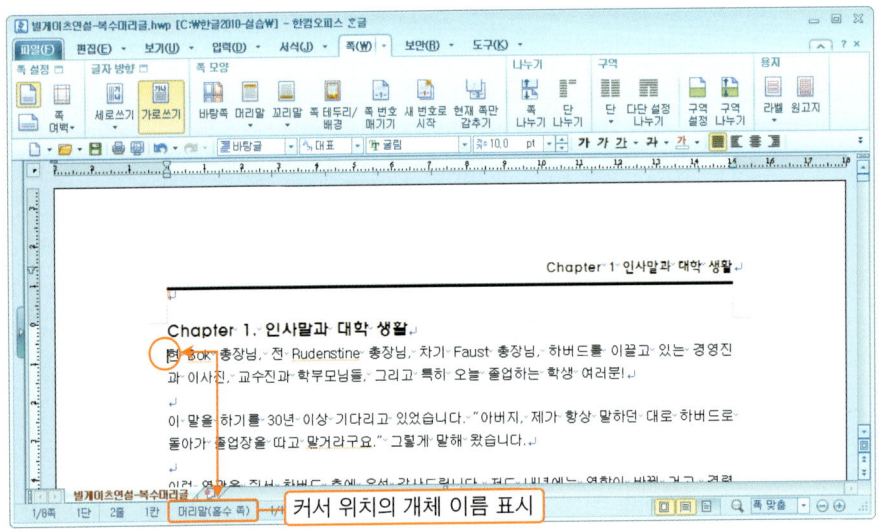

이렇게 찾은 조판 부호는 아래와 같은 방법으로 활용할 수 있습니다.

- **고치기(Ctrl+N,K)** : 찾은 위치에서 Ctrl+N,K를 누르면 해당 개체를 더블 클릭한 것과 같이 [개체 속성] 창을 불러 수정 편집할 수 있습니다.

- 화면 하단의 상황 선에 개체가 나타나면 Delete를 눌러 삭제할 수 있습니다.

4 현재 이후로 2장에 부여된 머리말을 또 찾으려면 메뉴 [편집]-[찾기]-[다시 찾기]나 단축키 Ctrl+L을 누릅니다.

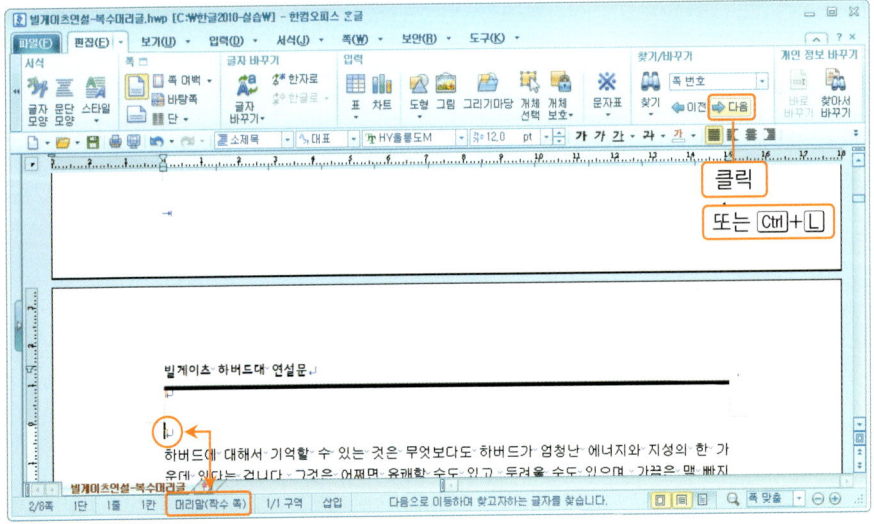

5 이번에는 원하는 쪽으로 이동하기 위해 [찾아가기] 단축키 Alt+G를 눌러 7쪽으로 이동합니다.

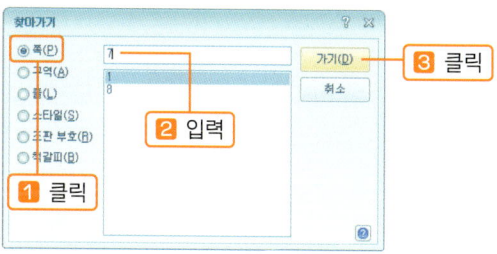

6 7쪽으로 이동된 것을 확인하고, 이번에는 스타일로 찾아가기를 하겠습니다.

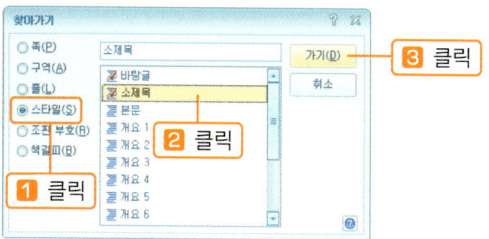

7 이전에 찾아가기한 내용을 현재 이후로 또 찾으려면 Ctrl+L을 누르거나 [편집] 열림 상자의 [찾기/바꾸기]의 ➡다음 을 클릭하면 됩니다.

만약 Ctrl+L을 여러 번 눌러 문서 끝까지 찾기를 했으면 아래와 같은 대화 상자가 나타납니다. 처음부터 찾기를 계속하려면 [찾음]을, 찾기를 중지하려면 [취소]를 클릭합니다.

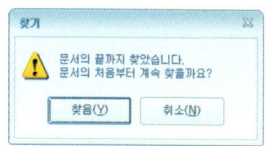

> **Note**
>
> 한글의 개체(글상자, 표, 그림, 쪽 번호 매기기, 머리말/꼬리말 등)의 표시 여부는 [보기] 열림 상자의 [표시/숨기기]에서의 체크 여부로 결정되고, 표시 형태는 [도구] 열림 상자의 [환경 설정]에 따라 달라집니다.
>
> 본서의 화면 그림은 아래의 설정일 때 나타나는 결과입니다.
>
>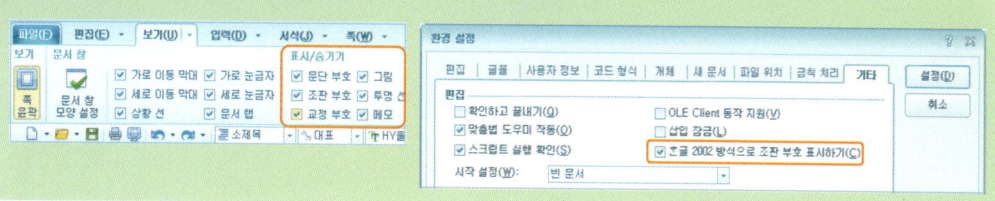

6 바탕쪽 활용하기

원래 바탕쪽은 문서의 내용과는 별도로 매 쪽마다 공통적으로 특정 내용을 나타내기 위한 기능입니다. 이러한 특징을 잘 활용하면 머리말/꼬리말과 같은 효과를 나타내게 사용하기도 합니다.

머리말/꼬리말과 바탕쪽의 큰 차이점으로 두 가지를 들 수 있습니다.

① 작업 공간
원론적으로 머리말과 꼬리말은 편집 용지에서 지정한 공간(머리말/꼬리말 여백)에서 작업하지만 바탕쪽은 편집 용지의 쪽 영역(편집 용지에서 여백을 제외한 공간)을 대상으로 작업합니다. 그러나 머리말/꼬리말과 바탕쪽도 사용한 개체의 속성을 종이 등으로 변경하면 지정 공간 밖에도 내용을 입력하여 활용할 수 있습니다.

② 적용 단위
머리말/꼬리말은 지정한 쪽부터 새로운 머리말/꼬리말이 부여되기 전까지가 적용 대상입니다. 그러나 바탕쪽은 구역 단위로 적용되기 때문에 구역을 나누어 주면서 작업해야 합니다.

구역 나누기

문서를 여러 개의 장(Chapter)으로 나누어 작성할 때에 각 장마다 새 쪽 번호를 매기거나 머리/꼬리말, 바탕쪽 등을 각각 다르게 설정하여 편집하는 경우가 많습니다. 흔글에서는 구역(Section)을 나눔으로써 위와 같은 작업을 쉽게 수행할 수 있습니다. 구역을 나누면 그 앞 구역과는 완전히 별개로 간주되므로, 한 문서 안에서 서로 다른 편집 용지, 바탕쪽 등을 사용할 수 있습니다.

● 구역 나누기

메뉴(열림 상자) : [쪽]-[구역 나누기]

Lesson 06 다양한 문서 편집을 위한 고급 기능 익히기   191

1 '빌게이츠연설-챕터구분-3.hwp' 파일을 불러 놓고 첫 페이지(Ctrl+Page Up)에 커서를 놓습니다.

2 챕터 이름에 [소제목]이라는 스타일이 부여되어 있으므로 찾아가기(Alt+G)에서 [스타일]의 [소제목]을 선택하여 찾아가기 합니다.

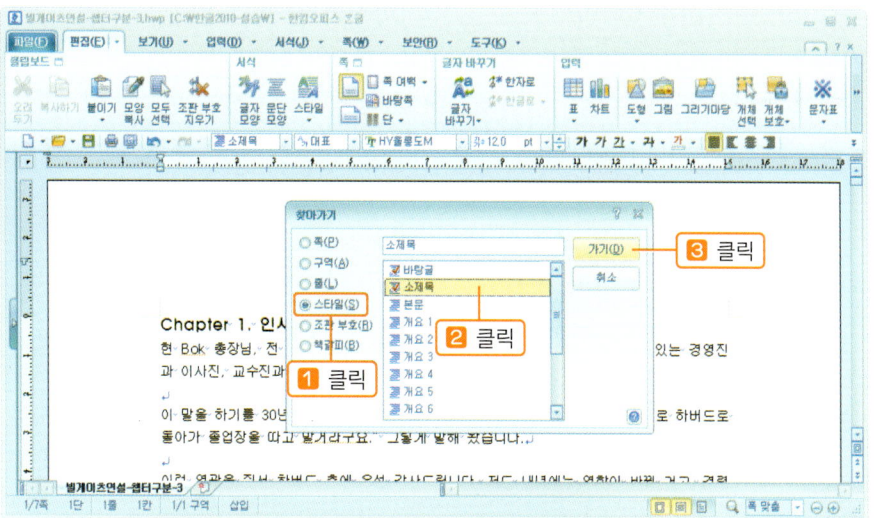

3 커서가 위치하면 Chapter 2부터 새 구역으로 나누기 위해 [구역 나누기]를 합니다.

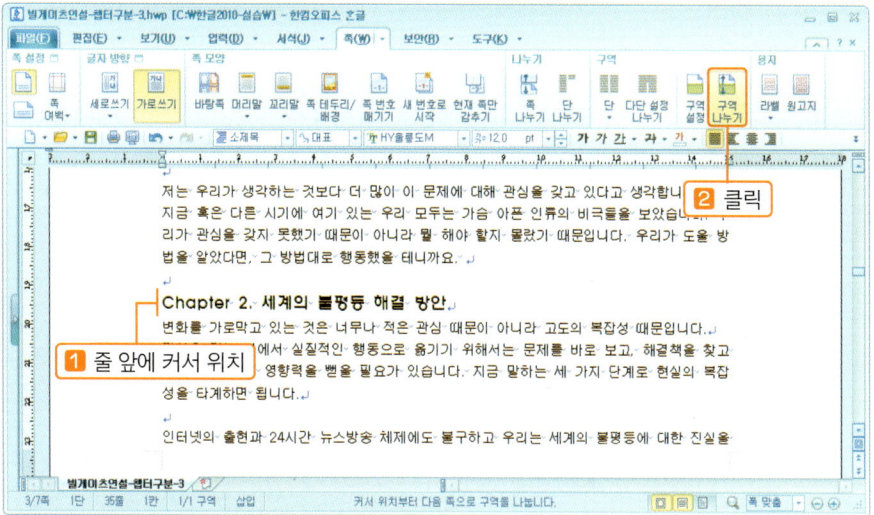

4 페이지가 분리되면서 구역이 나누어지면 다음 챕터로 이동하기 위해 Ctrl+L을 눌러 Chapter 3으로 이동하고 다시 구역 나누기합니다.

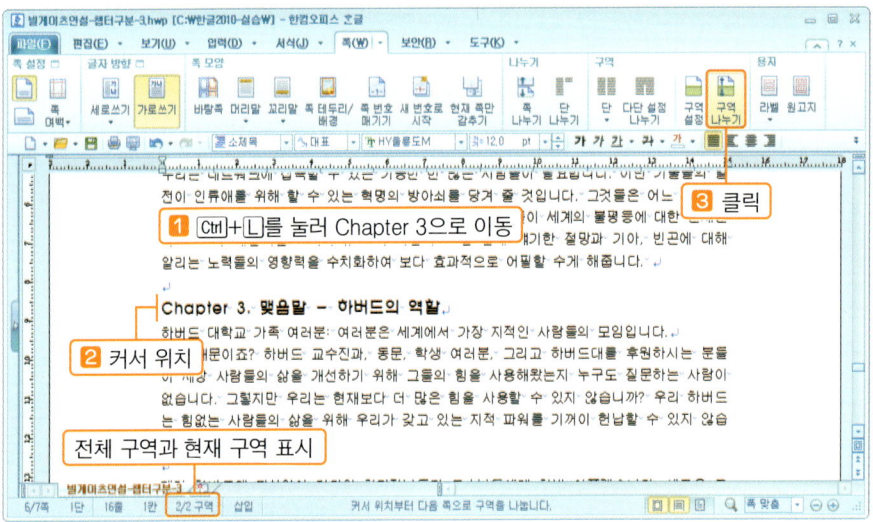

이 문서를 챕터 별로 3개의 구역으로 나누었습니다.

■ 구역 나누기 해제

[구역 나누기]를 해서 쪽이 분리되면 앞 구역 마지막에서 Delete 키를 누르거나 나눠진 구역의 맨 앞에서 BackSpace 키를 눌러 구역 나누기를 해제할 수 있습니다.

바탕쪽 만들기

● 바탕쪽 만들기

메뉴(열림 상자) : [쪽]-[바탕쪽]

바탕쪽 작업을 하기 위해서 문서를 3개의 구역으로 나누었습니다. 나눠진 구역에 각각 바탕쪽을 지정하는 과정을 실습으로 살펴보겠습니다.

Lesson 06 다양한 문서 편집을 위한 고급 기능 익히기

1 문서의 처음으로 이동한 후, [쪽] 열림 상자에서 [바탕쪽]을 클릭합니다. 나타나는 [바탕쪽] 대화 상자에서 [홀수 쪽]을 선택합니다.

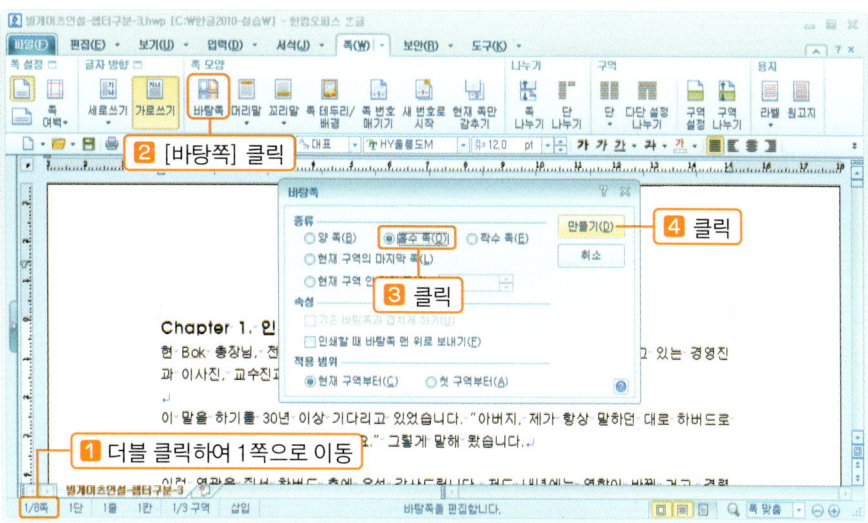

2 표를 이용하여 내용을 입력하기 위해 1줄, 2칸의 표를 만듭니다.

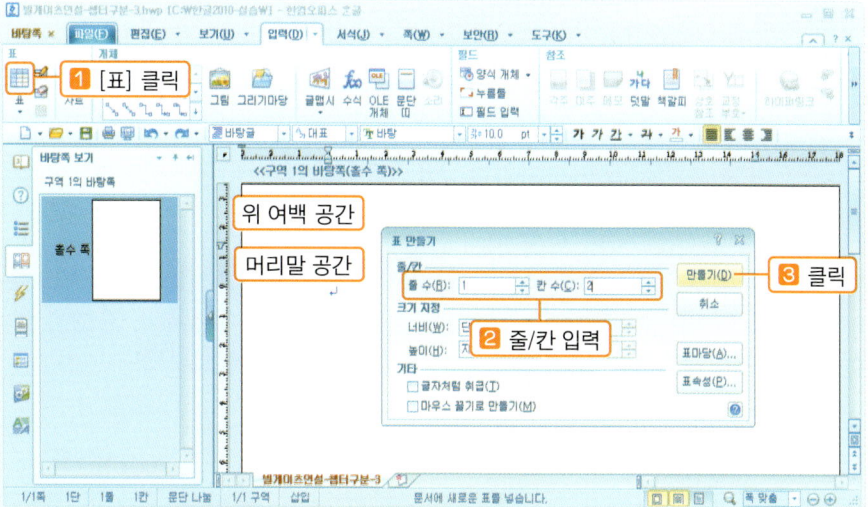

> **Note**
> 바탕쪽은 쪽 영역(편집 용지에서 여백을 제외한 공간)에 커서가 위치합니다. 쪽 영역에는 대부분 문서 내용이 나타나고 그 외의 영역에 공통적으로 표시할 내용을 넣게 됩니다. 따라서 단순 글자일 경우 쪽 영역 밖에 놓을 수 없으므로 표나 글상자 안에 글자를 넣어 개체의 위치를 변경하는 방법을 사용하게 됩니다.

3 표를 아래 화면과 같이 편집합니다.

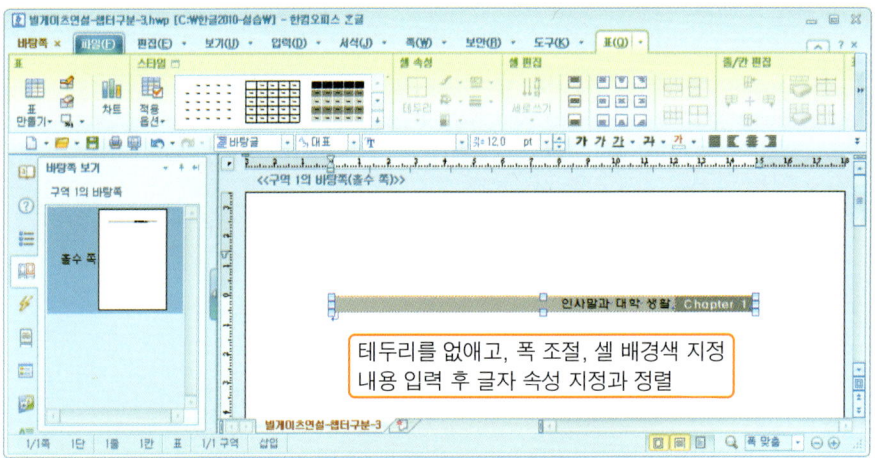

■ 표 테두리
   셀을 블록 설정하고 [표] 열림 상자의 [테두리]에서 [테두리 없음] 선택

■ 셀 배경색 지정
   셀을 블록 설정하고 [표] 열림 상자의 [셀 배경색( )]

■ 셀 폭 조정
   1. 셀이 속한 줄이나 칸의 전체 크기 조절
      셀에서 F5 키를 눌러 블록 지정한 후, Ctrl+방향키
   2. 셀이 속한 곳만 한정하여 줄이나 칸의 크기 조절
      셀에 F5 키를 눌러 블록 지정한 후, Shift+방향키

4 표를 쪽 영역이 아닌 문서 여백 쪽에 위치시키기 위해 표 테두리를 더블 클릭하거나 표 테두리에서 마우스 우측 단추를 눌러 [개체 속성]을 선택합니다. 나타나는 [표/셀 속성] 대화 상자에서 [위치]를 아래 화면을 참조하여 '종이' 기준으로 가로/세로 값을 입력합니다.

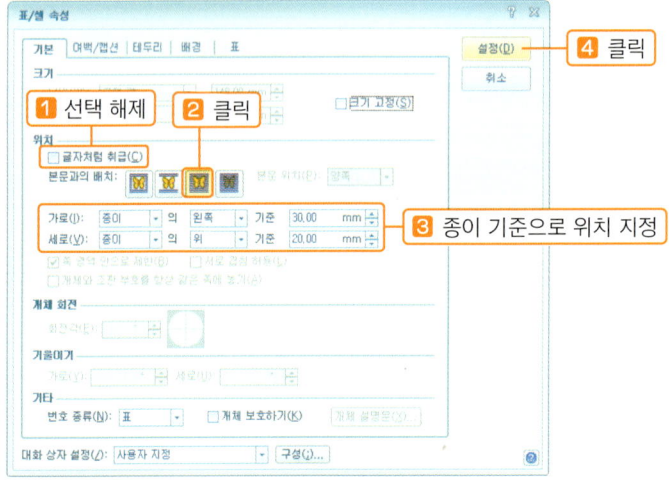

5 이번에는 글상자를 그리고 그 안에 커서를 놓고 [바탕쪽] 열림 상자의 [쪽 번호 넣기]를 하고, 편집 (HY바다N, 11pt, 중앙 정렬)합니다.

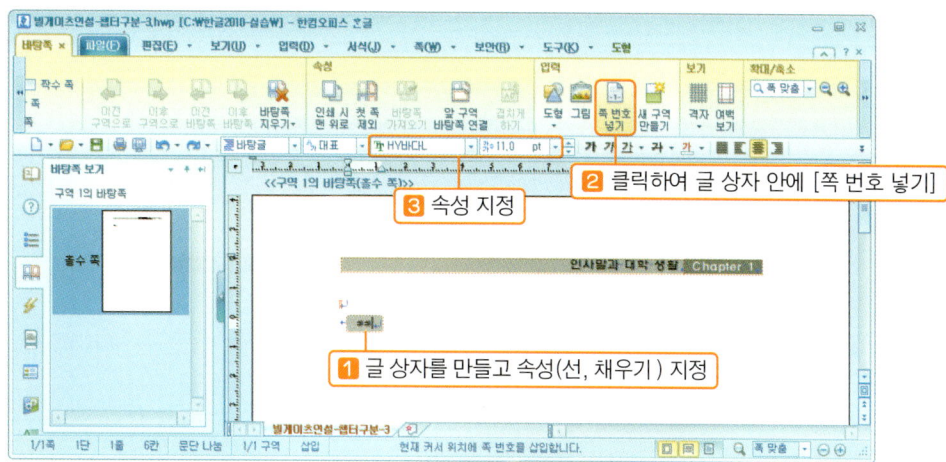

6 글 상자를 편집했으면 앞서의 표처럼 위치를 바꾸기 위해 글상자의 테두리를 더블 클릭한 후, 위치를 아래 화면처럼 지정합니다.

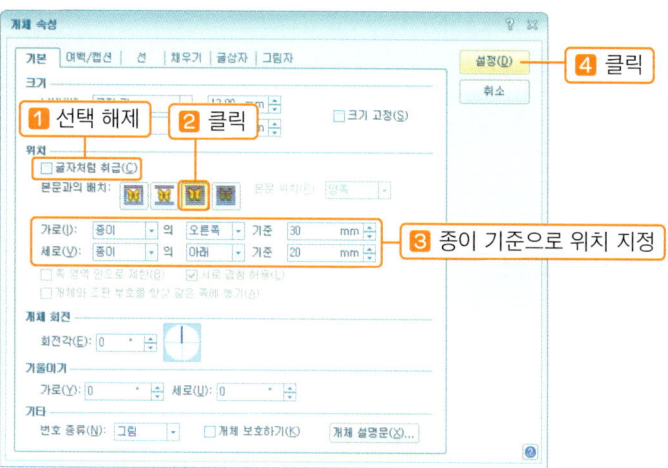

7 바탕쪽(홀수 쪽)을 완성했으면 바탕쪽(짝수 쪽)을 만들기 위해 [바탕쪽] 열림 상자에서 [짝수 쪽]을 클릭합니다.

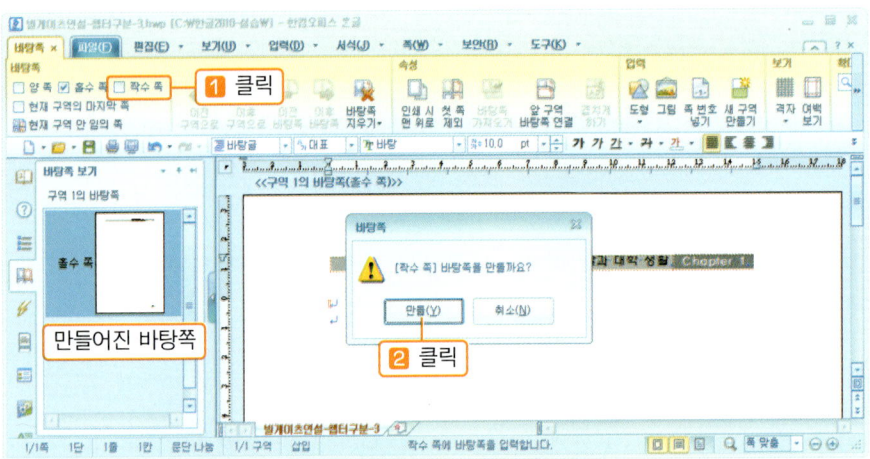

8 앞서 작업한 홀수 쪽과 유사한 형태로 직접 바탕쪽(짝수 쪽)을 작업하는 것은 각각의 속성을 모두 동일하게 지정해야 하므로 생각보다 어려운 작업입니다. 화면 좌측의 [바탕쪽 보기] 대화 상자를 이용하여 바탕쪽(홀수 쪽)의 내용을 복사하여 바탕쪽(짝수 쪽)에 복사해 놓고 수정하여 편집하는 것이 좋은 방법입니다.

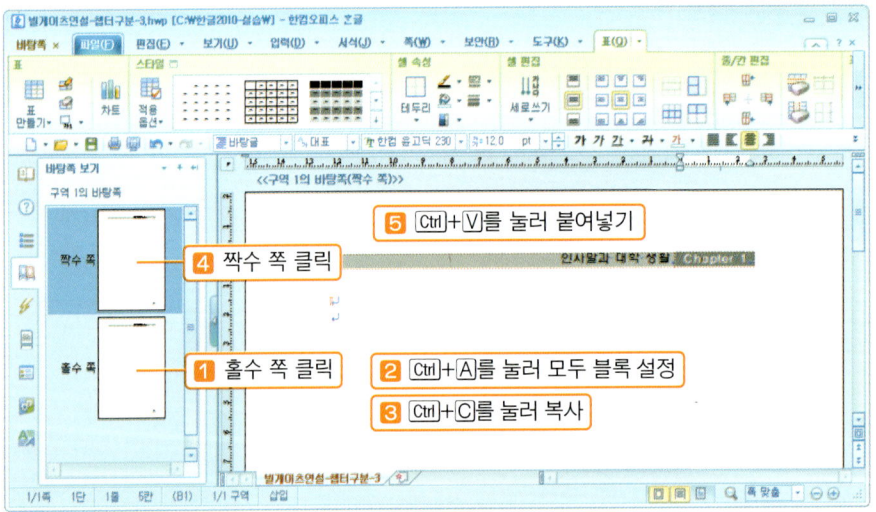

Lesson 06 다양한 문서 편집을 위한 고급 기능 익히기

9 복사한 내용을 편집하여 완성하고 Shift +Esc 키를 누르거나 [바탕쪽] 열림 상자의 [닫기]를 눌러 [바탕쪽] 작업을 종료합니다.

순 서	작 업 내 용
❶	표의 우측 칸을 F5 키를 눌러 블록 설정
❷	잘라내기(Ctrl+X) – 셀 모양을 남기지 않음(지우기)
❸	표에서 붙여넣기(Ctrl+V)한 후, 붙일 방향으로 '왼쪽' 지정
❹	좌측 칸에 '빌게이츠'를 입력하고 중앙 정렬, 우측 칸에 '하버드대 연설문'을 입력하고 좌측 정렬
❺	화면을 아래로 이동하여 쪽 번호가 부여된 글상자 더블 클릭
❻	[위치] 중 [가로]만 수정 (가로(I): 종이 ▼ 의 왼쪽 ▼ 기준 30.00 mm ▲▼)

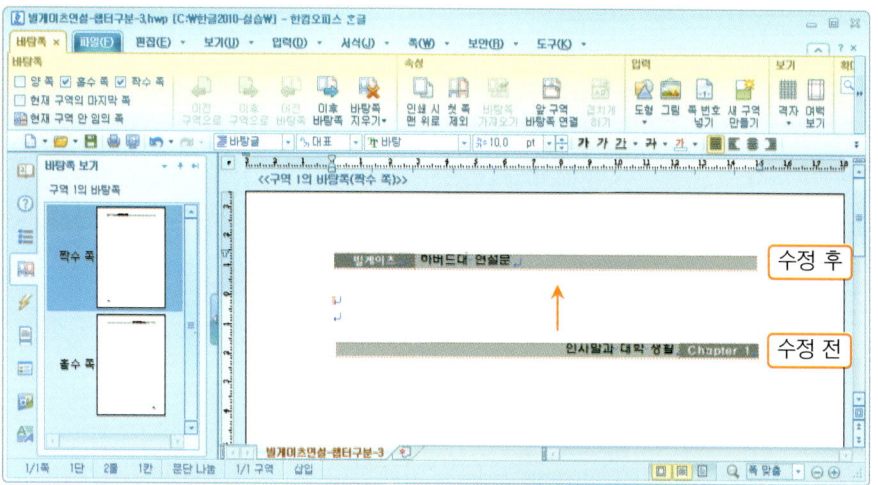

[❶~❹까지의 작업 참조 화면]

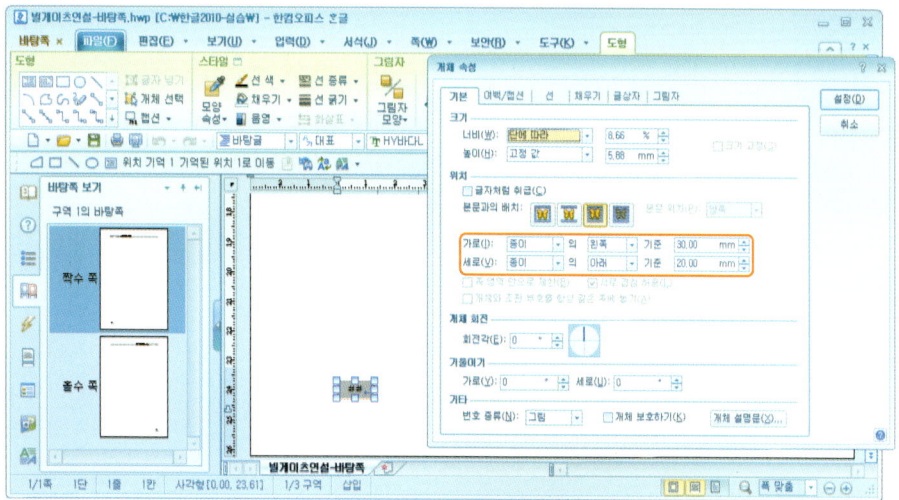

[❺~❻까지의 작업 참조 화면]

지금까지 작업한 결과를 메뉴 [파일]-[미리 보기]로 확인하고 '빌게이츠연설-바탕쪽.hwp'이란 다른 이름으로 저장해 놓습니다.

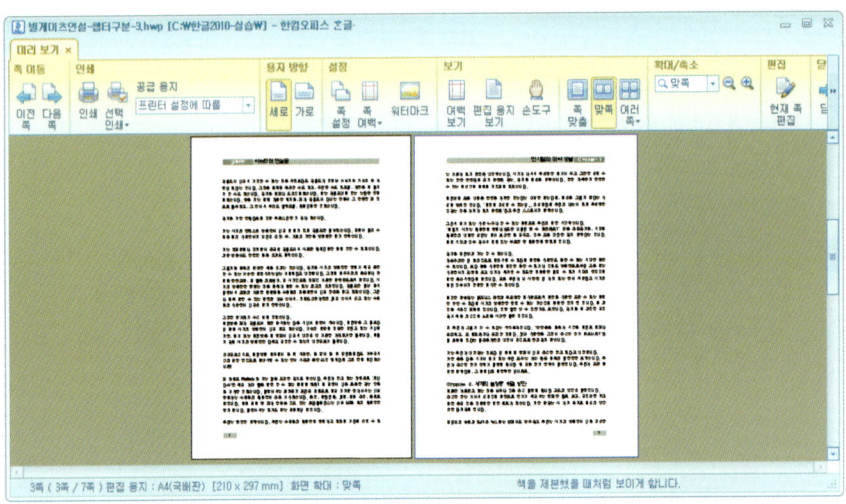

■ 바탕쪽 지우기

작업한 바탕쪽을 지우려면 [쪽] 열림 상자의 [바탕쪽]을 클릭하여 [바탕쪽 지우기]를 클릭합니다.

■ 바탕쪽 감추기

특정 페이지에서 머리말/꼬리말이나 바탕쪽 등을 감추기 하려면 해당 페이지로 이동한 후, 메뉴 [쪽]-[감추기]를 눌러 감추어야 할 항목을 선택합니다. 차후 감추기한 항목을 다시 나타내려면 [감추기] 대화 상자를 불러 해당 항목을 체크 해제하면 됩니다.

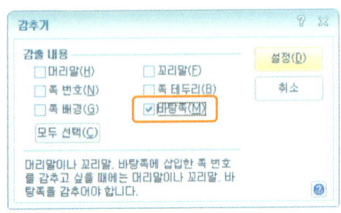

여러 바탕쪽 사용하기

책은 관례상 오른쪽 홀수 페이지에는 챕터의 이름 등을 기재한다고 했습니다. 앞선 실습에서 바탕쪽(짝수 쪽)과 Chapter 1이 속한 1구역에 바탕쪽(홀수 쪽)을 지정했으므로 이제 Chapter 2에 새로운 바탕쪽(홀수 쪽)을 지정하겠습니다. 아울러 바탕쪽은 구역 단위로 지정하는 것이어서 각 챕터 별로 구역을 미리 나누어 놓아야 하는 것도 상기해 두기 바랍니다.

1 찾아가기(Alt+G)의 [스타일]-[소제목] 등을 사용하여 Chapter 2로 이동한 후 [쪽] 열림 상자의 [바탕쪽]을 클릭합니다.

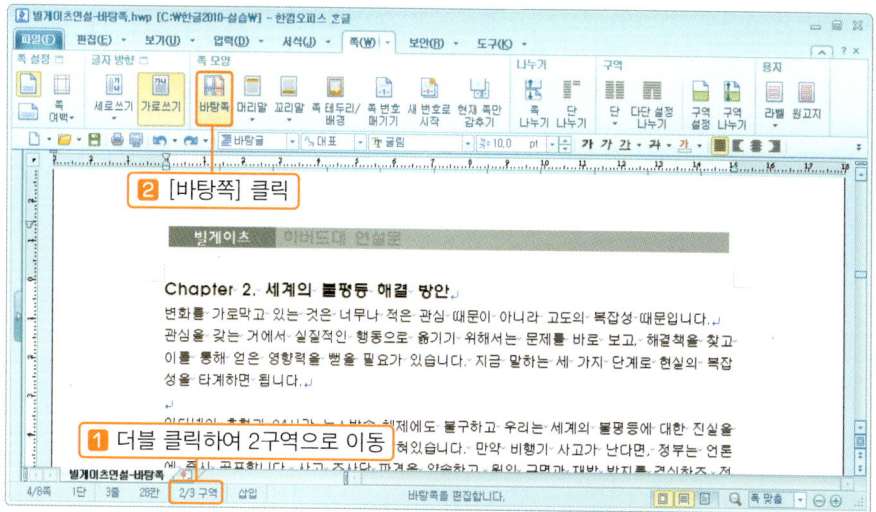

2 2구역 바탕쪽을 보면 1구역에서 지정한 바탕쪽과 연결되어 있음을 알 수 있습니다. 새롭게 바탕쪽(홀수 쪽)을 만드는 것보다는 비슷한 유형을 [바탕쪽 가져오기]로 가져와서 수정하는 것이 효율적입니다.

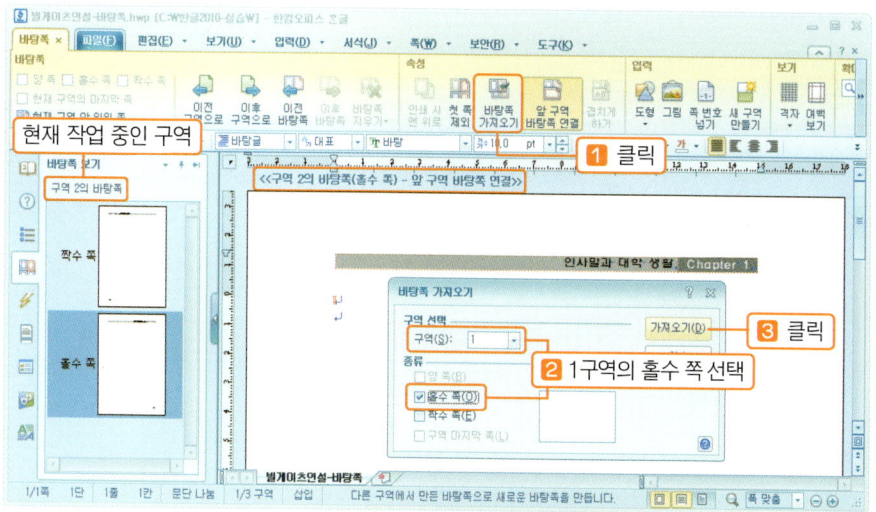

> **Note**
> - [앞 구역 바탕쪽 연결] 상태에서 현재 화면의 바탕쪽을 수정하면 앞쪽 바탕쪽도 같이 수정되어 버리니 주의해야 합니다.
> - 비슷한 유형의 바탕쪽을 만들려면 [바탕쪽 가져오기]를 이용하여 가져온 후, 이를 수정해서 사용하는 것이 좋습니다.
> - 완전히 새로운 바탕쪽을 만들려면 [앞 구역 바탕쪽 연결] 단추를 클릭해서 해제한 후 작업합니다.

3 앞 구역 바탕쪽과 연결이 해제된 독립된 바탕쪽이 나타나면 내용을 현재 구역에 맞게 수정하고 [닫기]를 누르거나 Shift + Esc 를 눌러 [바탕쪽] 작업을 종료합니다.

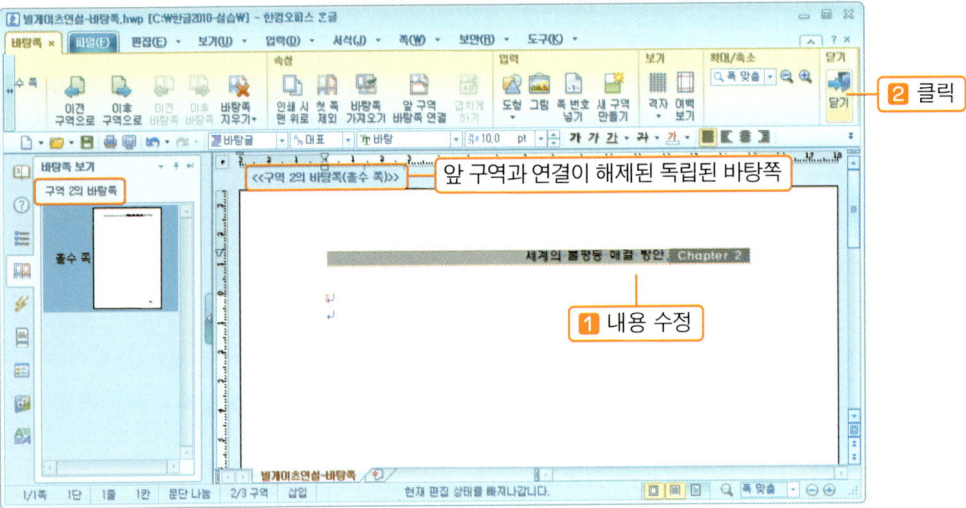

4 3구역의 Chapter 3으로 이동하여 [쪽] 열림 상자의 [바탕쪽]을 클릭하여 같은 방식으로 앞쪽 바탕쪽을 가져오기 합니다.

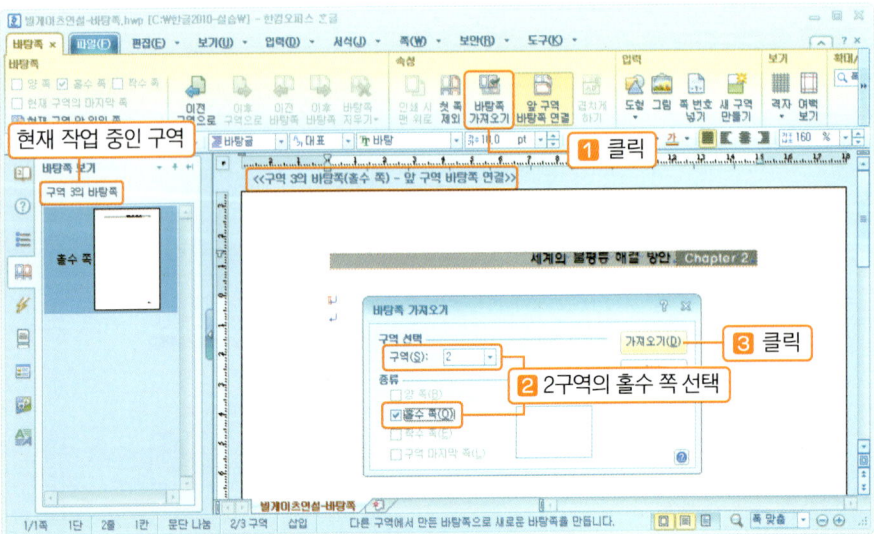

Lesson 06 다양한 문서 편집을 위한 고급 기능 익히기

5 앞 구역 바탕쪽과 연결이 해제된 독립된 바탕쪽이 나타나면 현재 구역에 맞게 내용을 수정하고 [닫기]를 눌러 [바탕쪽] 작업을 종료합니다.

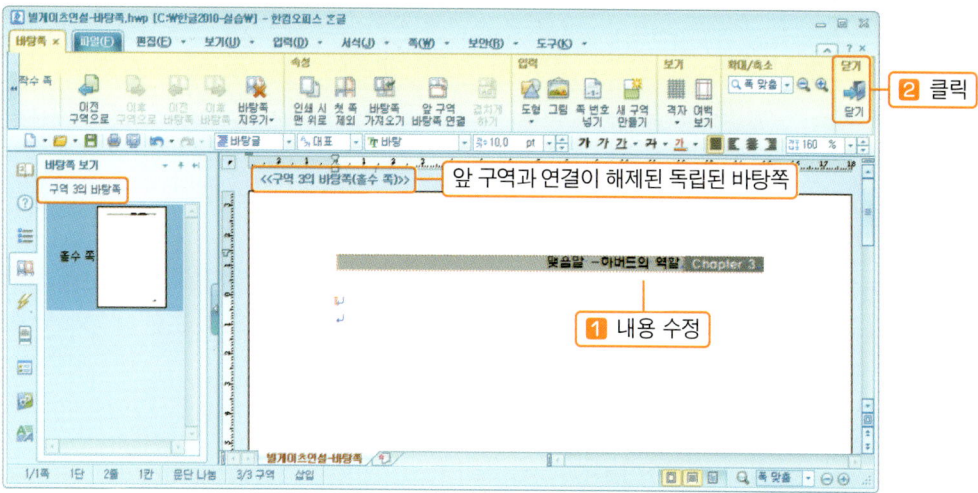

6 지금까지 작업한 결과를 메뉴 [파일]-[미리 보기]로 확인하고 '빌게이츠연설-복수바탕쪽.hwp'이란 다른 이름으로 저장해 둡니다.

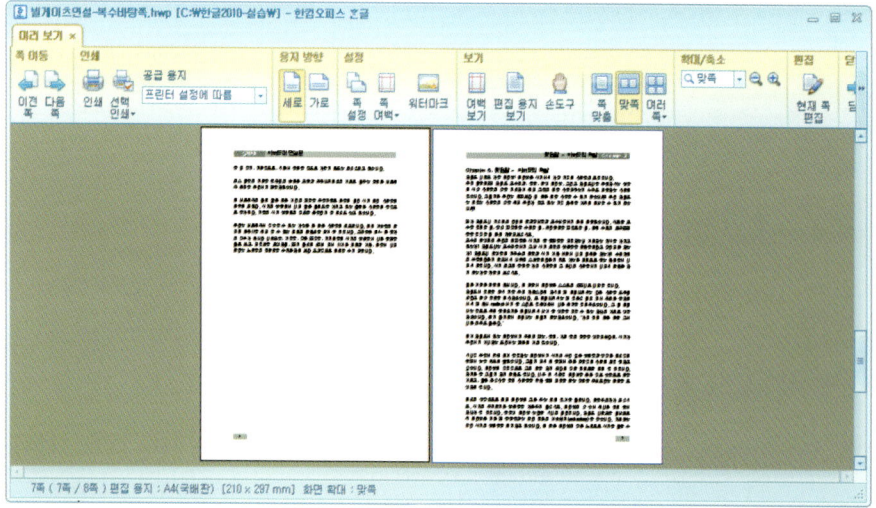

> Note
> 바탕쪽이나 머리말/꼬리말 등에 그림을 넣어 편집할 수도 있습니다. 그림을 사용한다고 해서 작업 방법이 달라지는 것은 없습니다.

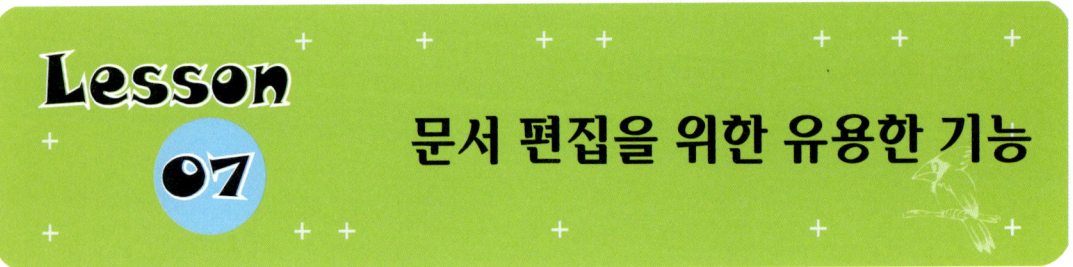

Lesson 07 문서 편집을 위한 유용한 기능

문서 편집을 위해 필요한 여러 가지 기능 중에서 찾기와 찾아 바꾸기, 맞춤법 교정, 논문 등에서 많이 사용하는 미주/각주, 페이지가 많은 문서에서 차례와 색인 만들기 등이 이번 Lesson에서 다루게 될 주제입니다.

1 찾기와 찾아 바꾸기

문서의 화면이나 인쇄된 종이에서 어떤 특정 글자를 찾는 것은 그리 쉬운 일이 아닙니다. 이런 경우 흔글의 찾기 기능을 활용하면 많은 도움이 됩니다.

● 찾기와 찾아 바꾸기
메뉴 : [편집]-[찾기]-[찾기]
단축키 : Ctrl+F
열림 상자 : [편집] 열림 상자의 [찾기]

흔글의 찾기 기능에서 찾아 바꾸기 기능을 같이 수행할 수 있으므로 굳이 [찾기]와 [찾아 바꾸기]를 구분해서 실행할 필요는 없습니다.

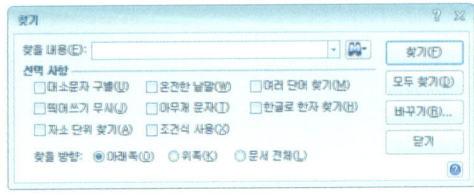

찾기

1 C: 드라이브의 [한글2010-실습] 폴더에서 '스티브잡스연설(2005년 스탠포드대 졸업식).hwp' 파일을 불러옵니다.

2 [편집] 열림 상자에서 [찾기]를 클릭한 후, 찾을 내용을 입력하고 [찾기] 단추를 클릭합니다.

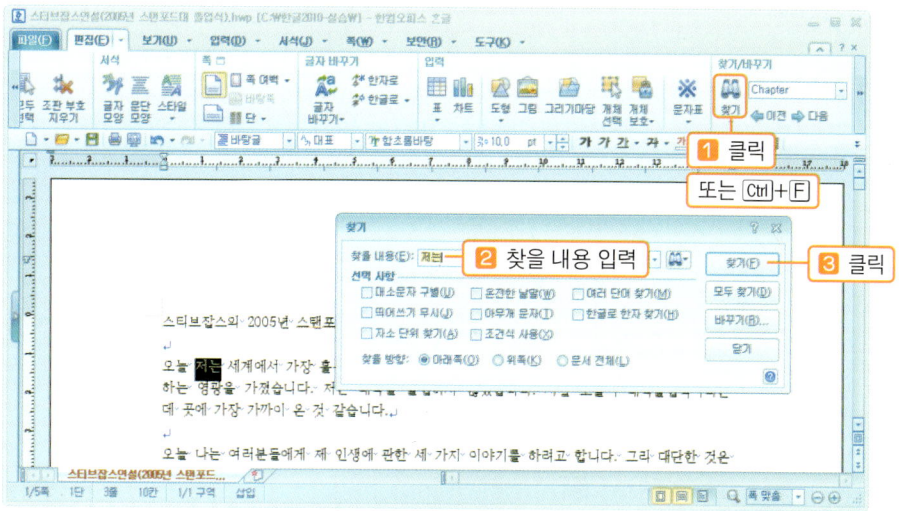

3 찾을 내용이 있는 곳으로 이동합니다. 지정한 방향으로 계속 찾기를 원하면 [찾기] 단추를, 찾기를 종료하려면 [닫기] 단추를 누르면 됩니다.

문서 끝까지 찾기를 했으면 아래 안내 화면이 나타납니다.

> **Note**
>
> ■ 다시 찾기(Ctrl+L)/거꾸로 찾기(Ctrl+Q,L)
>
> 가장 최근에 찾은 것(찾기: Ctrl+L나 찾아가기: Alt+G)은 다시 찾기 할 수 있습니다.
>
> 현재 이후로 찾기 : 다시 찾기(Ctrl+L)
> 현재 이전으로 찾기 : 거꾸로 찾기(Ctrl+Q,L)

바꾸기

[찾기] 대화 상자에 있는 [바꾸기] 기능을 살펴보겠습니다.

1 을 눌러 첫 페이지로 이동한 후 [편집] 열림 상자에서 [찾기]를 클릭합니다. 나타나는 대화 상자에서 찾을 내용을 입력하고 [바꾸기]를 클릭하여 바꿀 내용을 입력한 후, [바꾸기] 단추를 클릭합니다.

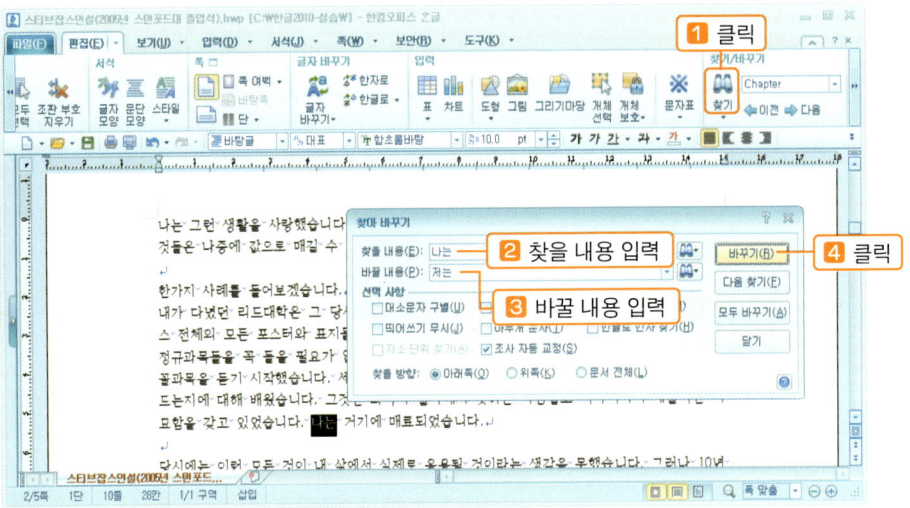

2 화면에 커서가 위치하면 그 내용을 바꾸려면 [바꾸기]를, 바꾸지 않고 다음 것을 찾으려면 [다음 찾기], 전체를 바꾸려면 [모두 바꾸기]를 클릭합니다.

아래 화면은 몇 번의 [바꾸기] 후에 [모두 바꾸기]를 클릭하여 나타난 화면입니다. [모두 바꾸기]를 했으면 문서의 처음부터 계속할지를 선택하여 작업한 후, [취소]를 누른 후에 [닫기]를 눌러 작업을 종료합니다.

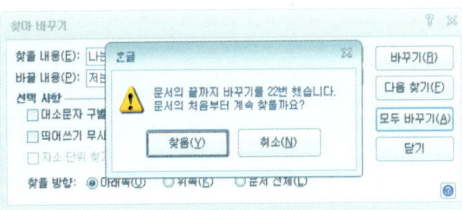

■ 찾기와 찾아가기

찾기와 찾아가기는 서로 다른 작업입니다. [찾기]는 본문 내용 중 특정 글자를 찾는 것이고, [찾아가기]는 특정 글자가 아닌 다른 것(쪽, 구역, 스타일, 조판 부호, 책갈피 등)으로 찾아 위치 이동을 하는 기능입니다.

찾기 : [편집] 열림 상자의 [찾기(👀)] 또는 단축키 Ctrl + F

[찾기]는 [찾아 바꾸기] 기능을 겸하고 있습니다. 원하는 내용을 입력하여 찾기 할 수도 있고, 찾은 내용을 원하는 내용으로 바꾸기 할 수도 있습니다.

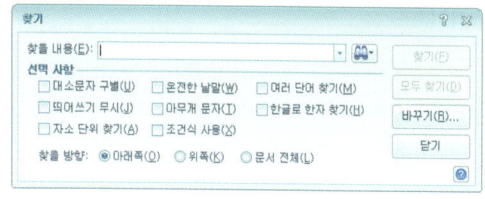

찾아가기 : [편집] 열림 상자의 찾기(👀)의 ▼를 눌러 [찾아가기] 또는 단축키 Alt + G

쪽, 구역, 스타일, 조판 부호, 책갈피 등을 선택하여 원하는 곳으로 이동합니다. 쪽이나 구역은 상황 선 하단에서 해당 부분을 더블 클릭해서 이동할 수 있고, 책갈피 기능은 메뉴 [입력]-[책갈피]에서 독립된 기능으로도 제공합니다.

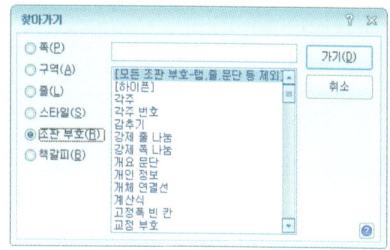

아래 화면은 상황 선의 몇몇 부분을 더블 클릭했을 때 나타나는 대화 상자를 표시하였습니다.

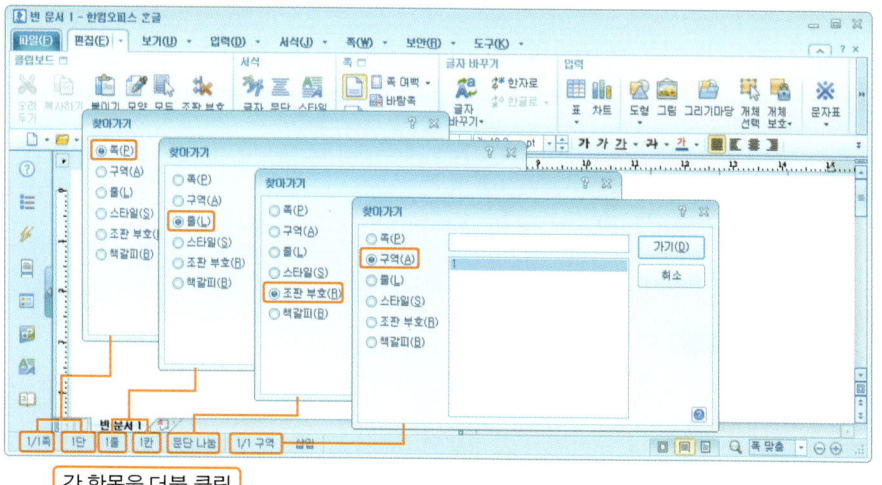

각 항목을 더블 클릭

2 맞춤법

MS사의 Word나 훈글에는 맞춤법 검사 기능이 있습니다. 다른 프로그램에 비해 훈글의 맞춤법 검사 기능은 그 신뢰도가 높아 효용성이 매우 높습니다.

> ● **맞춤법**
> 단축키 : F8
> 메뉴 : [도구]-[맞춤법]
> 열림 상자 : [도구] 열림 상자의 [맞춤법 검사]

1 첫 페이지로 이동한 후, F8 키를 누르거나 [도구] 열림 상자에서 [맞춤법 검사( )]를 클릭합니다.

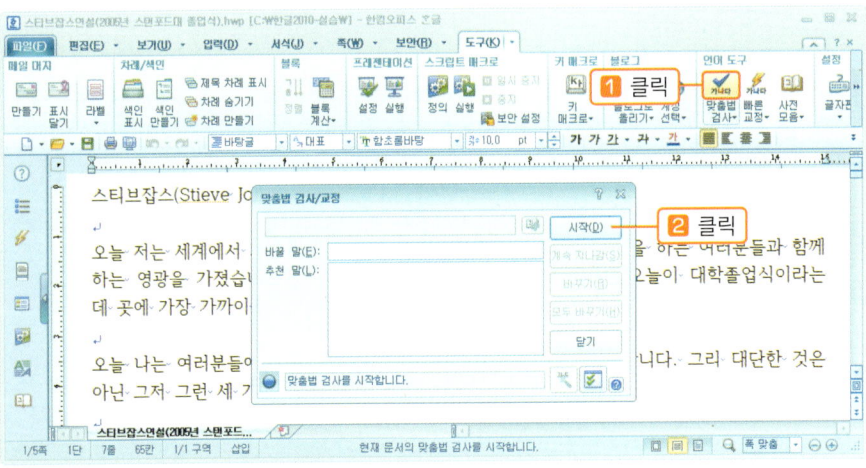

2 맞춤법에 어긋난다고 판단되는 곳을 표시하면 수정하지 않으려면 [지나감]을, 수정하려면 [바꾸기]나 [모두 바꾸기]를 선택합니다. 실습에서는 [Steve]를 선택하여 [바꾸기]를 클릭합니다.

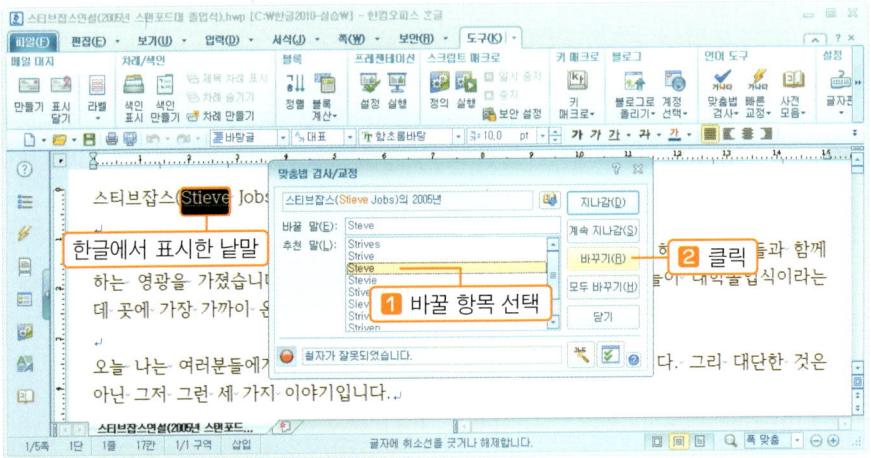

Lesson 07 문서 편집을 위한 유용한 기능

3 이후 나타나는 '스탠포드대'는 오류로 보이지 않으므로 [지나감]을 클릭합니다.

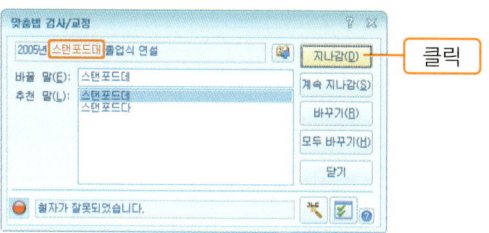

4 다시 나타나는 '첫번째'는 띄어쓰기의 오류가 분명합니다. 바꿀 말이 옳으므로 [바꾸기] 단추를 클릭합니다.

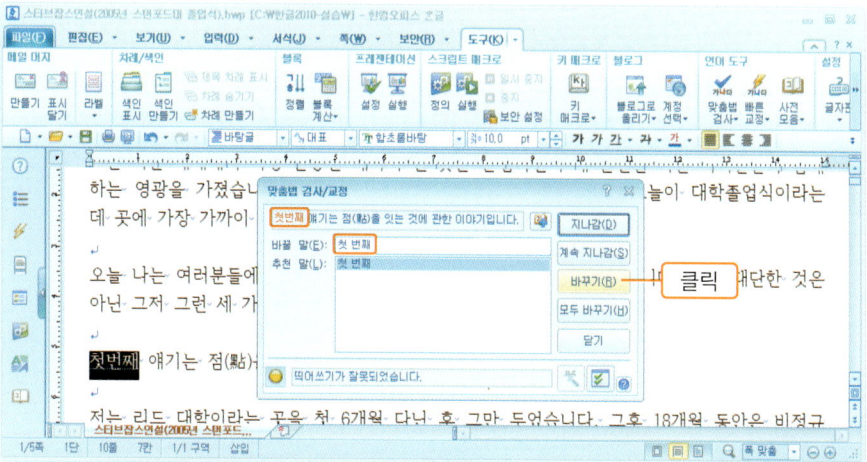

> **Note**
>
> ■ **모두 바꾸기**
>
> 모두 바꾸기는 화면의 것뿐만 아니라 문서 전체를 대상으로 모두 바꾸기를 하는 것입니다. 확실하게 맞춤법 오류라고 판단되면 [모두 바꾸기]를 이용하는 것도 좋습니다.
>
> ■ **바꿀 말**
>
> 한글에서 제공해 주는 바꿀 말이 모두 옳은 것은 아닙니다. 사용자가 판단해서 바꿀 말을 직접 입력해서 처리하거나 [맞춤법 검사/교정] 대화 상자가 아닌 문서 상에서 직접 수정해도 됩니다.
>
>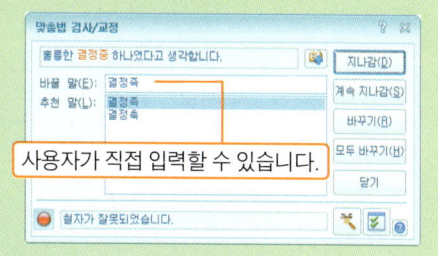

5 계속해서 작업을 진행해서 문서의 맞춤법을 검사하여 편집하고 종료할 때는 [닫기]를 누릅니다.

3 빠른 교정

[빠른 교정]은 사용자가 문서 작성 도중에 잘못 입력한 단어나 오타, 띄어쓰기가 있으면 흔글이 자동으로 틀린 낱말을 고쳐 주는 기능입니다. 한글뿐만 아니라 영어에 대한 교정도 할 수 있으며, 씨끝(어미)/토씨(조사)에 대한 교정을 할 수 있습니다.

● 빠른 교정

메뉴(열림 상자) : [도구] – [빠른 교정]

1 문서 하단의 [새 탭]을 눌러 빈 문서를 만든 후, [도구] 열림 상자에서 [빠른 교정]을 클릭하여 [빠른 교정 동작]이 선택(✓)되어 있는지 확인합니다.

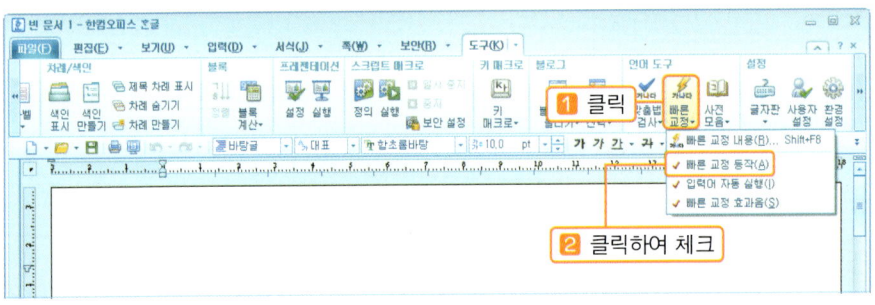

2 문서 화면에 '희희낙낙'을 입력하고 Space Bar 를 누르면 곧바로 '희희낙락'으로 고쳐집니다. 같은 방식으로 '헛탕', '휴계실' 등을 입력하고 Space Bar 를 눌러보기 바랍니다.

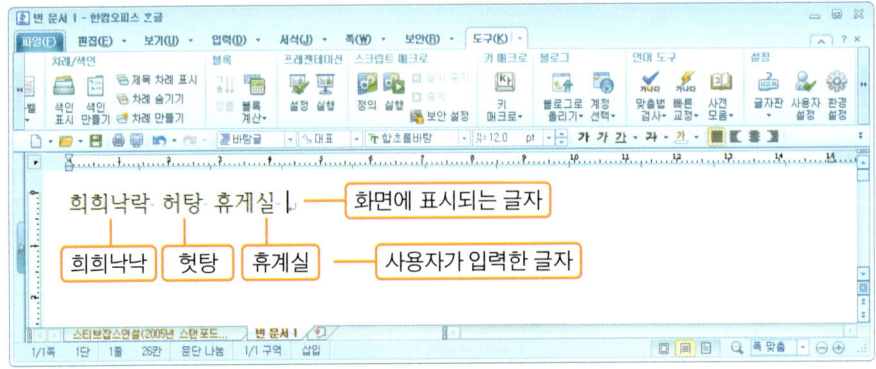

이렇게 잘못된 맞춤법을 자동으로 고쳐 주는 기능이 빠른 교정 기능이며, 이 기능의 사용 여부는 [빠른 교정 동작]의 선택(✓) 여부에 따라 달라집니다.

4 미주/각주 만들기

본문 내용에 대한 보충 자료를 구체적으로 제시하거나, 인용한 자료의 출처 등을 밝히는 주석을 미주/각주라고 부릅니다. 두 가지 모두 사용법은 같지만 주석이 나타나는 위치만 서로 다릅니다. 미주는 현재 구역의 맨 끝이나 문서의 맨 끝에 나타나고 각주는 현재 쪽 아래에 내용이 나타납니다.

> ● 미주/각주
>
> **메뉴** : [입력]-[주석]-[각주]/[미주]
> **열림 상자** : [입력] 열림 상자의 [각주]/[미주]

1 '스티브잡스연설(2005년 스탠포드대 졸업식).hwp' 파일을 불러옵니다.

2 첫줄의 '스탠포드대'의 뒤쪽에 커서를 위치시키고 [입력] 열림 상자의 [각주]를 클릭합니다.

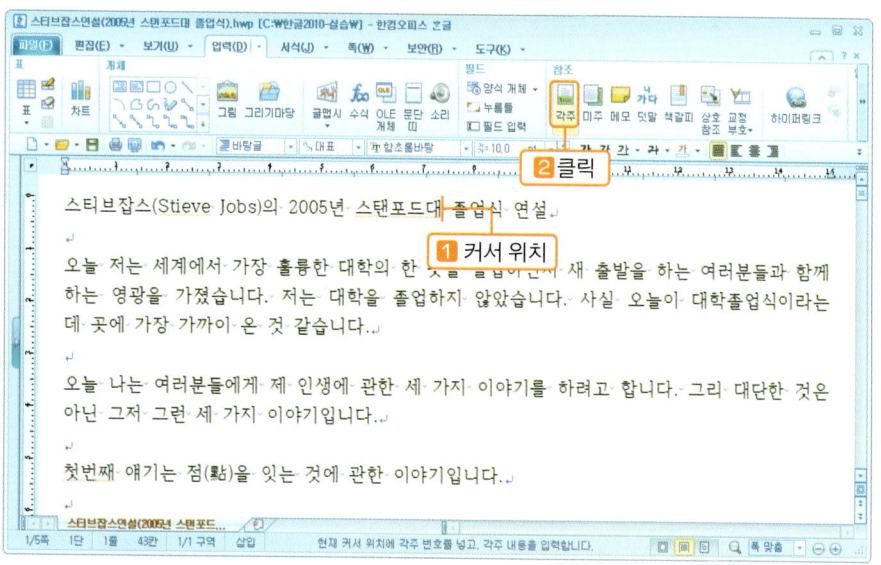

3 각주는 해당 쪽 맨 밑에 나타납니다. '1)'과 같이 자동으로 번호가 매겨져 나타나면 주석 문장을 입력하고 [닫기] 합니다.

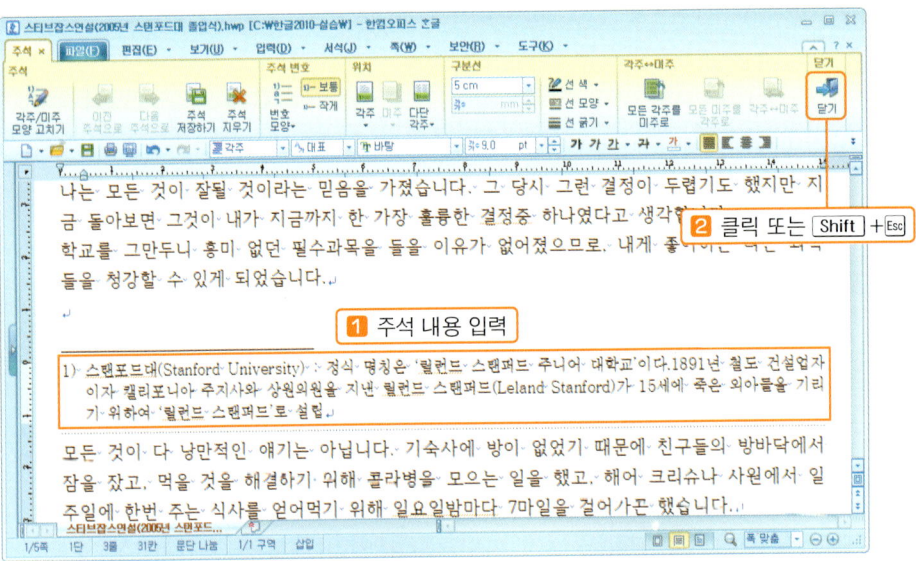

4 각주가 설정되면 내용에 1) 번호가 표시됩니다.

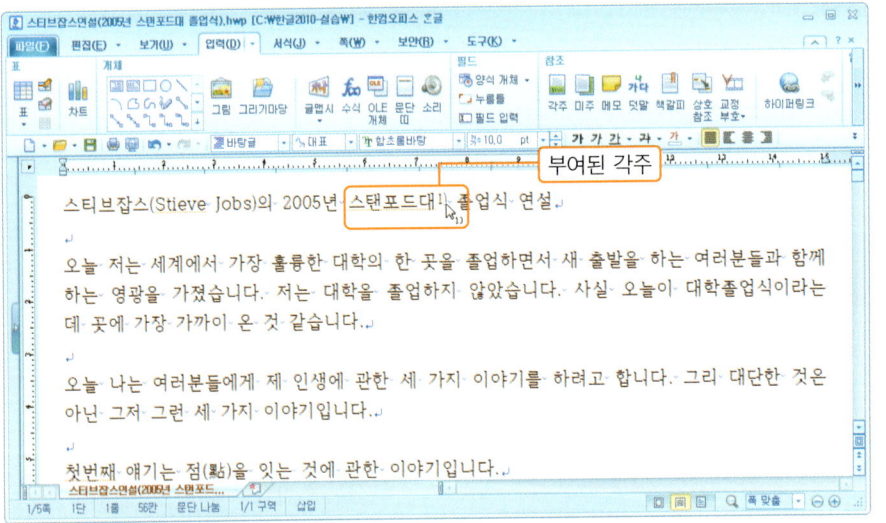

■ 각주/미주의 수정

부여된 각주/미주 번호를 더블 클릭하거나 각주/미주의 내용을 클릭하여 수정

■ 각주/미주의 삭제

해당 각주/미주 번호를 Delete나 Back Space 키로 삭제

Lesson 07 문서 편집을 위한 유용한 기능

5 '애플'이란 단어에 각주를 부여하기 위해 [편집] 열림 상자의 [찾기]를 이동하여 이동합니다.

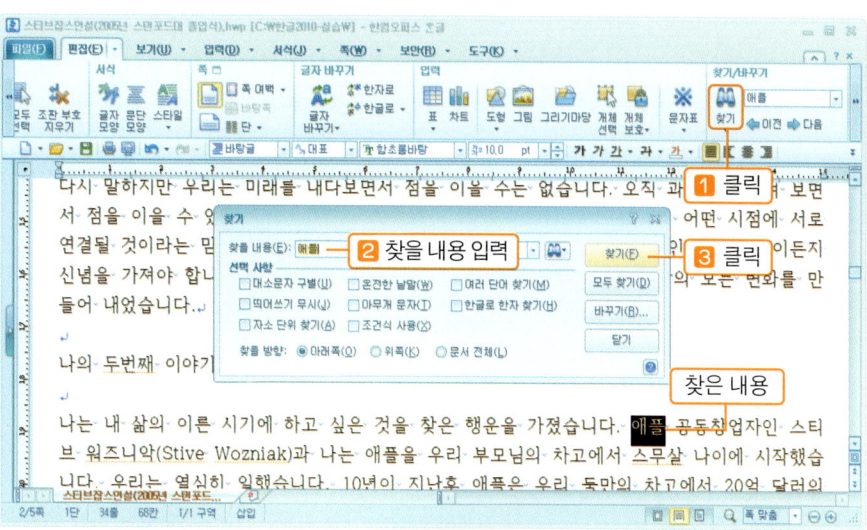

6 [입력] 열림 상자에서 [각주]를 누른 후, 해당 내용을 입력합니다.

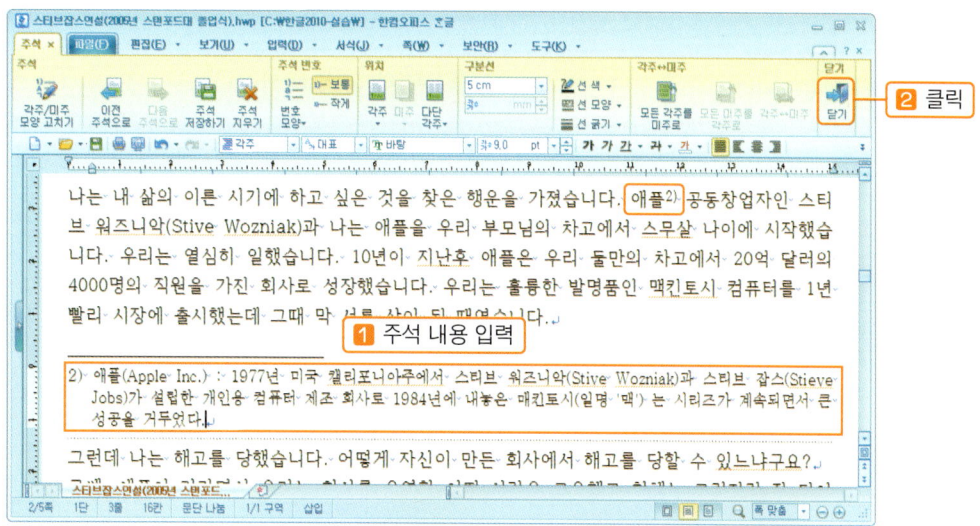

각주나 미주가 나타나는 곳의 모양을 사용자가 변경하여 사용할 수 있습니다.

7 수정할 각주 번호를 더블 클릭하거나 각주가 입력된 부분을 클릭하여, [주석] 열림 상자가 나타나면 [각주/미주 모양 고치기]를 눌러 주석 모양을 변경할 수 있습니다.

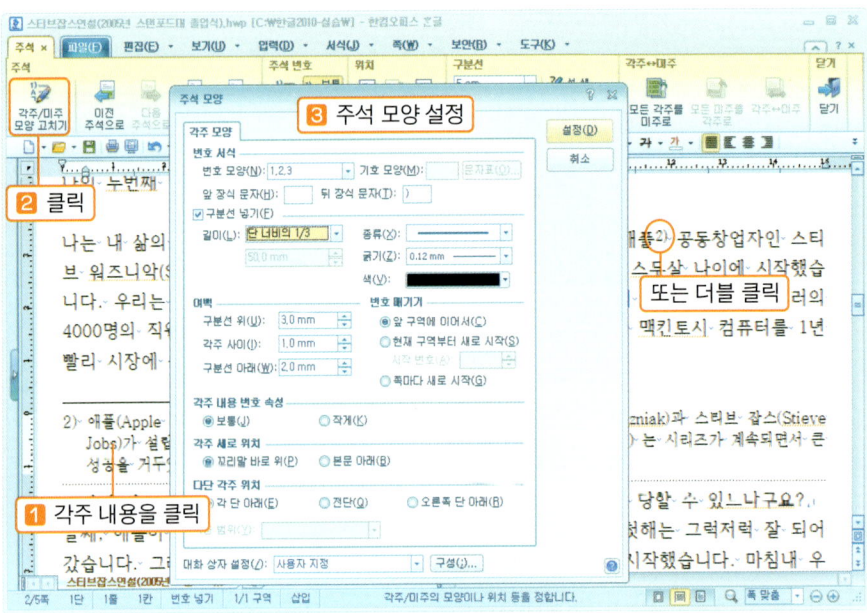

각주는 페이지 아래에, 미주는 구역 끝이나 문서 끝에 주석이 나타는 것 외에는 작업 방법이나 수정/편집 등의 내용이 모두 동일합니다.

8 본문에서 'NeXT'란 단어를 찾아(Ctrl+F) 그 뒤에 커서를 위치시키고 [입력] 열림 상자에서 [미주]를 클릭합니다. 미주를 입력할 공간이 나타나면 내용을 입력하고 [닫기]를 누릅니다.

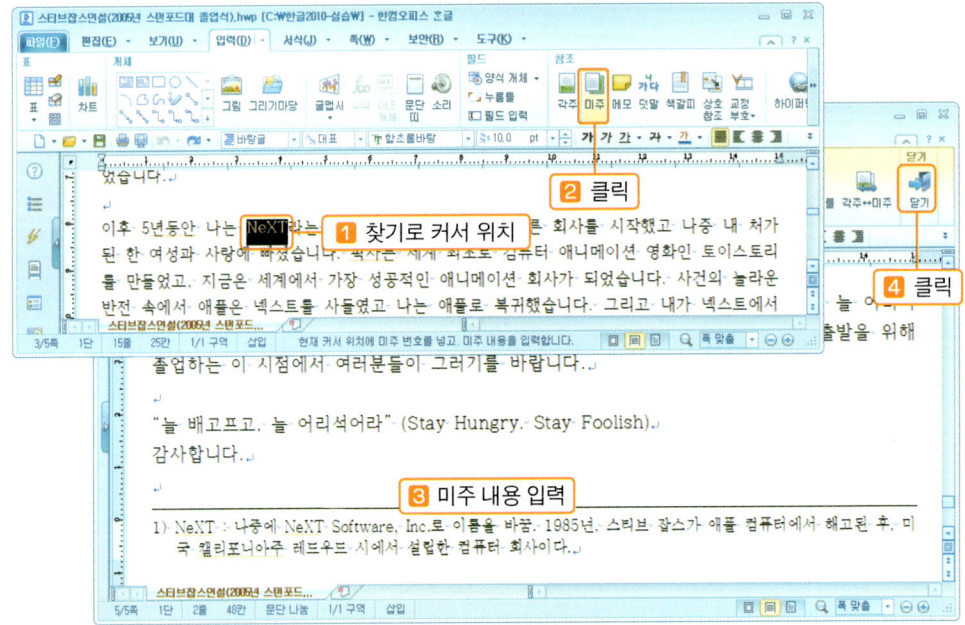

9 각주는 해당 쪽에, 미주는 해당 구역의 끝이나 문서 끝에 나타납니다. Ctrl+Page Down을 눌러 문서 끝으로 이동하여 그 결과를 확인합니다.

10 화면에서 쉽게 찾을 수 없는 각주/미주는 찾아가기(Alt+G)의 조판 부호를 이용하면 손쉽게 찾아 이동할 수 있습니다.

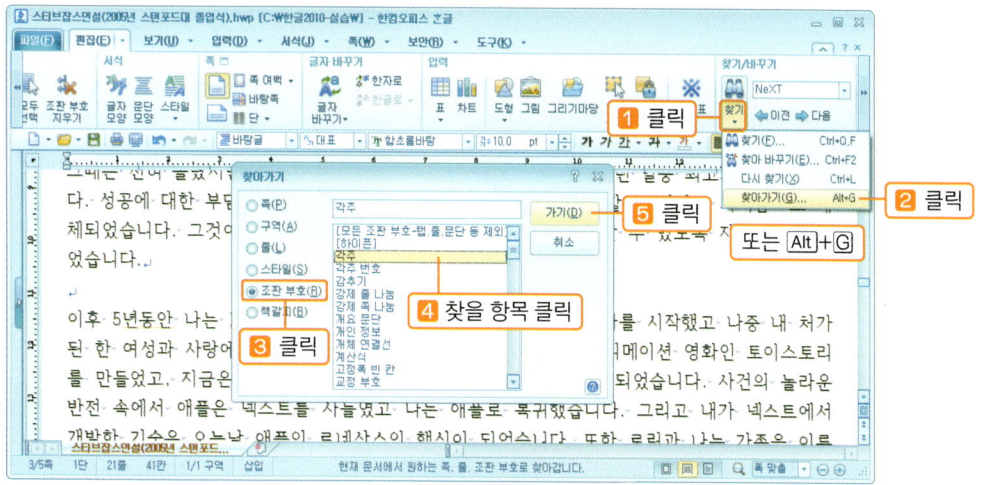

■ 각주/미주 상호 바꾸기

작성한 각주를 미주로, 미주를 각주로 변경할 수도 있습니다. 해당 각주/미주의 내용이 입력된 곳에 커서를 놓고 [주석] 열림 상자의 도구를 이용합니다.

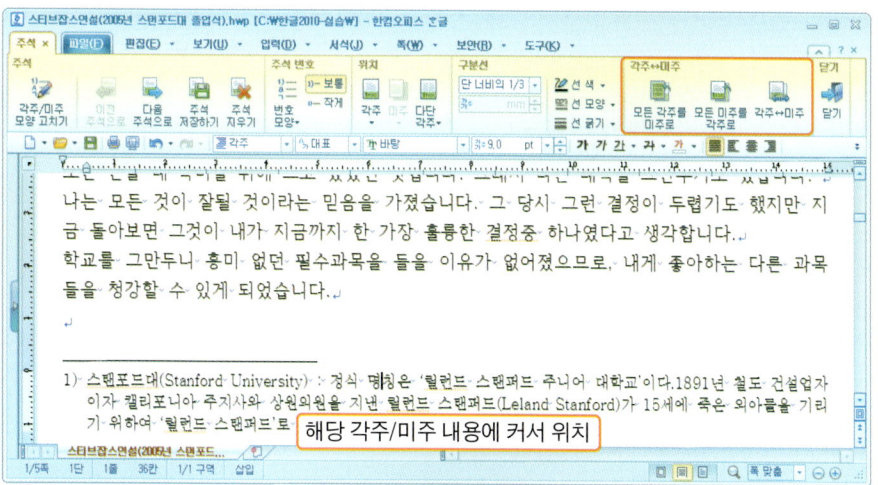

5 차례/색인 만들기

문서 본문의 제목을 위주로 어떤 내용이 몇 쪽에 있는지를 나타내 주는 것이 차례입니다. 차례는 제목들을 모은 형태 외에도 표, 그림, 수식 등에도 부여할 수 있습니다.

내용에 관한 차례는 문서에 부여한 개요와 스타일을 기초로 해서 작성되고, 표/그림/수식 등은 개체에 부여한 캡션에 의해 차례가 만들어집니다. 따라서 차례를 만들려면 제목에 해당하는 부분들을 개요나 스타일로 작성해 두어야 하고 표/그림/수식 등은 캡션을 부여해 두어야 합니다.

차례 만들기

● 차례 만들기

메뉴 : [도구]-[차례/색인]-[차례 만들기]
열림 상자 : [도구] 열림 상자의 [차례 만들기]

1 '빌게이츠연설-챕터구분.hwp' 파일을 불러옵니다. 이 파일에는 제목들에 대해 [소제목]이라는 스타일이 부여되어 있습니다. F6 키를 눌러 보면 스타일 이름에 체크(✓)되어 있는 것이 사용 중인 스타일 이름입니다.

2 문서에 부여된 스타일을 기준으로 차례를 만들기 위해 [도구] 열림 상자의 [차례 만들기]를 클릭합니다.

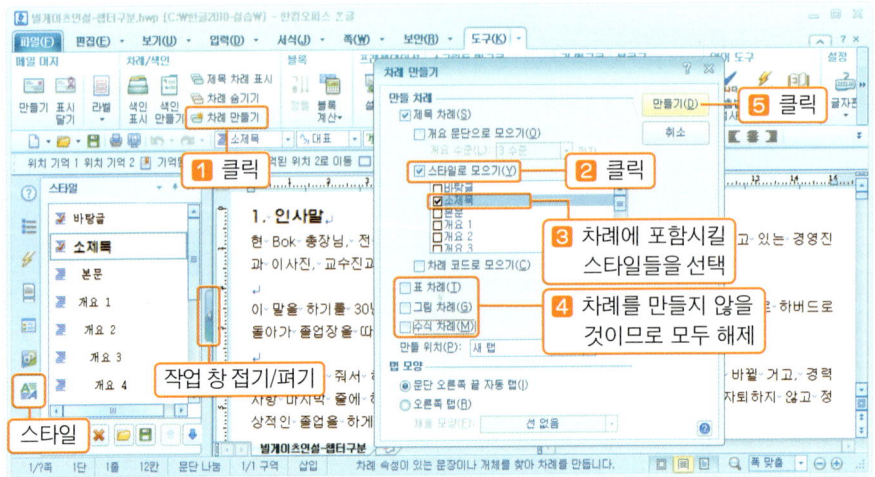

Lesson 07 문서 편집을 위한 유용한 기능

■ [차례 만들기] 대화 상자

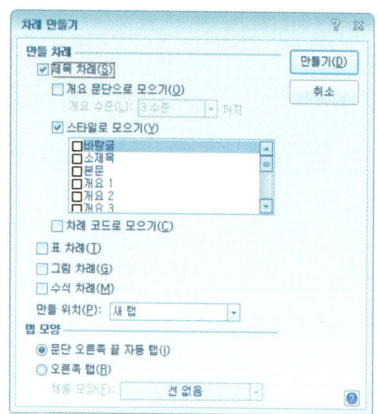

- 제목 차례 : 차례를 만들 때 체크
- 개요 문단으로 모으기 : 개요를 기준으로 차례 작성
- 스타일로 모으기 : 스타일을 기준으로 차례 작성
- 표/그림/수식 차례 : 수식이나 표/그림의 캡션을 기준으로 차례 작성
- 만들 위치 : 차례를 만들 곳을 선택
- 탭 모양 : 만들어지는 차례에 사용할 탭 선택

3 [차례 만들기]에서 [만들 위치]를 [새 탭]으로 지정했으므로 [빈 문서]에 차례가 만들어집니다.

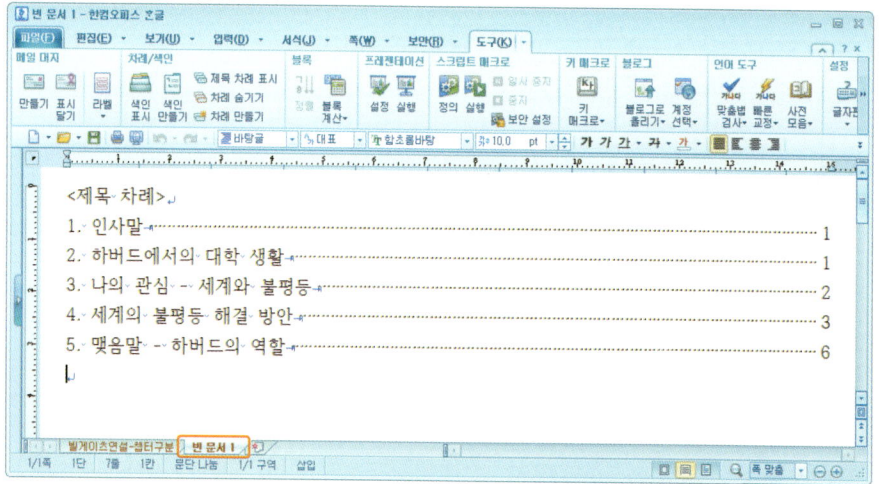

> **Note**
> [차례 만들기]의 쪽 번호는 자동으로 갱신되지 않습니다. 따라서 차례 만들기를 한 후에 본문 내용을 수정하여 쪽 번호가 변동된 경우에는 [차례 만들기]를 다시 수행해야 합니다.

색인(Index) 만들기

색인(Index)은 다른 말로 '찾아보기'라고도 부릅니다. 색인은 주로 책의 뒤쪽에 놓이는 것으로 본문의 특정 내용을 쉽게 찾을 수 있도록 중요한 단어(용어) 등이 속한 페이지를 나타내 주는 것입니다.

차례 만들기는 개요와 스타일을 기준으로 만들어지지만, 색인은 색인 처리할 곳에 [색인 표시]를 먼저 해두고 차후에 이를 모아 주는 [색인 만들기] 작업을 해야 합니다.

> ● **색인 표시/색인 만들기**
>
> **색인 표시**
> 메뉴 : [도구]-[차례/색인]-[색인 표시]
> 열림 상자 : [도구] 열림 상자의 [색인 표시]
>
> **색인 만들기**
> 메뉴 : [도구]-[차례/색인]-[색인 만들기]
> 열림 상자 : [도구] 열림 상자의 [색인 만들기]

1 'Bok'이란 단어에 색인을 만들기 위해 해당 단어를 블록 설정하거나 단어 뒤에 커서를 놓고 [도구] 열림 상자의 [색인 표시]를 클릭하여 [넣기]합니다.

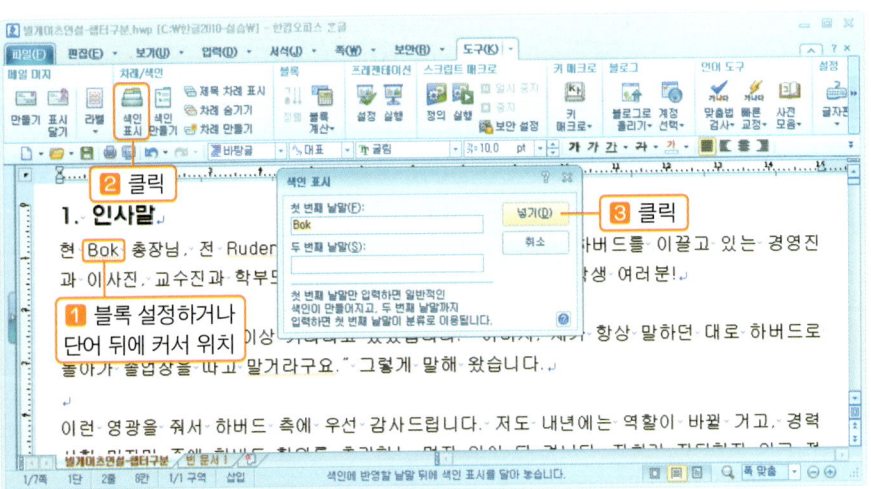

> Note
> - [색인 표시] 대화 상자에 나타난 단어는 사용자가 수정하여 입력할 수도 있습니다.
> - 만들어진 색인은 본문의 수정 사항을 반영하지 않습니다. 따라서 본문이 수정되어 페이지 수가 달라졌다면 [색인 만들기]를 다시 해줘야 합니다.

2 같은 방식으로 몇 개의 단어에 [색인 표시]를 합니다.

3 [색인 표시]를 완료했으면 이제 색인을 만들어야 합니다. [도구] 열림 상자의 [색인 만들기]를 클릭하면 새 탭의 [빈 문서]로 색인이 만들어집니다.

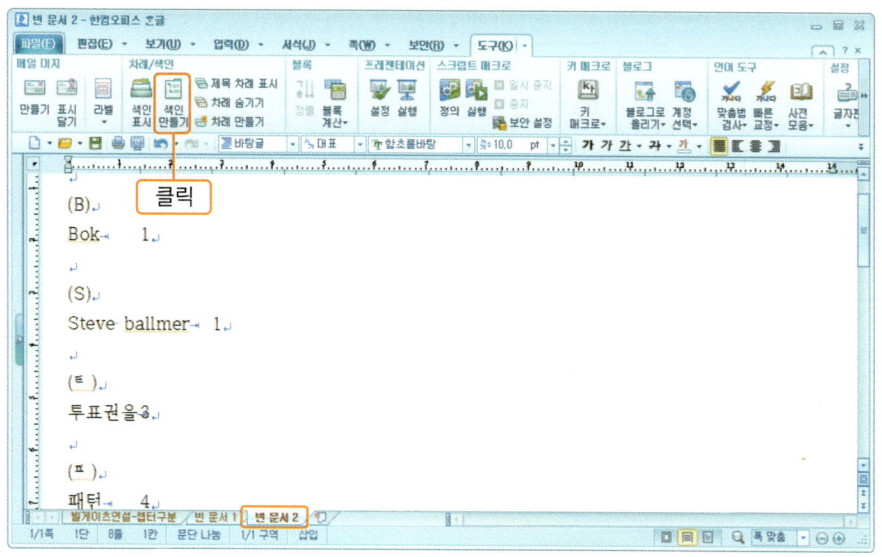

■ 색인 표시의 수정과 삭제

- 색인 수정 : 색인이 표시된 곳을 더블 클릭하거나 고치기(Ctrl+N, K)하여 수정
- 색인 삭제 : 색인이 표시된 곳에 커서를 놓고 글자처럼 Delete 키를 눌러 삭제

색인 표시된 곳을 손쉽게 찾아가려면 [찾아가기(Alt+G)]에서 [조판부호]를 이용합니다. 단, 조판 부호 항목 중 '색인'에 관련된 것이 없습니다. 이럴 때는 [모든 조판 부호....]를 선택해서 찾기 합니다.

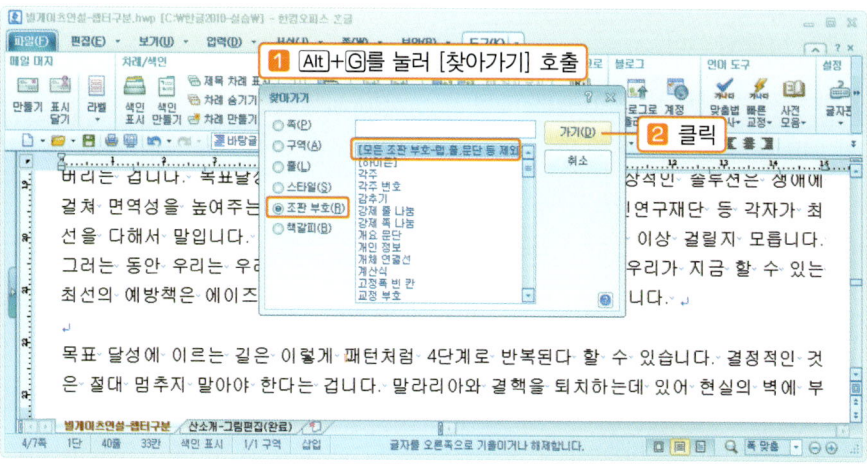

6 문서 정보 대화 상자를 이용한 그림 파일 관리하기

메뉴 [파일]-[문서 정보]의 [그림 정보] 탭에서는 문서에 포함된 모든 그림 파일에 대한 정보를 확인하고, 그림 파일의 연결 상태를 쉽게 바꿀 수 있습니다.

> ● **그림 정보**
> 단축키 : Ctrl+Q, I
> 메뉴 : [파일]-[문서 정보]-[그림 정보]

문서에서 사용한 그림 파일의 정보를 확인하여 문서 파일 안에 '포함(embedding)'시킬지 아니면 외부 그림 파일에 '연결(link)'만 할 것인지를 지정합니다. 그림을 삽입하면 문서 안에 함께 저장되므로, 그림 파일을 따로 보관하지 않아도 되지만 문서 파일의 용량이 커집니다.

■ [문서 정보] 대화 상자의 [그림 정보] 탭

메뉴 [파일]-[문서 정보]를 눌러 [그림 정보] 탭을 보면 현재 문서에 들어 있는 모든 그림의 이름, 종류, 쪽 수, 경로가 나타납니다.

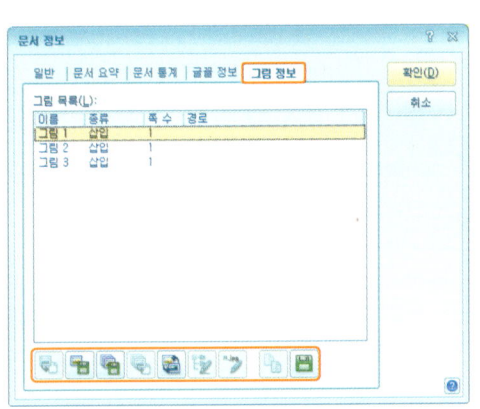

- **그림 삽입( )** : '연결'된 그림 파일 중 선택(클릭 또는 Ctrl이나 Shift+클릭)한 것을 '삽입'된 그림으로 바꿉니다.

- **삽입 그림 저장하기( )** : 본문에 포함된 '삽입' 그림 파일을 '연결' 그림 파일로 바꿉니다.
'연결' 그림은 문서 밖에 그림 파일이 있는 것이므로 이 단추를 누르면 [삽입 그림 저장하기] 대화 상자가 나타납니다.

- **모든 삽입 그림 저장하기( )** : 본문에 포함된 모든 그림 파일을 '연결' 그림 파일로 한 번에 바꿉니다. 저장될 그림 파일의 이름은 사용자가 지정한 이름 끝에 자동으로 일련번호가 붙게 됩니다.(예: image00001, image00002, …)

- **모두 삽입( )** : 현재 문서에 '연결'된 모든 그림 파일을 한 번에 '삽입' 그림으로 바꿉니다.

- **경로 바꾸기( )** 현재 문서에 '연결'된 그림 파일의 경로를 다시 지정합니다. 이 기능은 현재 문서의 그림 파일을 다른 경로로 옮겼을 때 유용하게 사용할 수 있습니다.

- **그림 경로 복사( )** : 선택한 연결 그림의 경로를 복사합니다. 복사한 후에는 사용할 곳에 Ctrl+V를 눌러 붙여넣기하여 사용합니다.

Lesson 07 문서 편집을 위한 유용한 기능

1 [한글2010-실습]-[편집완료파일]에서 '산소개-그림글맵시(완료).hwp' 파일을 불러옵니다.

2 샘플 문서에는 3개의 삽입 그림이 있습니다. 이 그림을 모두 별도로 저장하겠습니다. 메뉴 [파일]-[문서 정보]를 클릭합니다.

3 [그림 정보] 탭에서 [모두 삽입( )]을 클릭합니다.

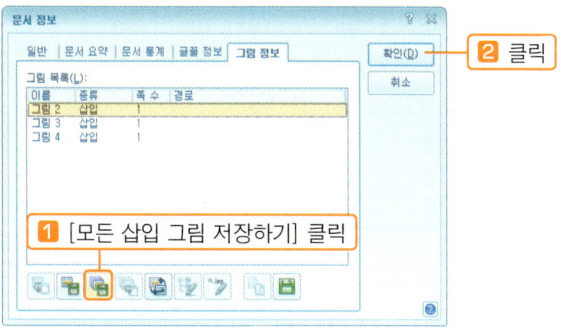

4 [모든 삽입 그림 저장하기] 대화 상자에서 '저장 위치'와 '파일 이름'을 지정하고 [저장]합니다.

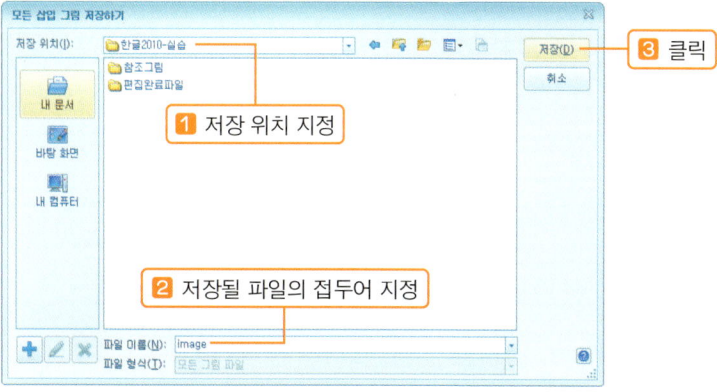

5 저장이 완료된 후, 삽입 그림이 연결 그림 형태로 변경되어 나타납니다. 연결 그림 형태로 사용하려면 [확인]을, 이전처럼 삽입 그림 형태로 사용하려면 [취소]를 클릭합니다.

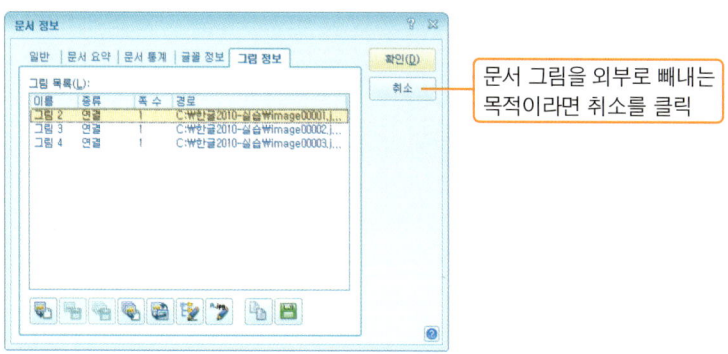

6 윈도우의 [내 컴퓨터]에서 [C:\한글2010-실습] 폴더를 열어보면 앞서 저장한 문서의 그림이 저장되어 있는 것을 확인할 수 있습니다.

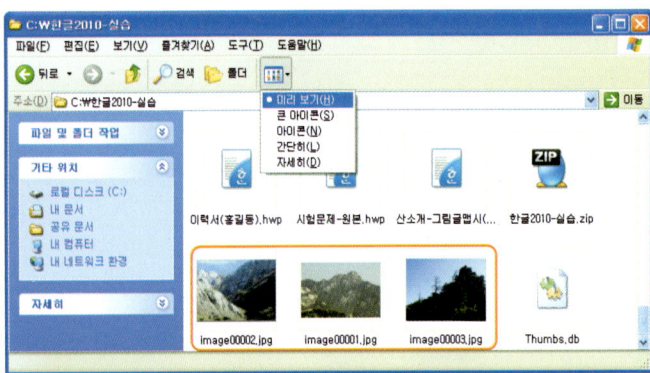

앞선 실습처럼 문서에 삽입된 모든 그림을 별도로 저장하는 것이 아니라 특정 그림만 저장하고 싶다면 좀 더 쉬운 방법으로 처리할 수도 있습니다.

1 삽입 그림으로 처리된 그림을 더블 클릭하여 [개체 속성] 대화 상자에서 [문서에 포함]을 클릭하여 해제합니다.

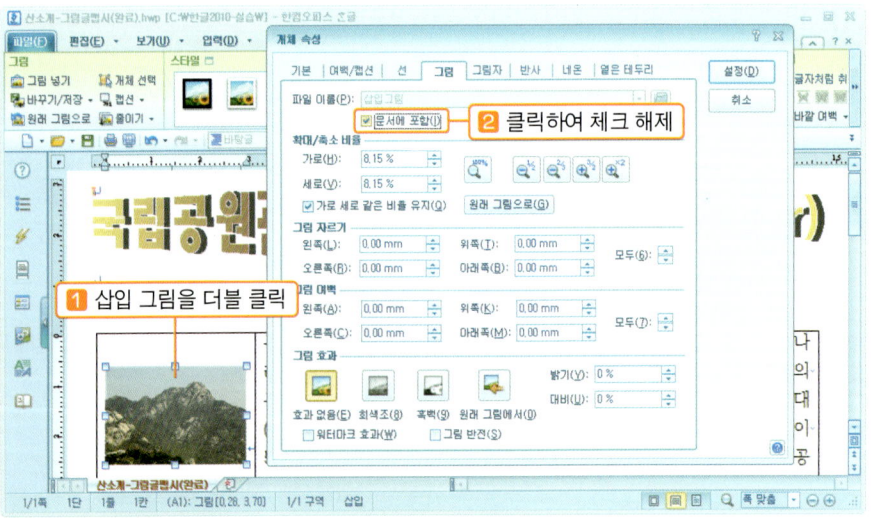

Lesson 07 문서 편집을 위한 유용한 기능

2 [삽입 그림 저장하기] 상자에서 원하는 위치에 파일 이름을 지정하여 저장합니다.

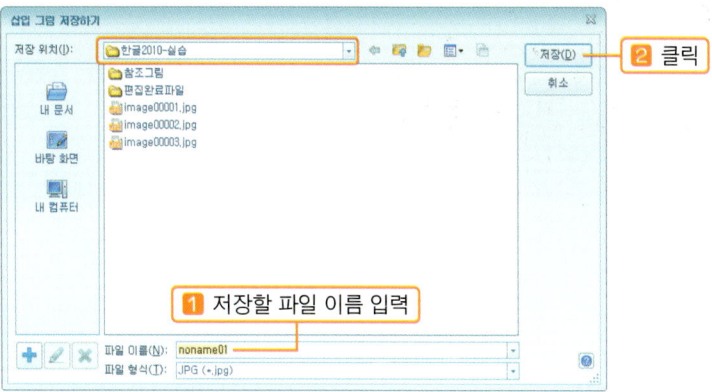

3 다시 [개체 속성] 대화 상자가 나타나면 [문서에 포함]을 클릭하여 체크해 놓고 [설정]을 클릭합니다.

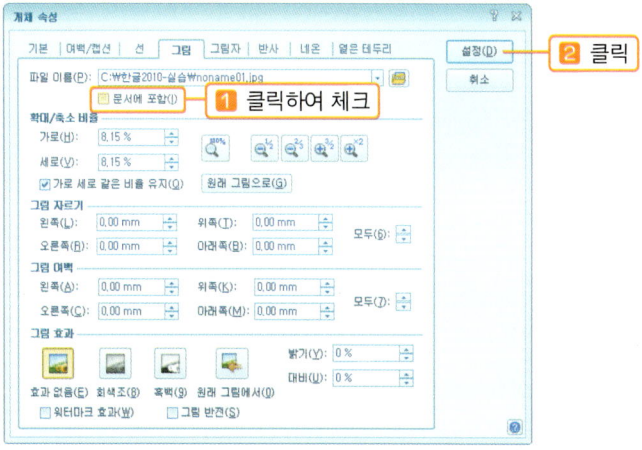

4 작업 결과로 삽입 그림이 별도로 저장되었고, 문서에는 예전처럼 삽입 형태의 그림으로 처리되어 있습니다.

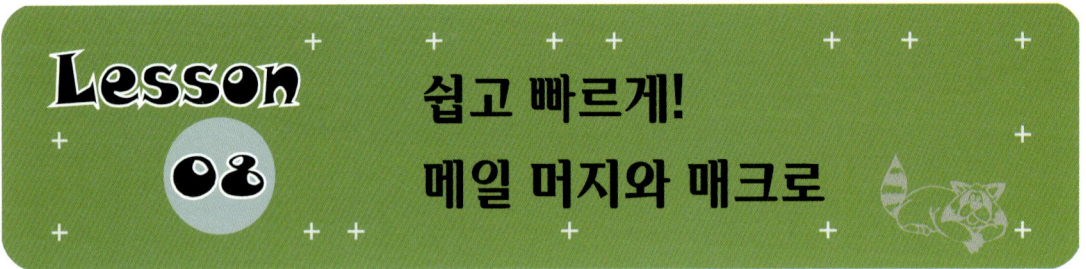

문서 편집이 주기능인 흔글에서는 사용자들의 다양한 요구 사항을 반영하여 차트 작성과 프레젠테이션, 메일 머지 등의 부가 기능을 제공합니다. 차트나 프레젠테이션 같은 경우 이를 주된 기능으로 삼고 있는 MS Office 제품인 엑셀이나 파워포인트 등이 있지만 간단한 작업은 흔글에서도 손쉽게 처리할 수 있습니다. 차트와 프레젠테이션 기능과 문서에서 손쉽게 이동할 수 있는 책갈피 기능, 공통적인 내용의 문서에 몇 군데의 데이터만 변경해서 처리해 주는 메일 머지, 단순 작업을 빠르게 처리할 수 있는 매크로 기능 등을 살펴보겠습니다.

1 책갈피와 하이퍼링크

문서 작업 도중 어떤 것을 찾아 그 위치로 이동할 때 쉽게 떠올릴 수 있는 것이 [찾아가기(Alt+G)]와 [찾기(Ctrl+F)]일 것입니다. 이런 찾아가기/찾기와 더불어 [책갈피] 기능도 특정 위치로 이동하는데 매우 유용한 기능입니다.

책갈피

[책갈피] 기능은 문서의 여러 곳에 이동할 때 참조할 표시를 해두었다가 차후 표시해둔 위치로 빠르게 이동하는 기능입니다.

● 책갈피 등록과 이동

메뉴(열림 상자) : [입력]-[책갈피]

Lesson 08 쉽고 빠르게! 메일 머지와 매크로

1 '빌게이츠연설-챕터구분.hwp' 파일을 불러서 책갈피 기능을 실습하겠습니다.

2 책갈피로 등록할 줄 앞에 커서를 위치시키고 [입력] 열림 상자의 [책갈피]를 클릭합니다.

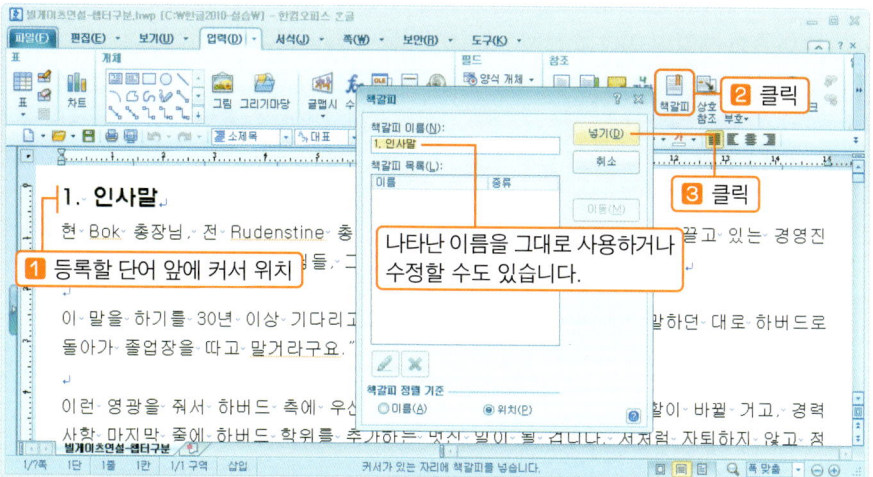

3 이 문서는 제목에 [소제목]이라는 스타일이 부여되어 있습니다. [찾아가기(Alt+G)]에서 [스타일]을 지정하여 다음 제목으로 이동합니다.

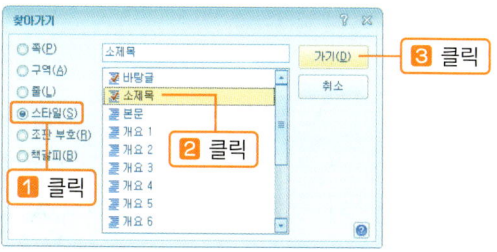

4 다음 제목으로 이동하면 그곳에 다시 [책갈피]를 부여합니다.

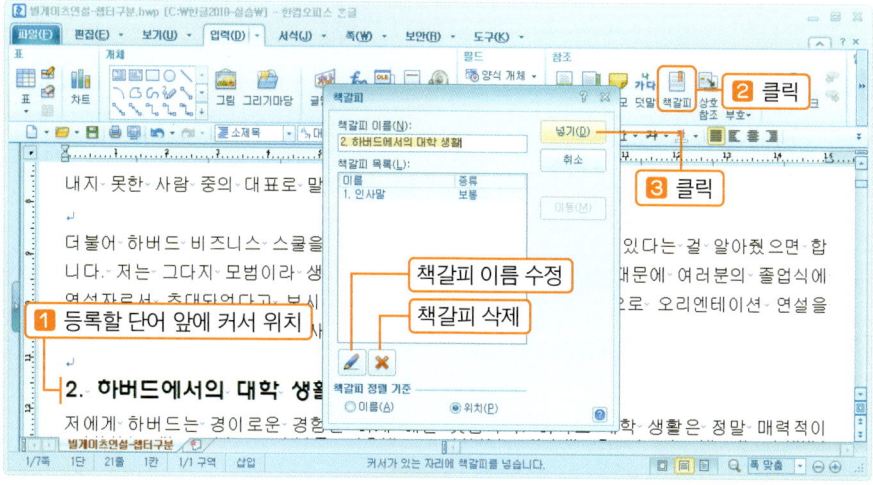

5. 계속해서 또 다른 제목을 찾기 위해 Ctrl+L를 눌러 이동한 후 마지막 '5. 맺음말 …'까지 [책갈피]를 부여합니다.

6. 책갈피 등록과 이동은 같은 대화 상자에서 작업이 이뤄집니다. [입력] 열림 상자에서 [책갈피]를 클릭한 후 이동할 책갈피 이름을 선택하고 [이동]을 누릅니다.

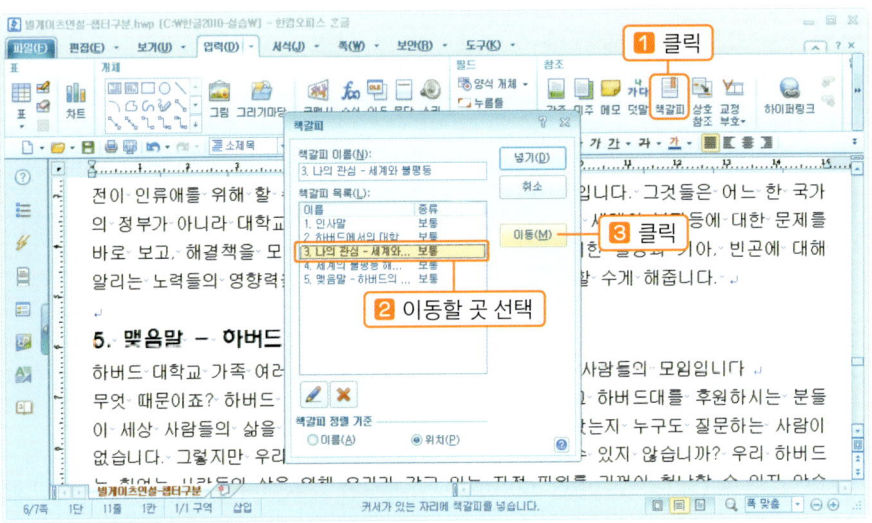

[책갈피]를 실행시켜 등록해 놓은 책갈피의 여러 곳으로 이동해 보기 바랍니다.

하이퍼링크

[하이퍼링크] 기능은 인터넷에서 유래한 것처럼 본문의 특정 위치에 링크를 걸어 두고 이곳을 클릭했을 때 링크가 가리키는 곳으로 이동하는 기능입니다. 이때 링크로 사용하는 것이 [개요], [표], [그림], [수식], [책갈피]로 지정된 곳입니다. 일반적으로 [개요]와 [책갈피]가 하이퍼링크에서 많이 사용하는 링크이므로 먼저 [책갈피]나 [개요]를 설정해 놓아야 합니다.

● 하이퍼링크

메뉴(열림 상자) : [입력]-[하이퍼링크]

1. 하이퍼링크를 지정할 곳에 커서를 위치시키고 [입력] 열림 상자에서 [하이퍼링크]를 클릭합니다.

2. [하이퍼링크] 대화 상자가 나타나면 링크를 클릭했을 때 이동할 대상을 선택하고 [넣기]합니다.

Lesson 08 쉽고 빠르게! 메일 머지와 매크로

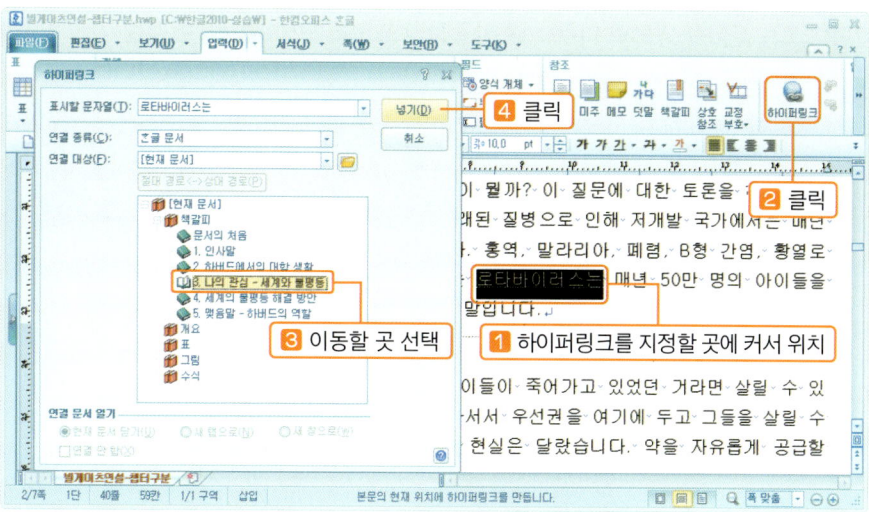

위 작업의 의미는 '로타바이러스는'이란 곳에 하이퍼링크를 설정하여 이를 클릭하면 '3. 나의 관심 - 세계와 불평등'이라는 책갈피로 이동하도록 설정하는 것입니다.

■ [하이퍼링크] 대화 상자

- **[표시할 문자열]** : 하이퍼링크에 사용할 문자열입니다. 이 문자열을 수정하면 커서 위치의 문서 내용도 수정되므로 수정하지 않고 사용하는 것이 좋습니다.

- **연결 대상(책갈피)** : 책갈피에는 '문서의 처음'만 제공되고 나머지는 사용자가 등록한 것들이 나타납니다.

- **연결 대상(개요/표/그림/수식)** : 문서의 개요/표/그림/수식으로 하이퍼링크를 설정할 수 있습니다.

3 하이퍼링크가 설정된 곳으로 마우스를 이동하면 포인터 모양( )이 변경됩니다. 이곳을 클릭하면 앞서 [하이퍼링크]에서 지정한 곳인 '3. 나의 관심….'의 책갈피로 이동합니다.

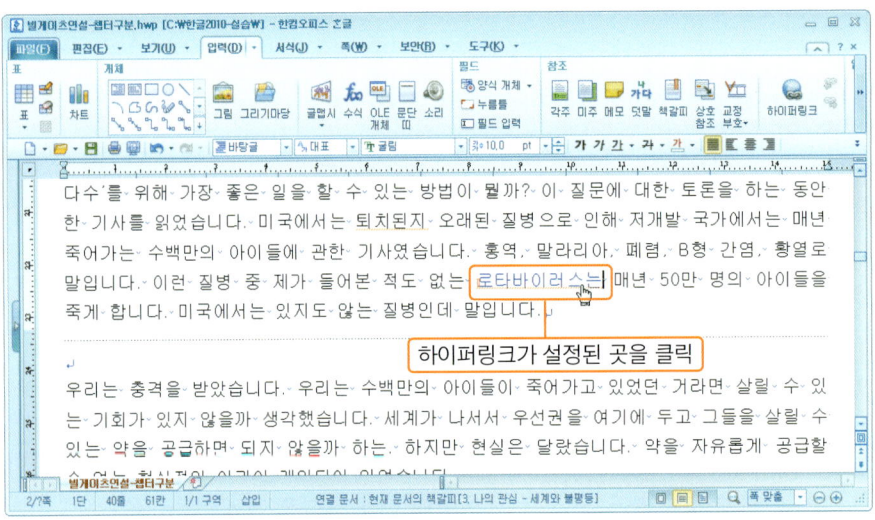

4 작업한 파일은 다른 이름으로 저장하기를 이용하여 저장합니다.(새 파일명 : 빌게이츠연설-책갈피와하이퍼링크(완성).hwp)

실습에서는 서로 관련성이 없는 곳을 하이퍼링크로 설정했습니다. 실전에서는 상호 관련성 있는 단어와 그 내용이 있는 곳을 책갈피로 설정하여 작업이 이루어집니다.

■ 하이퍼링크의 삭제

하이퍼링크가 설정된 곳으로 이동하여 단순 글자처럼 Delete 를 눌러 삭제합니다. 정확한 위치인지는 화면 하단의 정보를 참조합니다.

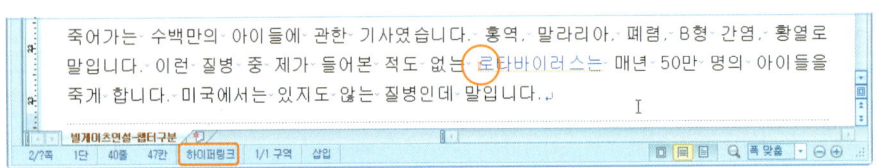

■ 하이퍼링크의 화면 표시 설정

[도구]-[환경 설정]을 실행하여 [기타] 탭에서 하이퍼링크 설정시 나타나는 글자 모양을 지정할 수 있습니다.

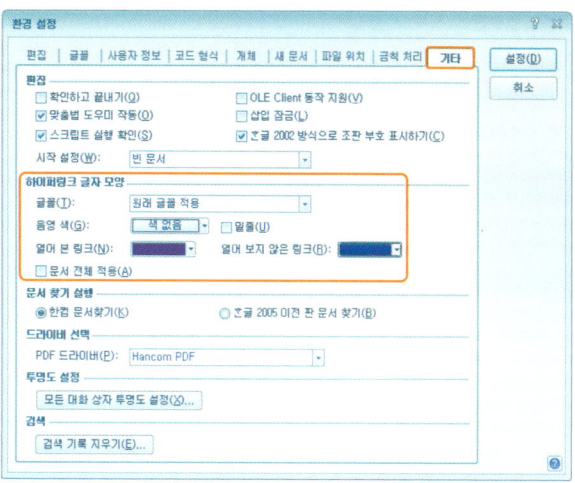

2 한글에서 차트 활용하기

훈글 2010은 문서를 쉽게 작성하고 편집하는 워드프로세서이지만 사용자를 위해 엑셀 같은 수치 계산용 프로그램에서 보던 차트 기능도 갖추고 있습니다. 전문적인 차트가 아니라면 유용하게 사용할 수 있습니다.

훈글에서의 차트는 두 가지 방식으로 만들 수 있습니다.
하나는 표로 만든 수치를 기준으로 차트를 만드는 것이고, 다른 하나는 훈글에서 주어지는 임의의 수치를 가지고 생성되는 차트에 원하는 데이터를 수정해서 편집하는 방법입니다. 따라서 이미 표에 데이터를 가지고 있으면 표를 블록 지정하고 차트를 만들고, 표로 작성된 데이터가 없으면 먼저 차트를 작성한 후에 데이터를 넣어 줍니다.

차트 만들기

● 차트 만들기

메뉴 : [입력]-[개체]-[차트]
열림 상자 : [입력] 열림 상자의 [차트]

1 '표-차트.hwp' 파일을 불러온 후, 표를 기준으로 차트를 작성하기 위해 표 전체를 블록 설정하고 [입력]이나 [표] 열림 상자에서 [차트]를 클릭합니다.

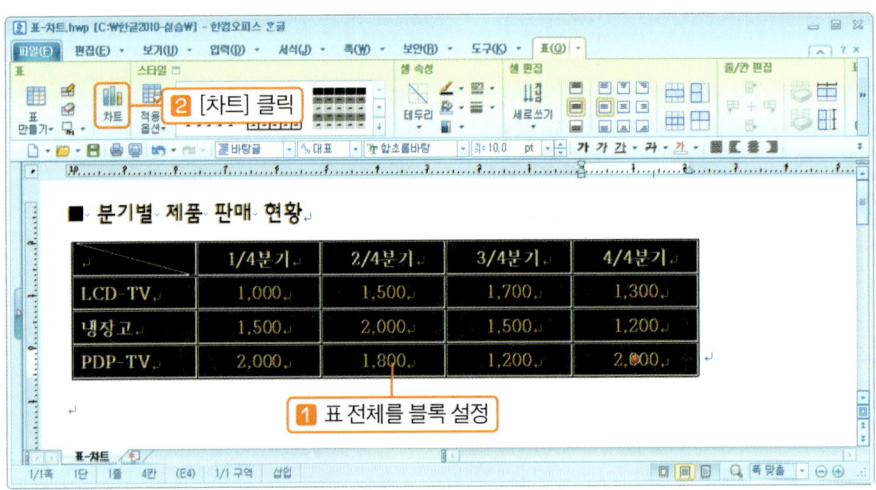

2 화면에 나타난 차트를 클릭하면 [차트] 열림 상자가 나타납니다. 차트도 개체이므로 배치를 [글자처럼 취급]으로 변경해서 위치를 조정합니다.

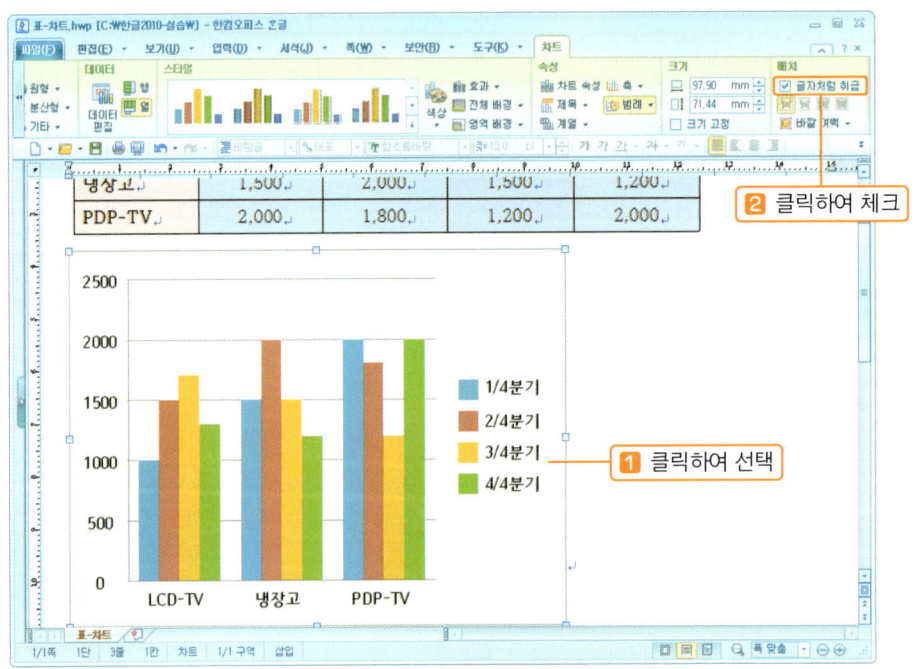

만약 차트를 삭제하려면 클릭하여 선택한 후 Delete 키를 누릅니다.

3 [차트] 열림 상자엔 차트를 편집할 수 있는 다양한 도구들이 있습니다. 차트를 더블 클릭하여 화면처럼 선택되면 [차트] 열림 상자의 [제목]을 클릭하여 차트 제목을 나타내고, 다시 차트 제목을 더블 클릭하여 [제목 모양]에서 다양한 편집을 합니다.

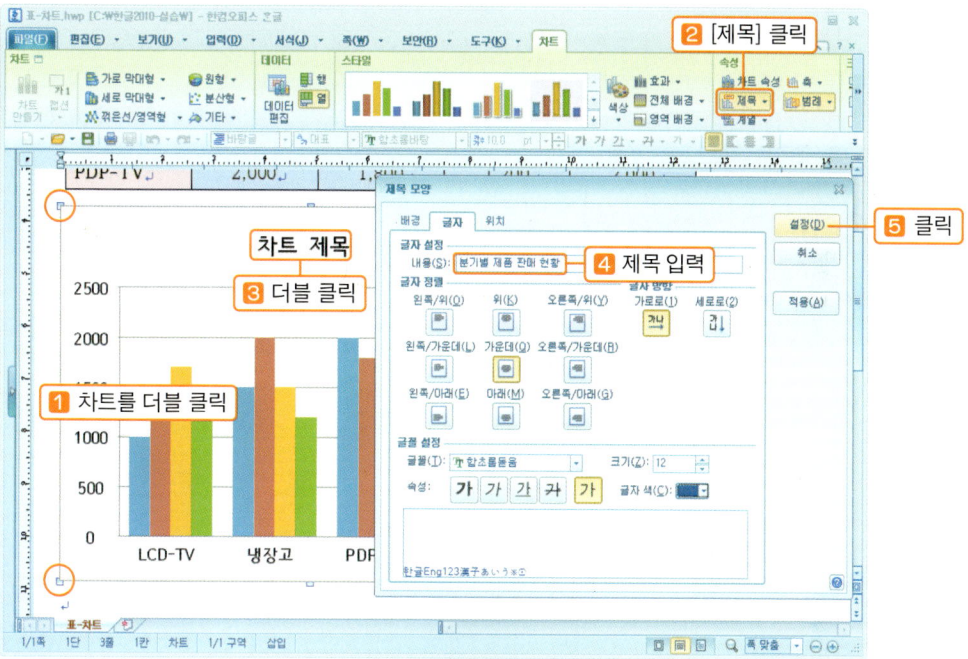

4 표를 기준으로 작성한 차트는 그 값이 서로 연동되어 있습니다. 표의 데이터를 수정하면 차트에 반영이 됩니다.

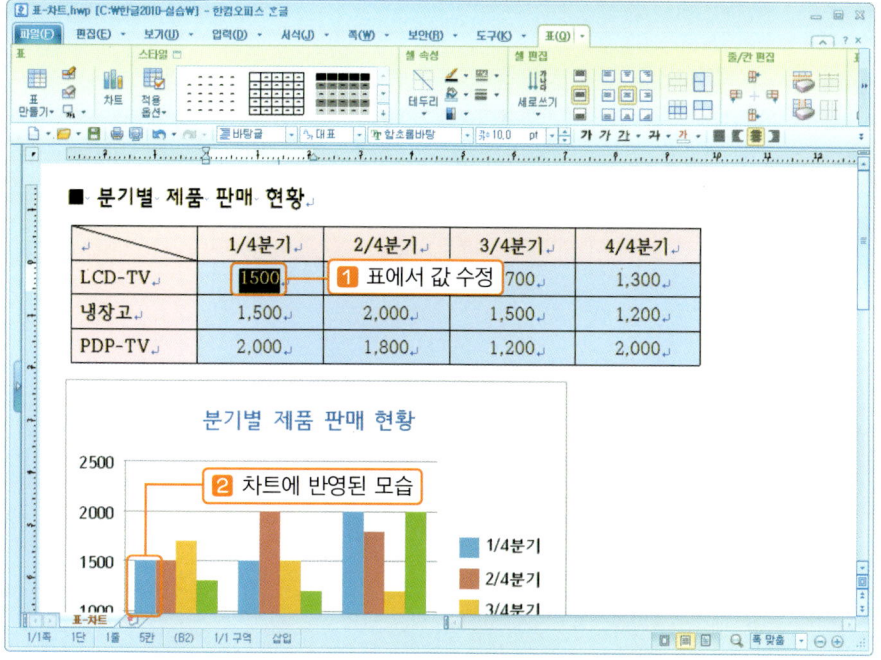

5 만약 표의 데이터는 수정하지 않고 차트에 데이터를 달리 표시하려면 [데이터 편집]을 사용해야 합니다.

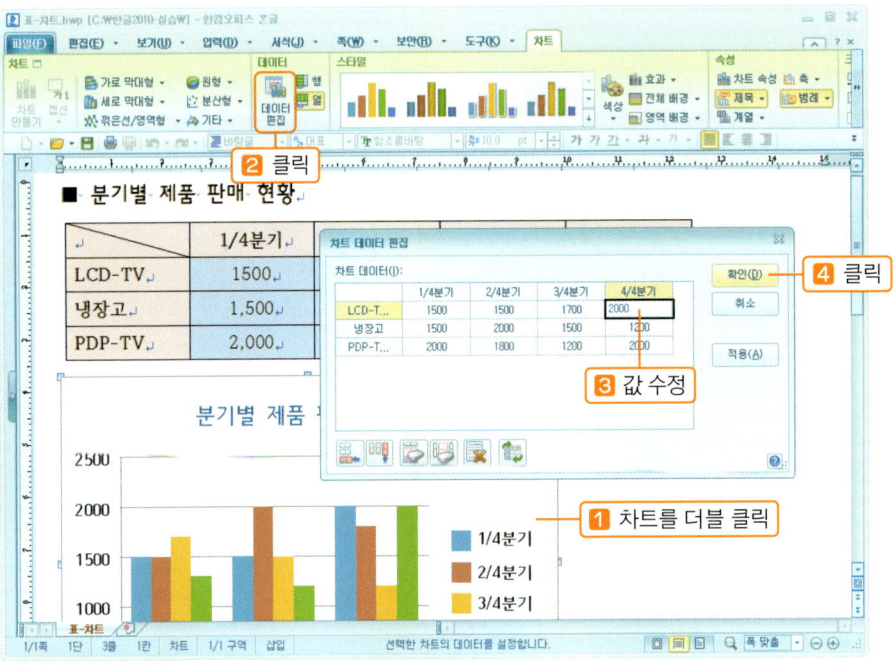

6 작업 결과를 보면 표와 차트의 값이 다른 것을 알 수 있습니다. 따라서 [데이터 편집]의 특징을 알고 주의해서 사용해야 합니다. 여러 가지 도구들을 사용하여 차트를 편집해본 후 '표-차트(완성).hwp'란 다른 이름으로 저장합니다.

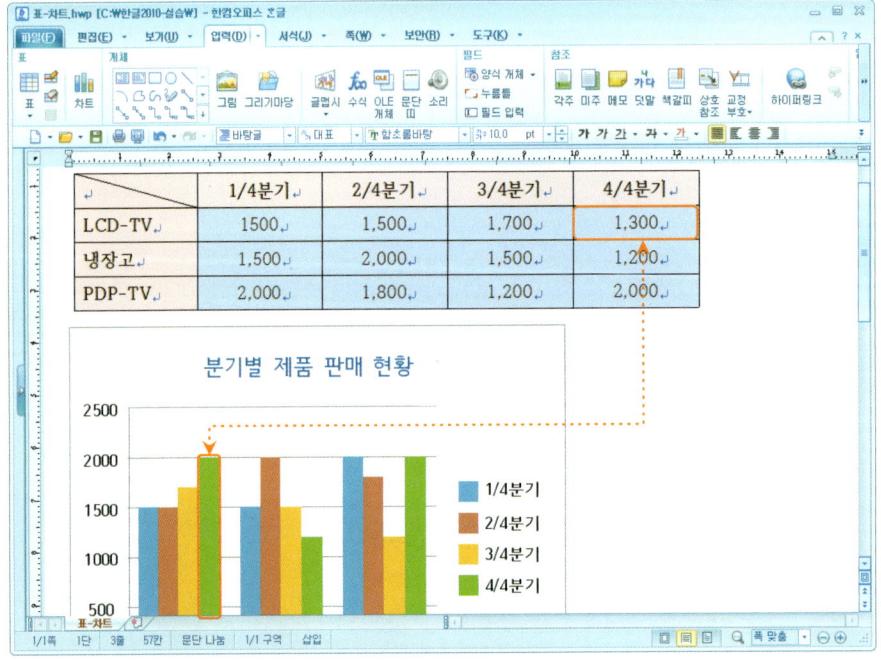

> **Note** 차트를 클릭하여 선택하는 것과 더블 클릭하여 선택하는 것은 작업에 차이가 있습니다. 모든 작업을 원활히 하려면 더블 클릭하여 차트를 선택하는 것이 좋습니다.

차트 작성 후 데이터 넣기

한글은 데이터 없이 차트를 작성하면 임의의 자료로 차트를 만들어 줍니다. 표에 블록을 지정해서 작업하는 것과 크게 다르지 않으며, 만들어진 차트의 값은 수정해서 사용합니다.

1 화면 하단의 [새 탭]을 눌러, [빈 문서]를 만든 후, [입력] 열림 상자에서 [차트]를 클릭하면 화면에 차트가 생성됩니다.

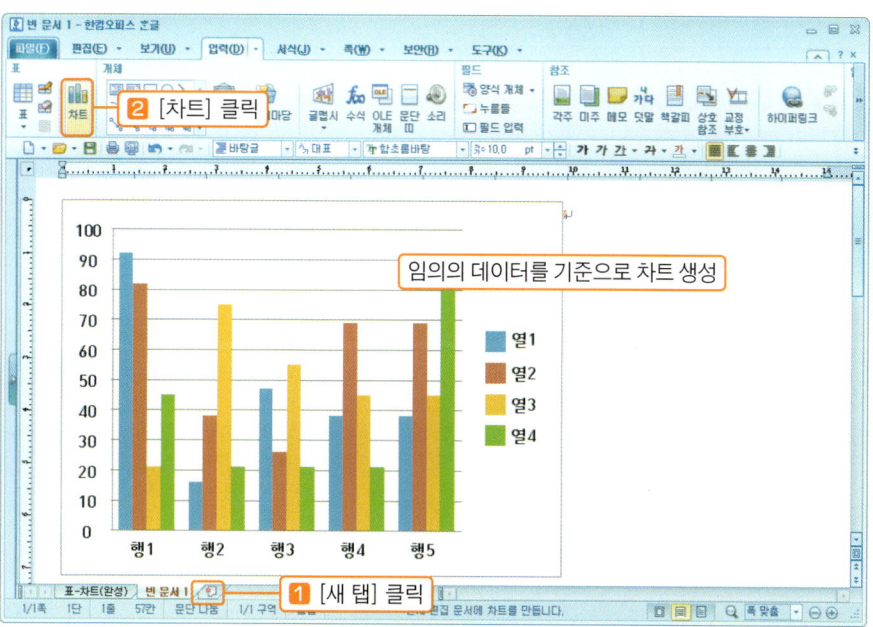

2 생성된 차트를 더블 클릭하여 선택하고 [데이터 편집]을 클릭합니다.

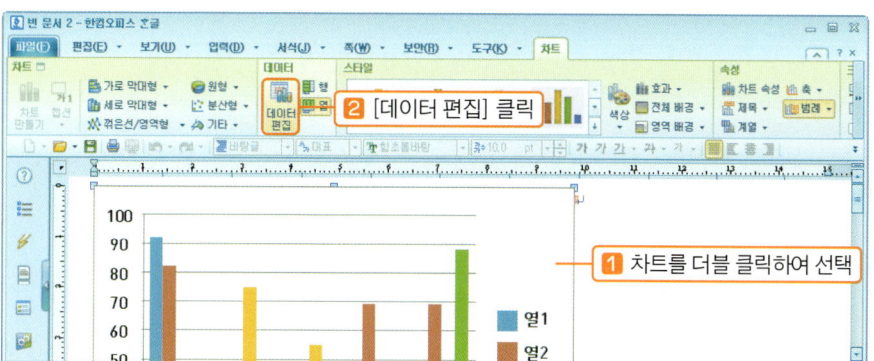

3 [차트 데이터 편집] 대화 상자에서 행 삭제( ), 열 삭제( ) 버튼을 눌러 3행, 4열의 표로 만든 후, 차트에 사용할 값을 입력합니다.

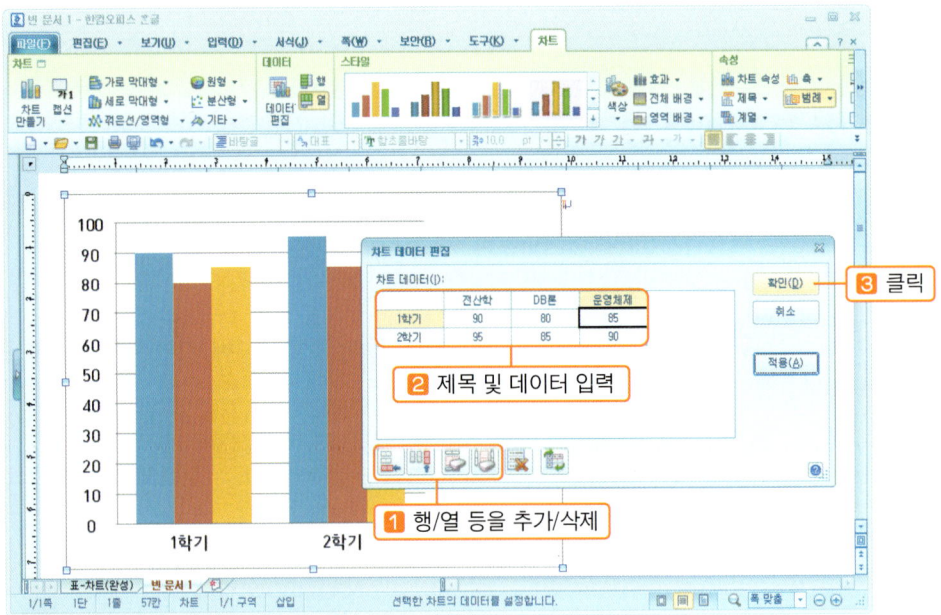

■ [차트 데이터 편집] 대화 상자

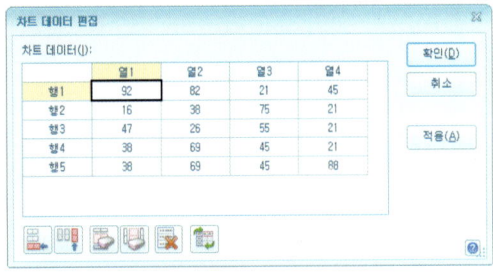

셀을 마우스로 클릭하여 위치를 지정하고 도구들을 사용하여 행/열을 추가 또는 삭제합니다.

아이콘	이 름	설 명
	행 추가하기	맨 아래쪽 행 다음에 행을 추가
	열 추가하기	맨 오른쪽 열 다음에 열을 추가
	선택한 행 삭제	현재 선택한 셀이 속한 행을 삭제
	선택한 열 삭제	현재 선택한 셀이 속한 열을 삭제
	모든 데이터 삭제	차트 데이터에 입력된 모든 데이터를 삭제
	행/열 변환	행과 열의 데이터를 서로 바꿈

4 차트를 더블 클릭하여 선택한 후 여러 차트 도구들을 사용하여 편집하고, '성적차트(완성).hwp' 파일로 저장합니다.

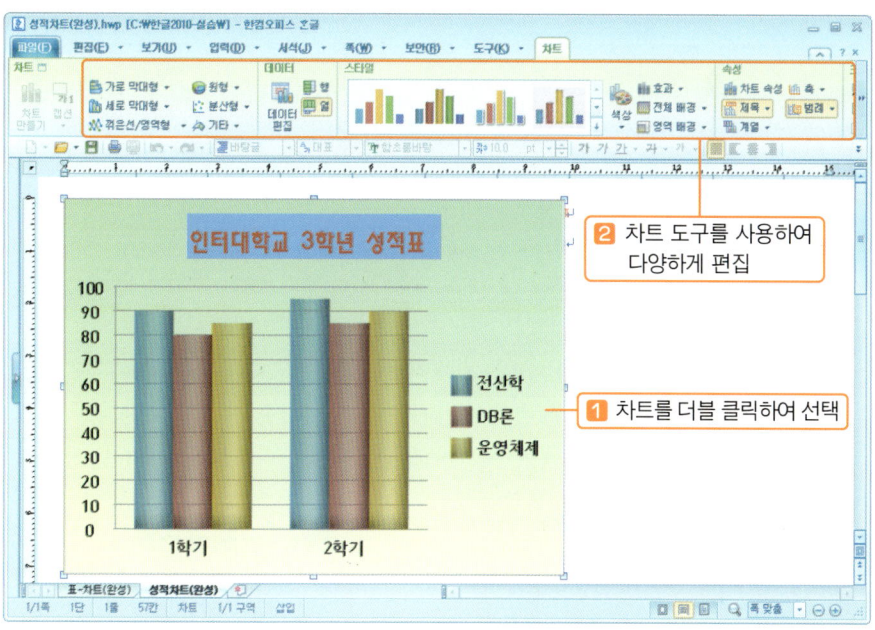

③ 프레젠테이션

보통 프레젠테이션을 하기 위해서 MS Office 중 파워포인트라는 제품을 널리 사용합니다. 한글에서는 그 기능을 축소하여 편집한 문서를 그림이나 그러데이션이 깔린 배경 화면에 나타내서 간단한 프레젠테이션을 할 수 있습니다.

● 프레젠테이션 설정 및 실행

메뉴(열림 상자) : [도구]-[프레젠테이션]

훈글에서 프레젠테이션 기능은 프레젠테이션 설정과 실행으로 나눠지는데 [프레젠테이션 설정]에서 프레젠테이션 배경 화면 종류나 화면 전환 효과, 효과음, 적용 범위 등을 지정하고, [프레젠테이션 실행]에서 프레젠테이션을 실행합니다. [프레젠테이션 실행]에서도 [프레젠테이션 설정]을 겸해서 처리할 수도 있습니다.

쉽게 배우고 제대로 활용하는 한글 2010 끝내기

1 '스티브잡스연설(2005년 스탠포드대 졸업식).hwp' 파일을 불러온 후, [도구] 열림 상자에서 [프레젠테이션 설정]을 클릭합니다.

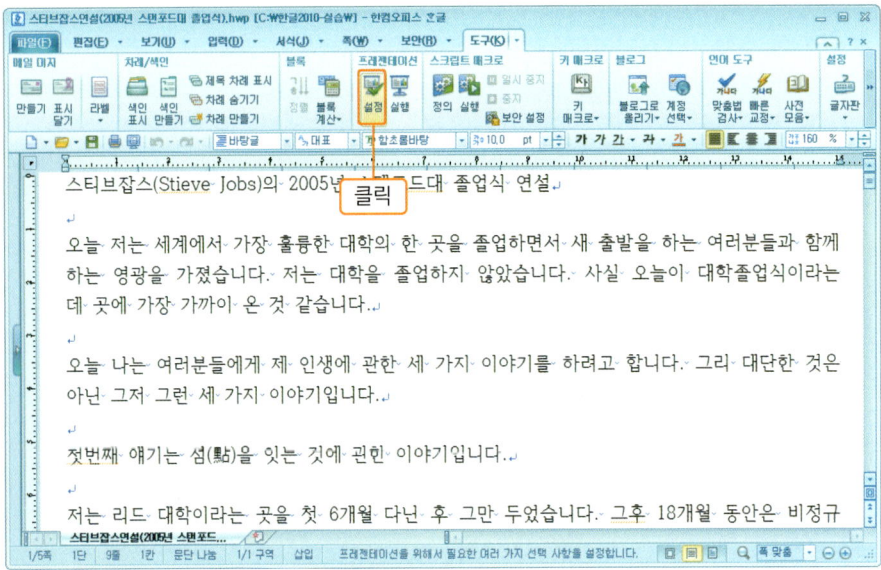

2 [프레젠테이션 설정]의 [배경 화면] 탭에서 배경을 지정하고 [화면 전환] 탭으로 이동합니다.

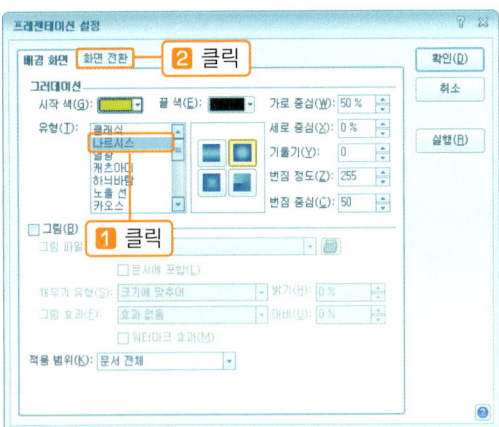

Lesson 08 쉽고 빠르게! 메일 머지와 매크로

3 [화면 전환] 탭은 문서가 한 페이지씩 나타나는 모양을 지정하는 곳입니다. 화면 전환 효과를 선택하고 [확인]을 눌러 프레젠테이션 설정을 종료합니다.

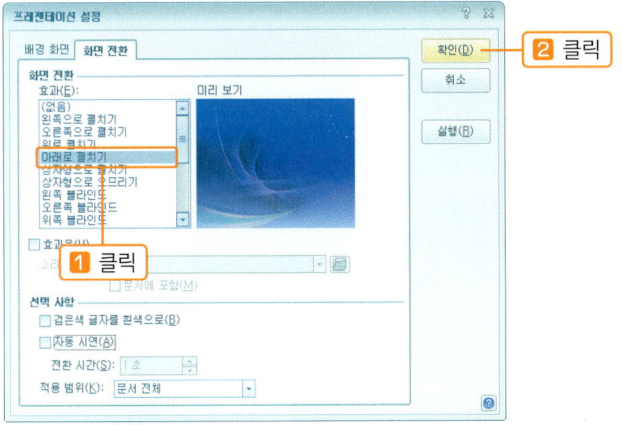

- [효과음] : wav 파일을 불러 화면 전환시 효과음으로 사용
- [검은 색 글자를 흰색으로] : 배경 화면에 따라 글자가 잘 안 보일 때 사용
- [자동 시연] : 프레젠테이션 실행시 한 페이지씩의 전환을 자동으로 설정
- [전환 시간] : [자동 시연]을 선택했을 때 화면 전환의 시간을 초 단위로 지정
- [실행] 단추 : [프레젠테이션 설정] 화면에서 바로 실행하고자 할 때 사용

4 프레젠테이션 설정이 완료되었으면 [도구] 열림 상자의 [프레젠테이션 실행]을 클릭합니다.

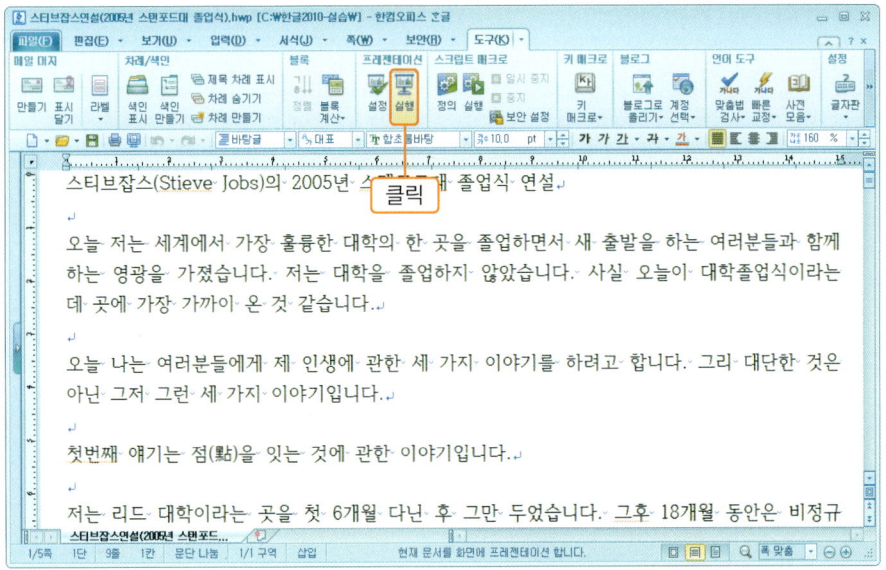

5 화면에 프레젠테이션이 실행되면 마우스로 클릭하거나 다양한 키(Enter, Space Bar, Page Up, Page Down)을 이용하여 화면을 전환합니다. 프레젠테이션 종료는 Esc 키를 누르면 됩니다.

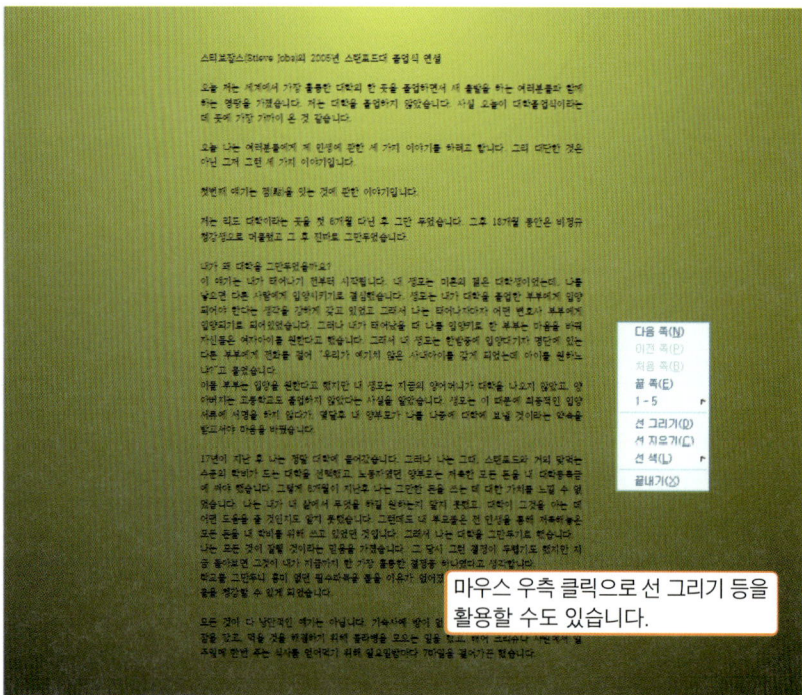

마우스 우측 클릭으로 선 그리기 등을 활용할 수도 있습니다.

Note
- 현재 문서에서 프레젠테이션을 처음 실행하는 것이라면 프레젠테이션 구역을 만들 것인지 묻습니다. [만듦] 단추를 누르면 [프레젠테이션 설정] 대화 상자가 나타납니다.
- 한 번이라도 프레젠테이션을 실행했던 문서에서 [프레젠테이션 실행]을 하면 이전 설정대로 프레젠테이션이 실행됩니다.

4 메일 머지

공통적인 내용의 문서에 특정한 곳만 다르게 수십, 수백 통의 문서를 만들어 발송한다면 특정한 곳에 들어갈 내용은 [데이터 파일(data file)]로 만들고, 그 데이터가 대입될 [서식 파일]을 만든 후, 이 둘을 결합(merge)해서 처리하는 이런 기능을 메일 머지라고 합니다.

메일 머지에 사용할 데이터 파일은 훈글 파일(*.hwp)을 이용하는 경우와 DBF 파일(*.dbf), 훈셀 파일(*.cell), 넥셀 파일(*.nxl), 엑셀 파일(*.xls) 등 외부 파일을 이용하는 경우로 나뉩니다. 그러나 데이터 파일이 대입될 서식 파일은 반드시 훈글에서 작성하여야 합니다.

● 메일 머지

메뉴(열림 상자) : [도구]-[메일 머지]

훈글 데이터 파일을 이용한 메일 머지하기

메일 머지는 데이터 파일과 서식 파일의 2개 파일로 나눠서 작성한 후에 메일 머지를 실행합니다.

• [데이터 파일]
훈글에서 [데이터 파일]을 작성할 때는 반드시 문서 처음에 데이터 파일이 몇 개의 필드(항목)로 구성된 것인지를 숫자로 기재한 후에 데이터를 입력해야 합니다.

좌측 데이터 파일을 보면 이름, 전화번호, 주소의 3개 필드로 구성된 김미미, 김진진의 2개의 레코드가 입력되어 있습니다. 따라서 데이터 파일의 처음에 필드(항목)의 개수인 3을 기재하고 데이터를 입력합니다.

• [서식 파일]
[서식 파일]엔 [필드 번호]가 기재되어야 합니다. 이 필드 번호는 사용자가 입력하는 것이 아니라 [도구] 열림 상자의 [메일 머지 표시 달기]를 이용해서 부여해야 합니다.

아래에 메일 머지에 사용할 데이터 파일과 서식 파일의 예를 들었습니다.

[데이터 파일]의 처음에 기술한 '3'은 필드(항목) 개수입니다. 이렇게 훈글 데이터 파일의 처음엔 반드시 필드 개수를 기재한 후에 그 아래에 데이터들을 작성해 나가야 합니다.

[서식 파일]엔 공통으로 사용할 문장과 데이터 파일에서 자료를 가져와서 대입시킬 필드 번호를 넣어 줘야 합니다. 필드 번호는 사용자가 직접 타이핑하는 것이 아니라 [도구] 열림 상자의 [메일 머지 표시 달기]를 이용해서 부여해야 합니다.

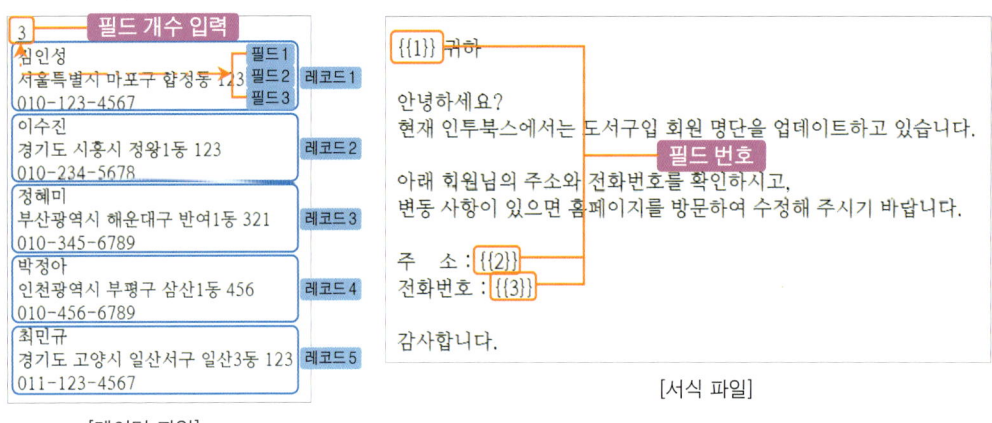

1 먼저, 메일 머지에 사용할 데이터 파일로 '메일머지-회원명단-데이터.hwp' 파일을 불러온 후, 첫줄에 필드(항목)의 개수인 3을 입력하고 메뉴 [파일]-[저장하기]로 재저장합니다.

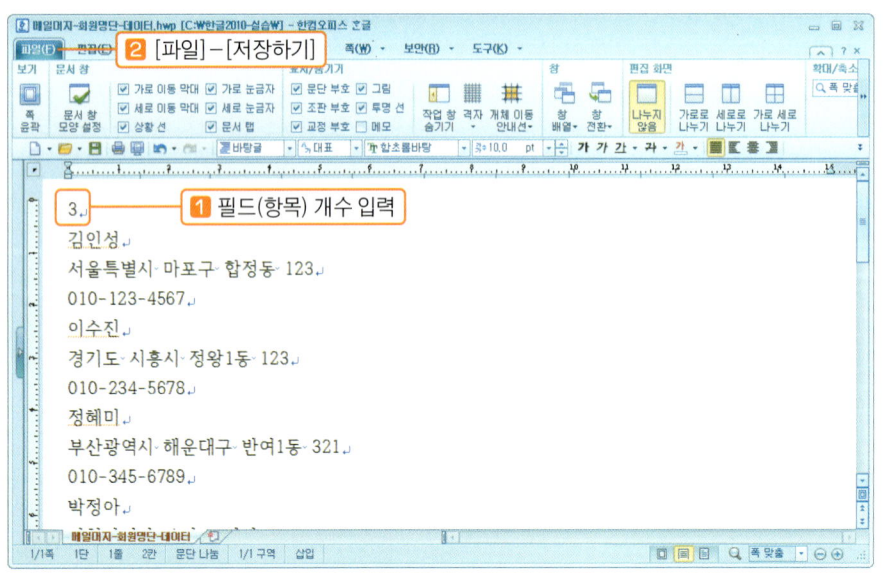

Lesson 08 쉽고 빠르게! 메일 머지와 매크로

2 이번에는 메일 머지에 사용할 서식 파일로 '메일머지-회원명단-서식.hwp' 파일을 불러온 후, 필드 번호를 부여할 '귀하'의 맨 앞에 커서를 놓고 [도구] 열림 상자의 [메일 머지 표시 달기]를 클릭합니다.

[메일 머지 표시 달기] 대화 상자가 나타나면 [필드 만들기] 탭에서 필드 번호 '1'을 입력하고 [넣기]를 누릅니다. 데이터 파일이 흔글 파일(*.hwp)인 경우 번호 필드만 사용합니다.

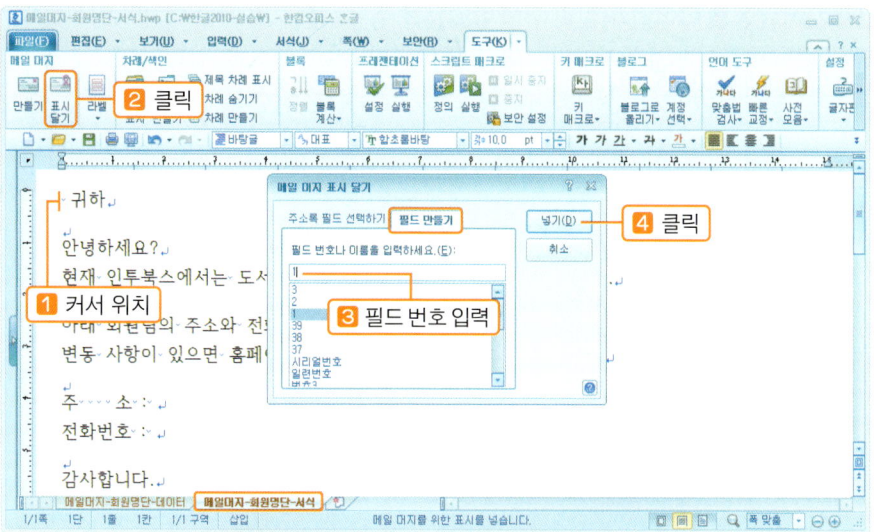

Note) 불러온 문서가 새 탭에 배치되려면 [도구] 열림 상자의 [환경 설정]을 눌러 [편집] 탭의 [불러오기]를 [현재 창에 새 탭으로]를 선택해 두면 됩니다.

3 같은 방식으로 '주소'와 '전화번호'의 맨 끝에 커서를 위치시키고 [도구] 열림 상자의 [메일 머지 표시 달기]를 클릭하여 필드 번호 '2'와 '3'을 부여합니다.

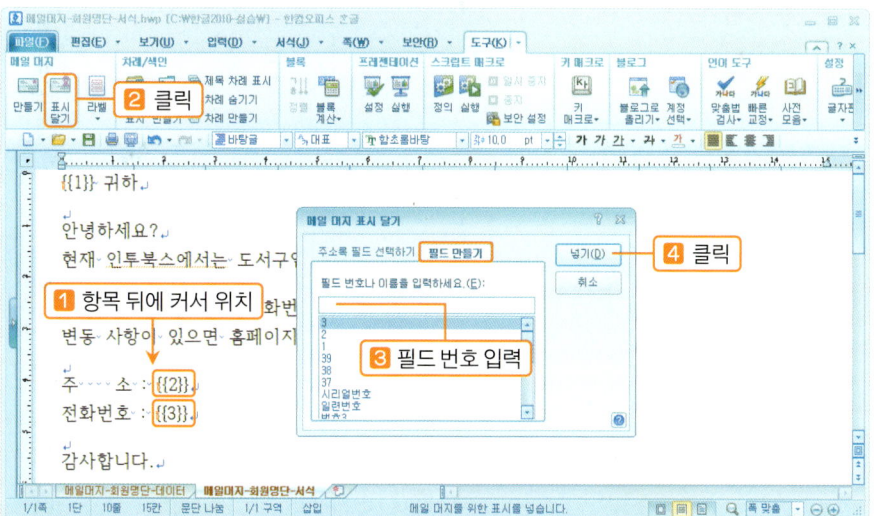

> **Note**
> 차후 메일 머지 결과에 나타나는 필드 항목들은 현재 입력된 필드 번호의 글자 모양과 동일하게 처리됩니다. 다른 글꼴, 글자 크기를 원한다면 필드 번호를 블록 설정해서 글자 모양을 미리 지정해 둡니다.

4 메일 머지에 사용할 데이터 파일과 서식 파일을 모두 완성했으면 서식 파일에 커서를 위치시키고, [도구] 열림 상자의 [메일 머지 만들기]를 클릭합니다.

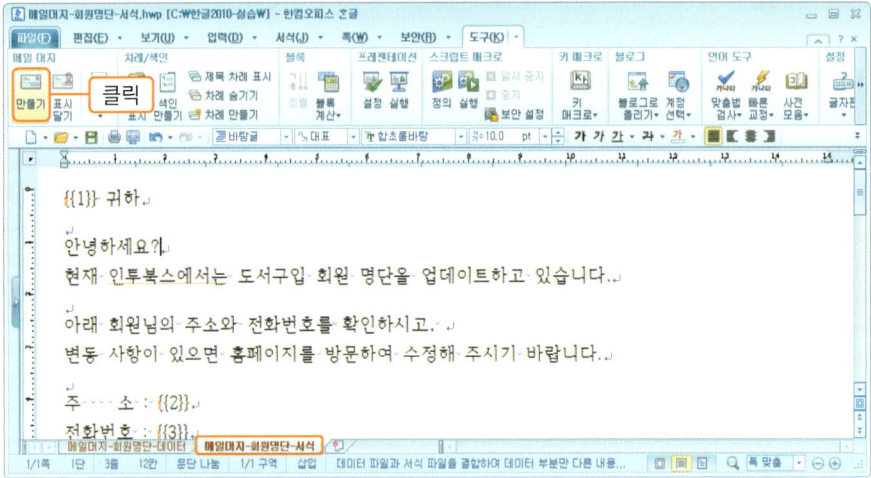

5 나타나는 [메일 머지 만들기] 대화 상자에서 [자료 종류]와 [출력 방향] 등을 지정하고 [확인]을 누릅니다.

- [자료 종류]는 [흔글 파일]로 지정하고 앞서 작성한 '메일머지-회원명단-데이터.hwp'를 지정합니다.

- [출력 방향]은 [화면]으로 지정합니다. 먼저 화면으로 결과를 확인해서 이상이 없다면 차후 바로 [인쇄]하거나 [파일]로 별도 저장해서 활용할 수 있습니다.

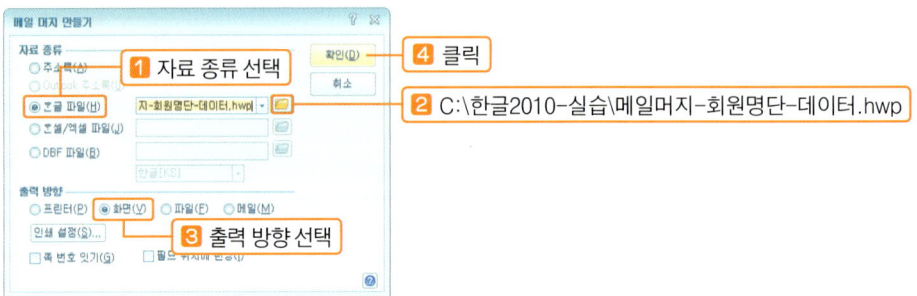

Lesson 08 쉽고 빠르게! 메일 머지와 매크로

6 인쇄 미리 보기로 결과가 나타나면 페이지를 이동하면서 결과를 확인합니다.

아래 그림은 여러 쪽의 내용을 함께 배열해서 여러분의 이해를 돕도록 편집한 것입니다.

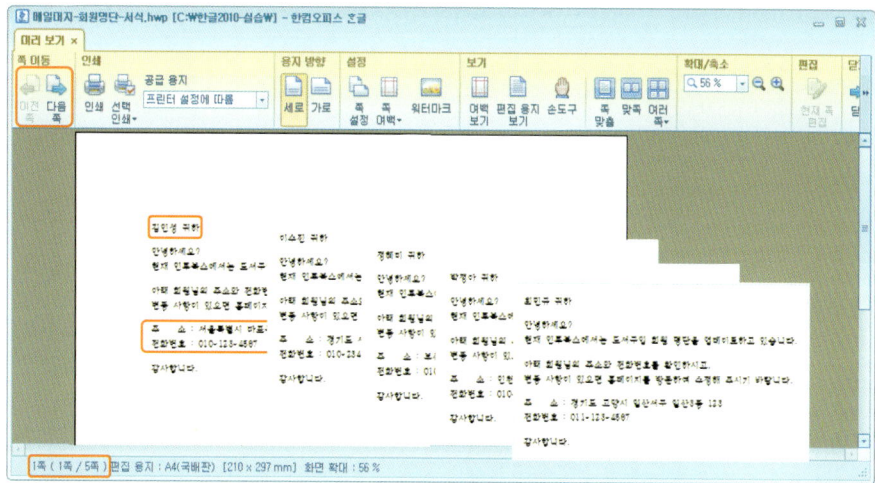

Note

■ **메일 머지한 결과가 한쪽만 나타난다면?**

간혹 정상적인 메일 머지 작업을 했는데도 결과가 한 쪽이나 일부만 나타나는 경우가 있습니다. 이는 메일 머지 작업을 잘못한 것이 아니라 [파일]-[인쇄]의 [인쇄 범위]가 잘못 설정된 경우입니다. [인쇄 범위]를 [문서 전체]로 변경하고 다시 [메일 머지 만들기] 작업을 진행합니다.

7 이번에는 메일 머지 결과를 [파일]로 저장해서 확인하겠습니다. [도구] 열림 상자에서 [메일 머지 만들기]를 클릭하여 [출력 방향]을 [파일]로 지정하여 저장합니다.

- 파일이 만들어질 위치는 C: 드라이브의 [한글2010-실습] 폴더로,
- 파일 이름은 '메일머지-회원명단(완성).hwp'로 지정합니다.

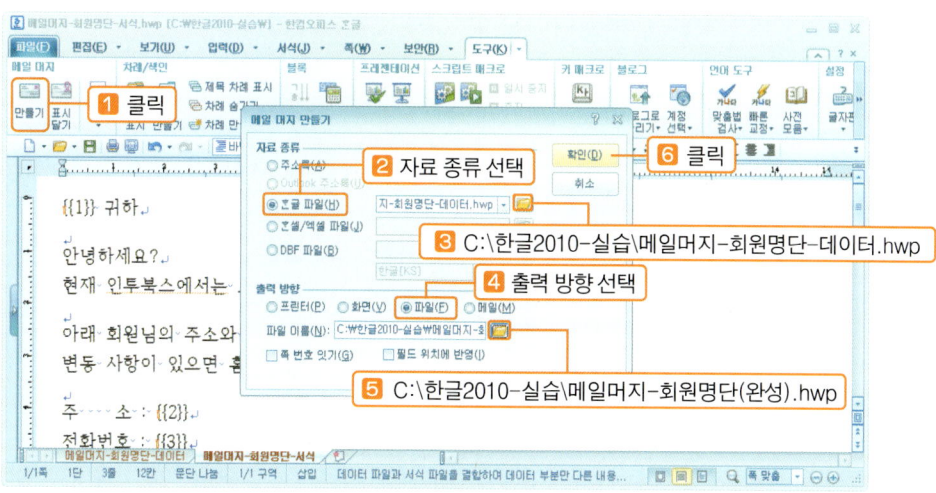

8 메일 머지한 결과 파일인 '메일머지-회원명단(완성).hwp'를 불러와서 페이지를 이동하면서 결과를 확인합니다.

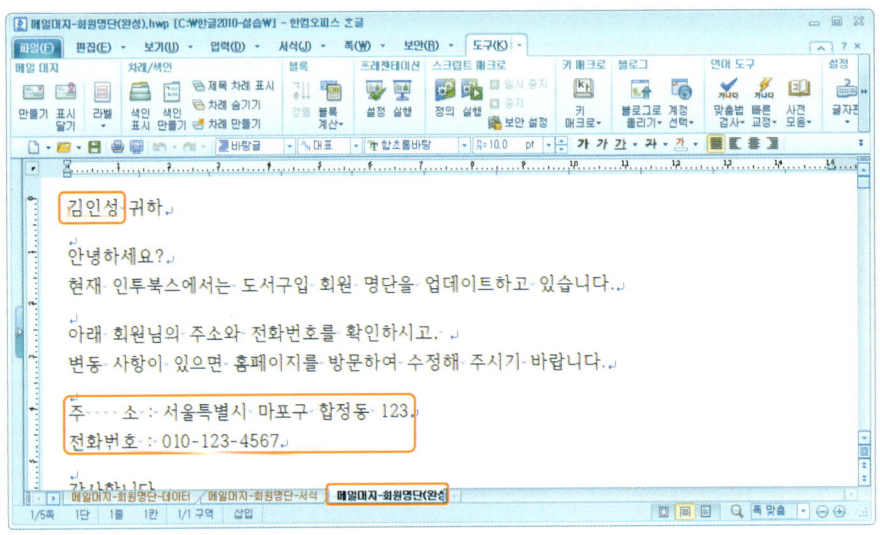

흔글로 작성한 데이터 파일을 가지고 메일 머지 작업을 실습했습니다. 이번에는 외부 파일인 DBF 파일(*.dbf), 한/셀 파일(*.cell), 넥셀 파일(*.nxl), 엑셀 파일(*.xls)에 저장된 데이터 파일을 가지고 메일 머지 작업을 실습하겠습니다.

흔셀 파일을 이용한 메일 머지

1 바탕 화면의 [한컴 오피스 한셀 2010]을 클릭한 후, C: 드라이브의 [한글2010-실습] 폴더에서 '메일머지-회원명단-한셀데이터.cell'을 불러와서 살펴본 후, 흔셀을 종료합니다.

이 파일은 앞서 실습한 '메일머지-회원명단-데이터.hwp' 파일과 같은 내용을 한셀 2010의 'Sheet1'에 입력해 놓은 파일입니다.

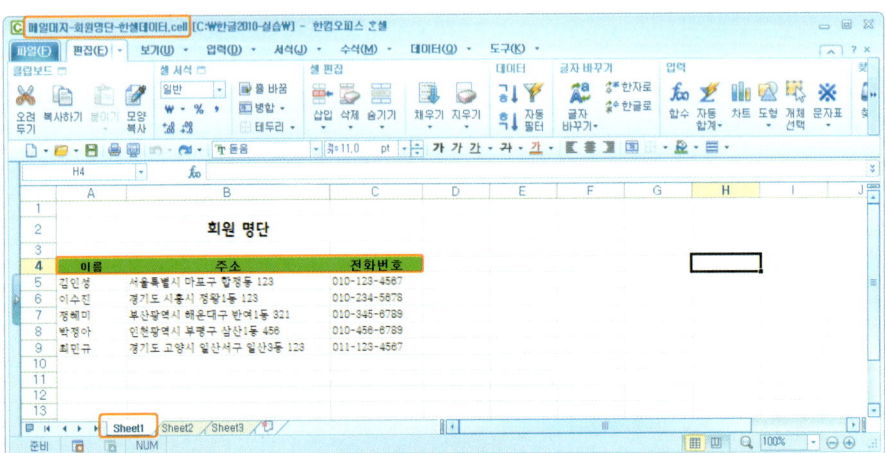

> **Note**
> 한셀 2010에 메일 머지에 사용할 데이터 파일이 열려 있으면 흔글에서 메일 머지 작업이 처리되지 않습니다. 데이터 파일로 사용할 흔셀 파일을 닫은 후, 메일 머지 작업을 진행합니다.

2 메일 머지에 사용할 서식 파일로 앞서 실습했던 '메일머지-회원명단-서식.hwp' 파일을 불러온 후, 필드 번호를 부여할 곳에 커서를 놓고 [도구] 열림 상자의 [메일 머지 표시 달기]를 클릭합니다.

[메일 머지 표시 달기] 대화 상자가 나타나면 [필드 만들기] 탭에서 흔셀에서 표시했던 필드 이름(이름, 주소, 전화번호)과 동일하게 입력하여 지정합니다. 첫 번째 '이름'의 표시 달기를 했으면 커서 위치를 다음 필드 번호를 부여할 곳으로 이동해서 나머지 필드에도 [메일 머지 표시 달기]를 합니다.

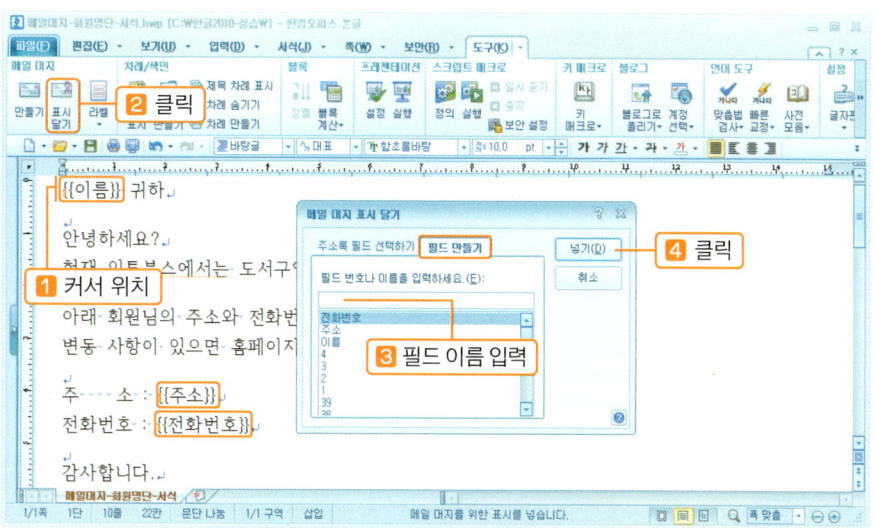

3 [도구] 열림 상자의 [메일 머지 만들기]를 클릭해서 [자료 종류]와 [출력 방향] 등을 지정하고 [확인]을 누릅니다.

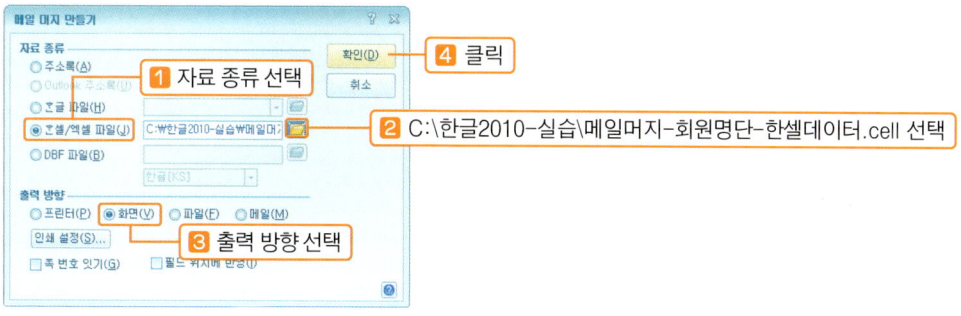

4 이어 나타나는 [시트 선택]은 메일 머지 데이터로 선택한 흔셀 파일의 어느 시트에 자료가 수록되어 있는지를 선택하는 것입니다. [Sheet1]을 선택합니다.

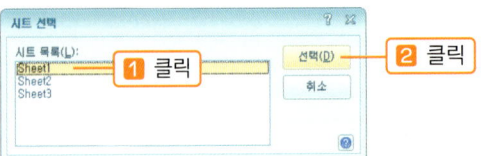

5 실제 데이터만 선택하기 위해 '김인성'을 클릭한 후, 마지막 데이터인 '최민규'를 Shift +클릭하여 선택하고 [선택]을 누릅니다.

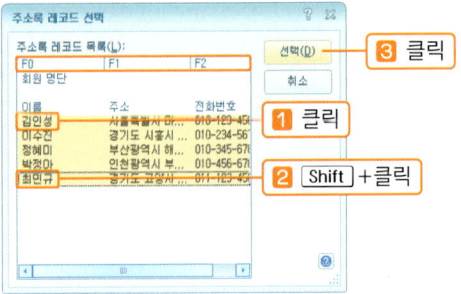

> **Note**
> 상단의 [F0], [F1], [F2]와 아래 필드 이름인 '이름', '주소', '전화번호'의 매치를 잘 기억해 둡니다.
> [F0] ----- 이름   [F1] ---- 주소   [F2] ---- 전화번호

6 나타나는 [필드 이름 연결] 대화 상자에서 메일 머지용 서식 파일에서 만든 필드 이름과 데이터 파일의 필드명을 서로 연결해 줍니다.

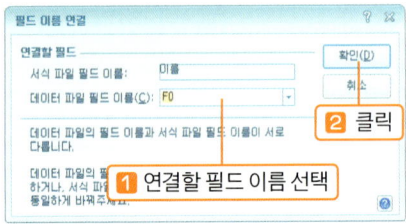

서식 파일 필드 이름		데이터 파일 필드 이름
이름	⇔	F0
주소	⇔	F1
전화번호	⇔	F2

Lesson 08 쉽고 빠르게! 메일 머지와 매크로

7 인쇄 미리 보기로 결과를 확인합니다.

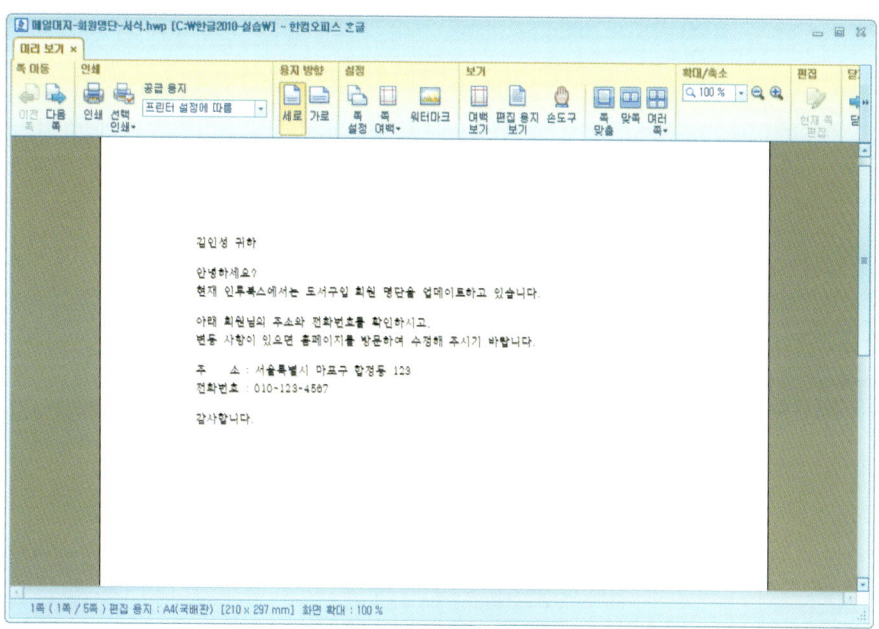

■ 주소 및 우편번호 손쉽게 입력하기

메뉴 [입력]-[입력 도우미]-[주소 찾기]를 이용하면 손쉽게 주소와 우편번호를 입력할 수 있습니다.

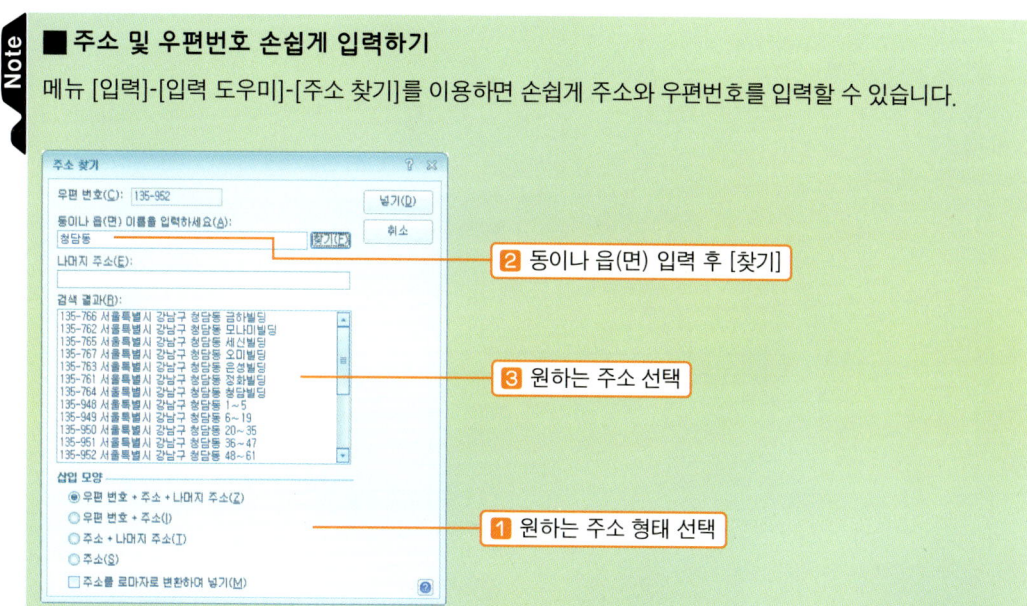

라벨 용지를 이용한 메일 머지

대량의 회원명부를 한 장의 종이에 여러 명씩 출력한 후, 이를 오려서 우편 봉투에 부착하는 작업을 주변에서 흔히 볼 수 있습니다. 언뜻 메일 머지로 작업하면 손쉬울 것 같지만 막상 진행하다 보면 그리 쉽지 않음을 알게 됩니다. 왜냐면 메일 머지는 한 페이지에 여러 명의 데이터가 아닌 한 사람의 데이터만 출력해 주기 때문입니다.

이렇게 한 페이지에 여러 건의 자료(레코드)를 출력하려면 단순한 메일 머지가 아닌 라벨 문서를 만들어서 메일 머지를 해야 함을 꼭 기억하기 바랍니다.

● **라벨로 메일 머지하기**

열림 상자 : [도구]-[라벨]-[라벨 문서 만들기]

아래는 엑셀 파일로 작성한 샘플 데이터('메일머지-라벨용(데이터).xls')를 훈셀 2010에서 불러온 것입니다. 이렇게 엑셀 파일은 훈셀 2010에서 바로 불러올 수 있으므로 포맷보다는 자료의 구성을 살펴 두기 바랍니다.

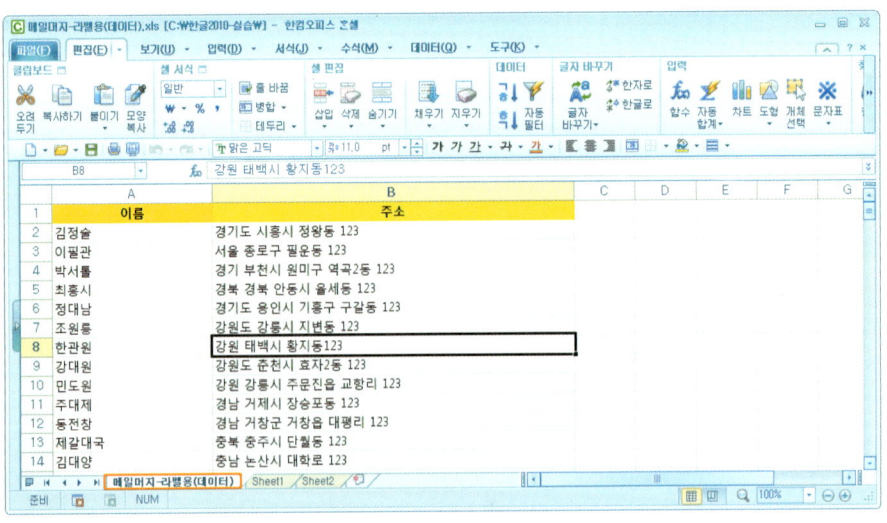

메일 머지는 데이터 파일과 서식 파일로 나눠집니다. 데이터 파일은 '메일머지-라벨용(데이터).xls'로 삼고, 이제 서식 파일을 라벨 문서로 작성해서 메일 머지를 진행합니다. 라벨 문서를 서식 파일로 삼아야 한 페이지에 여러 데이터를 메일 머지 할 수 있습니다.

Lesson 08 쉽고 빠르게! 메일 머지와 매크로

1 [도구] 열림 상자에서 [라벨]을 눌러 [라벨 문서 만들기]를 클릭합니다. 나타나는 [라벨 문서 만들기]에서 원하는 라벨 형태를 선택합니다.

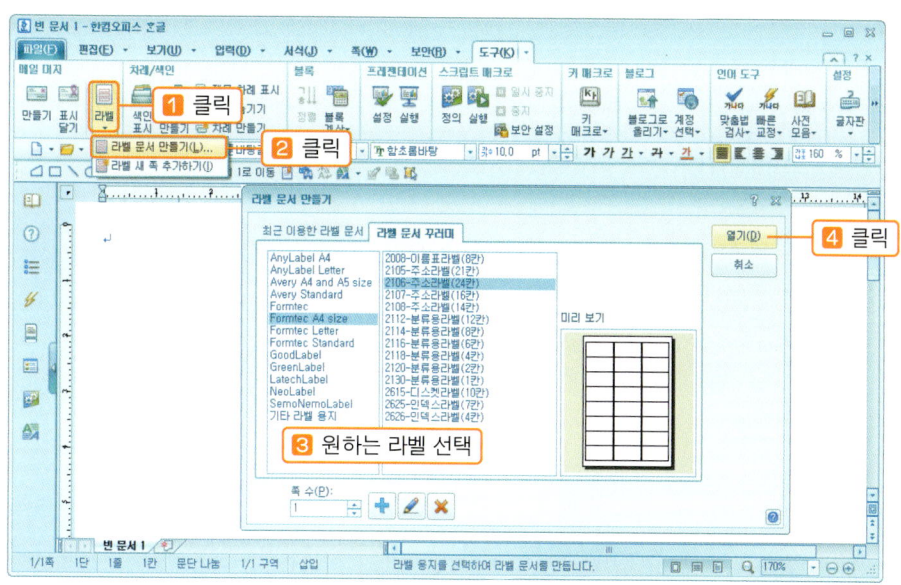

2 화면에 라벨 문서가 나타나면 첫 번째 셀에 [메일 머지 표시 달기]를 클릭하여 '1'번 필드와 '2'번 필드를 입력하여 넣기 합니다.

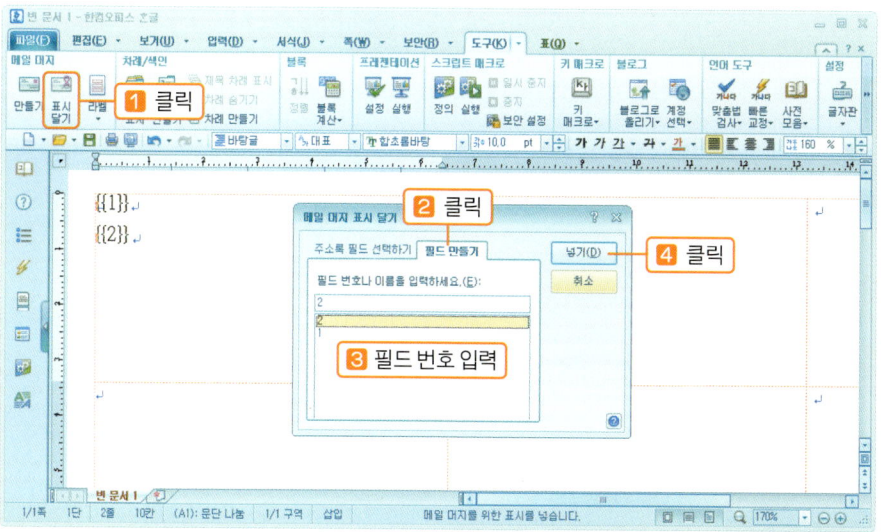

> **Note**
> ■ 메일 머지 표시 달기
> 필드 번호를 입력하거나 엑셀/훈셀의 필드 이름을 기재할 수도 있습니다.

3 삽입된 필드 항목에 글꼴 등의 서식 지정과 정렬을 하고, [메일 머지 만들기]를 클릭합니다. 나타나는 [메일 머지 만들기] 대화 상자에서 [자료 종류]와 [출력 방향] 등을 지정하고 [확인]을 누릅니다.

- [자료 종류]는 [호글/엑셀 파일]로 지정하고 앞서 작성한 '메일머지-라벨용(데이터).xls'를 지정합니다.

- [출력 방향]은 [화면]으로 지정합니다.

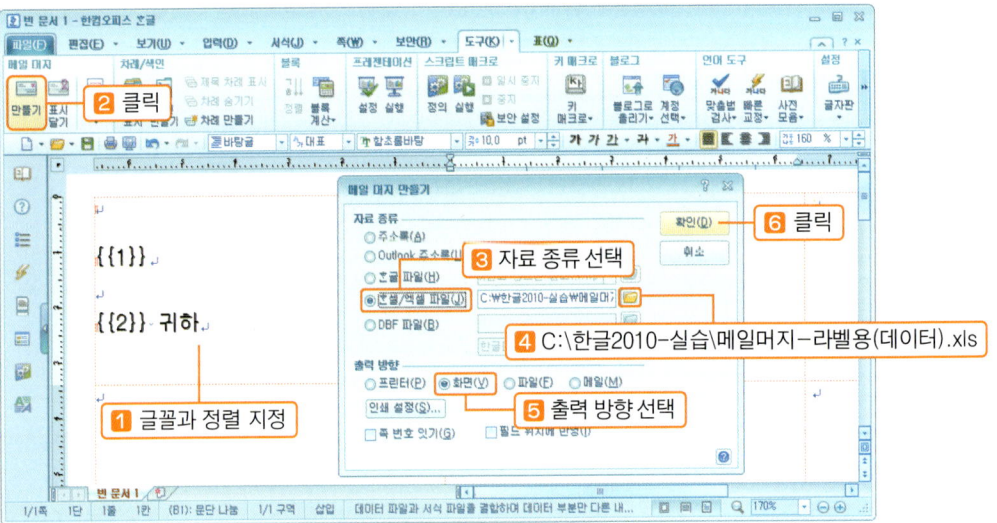

4 어느 시트의 자료를 사용할지를 선택합니다.

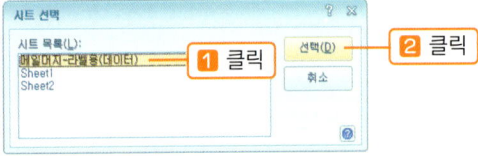

5 실제 데이터만 선택하고 [선택]을 누릅니다.

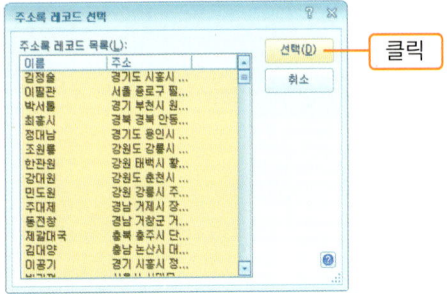

6 나타나는 [필드 이름 연결] 대화 상자에서 메일 머지용 서식 파일에서 만든 필드 이름과 데이터 파일의 필드명을 서로 연결해 줍니다.

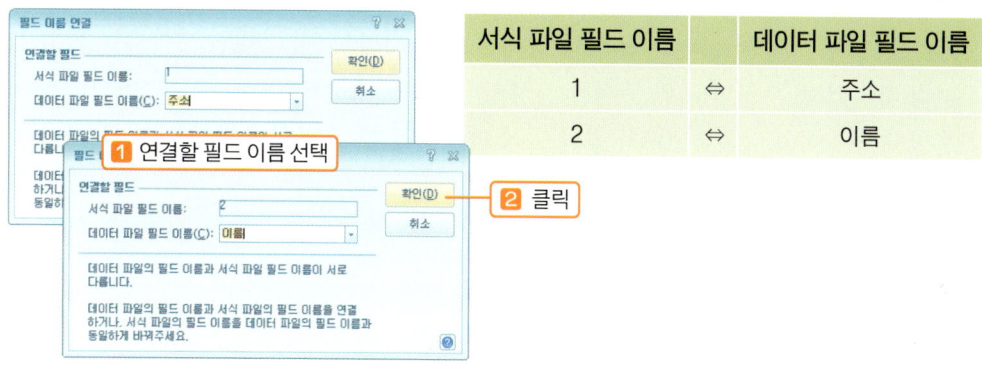

서식 파일 필드 이름		데이터 파일 필드 이름
1	⇔	주소
2	⇔	이름

7 인쇄 미리 보기로 결과를 확인합니다.

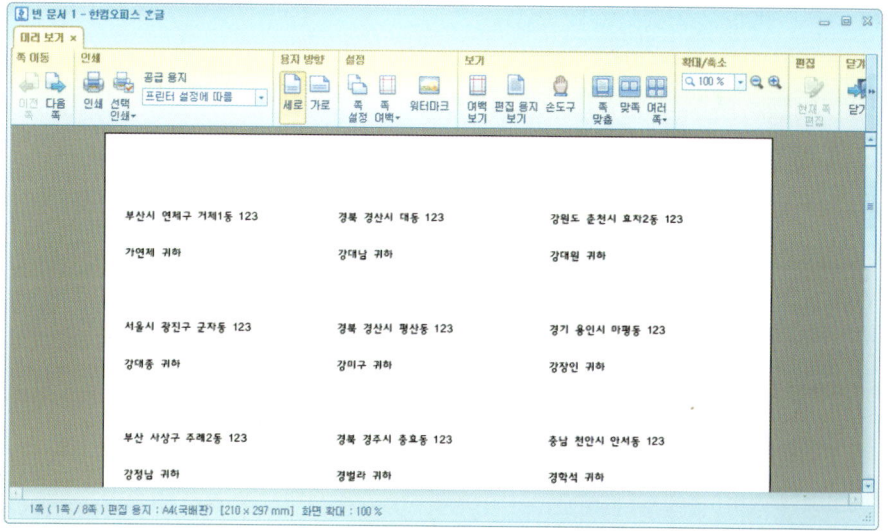

이렇게 완성한 라벨은 A4 용지 등에 출력하여 활용할 수도 있으나 문구점에서 폼지(스티커처럼 접착이 가능함)를 구입해서 출력하면 우편 봉투 등에 부착할 때 편리합니다.

5 문서마당

[문서마당]은 자주 사용하는 문서의 형태를 미리 서식 파일(*.Hwt)로 만들어 놓고 필요할 때마다 불러와 빈 부분만 채워 문서를 완성시킬 수 있는 템플릿(Template) 방식의 문서입니다. 흔글에서는 이와 같은 2,900여 종의 서식 파일들을 한 곳에 모아 [문서마당 꾸러미]라고 부릅니다.

● 문서마당

메뉴 : [파일]-[새 문서]의 ▶를 클릭하여 [문서마당] 선택

1 사용 빈도가 높은 이력서를 문서마당에서 불러 작업하겠습니다. 메뉴 [파일]-[새 문서]의 ▶를 클릭한 후, [문서마당]을 선택합니다.

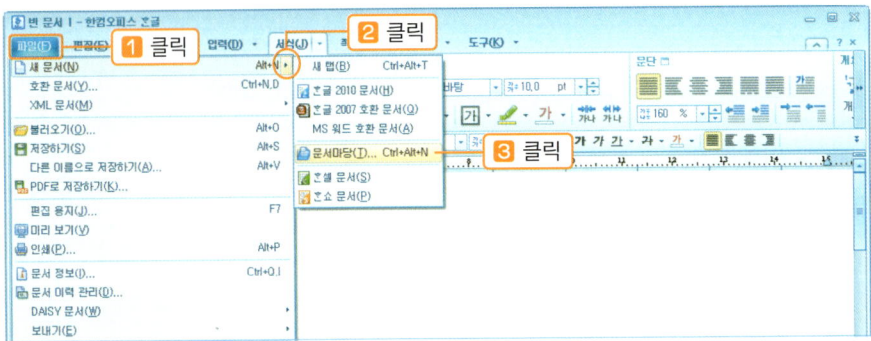

2 [문서마당 꾸러미] 탭에서 [업무문서]-[이력서(한글)]을 선택하여 열기합니다.

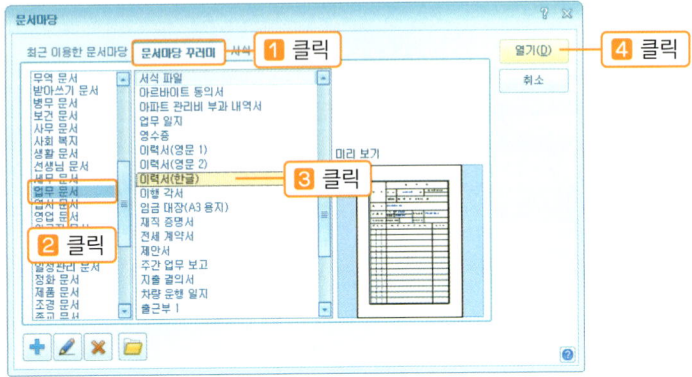

3 화면에 이력서 양식 파일이 나타나면 내용을 기재하고 필요한 곳을 편집합니다. 편집이 끝났으면 [파일]-[저장하기]를 눌러 '이력서(홍길동).hwp'과 같은 이름으로 저장해 둡니다.

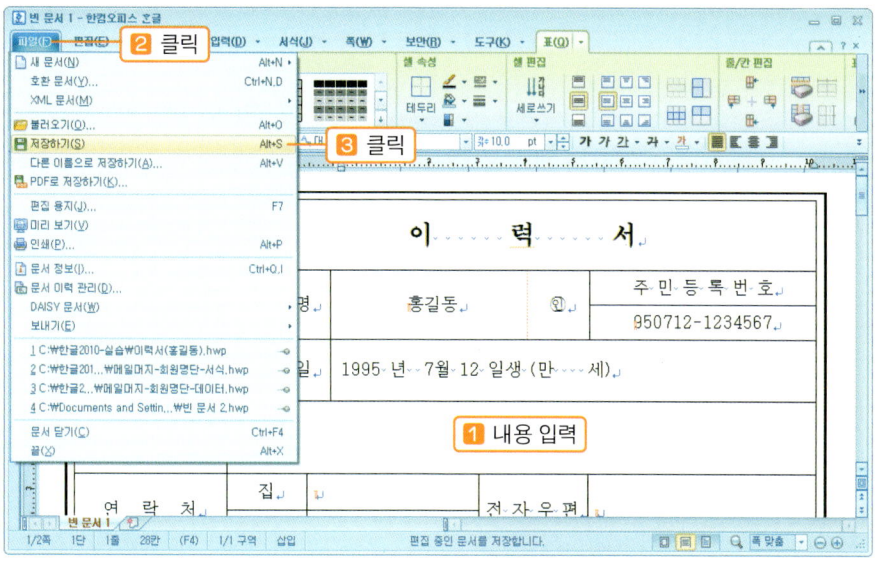

문서마당엔 무려 2,900여 종의 양식 파일이 수록되어 있습니다. 사용자가 필요한 양식을 처음부터 만들려면 많은 시간과 노력이 들어갑니다. 평소 어떤 양식 파일이 수록되어 있는지 눈여겨 봐두었다가 필요할 때 문서 마당에서 불러 와서 사용하는 것이 좋은 작업 방식입니다.

6 매크로 활용하기

[매크로] 중 [키 매크로]는 사용자가 입력하는 키보드의 동작을 저장했다가 그대로 재생해 내는 기능입니다.

정의된 매크로 내용은 한글 프로그램을 끝낼 때 모두 시스템에 기억되므로, 다음에 한글을 실행해서 다시 사용할 수 있습니다.

● 키 매크로
메뉴 : [도구]-[매크로]-[키 매크로 정의/실행]
열림 상자 : [도구] 열림 상자의 [키 매크로]

> **Note | 키 매크로 정의 및 기록 중지 단축키**
> 이전 버전까지는 [키 매크로의 정의]와 [기록 중지] 모두를 단축키 Alt+B로 동일하게 사용했습니다. 그러나 한글 2010 버전에서는 [키 매크로 정의] 단축키는 Alt+B이지만, [기록 중지] 단축키는 Alt+A로 변경되었습니다. [기록 중지] 작업을 단축키로 처리하려면 주의해서 사용하기 바랍니다.

예를 들어 어떤 자격증에 관한 시험이 1년에 3회씩 치러지고, 그 구성은 4지 선다형의 20 문항씩 4과목이 출제된다고 가정합니다. 만약 이런 기출문제로 '5년간 기출문제 총정리' 같은 책을 편집한다고 가정할 때, 각 문제 개수와 보기 개수를 계산해 보기 바랍니다.(문제: 1,200개, 보기: 4,800개) 문제와 보기에 스타일을 부여하여 편집할 것은 당연하므로 그 스타일 작업만 무려 6,000번을 해야 하는 엄청난 작업량입니다. 이렇게 대량의 작업을 할 때 매크로를 잘 활용한다면 독자 분들이 기대하는 그 이상으로 작업 시간의 단축을 기대할 수 있습니다.

머릿속에 이런 상황을 가정하고 어떻게 매크로를 작성하는 것이 좋을지 구상해 봅니다.
매크로는 반복 회수를 지정할 수 있습니다. 본문 중 정확히 '문제'에 해당하는 곳을 찾아 문제에 대한 스타일을 지정할 수 있는 매크로를 작성할 수 있다면? 또 보기에 해당하는 곳을 찾아 '보기'에 관한 스타일을 지정할 수 있다면? 해당 매크로를 문제 개수와 보기 개수만큼 반복시키면 된다는 것입니다.

스타일 적용은 Ctrl+숫자를 단축키로 사용할 수 있습니다. 핵심은 본문에서 어떻게 문제 형식과 보기 형식을 찾을 것이냐 입니다. 이 숙제를 실습을 통해 풀어 보겠습니다.

1 '시험문제-원본.hwp' 파일을 불러옵니다.

2 이 문서에는 '문제'와 '보기' 형식에 사용할 스타일을 만들어 두었습니다. [서식] 열림 상자의 [스타일]이나 단축키 F6을 눌러 만들어진 스타일과 단축키(Ctrl+숫자)를 확인해 둡니다.

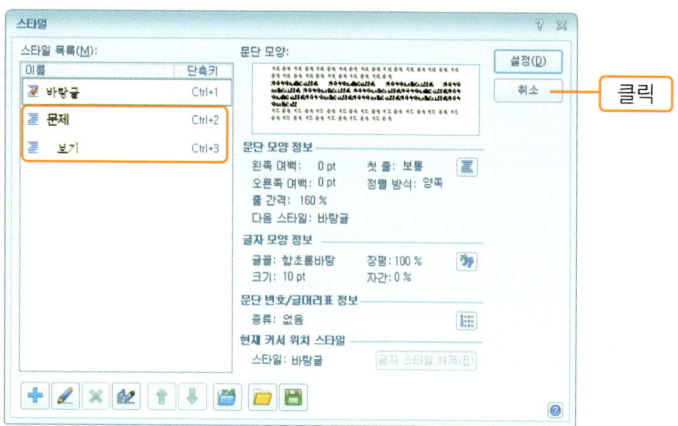

이제 본문에서 어떤 것이 '문제' 형식이냐를 판별해 내는 방법을 연구합니다. 실습의 문서라면 '?'를 찾는 것은 어떨까요? 문제의 끝이 '?'로 끝나는 것에 착안한 것입니다.

3 Ctrl+F를 눌러 [찾을 내용]에 '?'를 넣고 [찾기] 버튼을 여러 번 눌러 찾아가는 부분이 '문제' 형식인지를 확인합니다.

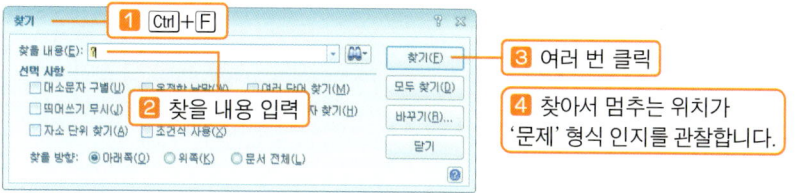

> **Note**
> '?'를 찾았을 때 일부 다른 형식이 검색되는 것에 민감할 필요는 없습니다. 90%만 '문제' 형식에 위치(찾기)해도 수작업으로 처리하는 것보다 엄청난 시간과 노력을 절약할 수 있기 때문입니다.

실습을 통해서 '?'를 찾기 하면 문제 형식으로 이동할 수 있음을 확인했고, 문제 형식에 대한 스타일은 Ctrl+2에 할당되어 있습니다. 그리고 한번 찾은 내용의 다시 찾기는 Ctrl+L입니다.

따라서 키 매크로를 작성하기 전에 한번만 '?'를 찾는 작업을 실행해 주고 아래 내용을 키 매크로에 등록시키면 문제 부분에 스타일을 적용할 수 있습니다.

① Ctrl+L ------- 앞서 찾은('?') 내용을 커서 이후로 다시 찾기
② Ctrl+2 ------- 만든 스타일 중 2번에 해당 것을 적용(즉, '문제' 스타일 적용)

4 문제에 스타일을 부여하는 매크로를 작성합니다. [도구] 열림 상자의 [키 매크로]-[정의]를 클릭한 후, Alt+5에 [문제에 스타일 부여하기]라는 이름을 부여합니다.

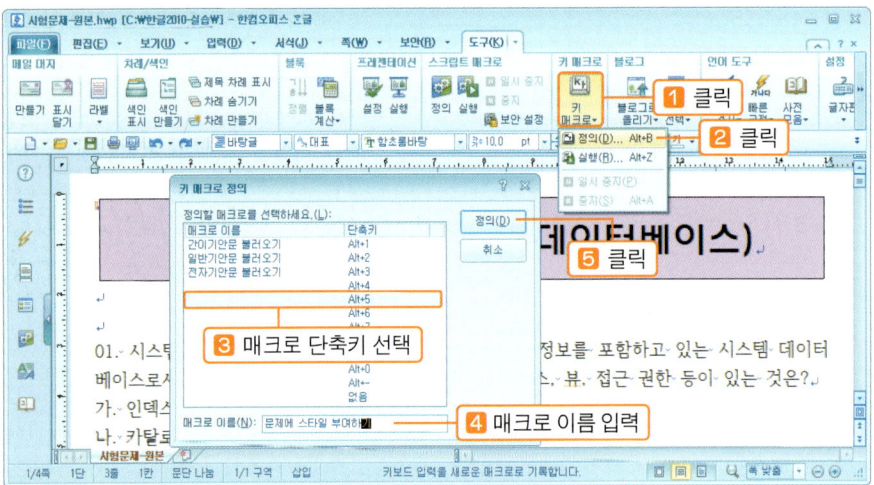

5 이제부터 사용자가 입력하는 키를 매크로가 기억합니다. 기억시킬 키 동작을 정확히 입력합니다.

> ① Ctrl+L를 눌러 [문제] 형식을 찾고(앞서 '?'를 찾기 했으므로 다시 찾기 하는 것임)
> ② Ctrl+2를 눌러 [문제] 스타일을 부여합니다.

저장시킬 키 동작이 끝났으면 [도구] 열림 상자에서 [키 매크로]-[중지]나 화면 하단의 [매크로 기록 중지] 버튼을 누릅니다.

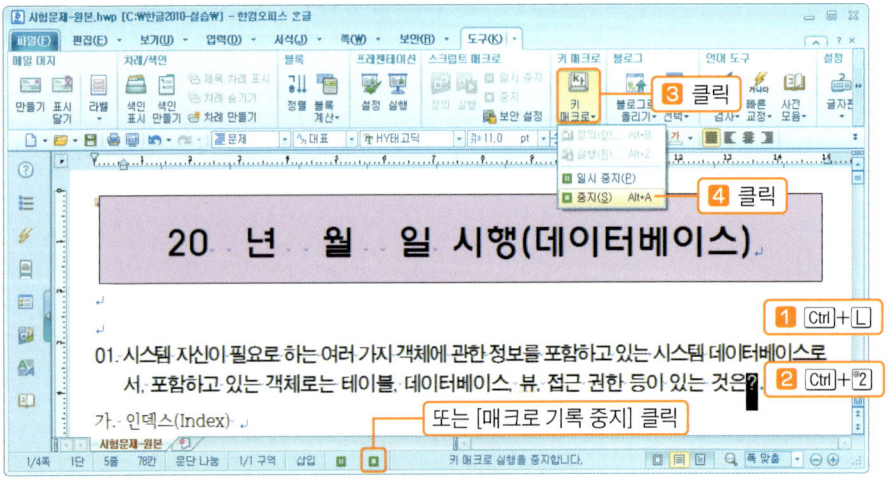

Note
- 키 매크로를 능숙하게 정의하려면 해당 작업의 단축키를 잘 알고 있어야 합니다. 키 매크로는 키보드에서 입력하는 키를 기억하는 것이므로 마우스로 메뉴를 클릭하는 등의 작업은 인식되지 않습니다.
- 키 매크로의 기억이 시작되면 정확한 키 동작을 기억시켜야 합니다. 사용자가 누르는 모든 키 동작이 기억되기 때문입니다.

6 키 매크로의 정의를 마쳤으면 이제 매크로를 실행하겠습니다. 커서를 문서 처음에 놓고 [도구] 열림 상자의 [키 매크로]-[실행]을 클릭하여 매크로를 선택하고 [실행]을 누릅니다. 앞서 매크로를 정의할 때 단축키를 기억해 두었다면 바로 Alt+5를 눌러도 됩니다.

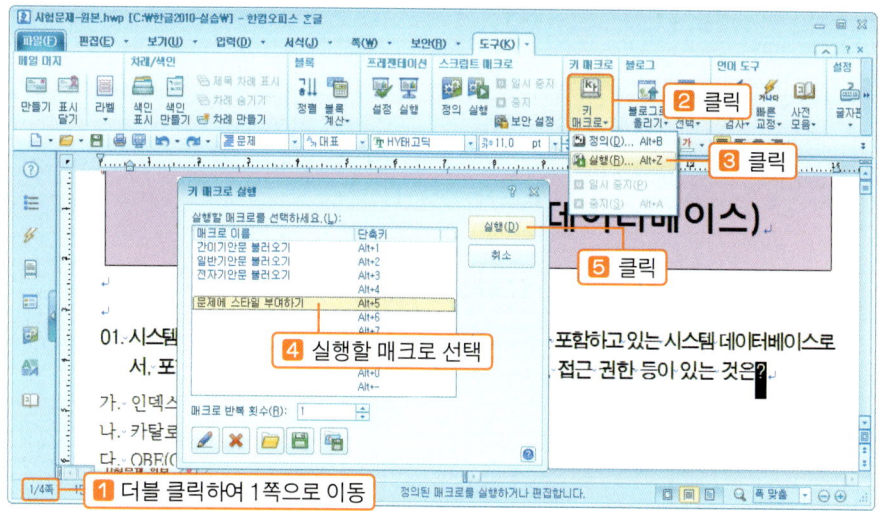

7 작업이 잘 실행되면 Alt+5를 몇 번 더 눌러 진행해 보고, 진행에 문제점이 발견되지 않으면 반복 실행을 합니다. [도구] 열림 상자의 [키 매크로]-[실행]을 클릭하여 [문제에 스타일 부여하기] 매크로에 반복 횟수를 지정하여 [실행]합니다.

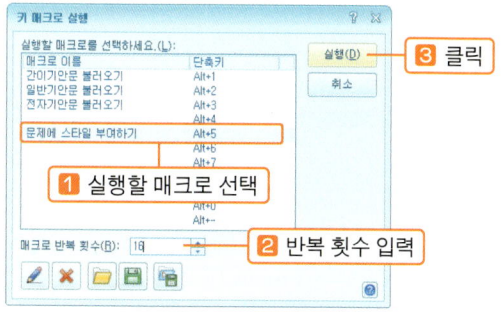

이번에는 '보기' 항목들에 대한 매크로 작성을 살펴보겠습니다.

'보기'에 관한 스타일은 Ctrl+3에 할당되어 있습니다. 이번에도 어떻게 '보기' 항목을 찾느냐가 관건입니다. '보기' 항목만 찾으면 아래와 같이 키 매크로를 등록하면 됩니다.

① Ctrl+L ----------- '보기' 항목을 한번 찾은 후, 이를 다시 찾기로 실행
② Ctrl+3 ----------- 스타일 중 3번에 해당 것을 적용(즉, '보기' 스타일 적용)

보기는 '가.⎵ 나.⎵ 다.⎵ 라.⎵'로 시작합니다.(⎵는 빈칸을 표기한 것입니다.) '가.⎵ 나.⎵ 라.⎵'는 흔치 않은 유형이라서 처리가 쉬울 듯한데 '다.⎵'는 문장 입력 과정에서 마지막에 많이 나타나는 것을 볼 수 있습니다.

8 문서의 처음으로 이동한 후, 보기가 아닌 곳에 있는 빈칸을 없애기 위해 '다.ᄂ'를 '다.'로 찾아 바꾸기 작업을 합니다. [찾을 내용]에 '다.ᄂ', [바꿀 내용]에 '다.'를 입력한 후, [다음 찾기]를 눌러 [보기] 형식이 아니면 [바꾸기]를, 찾은 곳이 [보기] 형식이면 [다음 찾기]를 누르면서 문서 끝까지 작업합니다.

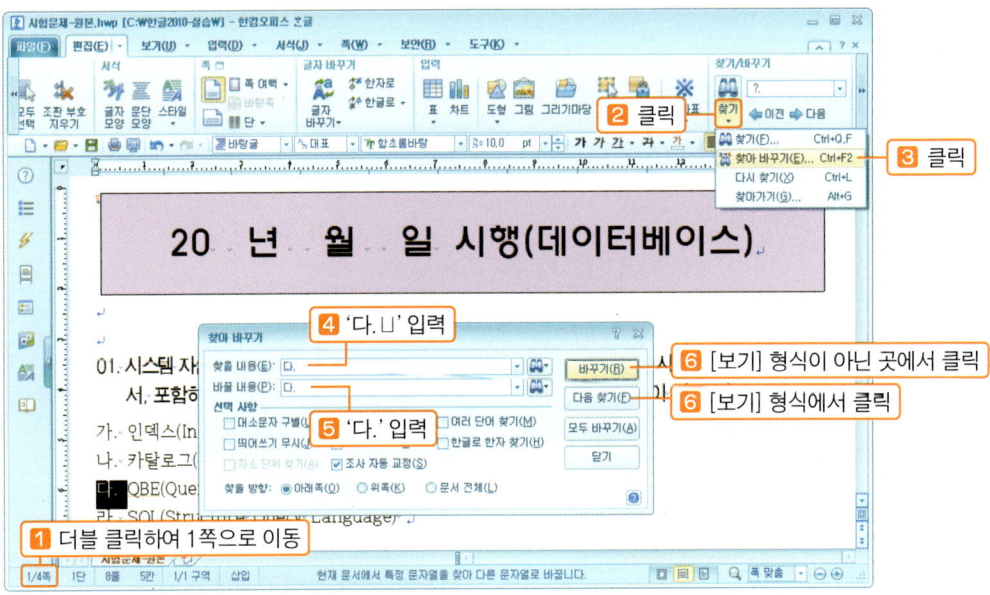

9 다시 문서 처음으로 이동한 후, 이제 첫 번째 보기인 '가.ᄂ'부터 매크로 작업을 위한 준비를 하겠습니다. [찾기]를 눌러 '가.ᄂ'를 찾기 한 후, [닫기]합니다.

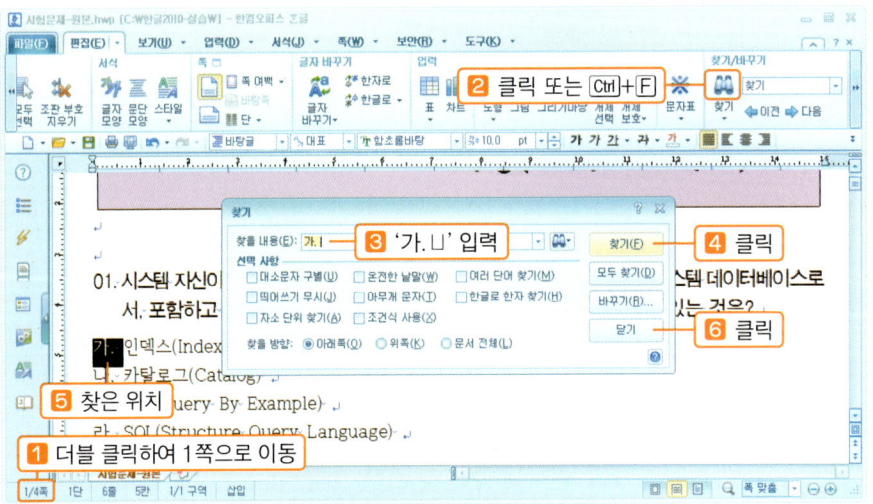

10 [도구] 열림 상자의 [키 매크로]-[정의]를 클릭한 후, Alt+6에 [보기에 스타일 부여하기]라는 이름을 입력하고 [정의]를 클릭합니다.

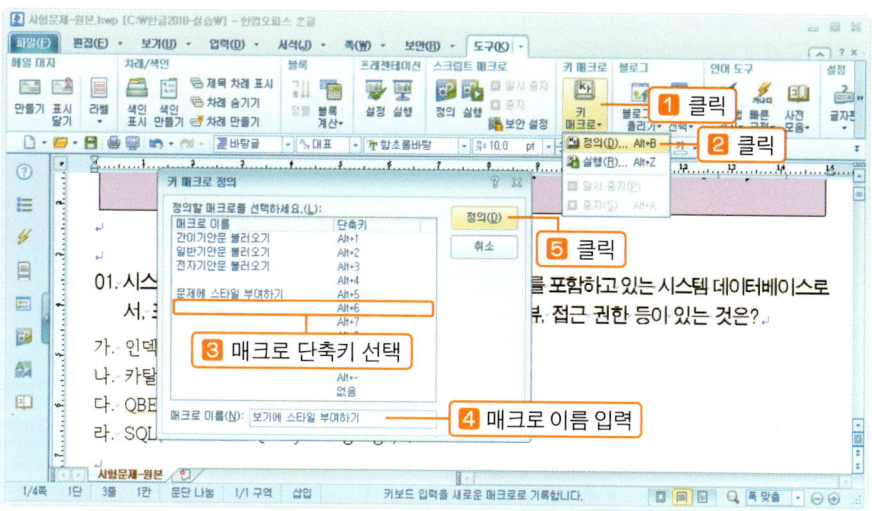

11 이제부터 사용자가 입력하는 키를 매크로가 기억합니다. 기억시킬 키 동작을 정확히 입력합니다.

① Ctrl+L를 눌러 [보기] 형식을 찾고 (앞서 '가. ㄴ'를 찾기 했으므로 다시 찾기 하는 것임)
② Ctrl+`3를 눌러 [보기] 스타일을 부여합니다.

저장시킬 키 동작이 끝났으면 [도구] 열림 상자에서 [키 매크로]-[중지]나 화면 하단의 [매크로 기록 중지] 버튼을 누릅니다.

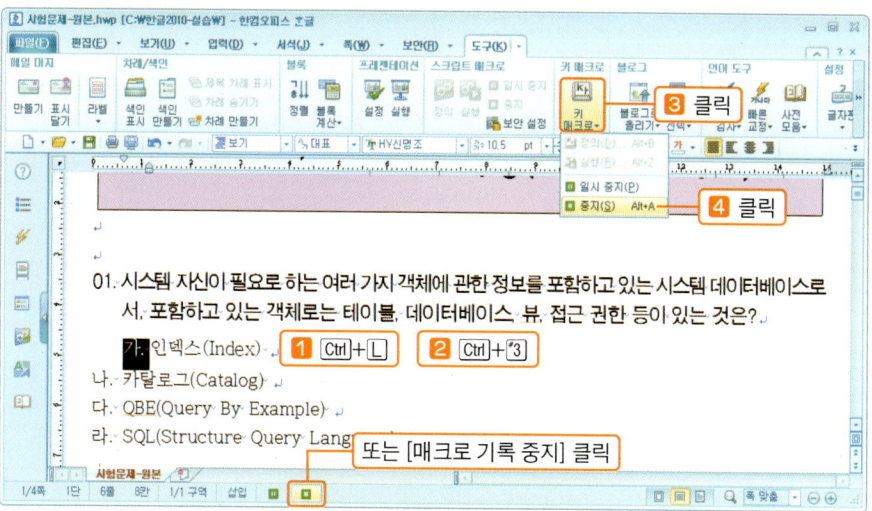

12 커서를 문서 처음에 위치시키고 Alt+6을 눌러 저장시킨 매크로를 실행합니다. 몇 번 실행해서 처리가 잘된다면 Alt+Z를 눌러 반복 횟수를 지정하여 마무리합니다.

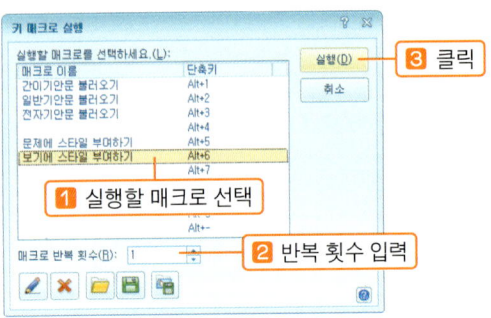

13 보기 항목 '가.ㄴ'에 대한 스타일 적용이 끝나면 찾기에서 '나.ㄴ'를 찾아 주고 문서 처음으로 이동하여 같은 매크로 6번(Alt+6)을 실행(반복 실행)시켜 보기 '나.ㄴ'에 스타일을 적용해 줍니다.

매크로 6번(Alt+6)에 등록시킨 키는 Ctrl+L, Ctrl+3입니다. 즉, 이전에 찾은 내용을 다시 찾아서 스타일 3번([보기] 스타일)을 적용하는 것입니다.

따라서 '가.ㄴ'를 찾아 매크로 6번(Alt+6)으로 문서 전체에 스타일 적용을 했으면 다음은 '나.ㄴ'를 찾아 매크로 6번을 실행시키고, 그 다음엔 '다.ㄴ'를 찾아서 매크로 6번, '라.ㄴ'를 찾아서 매크로 6번(반복 실행까지)을 실행시키는 과정으로 보기 '가. 나. 다. 라.'를 모두 처리합니다.

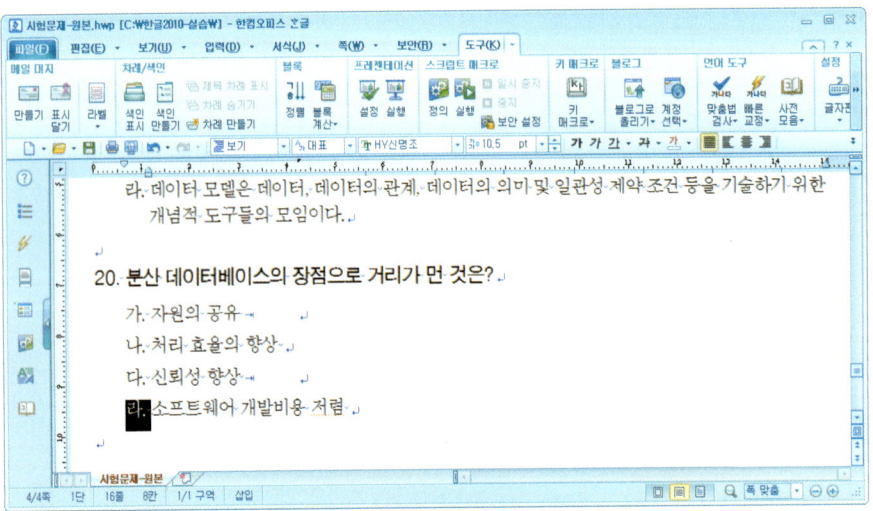

매크로 수정과 삭제

[도구] 열림 상자의 [키 매크로]-[실행]을 클릭하여 이미 정의한 매크로를 수정할 수도 있으며, 필요 없는 매크로를 삭제할 수도 있습니다. 매크로의 수정과 삭제가 매크로 실행 명령 안에 포함되어 있어서 자칫 해당 메뉴를 찾는데 애로가 있으므로 잘 기억해 두기 바랍니다.

기존에 키 매크로에 정의한 내용을 수정하는 과정을 살펴보겠습니다.

1 [도구] 열림 상자의 [키 매크로]-[실행]을 클릭하여 기존 매크로를 선택하고 [수정]을 클릭합니다.

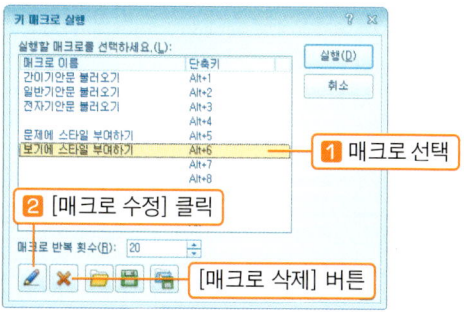

2 [키 매크로 편집] 대화 상자에서 [기록 내용 추가/지우기] 버튼을 이용하여 편집합니다.

기록 내용의 추가는 [기록 내용 추가] 버튼을 누른 후의 키 동작이 [기록 끝] 버튼을 누를 때까지 추가됩니다. 그러나 키 매크로를 정의하는 것과는 방법이 다릅니다. 해당 키 동작에 해당하는 화면이 나타나지 않고 누른 키 값이 화면에 그대로 표시됩니다. 연습을 통해서 그 의미를 살펴보기 바랍니다.

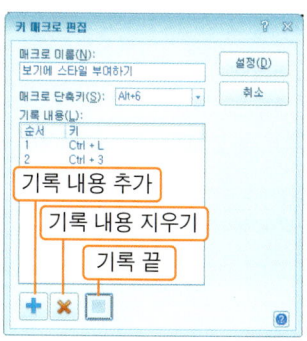

키 매크로에 등록에 알아두어야 사항

대화 상자의 [탭] 열기

대화 상자의 탭은 Ctrl 키와 탭의 순서에 해당하는 숫자를 누르면 펼쳐집니다. 아래와 같은 [문단 모양] 대화 상자라면 Ctrl+1은 [기본] 탭, Ctrl+2는 [확장] 탭을 열 때 사용합니다.

이것은 평상시 작업에서도 마우스 대신 사용할 수 있으며, 키 매크로 등록은 마우스 동작을 기억하지 못하므로 이러한 키로 탭 열기를 하는 것입니다. 또한 대화 상자를 열었을 때 사용자가 원하는 탭이 나타나 있다고 해도 꼭 해당 탭을 Ctrl+숫자로 다시 한 번 열어 줘야 합니다. 대화 상자의 탭은 마지막에 사용한 탭이 펼쳐지는 것이므로 차후에는 다른 탭이 나타나 있을 수 있기 때문입니다.

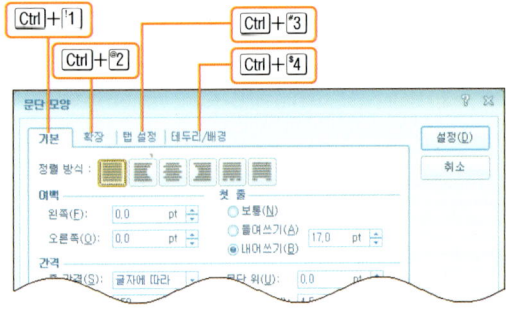

대화 상자의 항목 선택하기

키 매크로 방식에서 대화 상자의 각 항목을 선택하려면 Alt 키를 누른 후 나타나는 항목의 알파벳을 누릅니다. 예를 들어 아래 대화 상자에서 문단 위 여백을 지정하려면 Alt+T, Ctrl+1, Alt+U를 눌러 값을 입력하고 Enter 나 Alt+D를 눌러 종료합니다.

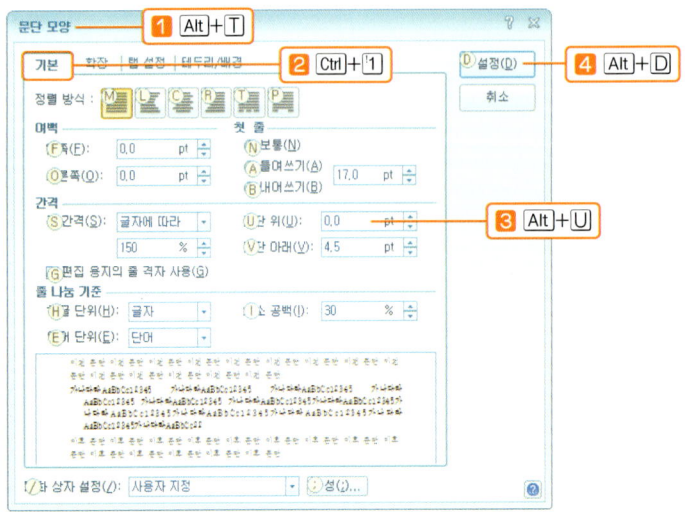

대화 상자에서 특정 값 선택

아래 대화 상자에서 글자 색을 지정하는 과정을 키 매크로에 등록하려 한다면 글자 모양은 Alt+L, [기본] 탭 선택은 Ctrl+1, 글자 색 선택은 Alt+C을 누른 후, 해당 항목에 점선 테두리 모양이 나타나면 Space Bar나 Enter 키를 누르고 나타나는 색상 표에서 Page Up 키를 두 번 누르고 Home 키를 눌러 첫 위치로 이동한 후 End 키를 눌러 원하는 색의 근처로 이동한 후, 방향키로 원하는 색을 선택합니다.

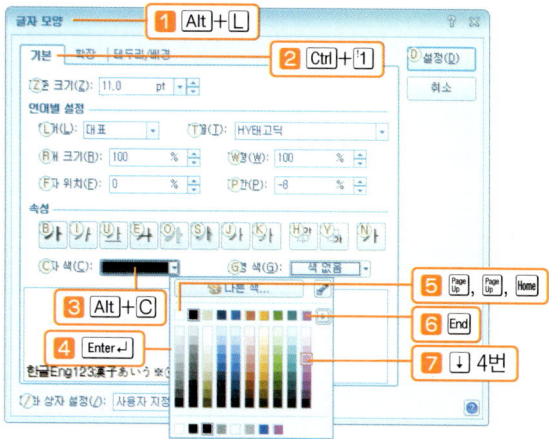

스크립트 매크로

[키 매크로]는 사용자의 키보드 입력 내용을 저장했다 재생해 주지만 [스크립트 매크로]는 마우스 동작까지 기억/재생해줍니다. [키 매크로]에 비해 발전된 형태의 매크로이므로 키 동작만 기억시켜야 했던 것에 비해 좀 더 쉽게 매크로를 정의할 수 있습니다.

[스크립트 매크로]를 활용한다고 해도 [키 매크로]를 정의할 때의 키 동작과 마우스 동작을 적절히 혼합하여야 올바른 결과를 얻을 수 있습니다. [키 매크로]의 실습에서 개념을 잘 이해했다면 [스크립트 매크로]도 실무에서 활용하는데 어려움이 없을 것입니다. 또한 만들어진 [스크립트 매크로]를 수정하지는 않더라도 그 코드를 살펴보는 것이 어떻게 정의해야 하는지를 이해하는데 많은 도움이 됩니다.

'단축키모음.hwp' 파일을 불러옵니다.

2 스크립트 매크로를 정의하기 위해 [도구] 열림 상자에서 [스크립트 매크로 정의]를 클릭합니다.

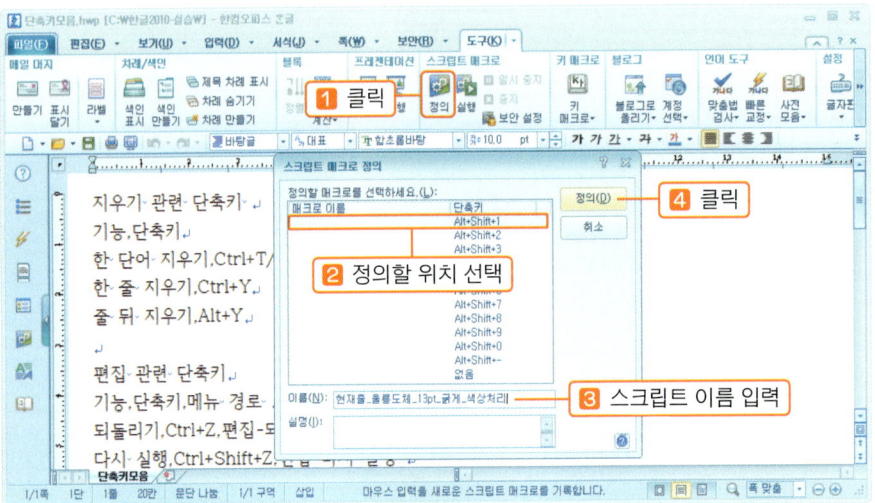

> **■ 스크립트 매크로 이름**
>
> 스크립트 매크로의 이름으로 공백, 특수 문자 등을 사용할 수 없습니다. 특히 하이픈(-)과 공백을 사용할 수 없어 이름 지정에 제약이 많습니다. 따라서 공백 대신 언더바(_)를 이용하여 단어별로 구분하는 것도 좋은 방법입니다.
>
> 예) 현재줄_글꼴변경
>
>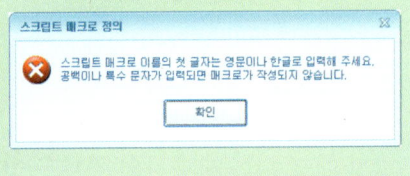

3 이제부터 사용자가 입력하는 키와 마우스 동작을 매크로가 기억합니다. 기억시킬 키와 마우스 동작을 정확히 실행합니다.

> ① Home F3 End 를 눌러 커서가 위치한 줄의 처음부터 줄 끝까지를 블록 설정합니다.
> ※ 스크립트 매크로 방식에서 마우스로 드래그해서 블록 설정하는 것은 인식되지 않습니다.
> ② 서식 도구 모음줄에서 마우스의 클릭으로 글꼴: HY울릉도L, 글꼴 크기: 13pt, 진하게, 글꼴 색을 지정합니다.
> ③ Esc ↓ 키를 눌러 지정된 블록 설정을 해제하고 아랫줄로 이동시킵니다.

저장시킬 동작이 끝났으면 [도구] 열림 상자에서 [스크립트 매크로 중지]를 누르거나 화면 하단의 [매크로 기록 중지] 버튼을 누릅니다.

Lesson 08 쉽고 빠르게! 메일 머지와 매크로

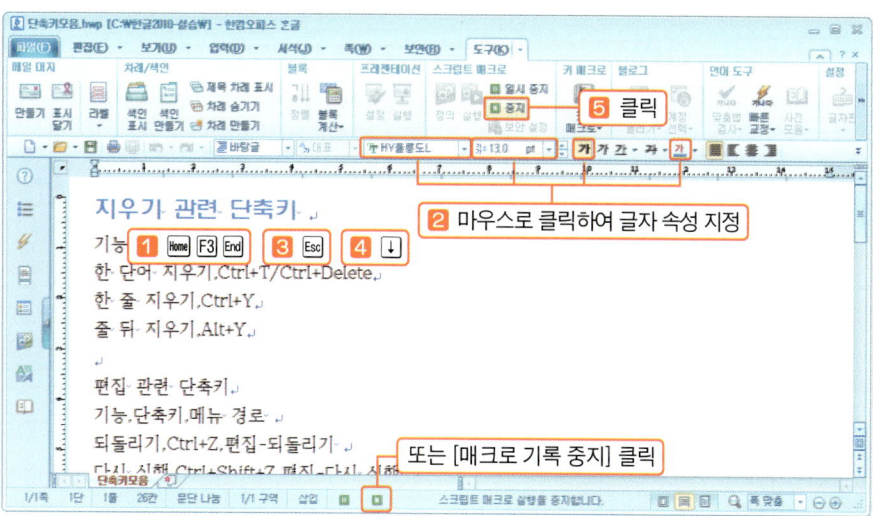

4 글자 속성을 변경할 곳에 커서를 위치시키고 [도구] 열림 상자에서 [스크립트 매크로 실행]을 클릭합니다.

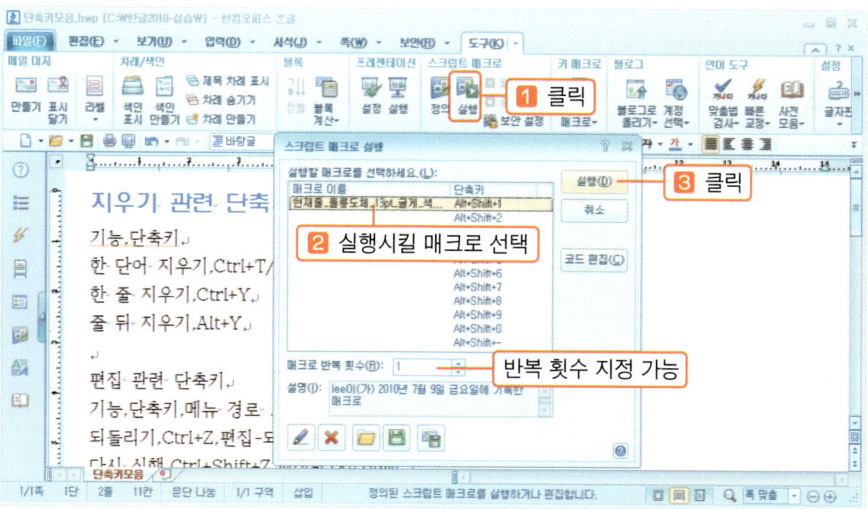

5 스크립트 매크로가 실행된 결과 화면입니다. 스크립트 매크로에 기록된 내용을 살펴봅니다.

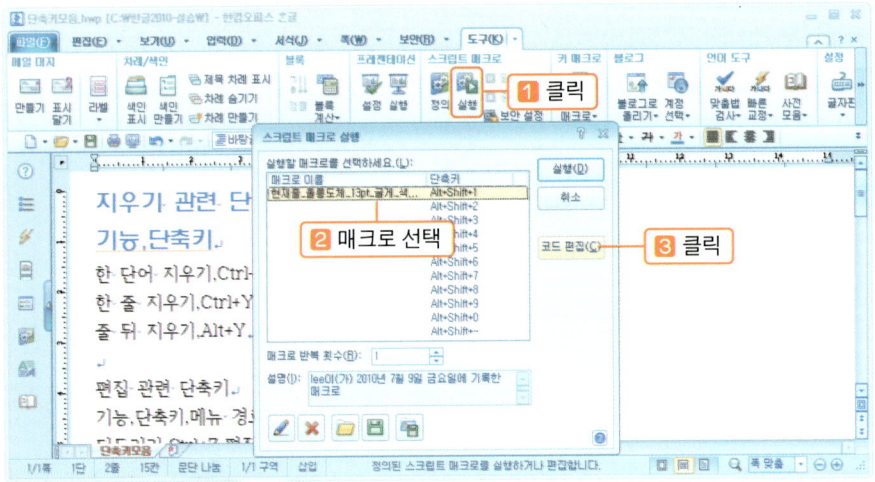

6 스크립트 코드가 나타납니다.

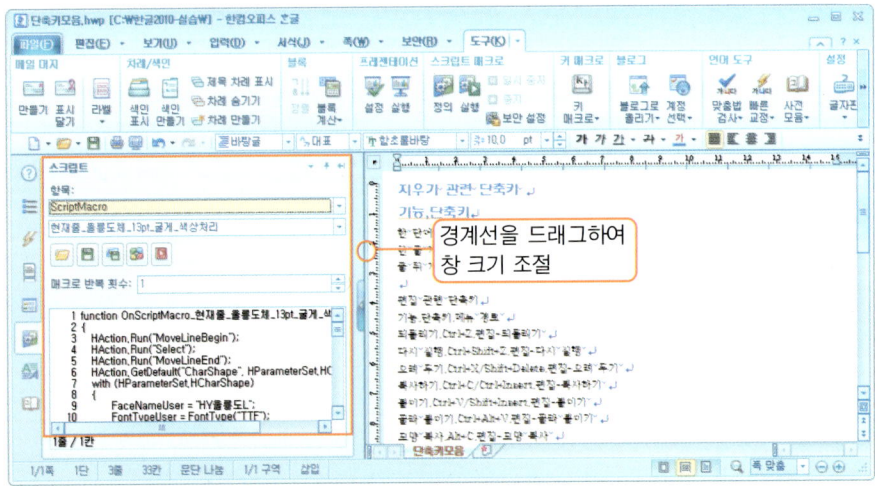

스크립트 매크로는 자바스크립트로 이루어져 있습니다. 그러나 일반 사용자들이 자바스크립트를 이해한다는 것은 쉬운 일이 아닙니다. 그래도 코드를 살펴보면서 그 의미를 얼핏 짐작해 보는 것이 많은 도움이 됩니다.

지금까지의 내용으로 이 책을 마감합니다. 한글의 모든 기능을 다루지는 못했지만 스스로 문서 편집을 해나갈 수 있는 기초 능력을 갖추는 데는 부족함이 없을 것입니다. 책 내용 이외의 것은 [도움말]을 적극 활용하시기 바랍니다.

찾아보기

ㄱ

가로/세로 눈금자	29
가로/세로 이동 막대	29
가운데 정렬	75
각주	209
각주/미주 모양 고치기	212
각주/미주의 삭제	210
감추기	182
개요 모양	151
개요 문단으로 모으기	215
개요 번호	150
개요 번호 모양 변경	153
개요 번호 해제	152
개요 보기 창	156
개요 스타일 변경하기	154
개체 모양 복사 대화 상자	137
개체 모양 복사	136
개체 모양 붙이기	136, 138
개체 묶기	132
개체 속성	77, 80
개체 속성 대화 상자	78, 80
거꾸로 찾기(Ctrl+Q,L)	203
계산식	113, 115
고치기(Ctrl+N,K)	188
구역 나누기	190
구역 나누기 해제	192
그리기	129
그리기 마당	132
그림 경로 복사	218
그림 넣기	116, 120, 125
그림 삽입	218
그림 자르기	124
그림 저장	120
그림 정보	218
그림 크기	124
글 뒤로	80, 81, 135
글 상자	73
글 앞으로	80, 81, 129
글꼴 모양 대화 상자	61
글꼴에 어울리는 빈칸	143
글맵시	127
글상자 삭제	76
글상자 크기 조절	76
글자 모양	58
글자 모양만 복사	69
글자와 문단 모양을 모두 복사	69
글자처럼 취급	74, 80, 81, 133
꼬리말	176

ㄴ~ㄷ

내어쓰기	66
다단	160
다단 나누기	161
다단 설정	161
다단 설정 나누기	164
다단 종류	166
다른 이름으로 저장하기	16, 49
다시 실행하기	50
다시 찾기(Ctrl+L)	203
단 나누기	163, 167
단축 메뉴	36
단축키	35
대각선	98
대소문자	38
데이터 파일	237
데이터 편집	231
도구 모음줄	12
도구 상자 접기/펴기	12
도움말	173
도형 안에 글자 넣기	129
되돌리기와	50

ㄹ~ㅁ

라벨	246
라벨 문서 만들기	246
마우스로 표 만들기	85
맞춤법	206
매크로	252
매크로 기록 중지	254
매크로 반복 횟수	258
매크로 삭제	259
매크로 수정	259
맨 뒤로	131
머리말	176
머리말/꼬리말 삭제	181
메뉴 선택	61
메뉴 표시줄	12
메뉴 하위 항목 실행	14
메일 머지	237
메일 머지 만들기	240
메일 머지 표시 달기	247
메일 머지 표시 달기	239
모든 삽입 그림 저장하기	218
모아 찍기	57
모양 복사	69
모양 복사 대화 상자	69
무조건 자동 저장	18
문단 모양	63
문단 모양만 복사	69
문단 번호	150, 157
문단 번호/글머리표	159
문단 부호	29, 89
문단 부호 화면에 표시하기	63
문단 스타일 복사	69
문단 첫 글자 장식	68
문서 닫기	19
문서 보기 줄	12
문서 불러오기	22
문서 입력하기	38
문서 저장시 주의 사항	17
문서 저장하기	15
문서 전체 선택하기	42
문서 정보	218
문서 정보 대화 상자	218
문서 탭	29
문서마당	250
문서마당 꾸러미	250
문서에 포함	117, 220
문자열을 표로	107
문자열을 표로 대화 상자	108
문자표 입력	39
미리 보기	51
미리 보기 화면	53
미주	209

찾아보기

ㅂ

바꾸기	204
바탕쪽	190, 192
바탕쪽 감추기	198
바탕쪽 지우기	198
배분 다단	166
배분 정렬	67
배치	80, 129
번호 문단	159
보기 선택	12
보기 열림 상자	29
복사	42
본문과의 배치	80, 81
불러오기에 대한 환경 설정	24
붙여넣기	42, 75
블록 계산식	113
블록 설정	59
블록 설정하기	42
빠른 교정	208
빠른 메뉴	36, 77

ㅅ

삽입 그림 저장하기	218
삽입/수정 상태 변경	74
상환 선 표시	74
상황 선	29, 205
상황 표시줄	12
새 문서 만들기(Alt+N)	13
새 문서를 저장할 때 문서 암호 설정하기	18
새 탭으로 새 문서 만들기	13
색인 만들기	216
색인 삭제	217
색인 수정	217
색인 표시	216
서식 도구 모음줄	37
서식 파일	237
선 굵기	97
선 종류	97
선택 인쇄	53
셀 나누기	87, 88
셀 블록	91
셀 속성	95
셀 크기 조절하기	91
셀 테두리 굵기	97
셀 테두리/배경 대화 상자	96
셀 폭	121
셀 합치기	86, 99
수식	170
수식 명령어 목록	173
수식 지우기	172
수식 편집	172
수식 편집기	170
쉬운 계산식	113
쉴 때 자동 저장	18
스크립트	172
스크립트 매크로	261
스크립트 창	173
스킨	31
스타일	141
스타일 대화 상자	145
스타일 적용하기	145
스타일 지우기	145
스타일 편집하기	145, 154
스타일로 모으기	215

ㅇ

아래에 줄 추가하기	89
암호	19
앞 구역 바탕쪽 연결	200
어울림	80, 81, 118
여백 보기	53
여백 지정	40
연필 표시	85
열려진 문서 닫기	26
열림 상자	12
열림 상자 표시와 없애기	27
오려두기	43, 75
용지 방향	41
용지 여백	41
용지 종류	41
우편번호	245
인쇄	53
인쇄 대화 상자	57
인쇄 매수	57
인쇄 방식	57
인쇄 범위	57
인쇄하기	51, 53
입력 도우미	245

ㅈ

자리 차지	80, 81
작업 방식	32
작업 창	12
작업 창 접기/펴기	12, 156
작업 창 접기와 펴기	26
작업 화면의 확대 및 축소	28
저장(Alt+S)	49
저장과 관련된 환경 설정	17, 19
제목 상자	133
제목 셀	105
제목 차례	215
제목 표시줄	12
제목줄 반복	110
조판 부호	29
주소 찾기	245
줄 삽입	45
쪽 나누기	110, 147, 163
쪽 번호 넣기	185
쪽 번호 매기기	54, 174, 185
쪽 번호 매기기 해제	175
쪽 번호 없음	175
쪽 설정	40, 53
쪽 윤곽	55, 174

ㅊ

차례 만들기	214
차례 만들기 대화 상자	215
차트	227
차트 데이터 편집 대화 상자	232
찾기	202, 205
찾아 바꾸기	202
찾아가기	186, 205
찾아가기 대화 상자	187
책갈피	222
최근 문서	164
최소 공백	143

ㅋ

칸 지우기	90
클립보드 창	49
클립아트	132, 134
키 매크로	252
키 매크로 편집 대화 상자	259

ㅌ~ㅍ

테두리	97, 98
투명 선	29
특수 문자	38
편집 용지	40
편집 용지의 여백	177
편집 용지의 줄 격자 사용	143
펼침 단추	31
펼침 메뉴	34
평행 다단	166, 167
표 그리기	85, 88
표 나누기	93
표 만들기	82
표 모양 복사	103
표 붙이기	94
표 삭제	84
표 스타일	104
표 안의 자료 삭제	102
표 열림 상자	84
표 지우개	88
표 캡션 달기	106
표/셀 속성	106
표/셀 속성 대화 상자	123
표를 문자열로	107
표를 문자열로 대화 상자	110
표를 문자열로 만들기	109
프레젠테이션	233
필드 이름 연결	249

ㅎ

하이퍼링크	224
하이퍼링크 대화 상자	225
하이퍼링크의 삭제	226
하이퍼링크의 화면 표시	227
호글 2002 방식으로 조판 부호 표시하기	30
호셀	242
한영 키	38
한자	38
한자 변환	39
한줄 블록 설정하기	59
현재 모양으로 바꾸기	145
현재 쪽 편집	53
현재 창에 새 탭으로	239
화면 스킨 설정하기	31
화면 크기 조절 단추	28

기능키

F1	173
F3 키	59
F4 키	59
F5	91
F6	141
F7	40
F8	206
F9	39

단축키

Alt+Shift+C	136, 139
Alt+Shift+V	136, 138
Alt+C	69
Alt+G	186, 205
Alt+L	58
Alt+O	22
Alt+P	53
Alt+S	40, 49
Alt+T	63
Alt+X	11
Alt+Delete	100, 102
Shift+클릭	218
Shift+방향키	91
Shift+Tab	66
Ctrl+숫자	145, 252
Ctrl+드래그	124
Ctrl+방향키	91
Ctrl+클릭	91
Ctrl+F4	19, 26
Ctrl+F10	38
Ctrl+A	42, 183
Ctrl+C	43, 47
Ctrl+F	202, 205
Ctrl+L	189
Ctrl+N,I	116
Ctrl+N,K	80
Ctrl+Q,I	218
Ctrl+V	43, 47
Ctrl+X	43, 48
Ctrl+Z	50, 87
Ctrl+Enter	146
Ctrl+PageUp	177
Ctrl+PageDown	213
Tab으로 셀 이동	83

쉽게 배우고 제대로 활용하는 **한글 2010** 끝내기

이정빈 지음　　　정가 / 15,000원

펴낸 곳 / 인투북스
펴낸 이 / 이 갑 재
주　　소 / 경기도 고양시 일산서구 가좌동 632-8
전　　화 / (070) 8246-8759　팩　스 / (031) 925-8751
홈페이지 / www.intobooks.co.kr

2010년 9월 28일　초판 인쇄
2010년 10월 5일　1판 1쇄 발행
ISBN 978-89-964097-0-0

내용 문의: www.intobooks.co.kr

이 책의 무단 복사 및 전재를 금합니다.